U0365815

高等学校工程管理类本科指导性专业规范配套教材

管理信息系统

程　灏　张振森　姜东民　主编

化学工业出版社

·北京·

《管理信息系统》介绍了数据、信息、知识、智能和管理信息系统的概念以及其历史沿革和发展过程，系统分析了管理信息系统目标、任务和其他学科之间的关系。主要内容包括信息技术（含 BIM 技术）和数据库的知识、信息系统规划方法、信息系统分析、信息系统设计、信息系统运行与维护等信息系统开发原理方面的知识，特别在本书信息系统应用与实践部分详细介绍了 BIM 系统、工程造价信息系统、物流管理信息系统、人力资源管理信息系统和物业管理信息系统等具有实践开发方面的技能。

　　本书既可以作为高等学校工程管理、工程造价、国际工程项目管理、管理科学与工程、信息管理与信息系统、工商管理、公共事业管理、工业工程、物流管理、土地资源管理等管理类专业本科生的教材，也可以作为全国高等教育自学考试、远程网络教育计算机信息类专业学生的参考教材，还可以作为任何组织中信息管理工作人员（CIO）的培训教材。

图书在版编目（CIP）数据

管理信息系统/程灏，张振森，姜东民主编. —北京：化学工业出版社，2016.7（2020.9 重印）
高等学校工程管理类本科指导性专业规范配套教材
ISBN 978-7-122-27122-8

Ⅰ.①管… Ⅱ.①程…②张…③姜… Ⅲ.①管理信息系统-高等学校-教材 Ⅳ.①C931.6

中国版本图书馆 CIP 数据核字（2016）第 111370 号

责任编辑：陶艳玲　　　　　　　　　　文字编辑：余纪军
责任校对：吴　静　　　　　　　　　　装帧设计：史利平

出版发行：化学工业出版社（北京市东城区青年湖南街 13 号　邮政编码 100011）
印　　装：北京虎彩文化传播有限公司
787mm×1092mm　1/16　印张 21¾　字数 470 千字　2020 年 9 月北京第 1 版第 3 次印刷

购书咨询：010-64518888　　　　　　　售后服务：010-64518899
网　　址：http://www.cip.com.cn
凡购买本书，如有缺损质量问题，本社销售中心负责调换。

定　　价：45.00 元

本书编写人员名单

主　　编：程　灏　张振森　姜东民

副 主 编：占家权　王连月　刘克霞

参　　编：高玲琍　吕秀艳　申建红　孙永利

从书序
Preface

我国建筑行业经历了自改革开放以来 20 多年的粗放型快速发展阶段,近期正面临较大调整,建筑业目前正处于大周期下滑、小周期筑底的嵌套重叠阶段,在"十三五"期间都将保持在盘整阶段,我国建筑企业处于转型改革的关键时期。

另一方面,建筑行业在"十三五"期间也面临更多的发展机遇。 国家基础建设固定资产投资持续增加,"一带一路"战略提出以来,中西部的战略地位显著提升,对于中西部地区的投资上升;同时,"一带一路"国家战略打开国际市场,中国建筑业的海外竞争力再度提升;国家推动建筑产业现代化,"中国制造 2025"的实施及"互联网+"行动计划促进工业化和信息化深度融合,借助最新的科学技术,工业化、信息化、自动化、智能化成为建筑行业转型发展方式的主要方向,BIM 应用的台风口来临。 面对复杂的新形式和诸多的新机遇,对高校工程管理人才的培养也提出了更高的要求。

为配合教育部关于推进国家教育标准体系建设的要求,规范全国高等学校工程管理和工程造价专业本科教学与人才培养工作,形成具有指导性的专业质量标准。 教育部与住建部委托高等学校工程管理和工程造价学科专业指导委员会编制了《高等学校工程管理本科指导性专业规范》和《高等学校工程造价本科指导性专业规范》(简称"规范")。 规范是经委员会与全国数十所高校的共同努力,通过对国内高校的广泛调研、采纳新的国内外教改成果,在征求企业、行业协会、主管部门的意见的基础上,结合国内高校办学实际情况,编制完成。 规范提出工程管理专业本科学生应学习的基本理论、应掌握的基本技能和方法、应具备的基本能力,以进一步对国内院校工程管理专业和工程造价专业的建设与发展提供指引。

规范的编制更是为了促使各高校跟踪学科和行业发展的前沿,不断将新的理论、新的技能、新的方法充实到教学内容中,确保教学内容的先进性和可持续性;并促使学生将所学知识运用于工程管理实际,使学生具有职业可持续发展能力和不断创新的能力。

由化学工业出版社组织编写和出版的"高等学校工程管理类本科指导性专业规范配套教材",邀请了国内 30 多所知名高校,对教学规范进行了深入学习和研讨,教材编写工作对教学规范进行了较好地贯彻。 该系列教材具有强调厚基础、重应用的特色,使学生掌握本专业必备的基础理论知识,具有本专业相关领域工作第一线的岗位能力和专业技能。

目的是培养综合素质高，具有国际化视野，实践动手能力强，善于把 BIM、"互联网＋"等新知识转化成新技术、新方法、新服务，具有创新及创业能力的高级技术应用型专门人才。

同时，为配合做好"十三五"期间教育信息化工作，加快全国教育信息化进程，系列教材还尝试配套数字资源的开发与服务，探索从服务课堂学习拓展为支撑网络化的泛在学习，为更多的学生提供更全面的教学服务。

相信本套教材的出版，能够为工程管理类高素质专业性人才的培养提供重要的教学支持。

高等学校工程管理和工程造价学科专业指导委员会 主任

任宏

2016 年 1 月

当今，我们正处在一个移动互联网时代，一个信息快速增长和流动的时代，互联网＋、大数据、云计算和物联网等技术正在成为颠覆传统的管理模式最有力的支点。信息技术对构成人类社会的经济性组织——企业带来了史无前例的影响。组织管理的信息化、网络化和智能化是其发展的必然趋势。信息技术与组织管理和运作日益融合，使得信息系统的建设具有高度复杂性、专业化和平台化，可以说信息系统对于组织，特别是对于企业这种经济组织具有重要的战略意义。

《管理信息系统》是高等院校管理科学与工程类本科专业的一门核心课程。本书在内容编排、知识结构上服务管理科学与工程学科类本科专业，旨在通过阐释管理信息系统的基本概念、技术基础、系统开发与建设和应用实践方面的相关内容，使读者获得对管理信息系统的全面系统的认识。

本教材内容共分四篇。第一篇：陈述了数据、信息、知识、智能和管理信息系统的基本概念，企业信息化的必要性即企业为什么要实施信息化管理的问题，分析管理信息系统的历史沿革及其发展趋势。第二篇：信息系统的技术基础，主要介绍企业实施信息化的技术基础，包括网络技术、数据库技术的内容，这些内容是企业开发管理信息系统的技术支撑。第三篇：管理信息系统的开发与建设，全面系统地介绍信息系统规划、开发与建设过程主要概念、原理和方法。第四篇：信息系统的应用与实践，介绍信息系统在不同行业组织中的各类应用系统，如 BIM 系统、工程造价管理信息系统、物流企业管理信息系统、人力资源管理信息系统、物业管理信息系统等，帮助管理科学与工程学科下不同本科专业读者了解管理信息系统的作用及其对管理的影响，认识管理信息系统的战略性地位以及对组织变革的推动作用。

《管理信息系统》是青岛理工大学名校工程——特色教材建设项目，在 2009 版的基础上进行了修订。由管理学院程灏、张振森、姜东民三位老师任主编，占家权、王连月、刘克霞三位老师任副主编。具体分工：程灏编写第一章、第十一章、第十三章，吕秀艳编写第二章，高玲珂编写第三章，孙永利编写第四章，占家权编写第五章、第六章，张振森编写第七章、第九章，王连月编写第八章，申建红编写第十章，姜东民编写第十二章，刘克霞编写第十四章。

教材编写组各位教师根据从事多年管理信息系统教学和研究的体会，同时参阅了大量文献资料，从信息管理领域汲取了宝贵的成果和技术进步的成就，经集体智慧的熔炼，乃成拙作。在编写过程中，研究生胡志明、于蕾同学参与了文献资料查阅及校对工作，在此一并表示深切感谢。

限于作者水平，书中的不当之处在所难免，恳请广大读者批评指正。

编　者

2016 年 4 月于青岛

目 录

Contents

第一篇　管理信息系统原理与方法

第二篇　管理信息系统技术基础

第三篇　管理信息系统开发与管理

第四篇 管理信息系统应用与实践

第一篇

管理信息系统原理与方法

第一章

管理信息系统基础

学习目标

　　管理信息系统是一门综合了管理科学、信息科学、系统科学、行为科学、计算机科学的交叉学科。网络信息技术特别是移动互联技术的快速发展，使得管理信息系统的概念、理论、内容、技术和方法发生了很大的变化，信息管理与信息系统已经成为现代管理科学理论体系中一个不可分割的重要部分。学习本章达到的目标如下：

　　1. 认识网络信息技术导致经济全球化带来的挑战；

　　2. 掌握数据、信息、知识和智能的重要概念；

　　3. 掌握网络信息技术对企业组织的影响；

　　4. 了解大数据、互联网＋、物联网等相关概念。

关键术语

　　网络信息技术；信息系统；大数据；互联网＋；物联网。

第一节　信息的概念与特征

　　信息已经作为一种资源，跟材料、能源并称为现代社会发展的三大基础。现代电子计算机技术和通信技术的结合，使信息资源的开发与利用走上了高效率、多样化阶段。信息资源已成为生产力中最重要的因素，成为社会发展的战略资源。在本节学习中首先必须弄清楚以下四个概念和八个特征。

一、信息的四个概念

1. 数据（data）

数据是用来描述客观实体的属性，是为反映客观世界而记录下来可以鉴别的物理符号。数据的含义包含了两个方面。一方面是它的客观性，即它是对客观事物的描述，反映了某一客观实体的属性。这种属性是通过属性名和属性值来表达的。例如：100 吨钢材，是用文字、数字记录下来的数据，其中钢材是这个数据的属性名，100 吨则是这个数据的属性值。另一方面是它的可鉴别性。数据是对客观事实的记录，这种记录是通过一些特定的符号来表现的，而且这些特定的符号是可以鉴别的，尤其是可以由计算机识别的，这是以后进行数据处理工作的基本前提。目前，数据的概念已不仅仅是数字，声、光、电、数字、文字、字母、图形、图表和图像等都与数据有关。

2. 信息（information）

信息是按特定方式组织在一起的数据的集合。信息是事物普遍联系的方式，从本体论层次讲，信息是事物运动的状态和状态变化的自我表述；从认识论层次讲，信息是主体对于事物运动的状态和状态变化的具体描述。人类认识世界的先决条件之一，就是将本体论信息恰如其分地转化为认识论信息。而将数据转化为信息的过程称为处理。处理实际上是一系列逻辑上相关的任务，以完成某项预定的输出。在许多情况下，处理数据是用手工和脑力完成的，在另外一些情况下，处理数据是通过计算机来完成的。

信息是经济社会中经常用到的一个术语。由于人们可以从不同的行业。不同的角度去解释，所以目前还没有一个世界公认的关于信息的确切定义。这里只给出几种有代表性的关于信息的定义。

（1）信息是对数据加工的结果。

（2）信息是帮助人们做出正确决策的知识。

（3）信息是能够导致某种决策的外界情况。

（4）信息是使不确定因素减少的有用知识。

（5）信息是对客观世界现象通过直接观察，或对信号的语义解释领会而得到的知识。

以上这些说法都是人们从某一特定的角度来定义信息的，这是因为信息在自然界、人类社会和思维领域普遍存在，且有众多的表现形式和特点，以致形成众说纷纭的局面。信息并非今天才有，它与人类相伴而生，但信息作为科学上的研究则只有几十年的历史。最具有代表性和更广泛意义下的信息的定义是北京邮电大学钟义信教授的信息观。他从哲学的观点上认为：信息是事物运动的状态和方式以及关于这种状态和方式的广义知识。这一定义包括两方面的内容。一是从客观的角度，对信息本身进行描述，反映了信息来源于现实世界，是随着事物的运动而产生的。我们知道，宇宙中一切事物都在运动，绝对静止的事物是没有的。无论是自然界、人类社会，还是思维领域，只要有事物的运动，就会产生信息。这是人们意识之外的客观存在。二是从使用者的角度，信息还应该为人们所感知、所识别、所理解。因此信息也是关于事物运动状态和方式的广义知识。这里的"广义知识"，包括一般意义的知识，即对于事物运动的状态和方式的一种规律性的描述，它属于人类思维加工的结果，是人们对数据有目的地加工处理的结果。

3. 知识（knowledge）

定义数据之间的关系需要知识。知识是人们在实践中获得的认识和经验。经济合作与发展组织（Organization for Cooperation and Development，OECD）在 1996 年的年度报告《以知识为基础的经济》中将知识分为四大类，即知道是什么的知识（know-what），主要是叙述事实方面的知识；知道为什么的知识（know-why），主要是自然原理和规律方面的知识；知道怎么做的知识（know-how），主要是指对某些事物的技能和能力；知道是谁的知识（know-who），涉及谁知道和谁知道如何做某些事的知识。

4. 智能（intelligence）

智能及智能的本质是古今中外许多哲学家、脑科学家一直在努力探索和研究的问题，但对此至今仍然没有完全了解。一般认为，智能是指个体对客观事物进行合理分析、判断及有目的地行动和有效地处理周围环境事宜的综合能力。它包括：在给定问题、环境和目标的情况下，获取相关信息的能力；把这些信息加工成知识实现认知的能力；针对给定目标把知识激活成为策略的能力；按照策略在给定环境下解决问题、达到目标的能力。数据、信息、知识、智能是相通的。从噪声中分拣出来的数据转化为信息，升级为知识，升华为智慧，这个过程是信息的管理和分类过程，让信息从庞大无序到分类有序，各取所需。这个过程也是知识管理的过程，是一个让信息价值升华的过程。反过来，这个过程其实也是一个不断衰退的过程，从智慧传播为知识，从知识普及为信息，从信息变为记录的数据。数据已经失去了应用价值，只有记录价值了，从数据衰退到噪声，就已经是纯粹无效的东西了，如图 1-1 所示。

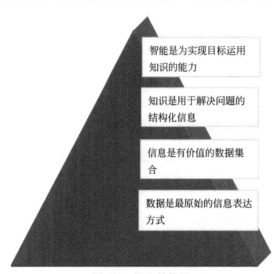

智能是为实现目标运用知识的能力

知识是用于解决问题的结构化信息

信息是有价值的数据集合

数据是最原始的信息表达方式

图 1-1　概念结构图

5. 数据与信息的转换

数据与信息这两个词在实际应用中经常容易混淆，为此我们必须清楚它们二者之间的区别和联系。数据和信息的区别在于数据是客观的，它来源于客观的现实世界，它是对某一事物属性的描述；信息是人们对数据加工后的结果，它取决于人们的主观需求，要对人们的决策行动产生影响。人们将数据和信息的关系形象地解释为是原材料与产品之间的关系。将数据看作是原材料，将信息看作是产成品。由于原材料和产品是相对而言的，一个部门的原材料也是另一个部门的产品，因此相同的一组数据对另一部分人来讲可能就是信息，相同的一组信息对另一部分人来讲可能就是数据。

总之，数据来源于现实世界，经过加工处理形成了信息，对决策过程产生影响再推动于现实世界。数据与信息在人们认识世界、改造世界的过程中不断地实现转换。

二、信息的特征

信息与日常生活、经济生活和社会活动息息相关，也与众多的学科紧密相连，所以信息呈现出多种属性。

1. 信息的普遍性

信息事物运动的状态和方式，只要有事物运动就会有信息。无论自然界、人类社会，还是思维领域里的一切事物，都处在不断的运动和变化之中。事物的运动是绝对的，而且表现出多种多样的运动状态和方式，都将有大量信息出现。在思维领域，人们的思想、方法、情绪，以及人们之间的相互交流和感情问题，都会以不同的方式传递信息。事物运动的普遍性决定了信息无时不在、无处不在，这都是信息的普遍性。

2. 信息与载体的不可分性

在人类社会的信息活动中，各种信息必须借助于文字、图像、胶片、磁带、声波、光波等物质形态的载体，才能表现，才能为人们听、视、味、嗅、触觉所感知，人们才能识别信息和利用信息。从某种意义上说，没有信息载体，也就没有信息本身。

3. 信息的价值性

信息本身不是物质生产领域的物化资源，但它一经生成并被使用者所感知，就是一种具有可采纳性，或称之为有用性的资源。能够满足人们某些方面的需求，被人们用来为社会服务。也就是说，信息本身是有价值的，一方面它体现在获得这种信息所付出的代价；另一方面体现在信息有使用价值，它是通过运用此信息后在决策中的影响程度来转换得到的。

4. 信息的可加工性

客观世界存在的信息是大量的、多种多样的，而人们对信息的需求往往具有一定的选择性，为了更好地开发和利用信息，就需要通过一定的手段对大量的信息进行筛选、分类、排序、归纳、存储等操作，选取自己所需要的信息。加工的方法和目的反映信息的接收者获取和利用信息的特定需求。需要注意的是：信息的可加工性并不能改变信息的客观内容，而只是改变它的表现形式和存在方式。

5. 信息的可增值性

信息不仅是事物运动的状态和方式，而且还是关于这种状态和方式的广义知识。由于客观事物的复杂性和事物之间的相互联系的特点，所以对于同一信息，人们会因为观察目的、观察视角和观察层次的不同，从事物的内部结构和外部联系中分析出结果的不同，从而又得到不同的有价值的信息。人类社会的发展，每一步都离不开对信息资源的开发和利用。人们的素质越高，信息获取手段越科学，信息增值的可能性越大，以至成为取之不尽、用之不竭的源泉。

6. 信息的可传递性

信息之所以能够被接收、理解和运用，是因为信息由信息源发出后可以借助于载体进行传递。信息传递与物质产品的传递是不同的。它不是"实体"在位置上的变动，而是"实体"特征或属性在不同空间或不同时间上的显现或描述。信息的传输手段和方式多种多样，信息传输的快慢，对信息的效用和价值至关重要。

7. 信息的共享性

一般的物质资源在使用过程中或是被消耗，或是被磨损。例如，原材料在生产过程中被消耗，而设备在生产过程中被部分磨损。这是物质资源的一种属性。然而对于信息来说，同一信息可以同时被多人使用，一般情况下增加使用者不会使原有的使用者丢失部分或全部信息。这是信息资源的具有共享的特性。例如，天气预报的信息，既可以为农业生产经营者所使用，也可以为工业生产经营者所利用，还可以为商业经营管理者所运用，而这一条信息依然存在。由于信息本身具有非消耗性的特点而为人们所共享，但有些信息涉及到商业的、军事的或其他方面的秘密；或买卖双方有约定，只能在有限的范围内使用。这时，如果增加了使用者，扩大了使用范围，就可能影响某些使用者对这类信息的利用，这并不否定信息的非消耗性，因为信息本身并没有改变。信息的非消耗性是广泛传播信息和利用信息的理论依据，信息的生产者总是希望有更多的用户，以提高信息的利用率。

8. 信息的时效性

信息的时效是指从信息源发出信息，经过接收、加工、传递、利用的时间间隔及其效率。由于客观事物总是处于不断变化之中，其信息必然会发生相应的变化。脱离母体的信息，由于不能及时反映母体的变化，其效用性将会随着时间的推移而逐渐降低；当母体发生质的变化时，其信息效用将会完全丧失。尽管信息在使用过程不会被消耗或磨损，但时间却可以使信息"过时"或"老化"。这在经济领域表现得特别明显。

第二节　信息技术对组织的影响

一、信息技术与信息系统

网络信息技术的快速发展与经济全球化，使 IT 在企业中所扮演的角色越来越重要。在 21 世纪，信息技术与信息系统已成为企业持续健康发展的新技术源泉。

1. 网络信息技术

网络信息技术改变了组织间的关系，数据驱动成为无可争辩的事实。在这一过程中，模糊了市场、行业和企业。传统的市场和分销渠道正在减弱，新的市场和商业模式正在创建。公司与顾客、员工、供应商、物流伙伴的关系正在形成数字化关系。

现在许多商务活动都可以基于数字网络，在本书中常用的术语：电子企务（Electronic Business）和电子商务（Electronic Commerce）。电子企务专指用因特网和数字技术去执行企业内的所有活动。电子企务包括企业内部管理以及与供应商、其他商业伙伴之间协调的各种活动。电子商务是电子企务的一部分，它涉及通过电子化手段买卖产品和服务，并利用因特网、网络和其他电子技术实现计算机化的业务处理。它还涉及支持这些市场业务的广告、促销、渠道、顾客支持、递送和付款等。

网络信息技术同样也给公共事业部门带来了相似的变化。政府在各个层次上使用因特网向公民、员工、企业传送信息和服务。电子政府是应用网络信息技术去实现对公民、企业及其他政府机构的管理与协调。除改善政府服务以外，电子政务还可使政府运行更加有效，使公民更容易获取信息和联系他人，从而增强了他们行使权利的能力。

2. 企业的转型

随着市场和竞争优势的快速变化，企业自身也发生了相应的变化。网络信息技术正在改变着传统企业的成本和组织收入结构，同时加速传统企业模式的消亡。

网络信息技术使跨企业的经营管理成为可能，并实现了与在企业内部几乎一样的效率和效益。这意味着企业没必要局限于传统的组织边界，与远距离的供应商和合作伙伴维持紧密的关系是可能的，企业原先自己做的工作可以外包出去。

除了这些变化以外，企业的管理也在转变。传统企业是层次型的、集中式的、结构化专业分工的，它通常基于一个固定的标准化运作程序，来大量生产产品或服务。新的企业是扁平的（层次少的）、分散的、通用型的柔性安排，它依赖于快速的信息传递，来提供大量的产品或服务，以专一的产品或服务去满足特殊市场或顾客的需求。

传统的管理团队依赖于正式的计划、严格的分工和正式的规则。新的管理依赖于非正式的承诺和网络去建立共同的目标（而不是正式的计划），工作团队和个人的灵活安排及以顾客为导向的员工之间的协调。新的管理模式尽力诉诸知识、学习、员工的个人决策，以保证公司的正确运营。信息技术再次使这种管理方式成为可能。

3. 经济全球化

许多跨国公司也将它们的产品设计、制造、财务、顾客支持等业务职能转移到其他国家，因为那里花费的成本较低。企业未来的成功取决于它们全球化经营的能力。

今天，基于大数据的挖掘技术提供了强大的通信和分析能力，能满足企业在全球范围内进行经营与管理的需求。控制远驻他方的全球性公司，与经销商和供应商的沟通，在不同的国家中保持24h运行，协调全球工作团队，服务本地化和国际性报告的需求，这些对企业的主要挑战都需要强大的信息系统的响应。

经济全球化和网络信息技术同样给国内企业带来新的挑战和威胁：由于存在全球通信和管理系统，顾客可以在全球市场上采购，可以24h地获取可靠的信息。作为国际市场竞争的参与者，公司需要强大的信息和通信系统。

4. 知识经济的崛起

基于大数据、云计算和互联网＋的知识和信息的经济中，知识和信息成为创造财富的关键要素。新型业态的不断涌现，我国第三产业已超过传统的第一、第二产业，2015年度服务业增加值占GDP比重达50.5％。

知识和信息提供了有价值的新产品和服务的基础，这些产品和服务包括信用卡、物流快递业或跨境物流等。知识和信息密集产品，如计算机游戏，生产时需要大量的知识，同样，传统产品的生产也需要大量的知识。

5. 线上和线下一体化企业的出现（O2O）

上述所有变革和组织流程再造，为数字化企业的出现创造了条件。O2O企业可以从几个维度来定义。O2O企业与顾客、供应商、员工等之间所有商业关系实现数字化。核心企业过程可以通过遍及整个企业或连接多个企业的数字化网络来实现。O2O企业开发一个新产品、接收或完成一个订单、创建一个市场计划、雇用一个员工都可以在网上进行。关键企业资产（知识资产、核心竞争力、财务和人力资产）通过网络和信息平台进行管理。在这样的企业中，任何支持关键企业决策的信息在任何时间任何地点均可得到。

O2O企业在感知和响应它们的环境变化比传统企业快得多，从而使它们足够灵活以求在动荡时期中生存。图1-2展示了一个O2O企业充分利用网络信息技术实现商务活动。信息和业务过程可在企业内部的不同部门和企业外部的实体之间实现无缝的流动，这些实体包括顾客、供应商和企业伙伴。

二、使用信息系统的意义

信息系统与技术正在对企业、行业和市场进行着变革。为什么信息系统如此重要？让我们首先来考查信息系统和信息技术为什么如此重要？这里有四个理由说明为什么信息技术将使每个人未来的职业生涯不同于以往。

1. 信息资源管理

网络信息技术可以将企业的生产过程、物料移动、事务处理、现金流动、客户交换等业务过程数字化，通过各种信息网络加工生成新的信息资源，提供给各层次的管理者，使他们洞悉、观察企业各类动态业务中的一切信息，以做出有利于生产要素组合优化的决策，使企业资源合理配置，从而使企业能适应瞬息万变的市场经济竞争环境，求得最大的经济效益。

2. 进行工商业活动的基础

当前在许多行业，没有信息系统的广泛使用，企业的生存和发展都是难以想象的。很明显，所有电子商务如果没有大量的投资是不可能实现的，如 Amazon、eBay、Google、eTrade 淘宝、京东这样的企业，简直就不可能存在。今天的服务行业——财务、保险、房地产，还有人员服务，如旅游、医疗、教育等没有 MIS 将不能正常运行。类似地，零售业、制造业均依赖 IT 得以生存和繁荣。正如办公室、文件柜、装有电梯的大楼是 20 世纪的工商业基础一样，网络信息技术是 21 世纪的工商业基础。

企业使用 IT 的能力与它们实现公司战略规划与战略目标的能力正在形成相关关系，如图 1-3 所示。如企业未来 5 年内一个想做什么常常取决于它的系统能做什么。增加市场

图 1-2　O2O 企业中的运作模式

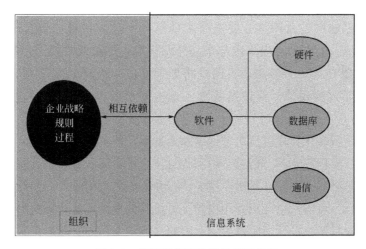

图 1-3　组织和信息系统的相互关系

份额、成为高质量或低成本的生产者、开发新产品、提高员工的生产率越来越依赖于组织内信息系统的品质和类型。

3. 管理能力

网络信息技术的发展，使全过程管理成为可能。全过程管理概念及内涵包括传统财务管理、办公自动化、企业生产流程管理、网络系统管理及企业与市场、与合作伙伴相互沟通的电子商务在内的管理。企业管理软件是企业提高效率和管理能力的最佳工具。

现在的云计算技术不仅在桌面系统和服务器系统的管理上可以将企业的整体管理成本降低，提高整体管理效益，而且使用统一的管理界面，可以利用集中式信息管理的功能，凭借标准的整体架构，在企业管理的投资以外，减少管理人员的训练开支，达到协助企业全面发展的目的。

4. 战略机会和优势

一个企业想在市场占有、新产品开发和服务创新方面取得优势，就必须应用网络信息技术来挖掘新的商机。如果想比竞争对手获得更大的战略优势，并保持这个优势，那么充分利用网络信息技术与企业变革和管理融合在一起就是最佳的途径。IT 对竞争优势的贡献是巨大的。也许优势不会一直持续保持，历史上大多数战略优势也都是短期的拥有，但无论如何，一系列的短期竞争优势却是长期竞争优势的基础。

三、信息系统的技术和企业视角

1. 信息系统的技术视角

信息系统可以定义为相互联结的部件的集合，它可以进行信息的收集、处理、存储和分发，以支持一个组织的制定决策。除了支持决策、协调和控制，信息系统还可以帮助管理者分析问题和创造新产品。信息系统包含组织或环境中主要人员、地点和事情的信息。

在一个信息系统中信息产生需要三个主要活动。这些活动分别是输入、处理和输出，如图 1-4 所示。输入是再组织内部或其外部环境中捕捉或收集原始数据。处理是把这些数据转化为较有意义的形式。输出是将处理后的信息转交给使用它的人或其他活动。信息系统通常需要反馈，反馈是将输入返送到组织中合适的成员，进行活动评价和过程控制。

计算机信息系统使用计算机技术来处理原始数据，使其成为有用的信息。须知，在概念上计算机和计算机程序不同，信息系统和信息技术也不同。计算机及其相关软件是现代信息系统的技术基础和工具。计算机提供了储存和处理信息的设备；而计算机程序或软件是操作指令的集合，可操作它来指挥和控制计算机的处理。理解计算机和计算机系统的工作原理，对于理解其组织设计问题是十分重要的，但本书作为管理信息系统这门课程将要介绍的内容只是信息系统的开发与应用。

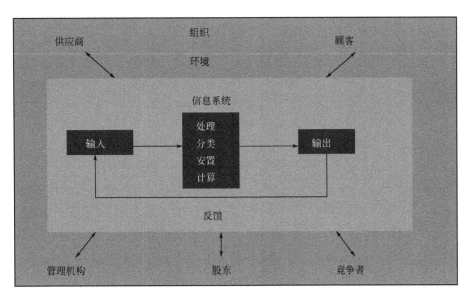

图 1-4　信息系统的功能

2. 信息系统的企业视角

21 世纪，没有任何组织或企业不在充分利用移动互联技术来提升竞争能力。由于企业应用网络信息技术和信息系统给企业创造了经济价值，获得了竞争优势。从企业的视角看，信息系统就是为企业创造价值的工具。信息系统可以向管理者提供信息，帮助他们正确决策和改善企业过程的执行，从而减少成本增加收益。

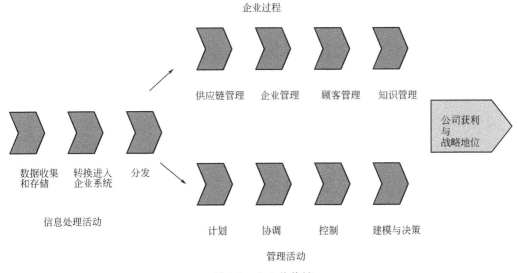

图 1-5　企业价值链

每一个企业都有一个价值链，如图 1-5 所示，原始信息被系统采集，然后经过各阶段的转换，附加的价值被加载于这些信息上。信息系统对企业的价值以及投资于任何信息系统的决策，大部分取决于建立信息系统的目标，这些目标包括较好的管理决策、更好的企

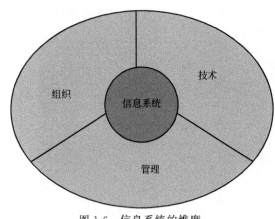

图 1-6　信息系统的维度

业效率、更高的企业利润等。要充分理解信息系统，就必须了解信息系统的组织、管理和技术维度（如图 1-6 所示），以及提高应对企业环境中的挑战和解决问题的能力。

3. 信息系统的维度

（1）组织维度

信息系统是企业组织整体的一部分。组织的关键要素是人员、结构、企业过程、制度和文化。组织是由不同的层次和专业任务组成。它们的结构展示了清晰的劳动分工。主要职能或组织执行的专业任务，由销售和市场、制造和生产、财务和会计以及人力资源等组成，如表 1-1 所示。

表 1-1　主要的企业职能

职能	用途
销售和市场	销售产品和提供服务
制造和生产	生产产品和提供服务
财务和会计	管理组织的财产、维护组织的财务记录
人力资源	吸收、开发和维护组织的劳动力，维护员工记录
制造组织的产品和服务	产品设计和战略规划

一个组织通过一个结构化的层次和一些企业过程或流程来进行协调。层次把人员安排成金字塔型结构，越往上层，权利和责任越大。金字塔的上层包括经理、专家和技术人员，而下层由操作人员组成。

大多数组织的企业过程由一些正式规则组成，这些规则是为完成任务经长期积累得到的。这些规则以一系列的程序指导员工处理各种工作，从开发票到顾客的投诉。其中一些程序被正式化了，并写成文件，而另一些则是非正式工作的经验，如要求给合作者、供应商或顾客回电，就没有正式文件化。许多企业过程或流程被收编于信息系统。

组织需要许多不同的技能和人员。除了经理外，知识工作者（knowledge workers），如工程师、建筑师或科学家等，进行设计产品和服务；数据工作者（data workers），如秘书、簿记员、办事员等，处理组织的文书工作；生产和服务工人，如机械师、装配师、包装工等，进行实际产品和服务的生产。

每一个组织都是一个独特的文化、理念、核心价值和做事方法组成的基本集合，它为组织的大多数成员所接受。而一部分文化常被发现已经嵌入组织的信息系统中了。例如，许多企业把关心和服务于顾客放在第一位是其组织文化的一部分，我们可在信息系统中发现它有服务于顾客的售后服务系统。例如澳柯玛 2015 年上海线上海豚服务信息平台给予顾客的售后跟踪。

由于组织中不同的层次和专业有不同的利益和观点，因此，矛盾冲突是组织政治管理的基础。信息系统在不同的观念、矛盾、妥协和一致的情况中诞生，在许多组织是很自然的。

（2）管理维度

管理工作在于对企业所面临的许多情况做出感知、进行决策，提出解决企业问题的正式计划。管理者认识到环境的挑战，并构建了应对这些挑战的组织战略，分配一定的人力和财力资源，以协调工作和达到目标。但管理者必须比管理现有的东西做得更多。他们也必须创造新产品和新服务，甚至还要不断地再造（re-create）他们的组织。管理的很大一部分责任是由新技术和信息驱动的工作。信息技术组织管理流程再造起到强有力的作用。

管理的角色和决策在组织的不同层次上是不同的。高层经理进行产品和服务的长期战略决策。中层经理制定公司战略的执行程序和计划。运营经理负责监控公司的日常活动。各层管理均被期望对各种问题能提出创造性的、新颖的解决方法。不同层次的管理有不同的信息和信息系统需求。

（3）技术维度

管理技术是管理者应对变化的众多工具中的一个。计算机硬件是在信息系统中进行输入、处理和输出的设备。它包括中央处理器、各种输入、输出和存储设备，并通过物理介质把它们连接到一起。计算机软件是由详细的预编程序的指令组成，在信息系统中，用它来协调和控制计算机硬件。关于计算机硬件及软件详见第二篇。

通信技术是由物理设备和软件组成，连接各种硬件，并将数据由一个地点传送到另一个地点。为了共享声音、数据、图像甚至影像，计算机系统和通信设备可以连成网络。网络可以连接两个或两个以上的计算机来共享数据或资源。

移动互联网的广泛应用。云计算技术创造了一个新的"万能"的平台，在它上面可以建造几乎所有类型的新产品、新服务、新战略和新的企业模式。移动互联信息技术也可以用于企业内部去连接不同的网络和系统。基于互联网技术的公司内部网络叫做内联网（intranet）。专用的内联网扩展到组织外部叫做外联网（extranet），公司利用这种网络与其他公司进行协调，如进行采购、合作设计和其他跨组织的工作。

所有这些移动互联网信息技术阐明了整个组织可以共享的资源，并组成公司的 IT 基础设施（ITinfrastructure）。IT 基础设施提供了基础或者平台（platform），在其上面，公司可建造它们特殊的信息系统。例如建筑业的 BIM 信息技术平台，建筑企业可以在这个平台完成设计、工程量清单计价、施工组织设计与优化等工作。

4. 辅助资产和组织变革

对信息系统的组织与管理维的认识有利于理解为什么有些企业能够利用它们的信息系统获得比其他企业更好的经济效益。信息技术投资回报的研究显示，各企业获得的投资回报存在较大差异，这就表明信息技术的投资本身并不一定能保证有好的投资回报。为什么各企业之间存在这么大的差异呢？这是因为它们对辅助资产重视程度的不同。单独的信息技术投资不可能使组织和管理变得更有效，必须配合以组织结构以及组织的行为模式和其他辅助资产。辅助资产是要实现来源于初始投资的价值所需的资产。例如，要实现汽车的价值需要有大量的辅助性投资用于高速公路、道路、加油站、修理设备的建设，还需要有一个管理司机行为的法律法规和设立道路行驶的标准。

应用信息系统投资的最近研究表明，一些企业积极投资于辅助资产以支持它们的技术投资，如新的企业流程、管理行为、组织文化或培训，获得了高额的回报；而另一些企业疏于辅助资产的投资，它们就得到较少的甚至没有 IT 投资的回报。信息技术的投资价值在很大程度上取决于组织和管理方面的辅助投资。

关键的组织辅助投资是一种支持性的企业文化，包括效率与效益的价值观、企业过程的效率、权力的下放、决策权的分散和强大信息系统开发与维护团队。重要的管理辅助资产包括高层管理对变革的强有力支持、监督和奖励创新的激励制度、团队与合作的加强、培训计划，还有一种崇尚灵活和知识的管理文化。重要的社会投资（不是由本企业来投资，而主要是由社会、其他企业、政府、其他主要市场参与者来投资）包括互联网及其支持的互联网文化、培训系统、网络和计算标准、规定与法律以及技术服务公司等。

5. 信息系统的当代方法

信息系统的多个视角表明了信息系统的研究属于一个多学科交叉领域。没有哪一种理论或观点可以占据主导地位，如图 1-7 所示。这里给出了几个对信息系统研究中的问题、论点和解决方案有用的主要学科。总体来说，这个领域可以分为技术和行为两种方法。虽然系统是由机器、设备和技术组成，但仍需要真正的社会、组织和智力投资才能使它们正确地运行。

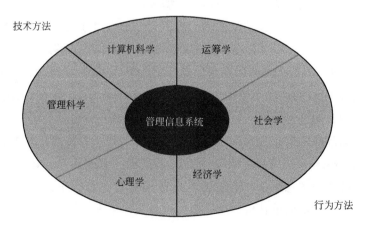

图 1-7　信息系统的当代方法

6. 社会技术系统

管理信息系统的研究起源于 20 世纪 70 年代，当时集中研究基于计算机的信息系统在企业和政府机构中的应用。MIS 综合运用了计算机科学、管理科学和运筹学，对实际问题和管理信息技术资源问题进行实践导向的研究，来寻求开发系统的解决方案。同时，它还涉及信息系统的开发、应用和影响行为的问题，这些问题是心理学、经济学和社会学所讨论的典型问题。

本书采用的观点是信息系统的社会技术观点（sociotechnicalview）。认为最优的组织绩效是基于社会和技术系统两个方面进行最优化组织来实现的。社会技术系统的观点可以使我们避免以信息系统的单纯技术观点看问题。例如，信息技术成本的快速下降和能力的增加并不是很容易就转化成生产率的提高。同样地，再造了新的企业过程流程的公司并不意味着员工将达到更高的劳动生产率。强调企业绩效总体最优化的同时，注重技术和行为方法。图 1-8 显示了社会技术系统共性的调整过程。

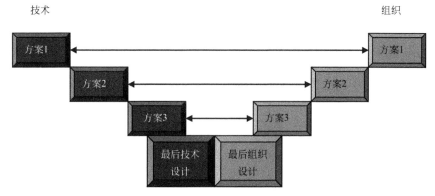

图 1-8　信息系统的社会视角

虽然信息系统的应用能极大地提高效益和效率，但也创造了新的道德和社会问题与挑战，如隐私问题、知识产权问题、计算机有关健康问题和计算机犯罪问题等。主要的管理挑战是如何做出明智的决策，即既要考虑到信息系统的正面影响，也要考虑它的负面影响。信息对企业、政府的日常生活是如此的重要，组织必须采取特殊的措施来保证它的安全、准确和可靠。如果一个公司应用的信息系统可能被破坏、信息外泄或输出的信息不符合正确使用的格式，它将会引来灾难。信息系统的设计必须使它能安全地实现所需的功能，从而使人们可以控制它的过程。我们设计这样的信息系统既要增加效益和效率，又要保证信息安全。目前我国和发达国家研究的量子通讯技术可能为未来信息安全的解决提供了新的方案。

第三节　企业信息化

一、企业信息化的理论基础

1. 管理学基础

管理作为概念和理论来进行大量研究还是在 20 世纪初工业革命时代开始的，因而可以说它还是个很年轻的学科。美国著名学者罗宾斯（Robbins S. P.）给管理下了一个定义：管理是通过他人既有效率又有效益地完成活动的过程。效益要求我们做正确的事情（Doing the right things）；而效率则要求我们正确的做事情（Doing things right）。管理还可以由功能、角色和技能出发得到不同的定义。

管理功能的定义是由著名的法国实业家亨利·法约尔（Henri Fayol）提出的，他在20世纪20年代所著《一般工业管理》一书中，把管理的职能定义为计划、组织、指挥、协调和控制。管理的角色定义是由亨利·明茨伯格（Henri Mintzberg）给出的，他在20世纪60年代末期，经过大量仔细的研究发现，大多数经理经常是处于变化的、无模式的、短期的活动中，其决策不可能是系统的。亨利以管理角色来表示某种管理行为。他把角色分为三类，即人际关系角色（interpersonal roles）、信息角色（informational roles）、决策角色（decisional roles）。技能论的代表是罗伯特（Robert L. Katz），他在20世纪70年代把管理技能分为三种：一是概念技能（conceptual skills），二是技术技能（technical skills），三是人际技能（human skills）。

综上所述，我们可以知道从不同的角度来看管理。我们可以给出管理的一个综合定义：管理是为了某种目标，应用一切思想、理论和方法去合理地计划、组织、指挥、协调和控制他人，调度各种资源，如人、财、物、设备、技术和信息等，以求以最小的投入去获得最好或最大的产出目标。最近有一些人非常同意对管理的一种说法，该说法是"管理是通过他人完成功能工作（Getting things done through other people）"。这个定义强调了管理的一个很重要的方面，就是管理是要通过管理人去完成工作，而不是事事都亲自去做。强调了管理者就是要管理人，要更加重视人的工作。

2. 信息理论基础

信息是管理信息系统的最重要的成分。信息系统中常用的信息可以定义如下：信息是经过加工后的数据，它对接收者的行为能产生影响，它对接收者的决策具有价值。数据是一组表示数量、行动和目标的非随机的可鉴别的符号。它可以是字母、数字或其他符号，也可以是图像、声音或者味道。数据项可以按使用的目的组织成数据结构。

信息和其他产品一样是有生命周期的。信息的生命周期是要求、获得、服务和退出。信息生命周期每个阶段中又包含一些过程。这些过程包括信息的收集、信息的传输、信息的加工、信息的存储、信息的维护以及信息的使用6种。信息传输示意图如图1-9所示。

所有的信息管理阶段都是为了最终使用信息，现代的移动互联网络信息技术发展相当先进，可以进行人机的对话，使非专业的管理人员可以直接和机器打交道。信息价值转化也在快速发展。价值转化是信息使用概念上的深化，是信息内容使用的深度上的提高，信息使用深度大体可分为三个阶段，即提高效率阶段、及时转化价值阶段和寻找机会阶段。诺兰阶段模型的信息管理阶段在广义上包括三方面。

（1）面向未来的规划管理

信息管理已成为现代管理的一个重要方面。随着信息资源的重要性的增加，信息管理

的规划已和企业的战略规划并驾齐驱，成为企业第一把手重要工作。规划管理也成为企业
信息管理中最重要的工作。

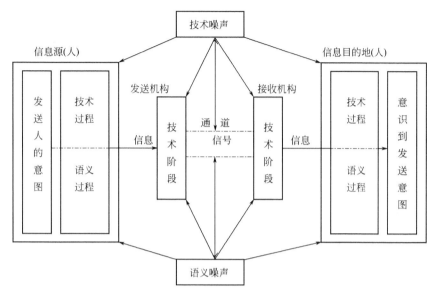

图 1-9　信息传输的一般模式

（2）面向信息系统内部的运营管理

随着系统运行的实时化和社会信息基础设备的不断完善，运营的外包已成为十分重要
的方法，也成为运营管理的主要内容。外包的管理也凸显其重要性。企业应设立首席信息
官（chief information officer，CIO），由他管理和协调用户使用、内部信息部门服务以及
外包协调工作。没有这个处于企业领导核心的职位，企业是很难管好信息系统的运营的。

（3）面向开发的项目管理

由于软件的商品化，开发工具的成熟，供应商外包业务的推广，现在企业内部的信息
部门自主开发项目越来越少，代之以进行项目管理。把实施项目开发当成促成企业变革的
一种活动，去协调好用户开发、外包、信息部门的集成，从更高层、更战略、更宏观的进
行管理是当前企业的一项很重要的工作，也是 CIO 的一项重要工作。

3. 系统理论基础

系统理论是管理信息系统三大基础之一。概括起来，我们可以把系统定义为：系统是
指由两个或两个以上相互作用、相互依赖的元素组成的具有特定功能的有机整体。

系统理论不是研究孤立的事物。它研究把孤立事物联系起来所形成的新问题。这些问
题是不同于孤立存在的事物的问题。系统理论的学科研究有三个层次：系统思想、系统科
学和系统工程。

系统思想是系统研究的最高层次。中国古代许多思想家，早就有了系统思想。如大禹
治水、李冰修建都江堰等。欧洲早期的哲学家也就有了系统思想，如古希腊辩证法奠基人
之一的赫拉克里特（公元前 500 年）在《论自然》一书中写道："世界是包括一切的整

体。"古代的这些系统思想，至今我们阅读起来，仍感到十分深刻。系统思想和系统科学是不同的。它要求严格的逻辑推理和实验验证，其主要根据经验归纳、创造性的思想去定性地把握事物的走向。它重视透过事物的表面现象，抽取事物深层次的概念，透过个别事物去抓住整体的特征，从而建立自己的概念框架。系统科学则是利用当代科学的一切成就，把系统工作由艺术、经验变为科学的过程。科学的特点是什么？科学追究原因，建立起一套逻辑推理机制，科学推出的结果是可信的，是真实的。科学主要是明因明理。而系统思想主要是知向和创意，所以系统思想在某种程度上也可以说是系统哲学，是研究科学和工程背后的"科学"。系统思想的重点是在创意和概念框架。因而当代的一些研究就逐渐集中于创意的模式研究上。

系统科学是利用科学方法来解决系统问题的。科学的特点在于明理、演绎、验证和求真。就是说应当知道真理，应当可以进行符合逻辑的推导，应当可以验证，可以求得真实的规律。管理科学是利用当代自然科学的一切成就来解决管理问题的过程，系统科学就是利用当代自然科学的一切成就来解决系统问题的过程。系统科学的大发展时期是20世纪80年代，是在40年代计算机科学、50年代信息科学和控制科学、运筹学和管理科学等基础上发展起来的。随着系统科学的成熟，系统论、信息论和控制论就成为那个时代的软科学的基础——"老三论"。20世纪末，由于系统越来越复杂，也由于自然科学又有许多新发展，复杂系统理论成了研究的焦点，它呼唤着更高级理论的出现，逐渐出现了"新三论"，即耗散结构论（dissiative structure theory）、突变论（catastrophe theory）和协同论（synergetic theory）。实际上"新三论"均是研究开放系统中某一组织通过和外界不断的交换能量、信息和物质后，自身内部的控制参量达到某一阈值时，系统可能由无序转化为有序状态，因而"新三论"又称为自组织理论。自组织是在自适应的基础上产生的，复杂系统具有自适应能力，自适应又创造了复杂性。进一步深入研究复杂系统结构的演变，20世纪90年代，西方兴起了非线性科学热。非线性科学中的分形、分维和混沌理论（chaology），又被称为"新新三论"。不管它是否达到了这种程度，但是混沌开始之处，就是经典科学终止之处。非线性的研究正在消除决定论和概率论两大对立描述体系的鸿沟。

系统工程是用当代工程技术的一切成就来解决系统问题的。工程的特点是按质、按量、按时地完成任务。如果说系统思想主要是定性研究，系统科学是定性定量结合的话，系统工程最后一定要定量。系统工程力求100%地达到目标。定量、准确是系统工程区别于系统思想和系统科学的主要特点。系统工程十分重视实施、注意计划。大型复杂系统工程项目，如我国的奔月工程、三峡工程的成功，绝不只是工程技术的成功，更重要的是计划技术的成功。

二、企业信息化

一般来说，企业管理可分为三个层次：高层管理、中层管理和基层管理。

高层管理：实施战略管理，即对企业业务和资源在整体上的一种把握和控制，包括组织架构、资源配置和企业战略等。

中层管理：实施业务管理中的具体设计、组织协调，决定了企业各种业务是否能有效地开展。

基层管理：实施对业务处理的过程管理。

通常将分布在基层管理中但又跨越三层管理能够影响企业全局的管理活动和事务称为基础管理。实施企业基础管理的本质是对企业基本业务实施过程管理。具体地说，主要是对企业销售、供应、生产、库存、质量、成本、财务等主要事务活动的过程管理。它的好坏决定了企业的战略目标能否实现，也决定了企业持久发展是否有坚实的繁殖内核。

企业信息化必须首先加强自身的信息基础设施建设，通过企业基础数据的信息化、企业基本业务流程和事务处理的信息化、企业内部控制及实施控制过程的信息化、人的行为规范管理等企业基础管理信息化工程，确保企业在规模不断扩大和业务迅速发展的过程中保持坚实的管理基础和繁殖内核，促进企业可持续发展。企业信息化是电子商务的基础，企业管理信息化是企业信息化的核心，企业的电子商务必须首先从企业基础信息化开始。而中国企业开展基础管理信息化的关键是选择合适的企业管理及电子商务应用软件并制定合适的实施策略，这种选择应以解决企业自身管理为目标，在期望与现实之间求得平衡。对于大多数中国企业而言，普遍存在自身的管理水平不高、信息化程度较低等问题，因此，用信息化的手段解决企业基础管理，并建设一定的电子商务基本应用，将是中国企业开展基础信息化、迈向电子商务的基本策略。

1. 企业信息化的标志及重要性

随着我国市场条件下企业竞争压力的不断加剧、企业组织管理观念的变革以及业务流程标准化的不断完善，企业信息化建设的热情近几年来有了显著的提高。企业要跟上信息化的步伐，要通过网络化支持及实现新的工作组织和管理方式，实现信息资源的共享，首先在计算机数量上要根据企业内部用户规模由单机环境发展为多机环境，实现全部信息资源在机运行，其次应根据业务需求在应用上由一般的文件处理发展到多任务处理并成为处理核心业务的工具，系统平台方面则要由主机计算模式实现向网络计算模式的跨越。

企业信息化的重要性表现如下。

（1）企业信息化是企业现代化的一个重要标志。当今世界正处在由工业社会向信息社会的转化时期，信息化是企业现代化的重要内容和实现手段。可以说，没有企业的信息化就没有企业的现代化。

（2）信息化是国民经济信息化的基础。许多已经完成工业化任务的发达国家和众多发展中国家都在积极地规划自己的信息化蓝图，我国也不失时机地提出了加快国民经济信息化进程的战略任务。企业作为国民经济发展的最基本细胞，既是国民经济信息化的主体又是支撑力量，没有企业信息化，就谈不上国民经济信息化。

（3）信息化建设对建立现代企业制度起到积极促进作用。信息化建设既是企业发展的内在需要，反过来也要求企业在管理模式、运行机制等深层次上进行完善和创新，有利于建立现代企业制度和实现经济增长方式的根本转变。

（4）信息化建设是我国企业缩短与世界先进企业水平差距难得的机遇。发达国家的企业信息化建设是在工业化任务基本完成以后进行的，而我国企业是在工业化过程中进行的。信息技术的特性使企业超越某一阶段实现跨越式发展并后来居上成为可能。信息化建设可以使一般企业与先进企业使用同等水平的信息技术，从而大大缩短工业化进程。

2. 管理信息系统（MIS）的概念及对企业的作用

互联网的发展、经济全球化和信息经济的出现，使得以现代计算机科学、信息科学、管理科学和系统科学为基础建立的各种管理信息系统（Management Information System，MIS），在现代社会经济生活中，特别是企业经营管理决策中，发挥着日益重要的作用。例如，可口可乐公司的管理者利用 MIS 检查日常的运作时，能够准确地找到在遍及全球任何一家超市里所卖的 500 毫升的可口可乐是哪家瓶装厂生产的，是通过哪个销售渠道销售的。美国波音公司在波音 777 的研制中，通过采用先进的集成制造技术，把开发周期由原来的 8～9 年缩短到 4 年半，成本降低 25%，出错返工率降低了 75%。

企业生产过程自动化和管理现代化系统，可分为监控信息系统 SIS（Superisory information system in plant level）和 MIS 管理信息系统（Management information system in plant level）。SIS 和 MIS 可以是设置在一个网络中的 2 个功能，共用计算单元和数据服务器，也可以将 SIS 网与 MIS 网用网关（G）或其他接口分隔成 2 个网，分别设置相应的计算单元和数据服务器，以提高 SIS 网的安全性。SIS＋MIS 系统，对内是实现生产过程自动化和管理现代化的系统，对外是产品销售及物流系统。

MIS 是一个不断发展的新型学科，MIS 的定义随着计算机技术和通信技术的进步也在不断更新，在现阶段普遍认为 MIS 是有人和计算机设备或其他信息处理手段组成并用于管理信息的系统。在现代社会，MIS 已和计算机设备不可分离，因此一般来说 MIS 就是计算机 MIS。MIS 包括计算机、网络通信设备等硬件成分，包括操作系统、应用软件等软件成分。随着计算机技术和通信技术的迅速发展还会出现更多的内容。

在企业中，MIS 系统是一个覆盖企业或主要业务部门的辅助管理的人-机（计算机）系统，主要为运营、生产和行政的管理工作服务，主要完成设备和维修管理、生产经营管理（包括电力市场报价子系统 GBS）、财务管理等。它和企业的管理密切相关，和企业的管理模式、经营意识密切相关，为企业的最终目标服务。MIS 系统能够使企业运行的数据更加准确、及时、全面、翔实，同时对各种信息进一步地加工，使企业领导层对生产、经营的决策依据充分，更具有合理性、科学性，并创造出更多的发展机会；为企业的科学化、合理化、制度化、规范化管理水平跨上新台阶，为企业持续、健康、稳定的发展打下坚实的基础。

MIS 系统建设的目的是为了节省人力，提高效益而过渡到一种新的工作方式上去，计算机系统是促进标准化管理、提高企业效益的强有力的工具。

三、我国信息化发展的进程

中国是信息化起步较早的国家之一，早在 20 世纪 50 年代中国就开始着手发展航空工业和原子能工业。然而，由于中国特殊的国情，决定了中国只能在解决温饱、经济发展到一定程度的条件下，才能大规模地发展信息化。有专家指出，从一定角度而言，中国的个别信息技术与国外发达国家相比，差距不算太大，有的相差不过十几年，极个别技术只有几年而已。这表明，中国信息化发展已具备一定水平。

中国真正的信息化应该是改革开放以后的事情。所以，就改革开放以后的中国信息化进程进行研究，划分为五个阶段。

1. 1978～1983 年为信息化酝酿阶段

1978 年 3 月中共中央召开了全国科学大会，这次大会被誉为科学的春天。在这次大会上，邓小平作了长篇重要讲话，并提出"科学技术是生产力"的重要论断。全国科学大会以后，中国科学技术事业特别是高新技术、信息技术跃进于新的发展进程。这一阶段，信息化问题开始引起了有关单位和部分科研人员的关注，但特点是处在酝酿阶段，还没走上运作轨道。

2. 1984～1992 年为信息化起步阶段

1984 年 10 月，中共十二届三中全会通过了《中共中央关于经济体制改革的决定》揭开了中国信息化的序幕。同年 12 月，国务院做出了关于把电子和信息服务业的服务重点向发展国民经济为整个社会生活服务的决定。同时，国家把电子及信息列为优先发展的高技术产业，对它们的发展实行优惠政策，同时把加快电子信息技术的普及应用同改造传统产业结合起来，并以此促进电子信息产业的发展。

3. 1993～1997 年为信息化全面启动阶段

1993 年 3 月，朱镕基主持会议，提出和部署建设国家公用经济信息通信网（即金桥工程），同年 12 月，国务院批准成立国家经济信息化联席会议，赋予五项任务和职责：一是对全国性经济信息化社会系统工程项目（如"三金工程"）进行统筹规划和组织协调；二是对工程实施过程中需确定的有关政策、法规与标准提出建议；三是要预审工程立项、资金筹措和实施方案等重大事宜；四是协调各地区提出的问题和出现的矛盾，及时向国务院提出建议；五是重视并承担国务院领导交办的其他工作事项。

4. 1997～2000 年为信息化全面展开阶段

1998 年 3 月，第九届全国人民代表大会第一次会议批准成立信息产业部，主管全国电子信息制造业、通信业和软件业，推进国民经济和社会信息化。信息产业部下设国家信息化办公室，其主要职责为：一是研究制定推进国民经济和社会信息化发展规划；二是指导各地区、各行业的国民经济信息化工作；三是协助业主推进重大信息化工程；四是组织协调和推进全国软件产业的发展；五是研究制定有关信息资源的发展政策和措施，指导、协调信息资源的开发利用和信息安全技术开发；六是推动信息化普及教育。

5. 2000 年至今

《中共中央关于制定国民经济和社会发展第十个五年计划的建议》指出：信息化是当今世界经济和社会发展的大趋势，也是我国产业优化升级和实现工业化、现代化的关键环节。要把推进国民经济和社会信息化放在优先位置。大力推进国民经济和社会信息化，是覆盖现代化建设全局的战略举措。以信息化带动工业化，发挥后发优势，实现社会生产力跨越式发展。

党的十八届五中全会提出的"创新、协调、绿色、开放、共享"五大发展理念，贯穿了 2016 年两会的政府工作报告，将指导我国"十三五"乃至更长时间的经济社会发展。而从国家的一系列信息化战略和习近平主席的重要论述中，我们也能深刻地感受到，五大理念也是我国信息化发展的指南。习主席在中央网络安全和信息化领导小组第一次会议上就指出，"建设网络强国，要有自己的技术，有过硬的技术"，"信息技术和产业发展程度决定着信息化发展水平，要加强核心技术自主创新和基础设施建设"。目前我国的互联网经济处于全球领先地位，可以通过发展跨境电子商务，促进世界范围内投资和贸易发展，为我国信息化向纵深发展提供有利契机。

第四节　大数据、互联网＋、物联网

一、大数据含义

"大数据"是指以多元形式，自许多来源搜集而来的庞大数据组，往往具有实时性。在企业对企业销售的情况下，这些数据可能来自社交网络、电子商务网站、顾客来访纪录，还有许多其他来源。这些数据，并非公司顾客关系管理数据库的常态数据组。从技术上看，大数据与云计算的关系就像一枚硬币的正反面一样密不可分。

大数据必然无法用单台的计算机进行处理，必须采用分布式计算架构。它的特色在于对海量数据的挖掘，但它必须依托云计算的分布式处理、分布式数据库、云存储或虚拟化技术。

在维克托·迈尔、舍恩伯格及肯尼斯·库克耶编写的《大数据时代》中大数据指不用随机分析法（抽样调查）这样的捷径，而采用所有数据的方法，即大数据的 4V 特点：Volume（大量）、Velocity（高速）、Variety（多样）、Value（价值）。

大数据的核心在于为客户挖掘数据中蕴藏的价值，而不是软硬件的堆砌。简言之，从各种各样类型的数据中，快速获得有价值信息的能力，就是大数据技术。

二、互联网＋的含义

"互联网＋"是创新2.0下的互联网发展的新业态，是知识社会创新2.0推动下的互联网形态演进及其催生的经济社会发展新形态。"互联网＋"是互联网思维的进一步实践成果，推动经济形态不断地发生演变，从而带动社会经济实体的生命力，为改革、创新、发展提供广阔的网络平台。

通俗来说，"互联网＋"就是"互联网＋各个传统行业"，但这并不是简单的两者相加，而是利用信息通信技术以及互联网平台，让互联网与传统行业进行深度融合，创造新的发展生态。它代表一种新的社会形态，即充分发挥互联网在社会资源配置中的优化和集成作用，将互联网的创新成果深度融合于经济、社会各领域之中，提升全社会的创新力和生产力，形成更广泛的以互联网为基础设施和实现工具的经济发展新形态。

国内"互联网＋"理念的提出，最早可以追溯到2012年11月，易观国际董事长兼首席执行官于扬首次提出"互联网＋"理念。他认为未来"互联网＋"公式应该是我们所在的行业的产品和服务，在与我们未来看到的多屏全网跨平台用户场景结合之后产生的这样一种化学公式。我们可以按照这样一个思路找到若干这样的想法。而怎么找到你所在行业的"互联网＋"，则是企业需要思考的问题。

2014年11月，李克强总理出席首届世界互联网大会时指出，互联网是大众创业、万众创新的新工具。其中"大众创业、万众创新"正是此次政府工作报告中的重要主题，被称作中国经济提质增效升级的"新引擎"，可见其重要作用。

2015年3月，全国两会上，全国人大代表、腾讯公司总裁马化腾提交了《关于以"互联网＋"为驱动，推进我国经济社会创新发展的建议》的议案，表达了对经济社会创新的建议和看法。他呼吁，我们需要持续以"互联网＋"为驱动，鼓励产业创新、促进跨界融合、惠及社会民生，推动我国经济和社会的创新发展。马化腾表示，"互联网＋"是指利用互联网的平台、信息通信技术把互联网和包括传统行业在内的各行各业结合起来，从而在新领域创造一种新生态，并希望这种生态战略能够被国家采纳，成为国家战略。

2015年3月5日上午十二届全国人大三次会议上，李克强总理在政府工作报告中首次提出"互联网＋"行动计划。李克强总理在政府工作报告中提出，制定"互联网＋"行动计划，推动移动互联网、云计算、大数据、物联网等与现代制造业结合，促进电子商务、工业互联网和互联网金融（ITFIN）健康发展，引导互联网企业拓展国际市场。

2015年7月4日，经李克强总理签批，国务院日前印发《关于积极推进"互联网＋"行动的指导意见》（以下简称《指导意见》），这是推动互联网由消费领域向生产领域拓展，加速提升产业发展水平，增强各行业创新能力，构筑经济社会发展新优势和新动能的重要举措。

2015年12月16日，第二届世界互联网大会在浙江乌镇开幕。在举行"互联网＋"的论坛上，中国互联网发展基金会联合百度、阿里巴巴、腾讯等共同发起倡议，成立中国"互联网＋"联盟。通俗来说，"互联网＋"就是"互联网＋各个传统行业"，但这并不是简单的两者相加，而是利用信息通信技术以及互联网平台，让互联网与传统行业进行深度融合，创造新的发展生态。互联网＋有六大特征。

一是跨界融合。"＋"就是跨界，就是变革，就是开放，就是重塑融合。敢于跨界了，创新的基础就更坚实；融合协同了，群体智能才会实现，从研发到产业化的路径才会更垂直。融合本身也指代身份的融合，客户消费转化为投资，伙伴参与创新等等，不一而足。

二是创新驱动。中国粗放的资源驱动型增长方式早就难以为继，必须转变到创新驱动发展这条正确的道路上来。这正是互联网的特质，用所谓的互联网思维来求变、自我革命，也更能发挥创新的力量。

三是重塑结构。信息革命、全球化、互联网业已打破了原有的社会结构、经济结构、地缘结构、文化结构。权力、议事规则、话语权不断在发生变化。互联网＋社会治理构成虚拟社会治理，传统的社会治理将会有很大的不同。

四是尊重人性。人性的光辉是推动科技进步、经济增长、社会进步、文化繁荣的最根本的力量，互联网的力量之强大最根本地也来源于对人性的最大限度的尊重、对人体验的敬畏、对人的创造性发挥的重视。例如 UGC、体验式营销、分享经济。

五是开放生态。生态是非常重要的特征，而生态的本身就是开放的。我们推进"互联网＋"，其中一个重要的方向就是要把过去制约创新的环节化解掉，把孤岛式创新连接起来，让研发由人性决定的市场驱动，让创业并努力的人有机会实现价值。

六是连接一切。连接是有层次的，可连接性是有差异的，连接的价值是相差很大的，但是连接一切是"互联网＋"的目标。

三、物联网的含义与特征

物联网概念是在互联网概念的基础上，将其用户端延伸和扩展到任何物品与物品之间，进行信息交换和通信的一种网络概念。

物联网这个概念，在美国早在 1999 年就提出来了。当时称为传感网。其定义是：通过射频识别（RFID）、红外感应器、全球定位系统、激光扫描器等信息传感设备，按约定的协议，把任何物品与互联网相连接，进行信息交换和通信，以实现智能化识别、定位、跟踪、监控和管理的一种网络概念。

物联网（Internet of Things），国内外普遍公认的是 MIT Auto-ID 中心 Ashton 教授1999 年在研究 RFID 时最早提出来的。在 2005 年国际电信联盟（ITU）发布的同名报告中，物联网的定义和范围已经发生了变化，覆盖范围有了较大的拓展，不再只是指基于RFID 技术的物联网。

2009 年 8 月，温家宝总理在无锡视察时提出"感知中国"，无锡市率先建立了"感知中国"研究中心，中国科学院、运营商、多所大学在无锡建立了物联网研究院。物联网被正式列为国家五大新兴战略性产业之一，写入了十一届全国人大三次会议政府工作报告，物联网在中国受到了全社会极大的关注。

物联网的概念与其说是一个外来概念，不如说它已经是一个"中国制造"的概念，他的覆盖范围与时俱进，已经超越了 1999 年 Ashton 教授和 2005 年 ITU 报告所指的范围，物联网已被贴上中国式标签。最简洁明了的定义：物联网（Internet of Things）是一个基于互联网、传统电信网等信息承载体，让所有能够被独立寻址的普通物理对象实现互联互通的网络。它具有普通对象设备化、自治终端互联化和普适服务智能化 3 个重要特征。

物联网的英文名称为"The Internet of Things"，简称：IOT。由该名称可见，物联网就是"物物相连的互联网"。这有两层意思：第一，物联网的核心和基础仍然是互联网，是在互联网基础之上的延伸和扩展的一种网络；第二，其用户端延伸和扩展到了任何物品与物品之间，进行信息交换和通信。

2009 年 9 月，在北京举办的物联网与企业环境中欧研讨会上，欧盟委员会信息和社会媒体司 RFID 部门负责人 LorentFerderix 博士给出了欧盟对物联网的定义：物联网是一个动态的全球网络基础设施，它具有基于标准和互操作通信协议的自组织能力，其中物理的和虚拟的"物"具有身份标识、物理属性、虚拟的特性和智能的接口，并与信息网络无缝整合。物联网将与媒体互联网、服务互联网和企业互联网一道，构成未来互联网。

其他的定义：物联网指的是将无处不在（Ubiquitous）的末端设备（Devices）和设施（Facilities），包括具备"内在智能"的传感器、移动终端、工业系统、楼控系统、家庭智能设施、视频监控系统等和"外在使能"（Enabled），如贴上 RFID 的各种资产（Assets）、携带无线终端的个人与车辆等智能化物件或动物或智能尘埃（Mote），通过各种无线和/或有线的长距离和/或短距离通讯网络实现互联互通（M2M）、应用大集成（Grand Integration）以及基于云计算的SaaS 营运等模式，在内网（Intranet）、专网（Extranet）、和/或互联网（Internet）环境下，采用适当的信息安全保障机制，提供安全可控乃至个性化的实时在线监测、定位追溯、报警联动、调度指挥、预案管理、远程控制、安全防范、远程维保、在线

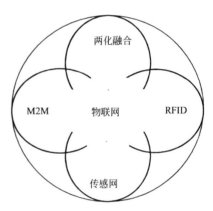

图 1-10 物联网技术集成

升级、统计报表、决策支持、领导桌面（集中展示的 Cockpit Dashboard）等管理和服务功能，实现对"万物"的高效、节能、安全、环保的管、控、营一体化。如图 1-10 所示。

把所有物品通过信息传感设备与互联网连接起来，进行信息交换，即物物相息，以实现智能化识别和管理。物联网的应用其实不仅仅是一个概念而已，它已经在很多领域有运用，只是并没有形成大规模运用。已成功运用的案例如下。

（1）物联网传感器产品已率先在上海浦东国际机场防入侵系统中得到应用。机场防入侵系统铺设了 3 万多个传感节点，覆盖了地面、栅栏和低空探测，可以防止人员的翻越、偷渡、恐怖袭击等攻击性入侵。而就在不久之前，上海世博会也与无锡传感网中心签下订

单，购买防入侵微纳传感网 1500 万元产品。

（2）ZigBee 路灯控制系统点亮济南圆博园。ZigBee 无线路灯照明节能环保技术的应用是此次圆博园中的一大亮点。园区所有的功能性照明都采用了 ZigBee 无线技术达成的无线路灯控制。

（3）智能交通系统（ITS）是利用现代信息技术为核心，利用先进的通讯、计算机、自动控制、传感器技术，实现对交通的实时控制与指挥管理。交通信息采集被认为是 ITS 的关键子系统，是发展 ITS 的基础，成为交通智能化的前提。无论是交通控制还是交通违章管理系统，都涉及交通动态信息的采集，交通动态信息采集也就成为交通智能化的首要任务。

【本章小结】 ▶▶

信息系统的技术方法强调基于模型的数学研究以及物理技术和这些系统的能力。技术方法的学科包括计算机科学、管理科学和运筹学。

本章内容首先明确信息、数据、知识与智能的概念与信息的特征。进而阐述网络信息技术，特别是移动互联时代企业对信息系统的认知，信息系统领域的一个重要部分是如何解决在信息系统开发和长期维护中产生的行为问题。如战略管理、业务集成、组织设计和管理流程。详细介绍了网络信息技术对企业信息化的影响以及企业信息化的内涵。

当前大数据、互联网＋已成为时代的强音，特别是互联网＋对传统的第一、二产业和服务业改造，形成了许多新的业态，究其根源是信息系统的大量应用，产生了大量的信息平台，而这些又为大数据提供了丰富的信息资源，作为信息科学的基础课程不得不介绍这些崭新的内容。

物联网是互联网的延伸——未来重要的发展方向，他是一个动态的全球网络基础设施，它具有基于标准和互操作通信协议的自组织能力，其中物理的和虚拟的"物"具有身份标识、物理属性、虚拟的特性和智能的接口，并与信息网络无缝整合。物联网将与媒体互联网、服务互联网和企业互联网一道，构成未来互联网。

【课堂讨论】 ▶▶

1. 谈一谈网络信息技术对现代经济、社会和企业管理的影响。

2. 假如你是作为企业管理人员，应该如何应对来自经济全球化的挑战？

【复习思考】 ▶▶

1. 经济全球化的动力是什么？

2. 简述网络信息技术与信息系统的关系以及对企业信息化的影响。

3. 叙述管理信息系统的理论基础。

4. 为什么说管理信息系统是一个社会技术系统？

5. 论述互联网＋对我国传统产业升级的作用和影响。

6. 物联网的发展给人类的生活方式带来哪些变化？

管理信息系统概念

第一节　管理信息系统的定义

　　20 世纪 60 年代，计算机在数据处理领域的应用已经取得了重要发展。美国经营管理协会第一次提出了建立管理信息系统的设想，试图在企业内建立一个全面管理的信息系统，尝试用以计算机为基础的信息系统来实现各种管理功能和开展信息处理业务。因此管理信息系统的概念也就产生了。

　　管理信息系统的概念随着时代的发展不断更新和变化。自从管理信息系统产生到现在，国内外学者给管理信息系统所下的定义至今尚不统一，有关管理信息系统的内涵和外延尚无一致的意见，但人们对管理信息系统的认识都在逐步加深，其定义也同样在逐渐发展和成熟。

　　"管理信息系统"一词在中国出现于 20 世纪 70 年代末 80 年代初。它运用现代信息技术和计算机技术，以管理学的相关理论和数学方法等工具，从企业全局出发辅助企业进行决策，利用过去的数据预测未来，通过信息控制企业并帮助企业实现其规划目标。

一、什么是管理信息系统

　　顾名思义，管理信息系统（Management Information Systems，MIS）是与"信息"有关的"系统"，是从管理、信息、系统三个概念的基础上发展起来的。首先它是一个系统，其次是一个信息系统，再次是一个用于管理方面的信息系统。管理是为了实现某种特定的目标，即应用一些思想、理论和方法来合理地计划、组织、领导和控制他人，调度各种资源，以最小的投入去获得最好或最大的产出目标。

　　关于管理信息系统的定义也在不断丰富和发展，不同的学者从不同的视角对其进行诠释，分别给出了不同的定义，其中最具代表性的定义如下。

　　管理信息系统一词最早是由瓦尔特·肯尼万（Walter T·Kennevan）在 1970 年提出的，并给出了定义：以书面或口头的形式，在合适的时间向经理、职员以及外界人员提供过去的、现在的、预测未来的有关企业内部及其环境的信息，以帮助他们进行决策。很明显这个最早的定义是出自管理而不是计算机。虽然强调了用信息支持决策，但没有强调计算机的作用，或者说一定要用计算机。这个定义也说明 MIS 主要是提供信息，当然是书面或口头提供企业过去、现在以及未来的关于企业内部及其环境的信息来帮助决策。

　　1985 年，管理信息系统的创始人，明尼苏达大学卡尔森管理学院的著名教授高登·戴维斯（Gordon B·Davis）给出管理信息系统的一个较完整的定义：管理信息系统是一个利用计算机硬件、软件，手工作业，分析，计划，控制和模型以及数据库的用户-机器系统。其功能是提供信息支持企业或组织的运行、管理和决策。

　　这个定义全面说明了管理信息系统的目标、功能和组成。最大的特点是它指出了计算机的存在。而且指出了管理信息系统是个用户-机器系统，也就是人-机系统。可是我们日常的理解中最大的错误就是不把人当成信息系统的组成部分。这个定义也说明了管理信息系统能支持企业的三个层次管理活动：基层运行——中层管理——高层决策，还强调它是一个用信息为各层管理人员服务的人-机系统。

　　管理信息系统一词在中国出现于 20 世纪 80 年代初，在《中国企业管理百科全书》中的定义为，管理信息系统是一个由人与计算机等组成的能进行信息的收集、传递、储存、加工、维护和使用的系统。管理信息系统能做好的是：实践企业的各种运行情况；利用过去的数据预测未来；从全局出发辅助企业进行决策；利用信息控制企业的行为；帮助企业实现其规划目标。这个定义明确地讲出了它是个"人-机系统"，也强调了管理信息系统的支持高层决策、中层控制和基层运作的功能，说明了对信息内容的处理就是信息系统不仅要关心信息设备，而且要关心信息内容。

20 世纪 90 年代到现在，支持管理信息系统的环境和技术有了较大的变化，各类贸易体系和经济组织的建立，信息技术和网络技术的发展使得该系统本身在目标、功能、内涵方面均有很大的变化，其定义进一步补充为：管理信息系统是一个以人为主导的，利用计算机硬件、软件、网络通讯设备以及其他办公设备，进行信息的收集、传输、加工、储存、更新和维护，以企业战略竞优、提高效益和效率为目的，支持企业高层决策、中层控制、基层运作的集成化的人-机系统。这个定义许多部分是对以前的定义的综合，强调管理信息系统的预测和辅助决策的功能，即利用现代管理的先进技术、方法和工具向各级管理者提供经营管理的决策支持。

管理信息系统是一个演进（Evolution）中的概念。研究的重点从数据处理转向决策，从技术方法转向组织管理，从系统本身转向系统与组织管理、环境的交互作用。从作为一项技术改变，到管理者管理控制的中心，再到管理的核心活动。

二、管理信息系统的功能和结构

管理信息系统是一个具有高度复杂性、多元化和综合性的人机系统，它全面使用现代计算机技术、网络通信技术、数据库技术及管理科学、运筹学、统计学、模型论和各种人员优化技术，为经营管理和决策服务。

1. 管理信息系统的功能

管理信息系统的功能主要有以下几个方面。

（1）数据处理功能

管理信息系统能够进行数据的收集、数据的输入、数据的传输、数据的存储等数据的加工处理，方便使用者的查询和使用。而且它还能够完成各种统计和综合处理工作，并能及时提供各种相关的信息。管理信息系统的数据处理功能要求尽可能及时地全面提供数据和信息。

（2）预测功能

管理信息系统能够运用现代数学方法、统计方法或模拟方法，根据过去的数据预测未来的情况。这里要求系统准备和提供统一格式的信息，使各种统计和综合工作简化。

（3）计划控制功能

管理信息系统能够根据各职能部门提供的数据，对计划的执行情况进行监控、检查等工作。并能比较执行与计划工作的差异，对差异情况进行分析。这也就能更好地辅助管理人员进行管理并及时进行控制。

（4）决策优化功能

管理信息系统通过使用各种经济数学模型以及存储在计算机中的大量数据信息来辅助各级管理人员进行决策的工作，以期能够合理地利用人、财、物和信息资源，取得最大的经济效益。管理信息系统对不同的管理层给出不同要求和不同细度的报告，并帮助管理人员以最快速度分析解释报告，及时作出决策。

2. 管理信息系统的结构

管理信息系统的结构是指管理信息系统的组成及其各组成部分的相互关系，即各部件的构成框架。由于可以从不同的角度理解管理信息系统的各组成部分，就形成了不同的管理信息系统的结构。主要有概念结构、层次结构、功能结构和职能结构。

（1）管理信息系统的概念结构

从概念上看，管理信息系统由四大部分组成，即信息源、信息处理器、信息用户和信息管理者，如图 2-1 所示。

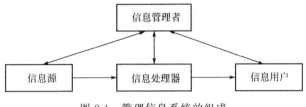

图 2-1　管理信息系统的组成

信息源是信息的产生地，包括组织内部和外界环境的信息，这些信息通过信息处理器的传输、加工、存储，为各类管理人员即信息用户提供信息服务，而整个的信息处理活动由信息管理者进行管理和控制，信息管理者与信息用户共同依据管理决策的需求收集信息，并负责进行数据的组织与管理、信息的加工、传输等一系列信息系统的分析、设计与实现，同时在信息系统的正式运行过程中负责系统的运行与协调。

（2）管理信息系统的层次结构

管理信息系统的层次结构来源于企业的管理层次。一个企业的管理活动一般分为三个层次，即战略管理、管理控制和运行控制。因而管理信息系统可以按照管理任务的层次进行分层。管理任务的层次如表 2-1 所示。

表 2-1　管理任务的层次

层次	内　　容
战略管理	规定企业的目标、政策和总方针；企业的组织层次；决定企业的任务
管理控制（战术管理）	资源的获得与组织，人员的招聘与训练，资金的监控等
运行控制	有效地利用现有设备和资源，在预算限制内活动

战略管理是企业的长远计划，处理中、长期事件，如市场战略、产品品种等；管理控制（或战术管理）属于中期计划范围，包括资源的获取与组织、人员的招聘与训练、资金监控等方面；运行控制涉及作业的控制（如作业计划和调度等）。企业处理是企业的最基本活动，它记录了企业的每一项生产经营和管理活动。对于其他组织的管理也与企业管理一样，存在着类似的层次关系。

在实际的工作中，有时同一问题可以属于不同的管理层次，只是每个层次考虑问题的角度不同而已。如库存控制问题，在运行控制层最关心的是日常业务处理的准确无误；在管理控制层考虑的是如何根据运行控制数据，确定安全库存量和订货次数；而在战略管理层关心的是如何根据运行控制和管理控制的结果及战略目标、竞争者行为等因素，作出正确的库存战略决策。

由此可见，不同的管理层次对信息的需求是不同的。在战略管理与运行控制层所需信息的特性有很大差别，而管理控制所需信息则介于二者之间。表 2-2 描述了不同管理层次之间信息特性的差别。由这些差别可以看出，管理信息系统的不同层次具有不同的信息处理方法。

表 2-2 不同管理层次的信息特性

信息特性	运行控制	管理控制	战略管理
来源	系统内容	内容	外部
范围	确定	有一定确定性	很宽
概括性	详细	较概括	概括
时间性	历史	综合	未来
流通性	经常变化	定期变化	相对稳定
精确性要求	高	较高	低
使用频率	高	较高	低

西蒙教授曾提出按问题的结构化程度不同将决策划分为三种类型：结构化决策、半结构化决策和非结构化决策。结构化决策问题相对比较简单、直接，其决策过程和决策方法有固定的规律可以遵循，能用明确的语言和模型加以描述，并可依据一定的通用模型和决策规则实现其决策过程的基本自动化。非结构化决策问题是指那些决策过程复杂，其决策过程和决策方法没有固定的规律可以遵循，没有固定的决策规划和通用模型可依，决策者的主观行为（学识、经验、直觉、判断力、洞察力、个人偏好和决策风格等）对各阶段的决策效果有相当影响。往往是决策者根据掌握的情况和数据临时作出决定。半结构化决策问题介于上述两者之间，其决策过程和决策方法有一定规律可以遵循，但又不能完全确定，即有所了解但不全面，有所分析但不确切，有所估计但不确定。这样的决策问题一般可适用模型，但无法确定最优方案。

从管理决策问题的性质来看，在运行控制层上的决策大多数是属于结构化的问题，而在战略管理层，大多数决策属于非结构化决策问题，管理控制层所作决策问题的性质介于结构化和非结构化之间。

战略管理层的决策内容，如确定和调整组织目标，以及制定关于获取、使用各种资源的政策等，一般属于非结构化决策问题。决策者是企业或组织的最高管理层。

管理控制层所作决策是针对各种资源的获取和使用进行有效的计划和控制等方面的问题，它受战略管理层所作的目标和策略的限制，一般限于半结构化或结构化的决策，决策者为组织的中层领导。

运行控制层的决策是为了保证有效地完成任务或操作，有一定的周期性，问题的性质一般属于结构化决策，决策者通常是组织的基层管理人员。

从信息处理的工作量来看，信息处理所需资源的数量随管理任务的层次而变化。一般业务处理的信息处理量较大，层次越高，信息量越小，形成如图 2-2 所示的金字塔型系统结构，塔的底部表示结构明确的管理过程和决策，而顶部则为非结构化的处理工作和决策。

（3）管理信息系统的功能结构

管理信息系统具有多种功能，各种功能之间又有各种信息相互联系，组成一个有机的整体。通常按职能部门的业务范围划分为生产管理子系统、人事管理子系统、财务管理子系统、销售管理子系统、物资供应子系统、后勤管理子系统、信息处理子系统和高层管理子系统等。

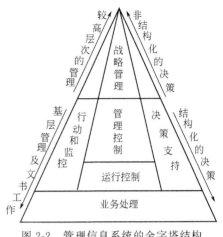

图 2-2　管理信息系统的金字塔结构

管理信息系统的功能结构描述了管理信息系统的功能组成以及各子功能之间的联系。

从信息技术的角度来看，信息系统无非是信息的输入、处理和输出等功能。因此，管理信息系统的功能结构从技术上看可以表示成如图 2-3 的形式。信息的统计有时要考虑按常规时间段（如月、季）统计，有时还要考虑按非常规时间段统计，如上月 13 号到本月 13 号的统计等；信息的存储既要考虑实时存储，又要考虑定期转存；信息的增加有时还要考虑让系统自动记录增加的时间点，以便对系统的操作进行追踪等。

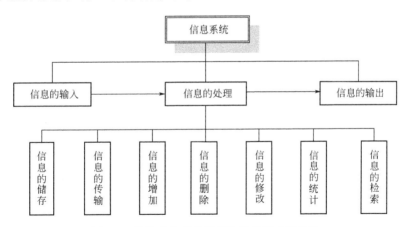

图 2-3　从技术角度看管理信息系统功能结构

从信息用户的角度来看，信息系统应该支持整个组织在不同层次上的各种功能。各种功能之间又有各种信息联系，构成一个有机的整体及系统的业务功能结构。例如，一个企业的内部管理系统可以是如图 2-4 所示的结构。企业的信息系统划分为 7 个子系统，除了完成各自的特定功能外，这 7 个子系统又有着大量的信息交换关系，其子系统之间的主要数据交换关系构成子系统之间的信息流，使得企业中的各类信息得到充分的共享，从而为企业的生产活动和管理、决策活动提供支持。

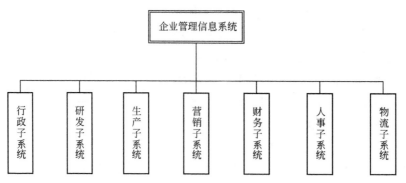

图 2-4　业务角度看管理信息系统的功能结构

通过管理信息系统的功能结构，可以知道，信息系统的实现不是一朝一夕的事情，必须经过长期的努力才能得以实现。因此，在信息系统的建设过程中必须首先进行总体规划，划分出子系统，规划出各子系统的功能及其相互之间的联系，然后逐步予以实现，其中特别要重视子系统之间的联系。只有这样才能实现信息的共享，发挥信息是资源的重要作用。

（4）管理信息系统职能结构

根据组织职能来划分管理信息系统的子系统，基于组织职能的管理信息系统结构是以组织的职能和组织活动层次矩阵描述的。某一企业的组织的职能和组织活动层次矩阵如图2-5所示。在图中，每一列代表一种组织管理职能，每一行代表一个组织活动层次，行列交叉表示组织的一种管理职能在四种组织活动层次的信息处理需求，每一组织活动层次包括了所有的组织管理职能。

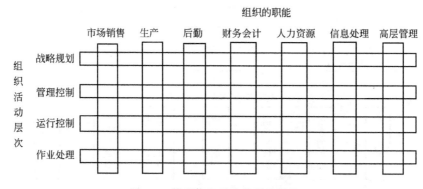

图 2-5　管理信息系统的职能结构

① 市场销售子系统：市场销售功能通常包括产品的销售和推销以及售后服务的全部活动。其中业务处理有销售订单、推销订单的处理。作业控制活动包括雇佣和培训销售人员、编制销售计划和推销工作的各项目，以及按区域、产品、顾客的销售量定期分析。管理控制涉及到总的成果与市场计划的比较，它要用到有关客户、竞争者、竞争产品和销售力量等方面的数据。在战略管理方面包括新市场的开拓和新市场的战略，它使用的信息有顾客分析、竞争者分析、顾客调查信息、收入预测和技术预测等。

② 生产子系统：生产子系统的功能包括产品的设计与制造、生产设备计划、作业的调度与运行、生产工人的录用与培训、质量控制与检验等。生产子系统中，典型的业务处理是生产指令、装配单、成品单、废品单和工时单等的处理。作业控制要求把实际进度和计划比较，找出瓶颈环节。管理控制需要概括性报告，反映进度计划、单位成本、所用工时等项目在整个计划中的绩效变动情况；战略管理包括制造方法及各种自动化方案的选择。

③ 后勤子系统：后勤子系统包括采购、收货、库存控制、发放等管理活动。业务处理数据为购货申请、购货订单、加工单、收货报告、库存票、提货单等；作业控制要求把物资供应情况与计划进行比较，产生库存水平、采购成本、出库项目、库存营业额等报告。管理控制信息包括计划库存与实际库存的比较、外购项目的成本、缺货情况及库存周转率等。战略管理主要涉及新的物资供应战略、对供应商的新政策以及自制与外购的比较分析等，此外，可能还有新的供应方案、新技术等信息。

④ 财务会计子系统：财务会计有着不同的目标和工作内容，但它们之间有着密切的联系。财务的职责是在尽可能低的成本下，保证企业的资金运转，包括托收管理、现金管理和资金筹措等。会计则是把财务工作分类、编制财务报表、制定预算及对成本数据的分类与分析。对管理控制报告来说，预算和成本是输入数据，也就是说，会计是为管理控制各种功能提供输入信息。与财务有关的业务处理有赊欠申请、销售、开单据、收账凭证、支付凭证、支票、转账传票、分类账和股份转让等。财会作业使用日报表、例外情况报告、延误处理记录、未处理事项报告等。管理控制利用财务资源成本、会计数据处理成本及差错率等信息。战略管理包括：保证足够资金的长期战略计划，为减少税收冲击的长期税收会计政策以及对成本会计和预算系统的计划等。

⑤ 人力资源子系统：人力资源子系统包括人员的录用、培训、考核记录、工资和终止聘用等。其业务处理要产生有关聘用条件、培训说明、人员的基本情况数据、工资变化、工时、福利及终止聘用通知等内容。作业控制层要完成聘用、培训、终止聘用、改变工资和发放福利等；管理控制主要进行实际情况与计划比较、产生各种报告和分析结果，用以说明在岗工人的数量、招工费用、技术专长的构成、应付工资、工资分配及是否符合政府就业政策等。人事战略管理包括对招工、工资、培训、福利以及各种策略方案的评价，这些策略将确保企业能获得完成战略目标所需的人力资源。战略管理还包括对就业制度、教育情况、地区工资率的变化及对聘用和留用人员的分析。

⑥ 信息处理子系统：信息处理子系统的作用是保证各职能部门获得必要的信息资源和信息处理服务。该子系统典型的业务处理有工作请求、采集数据、改变数据和请求、软硬件情况的报告以及设计方面的建议。信息处理的作业控制包括日常任务的调度、差错率和设备故障信息等。对于新项目的开发，还需要程序员的工作进展情况和调试时间的安排。管理控制层对计划情况和实际情况进行比较，如设备费用、程序员的能力、项目开发的实施计划等情况的比较。战略管理层则主要关心功能的组织，如采用集中式还是分散式，信息系统的总体规划，硬件和软件的总体结构等。

⑦ 高层管理子系统：每个组织都有一个最高领导层，如公司总经理和各职能领域的副总经理组成的委员会。高层管理子系统为高层领导服务，它的业务处理活动主要是信息的查询和决策的支持，处理的文件常常是信函和备忘录以及高层领导向各职能部门发送的指示等。作业控制层次主要是会议安排、信函管理和会晤记录文档。管理控制层次要求各功能子系统执行计划的当前综合报告情况。最高层的战略管理活动包括组织的经营方针和必要的资源计划等，它要求综合外部和内部的信息。这里的外部信息可能包括竞争者信息、区域经济指数、顾客偏好、提供服务的质量等。

第二节　管理信息系统的性质和开发

管理信息系统是在数据处理系统的基础上发展起来的，其特征是面向管理的一个集成系统，它覆盖整个管理系统，对管理信息进行收集、传递、存储与处理，是多用户共享的系统，直接为基层和各级管理部门服务。

一、管理信息系统的性质

管理信息系统（Management Information Systems，MIS）的最大特点是高度集中，能将组织中的数据和信息集中起来，进行快速处理，统一使用。为组织的管理层服务，为经理提供报告、报表，有时候为经理提供对组织当前表现和历史记录的联机查询。管理信息系统具有如下性质。

1. 主题性

管理信息系统的主题性可以理解为管理信息系统是面向具体管理决策的。即管理信息系统是为解决某一领域的问题而存在，是面向具体管理决策、为管理决策服务的信息系统。它能够根据管理的需要，及时提供所需的信息，为组织的管理层次提供决策支持。如进行设备管理的设备管理系统、用于无纸化网络办公的办公自动化系统和用于财务管理的财务会计系统等。

2. 综合性

管理信息系统是一个对组织进行全面管理的综合系统，是人和信息技术的综合体，也是计算机硬件与软件的综合体。从开发管理信息系统的角度看，一个组织在建设管理信息系统时，可根据需要先开发个别领域的子系统，然后进行综合，最终达到应用管理信息系统进行综合管理的目标，产生更高层次的管理信息，为管理决策服务。

3. 人-机系统

管理信息系统的目标是辅助管理决策，而决策又是由人来完成的，所以管理信息系统是一个人-机结合的系统。人-机系统这个概念隐含着系统设计者应当清楚什么样的工作交给人去做比较合适，什么样的工作应由计算机完成，以及人-机的联系是什么。这里的人是指高、中、基层管理人员。机是指机器（设备），就是所谓的计算机软硬件、办公设备、通信设备等。在管理信息系统的构成中，各级管理人员既是系统的使用者，又是系统的组成部分。因此，在系统开发过程中，要正确界定人和计算机在系统中的地位和作用，充分发挥人和计算机各自的优势，使系统总体性能达到最优。在管理信息系统实际应用中不乏有许多失败的案例，究其原因，很重要的因素就是系统中的人的作用没有发挥好。

4. 现代管理方法和管理手段的结合

管理信息系统的应用不仅仅是简单地采用计算机技术提高处理速度，而且在开发过程中融入了现代化的管理思想和方法，将先进的管理方法和管理手段结合起来，主要提供信息处理、辅助事务管理和辅助策略的功能，真正实现管理决策支持的作用。

如果只是简单地采用计算机技术以提高处理速度，而不采用先进的管理方法，那么管理信息系统的应用仅仅是用计算机系统仿真原手工管理系统，充其量只是减轻了管理人员的劳动。管理信息系统要发挥其在管理中的作用，就必须与先进的管理手段和方法结合起来。在开发管理信息系统时，应该从管理角度进行分析，融进现代化的管理思想和方法；应该改造传统的不合理的业务流程，如引进敏捷制造、客户关系管理等现代管理理论和方法的敏捷信息系统和客户管理信息系统等。

5. 多学科交叉的边缘学科

管理信息系统作为一门新兴的学科，它的基本理论来自于计算机科学与技术、应用数学、管理理论、决策理论、运筹学等学科的相关理论，其学科体系仍处于不断发展和完善的过程之中，是一个具有自身特色的学科。同时它也是一个应用领域。早期的研究者从计算机科学与技术、应用数学、管理理论、决策理论、运筹学等相关学科中抽取相应的理论，构成管理信息系统的理论基础，从而形成一个有着鲜明特色的边缘科学。

二、管理信息系统的开发

管理信息系统的开发具有系统性，需要软、硬件的协作以完成特定的系统功能。管理信息系统开发涉及人、财、物等多方面的资源，需要管理和技术的双重支持，需要进行各个方面的协调。管理信息系统开发要综合考虑各个方面的因素，只有在合理的管理体制、完善的规章制度、稳定的生产秩序、科学的管理方法和准确的原始数据的基础上，才能进行管理信息系统的开发。如考虑系统的应用环境、投资的大小、预期的希望值、员工的素质等。

1. 管理信息系统的开发原则

（1）开拓创新原则，体现先进性。计算机技术的发展十分迅速，要及时了解新技术，尽可能利用先进的经验和技术，先进的数据管理技术和设备。使目标系统较原系统有质的飞跃。

（2）整体优化原则，体现完整性。也可以称为系统性原则。一个管理信息系统是一个系统，可以分解为一组相互关联的子系统。管理信息系统也可以理解为一个合理的"闭环"系统，那么系统的目标应当是这个"闭环"系统的完善。管理信息系统的开发要从整体上进行规划，在系统目标之下开发子系统，搞清楚系统与子系统的关系。

（3）动态适应原则，体现超前性。管理信息系统在开发过程中应注重不断发展和超前意识。为了提高使用率，有效地发挥管理信息系统的作用，应当注意技术的发展和环境的变化。管理信息系统应对外界环境的变化有较强的适应能力，要求系统的结构具有较好的灵活性和适应性。这样，在系统的环境变化的情况下能够适应变化，能方便对系统修改、补充和扩展其功能。

（4）经济原则，体现实用性。系统建立的主要目的是给使用者带来相应的经济效益，大而全和高精尖并不是成功管理信息系统的衡量标准。系统开发应在保证系统总体目标实现的前提下，尽可能地节省开支，缩短开发周期，提高系统的经济效益。事实上许多失败的管理信息系统正是由于盲目追求高新技术而忽视了其实用性。盲目追求完善的 MIS 而忽视了本单位的技术水平、管理水平和人员素质。

2. 管理信息系统的开发方式和策略

管理信息系统的开发方式有自行开发、委托开发、联合开发、购买现成软件包进行二次开发几种形式。主要从用户需求、开发成本、开发周期、技术力量、可维护性以及外部环境等方面加以比较，选择一种适合本单位的开发方式。一般来说，究竟采用何种方式要根据企业的技术力量、资源及外部环境而定。

管理信息系统的开发策略主要有"自下而上"的开发策略、"自上而下"的开发策略和综合性开发策略。

"自下而上"策略即从现行系统的业务状况出发设计系统的构件，采用搭积木的方式组成整个系统，即由低层子系统归纳、综合成为上一层的系统，逐步由低级到高级建立管理信息系统。它的缺点在于忽视系统部件的有机联系。

"自上而下"的开发策略即从企业管理的整体上协调和规划设计，逐渐从抽象到具体，从概要设计到详细设计，体现结构化的设计思想。是强调由全局到局部，由长远到近期，由上层到下层的开发策略。

两者结合的策略是实际开发过程中常用的方法。由于自上而下的方法适宜于系统的总体规划，自下而上的方法适宜于系统分析、系统设计阶段。所以实际使用时，将两种方法综合起来，发挥各自的优点，采用自上而下的方法进行总体规划，将企业的管理目标转化为对信息系统的近期和长远目标，新系统的设计和实现则采用自下而上的方法。

3. 管理信息系统开发的条件

（1）具有一定的科学管理的基础。

（2）企业必须有开发 MIS 的实际需求和迫切性。

（3）必要的资金支持。

（4）领导重视与业务管理部门的支持和配合。

（5）有一支不同层次的开发、使用、维护管理信息系统的专业人才队伍。

第三节　管理信息系统的内容与其他学科的关系

　　管理信息系统是一门综合性的边缘学科，我国已把它列为管理科学与工程一级学科下的二级学科。它引用其他学科的概念，把它们综合集成为一门系统性的学科：它面向管理，面向企业，涉及社会和技术两大领域。利用系统的观点、数学的方法和计算机的应用三大要素。形成自己独特内涵的系统型、交叉型、边缘型的学科。

　　管理科学的发展是支持企业管理现代化的信息系统的基础，或者说管理信息系统首先是管理科学的发展。换句话说，管理科学向管理信息系统提出了要求，它是产生本学科的直接原因。当然，如果不了解管理科学，管理信息系统的研究和开发将缺乏明确的目标和评价的基本原则。管理信息系统同时又是依赖于现代技术而形成的。面向现代化管理活动中大量的、复杂的数据，没有现代技术的支持是难以完成数据的加工处理的，更谈不上对管理进行预测、控制和辅助决策等。

　　从现代技术的角度看，尤其是从信息技术在企业管理中应用和发展过程看，管理信息系统是由局部应用的简单程序开始，发展到全局应用的系统。因此，许多人认为，管理信息系统与计算机系统相同，将管理信息系统的开发看成是单纯的程序设计，更多的是追求技术上的先进性，而忽视了企业管理这一实际应用背景的特殊性，使得投入大量资金购置的计算机被闲置，建立的网络无信息共享，开发的计算机程序被废弃。

　　实践到今天，管理信息系统与其他学科的不同和关联越来越凸出。管理信息系统是一门以企业管理学、管理科学、应用数学、运筹学、统计学、系统论、经济学、计算机技术等为基础，研究企业信息管理的理论、方法和技术的学科。管理信息系统运用系统理论和控制论的基本思想和方法，以管理领域的信息作为管理信息系统的研究对象，对管理信息系统中的层次结构问题进行了研究，并运用数学及运筹学的方法来研究管理信息系统中复杂的逻辑关系。管理信息系统中的预测和决策功能，必须运用数学和运筹学的方法和模型来解决。此外，管理信息系统还从哲学、系统理论、信息论、控制论和行为科学等学科吸取了有用的观点、概念和方法。

　　当将这些学科结合起来，就产生了管理信息系统这一新学科。例如，企业管理学研究企业管理的基本理论、原理和方法；管理科学则根据应用数学、运筹学、统计学中的原理和方法，为管理决策提供科学依据并研究相关的数学模型；计算机技术研究语言、算法、数据库、网络等，管理信息系统则涉及计算算法、软件和数据结构等课题。

【本章小结】 ▶▶

管理信息系统是一个具有高度复杂性、多元化和综合性的人-机系统，它全面使用现代计算机技术、网络通信技术、数据库技术及管理科学、运筹学、统计学、模型论和各种资源优化技术，为经营管理和决策服务。

管理信息系统是在数据处理系统的基础上发展起来的，其特征是面向管理的一个集成系统，它覆盖整个管理系统，对管理信息进行收集、传递、存储与处理，是多用户共享的系统，直接为组织各级管理部门服务。

管理信息系统是一门综合性的边缘学科，我国已把它列为管理科学与工程一级学科下的二级学科。它面向管理，面向企业，涉及社会和技术两大领域。利用系统的观点、数学的方法和计算机的应用三大要素。形成自己独特内涵的系统型、交叉型、边缘型的学科。

【课堂讨论】 ▶▶

1. 从管理信息系统的定义出发，讨论一个你所熟悉的管理信息系统。

2. 在日常的学习工作中，你使用过管理信息系统吗？

【复习思考】 ▶▶

1. 什么是管理信息系统？

2. 管理信息系统具有哪些结构功能？

3. 管理信息系统的性质有哪些？

第二篇

管理信息系统技术基础

第三章

计算机系统

学习目标

计算机系统主要包含硬件系统和软件系统两部分。硬件方面分 CPU、存储器和输入、输出设备四个部分；软件方面主要分为系统软件和应用软件。MIS 系统的应用与计算机网络、通信技术、网络管理、网络设备等方面密切相关，了解网络技术、发展趋势、应用和安全对企业运作有重要意义。通过本章的学习希望达到以下的目标：

1. 掌握 CPU 的特点、存储器的分类及特点；

2. 了解常见的输入输出设备；

3. 掌握系统软件的特征及目前常用的系统软件；

4. 掌握网络的基本概念和分类方式；

5. 网络的安全技术；

6. 网络应用与发展的新技术。

关键术语

计算机系统；CPU；系统软件；应用软件；网络技术；云计算。

第一节　信息系统的硬件环境

如今的商业活动需要大量的计算机设备、软件和通信网络来运作日常生活和解决基本问题，显然需要计算机。随着计算机技术的发展，台式机、笔记本电脑和掌上电脑等陆续问世。如果企业与中型企业或大型企业合作，将需要更大的服务器计算机，或者是一个完整的数据中心，也或者是一个配有成千上万台服务器的厂房。例如，谷歌通过一个连接了100 多万台服务器的大型网络来分散工作量，确保在 1 秒内完成 3 亿个查询，这相当于美国 1 天的总查询量。企业运作的同时还需要大量的软件和网络，为了使设备和软件能够协调运作，需要专业人士来帮助企业运行和管理这些技术。

如今，IT 基础设施主要由 5 部分组成：计算机硬件、计算机软件、数据管理技术、网络通信技术以及技术服务，这些元素之间必须相互协调。

一、计算机的类型

计算机和信息系统可以解决商业企业面临的众多不同的问题与挑战，为了确保效率，公司需要的信息系统匹配合适的计算机，所用的技术既不要太超前也不能太落后。主要涉及的计算机有以下几种。

(1) 个人计算机 (personal computer，PC)：台式机或者笔记本电脑，也即通常所说的微机。还可能需要一些随身携带具有计算能力的移动设备，例如智能手机、掌上手持设备等。

(2) 工作站 (workstation)：如果从事的是需要强大绘图和计算能力的高级设计或者工程一类的工作，还应该使用工作站，一种比 PC 具有更强大的数学和图形处理能力的计算机。

(3) 服务器 (server)：一定数量的计算机互联形成网络或者企业拥有一个网站，就会需要服务器。服务器计算机经过专门优化用于支持计算机网络运行，使用户可以共享文档、软件、外围设备或者其他网络资源。

(4) 大型计算机 (mainframe)：是一种可以迅速处理海量数据的大容量、高性能的计算机。例如，航空公司使用大型计算机来处理每秒高达 3000 次的订票交易。

(5) 超级计算机 (supercomputer)：是经过专门设计的更精密的计算机，通常用于处理异常快速和复杂的运算任务，这些运算由数千个变量、数百万个测量数据和数千个等式组成。超级计算机常用于工程结构分析、科学探测、仿真模拟、绝密武器研究等军事工作及天气预报。例如，沃尔沃和其他汽车制造商使用超级计算机模拟汽车碰撞试验。

(6) 虚拟超级计算机：将地理上相距遥远的计算机连接成一个单独的网络，通过综合网络内所有计算机的计算能力形成"虚拟超级计算机"。

二、计算机硬件

计算机系统包括计算机硬件系统和软件系统两个部分，计算机硬件由中央处理单元 (central processing unit，CPU)、存储器和输入输出设备组成。计算机软件包括系统软件和应用软件。计算机的性能各不相同，但具有共同的特点。下面主要讨论中央处理器、主存储器、辅助存储器和输入输出设备。

1. 中央处理器 CPU

CPU 是进行处理活动的主要部件，又称中央处理单元或计算机处理器。中央处理器

图 3-1 个人计算机处理器中
的有代表性的酷睿
i7 微处理器芯片

可以控制数据的算术和逻辑运算，引导和控制数据在不同位置之间的传输。微型机中使用的处理器称为微处理器。Intel、AMD 等是目前主要的微处理器制造商。图 3-1 中显示了一个 Intel 公司性能较高的微处理器。

每个中央处理单元包括三个互相关联的部件：算术/逻辑单元（arithmetic logic unit，ALU）、控制单元（control unit，CU）和寄存器。算术/逻辑单元进行加、减、乘、除等算术运算和与、或、非等逻辑运算；控制单元进行指令译码，依据指令产生的一系列的操作命令脉冲协调 ALU、寄存器、主存、辅存和各种输入输出设备的数据流入、流出。

2. 主存储器

主存储器，又称主存、内存，可以存储将要处理的数据和将要执行的指令。内存可以看作是中央处理器的工作空间，访问内存中的数据的速度要比访问辅助存储器数据快得多。微型机内存大小通常有 1G、2G、4G、8G 等甚至更高性能。

计算机主存有只读存储器（read-only memory，ROM）和随机存取存储器（random access memory，RAM）。只读存储器也有可编程只读存储器（programmable read-only memory，PROM）和可擦除编程只读存储器（erasable programmable read-only menory，EPROM）等。随机存取存储器又分为动态随机存储器（DRAM）和静态随机存储器（SRAM）。

3. 辅助存储器

主存是决定计算机系统整体性能的重要因素。由于主存容量的限制使得主存存储的数据和指令相对有限，但是计算机系统通常需要更长时间保留更多的数据、指令，于是产生了辅助存储器（secondary storage）。

与主存相比，辅助存储器有数据非易失性、容量大和价格便宜等优点。但是，使用辅助存储器时需要电控机械处理，因此辅助存储器的存取速度比主存慢得多。常用的辅助存储器包括磁盘、光盘、闪盘、移动硬盘、存储网络等。

闪存类存储器的存储介质为半导体电介质。与其他移动存储器相比，闪存存储器具有体积小、寿命长、可靠性高等优点。采用 Flash 技术的存储器最常见的是数码产品上面用的 CF 卡，这种卡需要专门的插槽，如果想要和微机联接则需要读卡器，操作不是很方便，所以用 CF 卡作移动存储并不多见。在众多闪存存储器当中，USB 闪存盘异军突起，这种闪存盘的优点是只要微机上有 USB 接口就可以相互传递数据，速度快，不用专门驱动器，体积超小，重量极轻，非常适合随机携带。现在 USB 闪存盘的容量不断扩大，比较常见的是 32G、64G，最高甚至达到 1TB。

移动硬盘不但容量比较大——可以达到 500G、1T 或者更高，而且性能和普通硬盘差距也比较小。

存储网络：大公司开始转向基于网络的存储技术来处理那些复杂的和成本迅速增长的存储需求。存储域网络（storage area networks，SANs）将多个存储设备互连形成一个高速存储网络来进行存储。

4. 输入和输出设备

（1）输入设备

输入设备可以将外部信息（如文字、数字、声音、图像、程序、指令等）转变为数据输入到计算机中，以便加工、处理。输入设备是人们和计算机系统之间进行信息交换的主要装置之一。

计算机如果没有输入输出设备就不会很有用。许多早期的计算机用户在纸卡和纸带上穿孔用作输入输出。一方面，纸卡通常容易卡在读卡器和打孔机上，纸带通常容易断裂；另一方面，只有把纸卡和纸带放入打印机中，将穿孔转换为用户可以读的字母和数据，用户才能理解纸卡、纸带输出的内容。

用户的需求在不断变化，商业领域的活动要求有大量的数据输入和输出，为满足这种需要，相应的输入输出设备也开发出来了，尽管现在有许多输入输出设备，但多数并没有为人们广泛接受。键盘、鼠标、扫描仪、光笔、压感笔、手写输入板、游戏杆、语音输入设备、数码相机、数码录像机、光电阅读器等都属于输入设备。其中最常用的输入设备是键盘和鼠标。

① 键盘和鼠标：最常用的键盘和鼠标用来输入字符、文本和命令等数据。通过键盘可以将信息转换为数据，输入到计算机中。鼠标可以用来"指向"和"点击"屏幕上的符号、图标、菜单和命令，使计算机产生许多动作，如将数据存放入计算机系统③④⑤⑥⑦⑧⑨⑩。

② 语音识别设备：语音识别设备能辨识人的发音，用麦克风和特殊软件记录人的声音并转换成数字信号。语音识别也可用在安全系统中以只允许授权的人进入控制区域。语音识别设备分析语音并分类，再将其转换成数字代码。一些系统要"训练"计算机识别每个用户标准语句中的有限词汇。这通过重复每个单词以将其多次加入词汇的方式来实现。

③ 数码照相机：数码照相机以数字形式存储图像和视频，拍照时，图像的电子信息存储在相机中。

④ 扫描仪：图像和字符能用扫描仪输入。页扫描仪外观像复印机，要扫描的页被插入扫描仪中或朝下放在玻璃板上，盖好后扫描；手持扫描仪进行人工扫描对象。页扫描仪和手持扫描仪都能将单色或彩色图画、表格、文本和其他图像转换成数字形式。

⑤ 触摸屏：屏幕技术的进步使得显示屏也能作为输入输出设备。触摸屏幕上的某个部分，就能执行程序或使计算机进行某项操作。在一些小公司触摸屏是很受欢迎的，因为键盘占用空间。触摸屏常用于加油站中客户选择汽油和要收据，用于快餐店中订单服务员

输入客户选项，用于旅店信息中心客户查询当地食品饮料机构信息，用于娱乐场所提供赞助人指南，也可以用于机场电话亭和百货商店。

⑥ 条形码扫描仪：条形码扫描仪使用激光扫描器读条形码标签，这种设备广泛地用于商店结账处和仓库存储控制中。

⑦ 输入笔：用输入笔触击屏幕能激活命令或使计算机完成一项任务，输入手写的便条或拖动对象和图像。输入笔要有特殊的软件和硬件。手写体辨认软件能将屏幕上的手写文字换成文本格式。

⑧ 光笔：光笔在笔头中装了一个光球，这个球能辨认屏幕上发出的光从而确定笔在屏幕上的位置。和输入笔一样，光笔也能激活命令、拖动对象。

⑨ 光数据读入器：光数据读入器是用于扫描文档的专用扫描仪，分为标记识别读入器（optical mark recognition，OMR）和光字符识别读入器（optical character recognition，OCR）。参加考试的人用铅笔填充成为"标记感知表格"的 OMR 表格后，OMR 读入器用来完成计分等工作，而大多 OCR 读入器根据反射光识别不同字符。OCR 读入器用特殊软件将手写或打印的文档转换成数字数据，一旦数据被录入计算机，就能被很多人共享，能在网络中修改、传递。

（2）输出设备

输出设备的功能是在合适的时间以合适的格式向合适的人提供合适的信息。常见的输出设备有显示器、打印机、计算机输出缩微胶卷设备。

（3）专用的输入输出设备

① 销售点（POS）设备：零售业用 POS 设备作终端以输入销售信息。POS 设备能计算包括税收在内的销售总额。许多 POS 设备也是使用其他输入输出设备，如键盘、条形码读入器、打印机和屏幕。

② 自动取款机：自动取款机（automatic teller machine，ATM）另一种专用输入输出设备，银行客户在提取存款或其他操作时多用 ATM 作终端，然而 ATM 不再仅用于现金和银行单据的处理，公司也用不同的 ATM 完成特殊业务。另外，许多输入输出设备是专用的。多功能设备在一台设备中结合了打印机、传真机、扫描仪和复印机的功能，因此比单独买这些设备成本低、占用空间小。专用测听器能探测制造装置中的问题。使用语音输出器，能通过电话线和其他媒介传送输出合成声音形式的语音结果。

第二节　计算机软件

计算机系统硬件构成了计算机本身作业和用户作业赖以活动的物质基础，没有计算机软件支持的硬件，仅仅是集成电路芯片、电路板和其他电子组件的组合体，通常被称之为"裸机"，不能进行数据处理。计算机硬件只能按照指令运行，计算机指令的集合称为程序。

计算机软件就是一系列相关的程序和相应的文档组成的集合。它利用计算机本身提供的逻辑功能，合理地组织计算机的工作，简化或代替人们在使用计算机过程中的各个环节，提供给用户一个便于掌握操作的工作环境。

一、系统软件

系统软件（system software）是用来管理计算机中 CPU、存储器、通信联结以及各种外部设备等所有系统资源的程序，其主要作用是管理和控制计算机系统的各个部分，使之协调运行，并为各种数据处理提供基础功能；应用软件（application software）是用来完成用户所需求的数据处理任务或实现用户特定功能的程序。系统软件和应用软件还可以进一步划分为若干个类别，其详细的分类结构可以用表 3-1 说明。

表 3-1　计算机软件的分类结构

计算机软件	系统软件	操作系统
		语言翻译程序
		数据库管理系统
		实用程序与软件工具
	应用软件	文字处理软件
		表格处理软件
		图形、图像处理软件
		网络通信软件
		统计软件
		简报软件
		实时控制软件
		多媒体软件

上面提到的各类计算机软件所处的层次是不同的，它们之间的层次关系可以用图 3-2 进行说明。

从图 3-2 中可以看到，处于内层的软件是外层软件的基础。操作系统是建立在硬件基础上的，驱动硬件运行；程序设计语言及编译系统是以操作系统为基础的；数据库管理系统和其他系统软件使用特定的程序设计语言编写，并在特定的操作系统上运行；应用软件是基于数据库管理系统或特定的程序设计语言开发的；信息系统的最终用户是通过应用软件进行信息管理活动的。

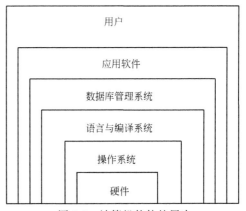

图 3-2　计算机软件的层次

系统软件，为了管理计算机系统的硬件资源，协调各部件有效地工作而增加的用来监视和管理计算机系统的一组指令通常称为系统软件。通过管理计算机系统的硬件和可用时间，系统软件在计算机系统和用户运行的应用程序之间要发挥连接的作用，即接口。系统软件包括多种不同类型的程序，诸如操作系统软件、通信软件和系统实用软件。

1. 操作系统 (operating system, OS)

操作系统是管理、控制和监督计算机软、硬件资源协调运行的程序系统，由一系列具有不同控制和管理功能的程序组成，它是直接运行在计算机硬件上的、最基本的系统软件，是系统软件的核心。操作系统是计算机发展中的产物，它的主要目的有两个：一是方便用户使用计算机，是用户和计算机的接口。比如用户键入一条简单的命令就能自动完成复杂的功能，这就是操作系统帮助的结果；二是统一管理计算机系统的全部资源，合理组织计算机工作流程，以便充分、合理地发挥计算机的效率。

当前的 PC 操作系统和许多类型的应用软件使用的是图形用户界面（graphical user interface，GUI），它广泛使用图标、按钮、条块和窗口来执行任务。主要的 PC 操作系统有 windows 系列、UNIX、Linux、Mac OS X 等。现在已经有既适用于企业系统又适用于家庭系统的新界面技术叫多重触控（multitouch），被广泛应用于 iPhone 手机上。

2. 语言处理系统 (翻译程序)

机器语言是计算机唯一能直接识别和执行的程序语言。如果要在计算机上运行高级语言程序就必须配备程序语言翻译程序（以下简称翻译程序）。翻译程序本身是一组程序，不同的高级语言都有相应的翻译程序。

3. 服务程序

服务程序能够提供一些常用的服务性功能，它们为用户开发程序和使用计算机提供了方便，像微机上经常使用的诊断程序、调试程序、编辑程序均属此类。

4. 数据库管理系统

在信息社会里，社会和生产活动产生的信息很多，使人工管理难以应付，人们希望借助计算机对信息进行搜集、存储、处理和使用。数据库系统（data base system，DBS）就是在这种需求背景下产生和发展的。

数据库是指按照一定联系存储的数据集合，可为多种应用共享。数据库管理系统（data base management system，DBMS）则是能够对数据库进行加工、管理的系统软件。其主要功能是建立、消除、维护数据库及对库中数据进行各种操作。数据库系统主要由数据库（DB）、数据库管理系统（DBMS）以及相应的应用程序组成。数据库系统不但能够存放大量的数据，更重要的是能迅速、自动地对数据进行检索、修改、统计、排序、合并等操作，以得到所需的信息。

二、应用软件

应用软件能实现计算机最终用户的需求，充分挖掘计算机系统的潜力，如图 3-3 所示。

应用软件通过系统软件的接口实现同操作系统的交互和对计算机硬件的操作，最终用户通过应用软件和系统操作界面实现对计算机的利用；同时，也实现了计算机高速、友好、高效地处理数据和信息的价值。应用软件是用来完成用户所要求的数据处理任务或实现用户特定功能的程序。应用软件还可以分为通用软件和专用软件。通用软件可以被不同行业、组织中的不同层次、拥有不同工作头衔的人员使用。例如，任何需要建立和编辑文档的人员都要使用文字处理软件。

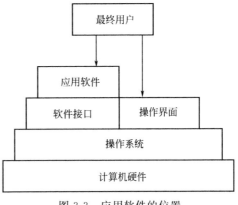

图 3-3   应用软件的位置

专用软件是为解决特定行业中的特殊问题或为实现特定职能、满足特殊需要而设计的应用软件。如会计软件、财务分析软件、销售软件、人事管理软件或生产管理软件。专用软件主要是由行业内公司自行开发或者参与开发过程。

1. 专用软件

专用软件（specialized application software）是指专门为某类用户或应某个用户的要求而专门设计的软件。一般这类软件都是自行开发的，但也可以从其他外部公司购买。如果组织有足够的时间和信息系统资源去自行开发，就可以选择自行开发软件。相反，组织也可以从外部供应商那儿获得定制的软件。例如，第三方软件公司，通常称它为增值软件供应商，可以为某特定公司或行业开发或修改一个软件程序以满足该公司或行业的要求。BIM 是大型复杂建筑工程类软件技术，是一种典型的专用软件。

BIM 技术是指关于建筑信息模型化和建筑信息模型的技术。其基本理念是，以基于三维几何模型、包括其他信息和支持开放式标准的建筑信息为基础，提供更加强有力的软件，提高建筑工程的规划、设计、施工管理以及运行和维护的效率和水平；实现建筑全生命期信息共享，从而实现建筑全生命期成本等关键方面的优化。

BIM 应用软件是指基于 BIM 技术的应用软件，亦支持 BIM 技术应用的软件。一般来讲，它应该具备四个关键特征，即面向对象、基于三维几何模型、包含其他信息技术和支持开放式标准。

伊士曼等将 BIM 应用软件按其功能分为三类，即 BIM 平台软件、BIM 工具软件和 BIM 环境软件。在我国，一般称为 BIM 基础软件、BIM 工具软件和 BIM 平台软件。

BIM 基础软件是指可用于建立能为多个 BIM 应用软件所使用的 BIM 数据的软件。例如，基于 BIM 技术的建筑设计软件可用于建立建筑设计 BIM 数据，且该数据能被用于在基于 BIM 技术的能耗分析软件、日照软件等 BIM 应用软件。

BIM 工具软件是指利用 BIM 基础提供的 BIM 数据，开展各种工作的应用软件。例如，利用建筑设计 BIM 数据，进行能耗分析的软件、进行日照分析的软件、生成二维图纸的软件等。

BIM 平台软件是指能对各类 BIM 基础软件及 BIM 工具软件产生的 BIM 数据进行有效的管理，以便支持建筑全生命期 BIM 数据的共享应用的应用软件。该类软件一般为基于 Web 的应用软件，能够支持工程项目的多参与方及多专业的工作人员之间通过网络高效的共享信息。

2. 通用软件

通用软件是可以在多个行业中不同层次的用户使用的应用软件，一般由软件公司开发。因此，通用软件可以从那些专门从事开发程序并将这些软件卖给计算机用户的软件公司购买，也可以向他们长期租赁或短期租用。为通用市场开发的软件程序称为通用软件包，可在商店的柜台上购买到这些软件。常见的通用软件有以下几类。

(1) 文字处理软件是一个应用程序集，它允许用户创建、编辑和打印主要由文件组成的文档，当然这些文档还可能包括数据、图形、表格甚至声音。

(2) 电子表格软件帮助管理者更轻松的准备预算表、税务分析、投资组合分析、销售和利润计划以及其他财务文档。电子表格软件有时称作电子便本，通常用柱状图的形式解决财务问题。电子表格软件允许管理者设计部分表格或表单，成为模板。管理者可以多次使用设计好的模板统计和计算，每次只要输入每一项当前的数据和日期即可。电子表格软件的强大用途除了输入数据外还能输入公式，这样用户就可以使用假设分析的方法，模拟各种问题的解决方案。

(3) 数据库管理软件允许用户根据不同类型的记录中的数据建立报表。数据库管理软件对组织中各层次的管理者都是一个重要的决策支持工具。

(4) 图形显示软件帮助管理者制作幻灯片，幻灯片中包含图表、文本、图像和声音。管理者利用软件放幻灯片的功能在屏幕定时依次显示每张幻灯片。

通用软件还有许多种。通常，商业软件都作为独立的软件包，即集成的、兼容的、可在一起使用的套装软件销售。兼容性、集成性的套装软件提供很多方便条件。现在，个人计算机常常与一套通用软件包捆绑销售。套装软件一般包括：一个文字处理软件、一个电子表格软件、一个数据库软件和一个显示图形软件。例如，微软公司把 Word（文字处理软件）、Excel（电子表格软件）、Powerpoint（图形显示软件）和 Access（数据库管理软件）捆绑成一套软件包，称为 Microsoft Office。Corel 公司提供一套相似的软件，称为 Office Professional。

第三节　网络技术

一、计算机网络系统的定义

近年来，计算机技术和通信技术迅猛发展、相互渗透而又密切结合。一方面，计算机技术应用到通信领域，改造更新旧的通信设备，大大地提高了通信系统的性能，促进了通信由模拟向数字化并最终向综合服务的方向发展。另一方面，通信技术又为多个计算机之间信息的快速传输、资源共享和协调合作提供了必要的手段，促进了计算机网络的发展。计算机网络是现代计算机技术与通信技术密切结合的产物，是随社会对信息共享和信息传递的要求而发展起来的。

如今许多企业都在努力运用信息技术，在因特网（Internet）平台上建立了支持企业经营业务的内部网（Intranet），在企业员工中达到信息共享与信息沟通；同时，也运用因特网平台，打破组织边界，建立了企业外部网（Extranet）与分布在世界各地的顾客、供应商、分销商、零售商联系在一起。而且通过一种特殊的安全软件——"防火墙"，阻止外部企业对企业内部网的非授权访问与侵犯，以保护内部网上的信息。因此，计算机网络系统就是利用通信线路将分散在不同地点并具有独立功能的多台计算机系统互相连接，按照网络协议进行数据通信，实现资源共享的信息系统。这里强调计算机网络是在协议控制下，实现计算机之间的数据通信，网络协议是区别计算机网与一般计算机互连系统的标志。

二、新兴计算机网络模式

计算机网络是由多个不同的 IT 部件连接而成。网络用户可以通过网络实现软件共享、信息共享、外设共享、处理能力共享及与他人通信五项功能。但早先的计算机网络仅仅是一种对等网络模式，只能提供与他人通信和共享外设这两种能力。如在某个小型公司范围内，网络的主要功能是将公司员工连接在一起，使他们能够彼此交流和共享打印机、扫描仪等外部设备，而不能实现软件共享、信息共享及处理能力共享。

自 20 世纪 90 年代起，兴起了一种新的网络模式，称为客户机（Client）/服务器（Server）系统模型，该系统由一台或多台主机和多台客户机组成网络。主机称为服务器，可为网络中其他计算机（称为客户机）提供软件与信息共享的服务，维护网络用户可访问和使用的信息和软件；还可以提供共享处理能力的服务，如帮助客户工作站完成所需进行的处理。由于这种结构能充分利用系统资源，合理分布系统负载，减少网络的数据流量，提高系统运行性质，保证数据的安全性、一致性和保密性等优点，因此很多企业都在建立基于客户机/服务器模型的网络。

但是基于客户机/服务器模型的网络能飞速发展的更深层的原因是客户机/服务器是一

种基于计算机网络平台上的进行计算机信息管理的一种企业模型。在这个企业模型中，客户机/服务器将企业特定的事务处理过程分布到网络上处理该事务活动的特定位置上，所以客户机/服务器是企业分布式处理（分布式计算）的基础。客户机/服务器模式用于构建符合企业运作信息技术的基础设施。该模式中的客户机拥有所有与局部（例如企业组织某个职能部门）相当的信息、软件和执行处理能力，而服务器则包括了所有与全局（整个企业组织）有关的信息、软件和执行处理能力。它们之间能通信并且获得软件、信息、外设及处理能力的共享。

由于 Client/Server 结构存在的种种问题，因此人们又在它原有的基础上提出了一种具有三层模式（3-Tier）的应用系统结构浏览器/服务器（Browser/Server）结构。Browser/Server 结构是伴随着因特网的兴起，对 Client/Server 结构的一种改进。从本质上说，Browser/Server 结构也是一种 Client/Server 结构，它可看作是一种由传统的二层模式 Client/Server 结构发展而来的三层模式 Client/Server 结构在 Web 上应用的特例。

Browser/Server 结构主要是利用了不断成熟的 Web 浏览器技术：结合浏览器的多种脚本语言和 ActiveX 技术，用通用浏览器实现原来需要复杂专用软件才能实现的强大功能，同时节约了开发成本。

B/S 最大的优点就是可以在任何地方进行操作而不用安装任何专门的软件，只要有一台能上网的电脑就能使用，客户端零安装、零维护。系统的扩展非常容易。B/S 结构的使用越来越多，特别是由需求推动了 AJAX 技术的发展，它的程序也能在客户端电脑上进行部分处理，从而大大的减轻了服务器的负担；并增加了交互性，能进行局部实时刷新。

三、计算机网络的组成

一个最简单的计算机通信网，它由以下五类基本元素组成。

1. 终端

任何一个输入/输出设备都可以作为终端使用远程通信网发送和接收数据，包括微型计算机、电话、电传等办公设备。

2. 远程通信处理器

支持终端与计算机之间的数据传送与接收。这些设备有调制解调器、多路复用器、路由器及前端处理器，执行各种控制和支持通信的功能。例如对数据进行数字信号和模拟信号的相互转换，对数据进行编码和译码，并在远程网络的终端与计算机之间控制通信线路数据传输的准确性和效率。

3. 远程通信通道和介质

数据是在通道和介质上进行传输的。远程通道是多种介质的组合。例如双绞线、同轴电缆、光纤电缆、微波系统及通信卫星，通过连接网络中的端点形成远程通信通道。

4. 计算机

不同类型与规格的计算机经远程通信通道连接在一起完成指定的信息处理。例如一台主干计算机可以作为大型网络的主计算机；而一些小型计算机则作为网络的前端处理机或作为小型网络中的服务器。

5. 网络通信控制软件

该软件由控制远程通信活动及管理远程通信功能的程序组成。例如用于主计算机的通信管理程序，用于小型计算机网络服务器的网络操作系统，用于微型计算机的通信软件包。

四、计算机网络的类型

1. 按网络分布范围大小分类——局域网、城域网和广域网

（1）广域网（wide area network，WAN），分布范围通常为几十至几千千米，如一个省，一个国家或洲际网。广域网有时也称为远程网。这种网络可称为信息运载体，是政府部门以至终端用户日常生活、活动所必不可少的工具。因此 WAN 被制造业、银行、商业、运输业及政府部门用于传送和接收它们的雇员、顾客、供应商及其他组织企业的信息，其范围渗透城市、地区、国家乃至整个世界。

（2）局域网（local area network，LAN），一般分布在较小的范围内，或为一个建筑物、一个工厂、一个单位内，为一个单位所独有。LAN 可以使用各种通信介质，如传统的电话线、同轴电缆甚至无线系统来连接计算机工作站和计算机外围设备。大多数 LAN 使用一台带有大容量硬盘的高性能微型计算机作为文件服务器或称为网络服务器，服务器上安装控制通信及网络资源使用的网络操作系统。例如服务器把共享数据文件及软件包的拷贝分配给网络上其他微机，并控制到激光打印机和其他外围设备的存取。LAN 可以经由通信处理器，即一个称为网关（gateway）的接口，连接到 WAN 上，存取 WAN 的计算资源和数据库。

LAN 也允许工作在同一群体内的伙伴相互通信，共享硬件、软件和数据资源，并共同为实现群体的目标而努力。例如一个项目组成员，当他的微机联在 LAN 上就可以与组内每个成员相互交换电子邮件，共享一台激光打印机和硬磁盘，共享电子表、字处理等软件包，还有项目中的共享主数据库。因此在组织中为了向用户提供了更大的计算能力，将建立 LAN，并把终端接到小型机或主干机以得到更普遍的应用。

如图 3-4 所示，是纽约某人寿保险公司的局域网与广域网。公司总部在纽约，中央服务器也安置在总部。在美国的其他四个州与纽约共有五个子公司，分别建立了五个局域网，该公司用广域网将这五个局域网连接在一起。

该系统的中央服务器提供保险、赔偿服务的访问功能，包括现有的、预期的客户信息，以及重要的竞争对手的信息。而每个局域网站点也设有存放本地客户及服务信息的数

据库服务器。当局域网站点数据被更新时，局域网的服务器就会将这些更新的信息传递到总部的中央服务器。同样，总部的中央服务器也会相应更新局域网站点的信息。该广域网是公司获取、保持市场优势的一项重要的技术手段。

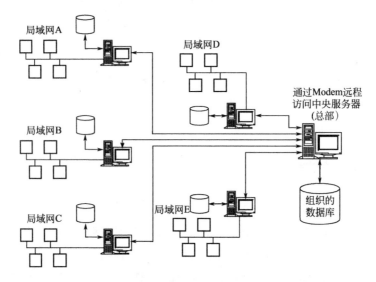

图 3-4　某人寿保险公司的局域网和广域网

（3）城域网或市域网（metropolitan area network，MAN），其分布范围在广域网和局域网之间。例如，分布范围是一个城市，其作用距离范围约为 5～50km。

不同的广域网、城域网或局域网还可以根据需要互相连接形成规模更大的国际网。

2. 按网络拓扑结构分类

所谓拓扑是几何学的一个分支，是一种研究与大小、形式无关的线和面的特征的方法，运用拓扑学的观点来研究计算机网络的结构便称之为网络的拓扑结构，换句话说它是用以研究网络上各个点的物理布局的。所谓结点即网络中起到信息转换或信息访问作用的设备，起信息转换作用的结点如集中器、交换中心等；起信息访问作用的结点如终端、微机等。所谓链路指的是两个结点间的通信线路。

根据网络的拓扑结构，可以分为星状网、树状网、环状网、网状网、总线型等。如图 3-5 所示。

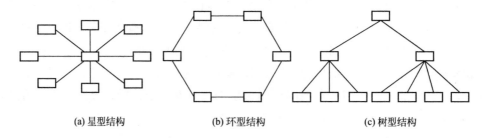

(a) 星型结构	(b) 环型结构	(c) 树型结构

图 3-5　常见的网络拓扑结构之一

（1）星型结构，网络上的多个结点均以自己单独的链路与处理中心相连，这种网络结构简单，便于管理，从终端到处理中心的时间延迟小，缺点是通信线路总长度长，因而花费在线路上的成本较高。

（2）环型结构，网络上各个结点连接成回路，信息流是单向的，而线路是公用的，路径是固定的。通信总线路短，但回路中任一结点有故障时则会影响整个回路的通信。

（3）树型结构，网络上结点之间的连接像一棵倒挂着的树，同一结点可和多个结点相连。这种结构通信线路总长较短，但结构较复杂，中心结点出故障时对整个网络有较大影响。

（4）总线型，在总线式电缆网络中，任何瞬间仅只有一台机器是主机，可以发送信息。如果有两台机器同时需要发送信息，则需要有某种仲裁机制来解决可能引起的冲突。现在许多网络皆采用这种总线式网络拓扑结构。如图 3-6 所示。

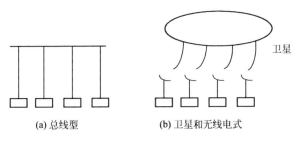

图 3-6 常见的网络拓扑结构之二

（5）卫星和无线电式，每个结点都有自己的发送和接收信息的天线，用以接收来自卫星或其他无线电的信息，这种结构适用于地理范围广阔的部门之间通信。

五、传输媒体

传输媒体是通信网络中发送方和接收方之间的路径和物理通路。计算机网络采用的传输媒体可分为有线和无线两大类。双绞线、同轴电缆和光纤是常用的三种有线传输媒体。卫星通信、无线通信、红外通信、激光通信以及微波通信的信息载体都属于无线传输媒体。有线传输媒体在较短的路径上传送信息（如通过网线）；无线传输媒体通过空间传输信息，如电台发送节目的传输手段就是无线传输。

在低通信容量的局域网中，双绞线的性能/价格比是最好的。对于大多数的局域网而言，需要连接较多设备而且通信容量相当大时可以选择同轴电缆。随着通信网络广泛采用数字传输技术，选用光纤作为传输媒体更有一系列优点：频带宽，速度快，体积小，重量轻，衰减小，能与电磁隔离，误码率低。因此，光纤在国际和国内长话传输中的地位日趋重要，并已广泛用于高速数据通信网。光纤的分布数据接口（FDDI）就是一例。便携式计算机在 20 世纪 90 年代将有很大的发展和普及，由于可随身携带，可移动的无线网的需求也将日益增加。无线数字网类似于蜂窝电话网，人们随时随地可将计算机接入网络，发送和接收数据。但是，目前蜂窝网技术对数据传输来说还不能满足需求。为了发展移动无线数字网，正在寻求新的技术，并需发展新的通信协议来适应移动的计算机入网。

六、网络通信处理器

在网络中，网络通信处理器是连接整个网络中各种通信介质、计算机和通信线路的硬件设备。网络通信处理器具有广泛的、复杂的功能。它们包括：调制解调器、多路复用器、前端处理机、交换机和网络互连单元。

七、网络体系结构

在计算机网络中有许多互相连接的计算机，在这些计算机之间要不断地交换数据（包括控制信息），要使相互通信的两个计算机系统高度协调地交换数据，每个计算机必须在有关信息内容、格式和传输顺序等方面遵守一些事先约定好的规则。这些为进行网络中数据通信而建立的规则、标准或约定，称为网络协议。网络协议包含语义、语法和时序三个要素。

国际标准化组织（International Standard Organization，ISO）已经定义了一组通信协议，称为"开放式系统互联模型（open system interconnection model，OSI）"，某些大型公司自己的标准协议，如美国 IBM 公司 SAN 协议（System Architecture Network），还有事实上已经形成的，已为大家认可的协议如 TCP/IP 协议。国际化标准组织 ISO 于 20 世纪 70 年代提出的七层概念性网络模型 OSI 是一个希望各厂商在生产网络产品时应该遵循的协议，但至今还是一个理想的模型。

图 3-7 显示出了这种 OSI 模型的结构。这种 OSI 模型分为七层，每一层都是建立在前一层的基础之上的，底下的每一层的目的都是为高层提供服务。

OSI 网络通信协议是一种理想的工业标准，网络设备与网络管理软件的制造商在产品的生产过程中以此协议为标准。但是，一些大型的计算机生产商，在主导全球市场的过程中建立了一些事实上的方法、标准与协议。因此，需更多地重视事实上的方法、标准与协议。

最为成功的全球性的信息网络要算是世界上最大的计算机网 Internet，也称为因特网。它起源于 APRANET 网，是美国第一个提供分组交换技术的共享数据网，是由美国科学基金会（NSF）资助的。它把各个国家网、区域网连成一个覆盖全球的网络系统，运行公共的通信协议 TCP/IP，在网上提供了丰富的共享资源和广泛的应用服务。

TCP/IP（transmission control protocal and Internet protocol）是事实上的标准，TCP 是传输层控制协议，IP 提供网络层服务。已有 20 多年的发展历史，其上已积累了大量软硬件资源，在全球 TCP/IP 应用于连接互不兼容的计算机和网络，已经深入各个应用领域。目前最流行的 TCP/IP 这一协议既可用于广域网，也可用于局域网，即为众所周知的 Internet/Intranet。

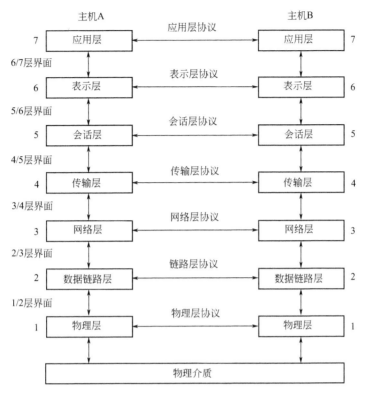

图 3-7　ISO 的 OSI 参数模型网络结构

八、计算机网络的应用

计算机网络在企业中有着广泛的应用，当前最流行的计算机网络通讯应用有以下几方面。

1. 数据传输的需要

随着经济全球化，企业跨国化，企业内部或外部均有大量的数据需要传输。数据传输得到飞速的发展，电子邮件不仅快捷，而且便宜。文档传输可传输远大于传真的数据，支持企业的发展。

2. 查询系统的应用

这个系统允许管理人员或用户查询储存在个人、部门、公司数据库上的信息。用户也可以利用通信网络获取外部数据信息（数据银行）的服务，把一些经济和财务等方面的数据提供给公司和个人。

3. 远程处理的需要

事务处理的数据可以由联机终端捕捉到，立即传送到远方的计算机进行处理。计算机网络能使企业办公室、银行、零售店及分布中心减少人工输入并加快传送处理的速度，因而降低了成本，减少错误及改进服务。特别是电子数据交换（electronic date interaction，EDI）网络，在企业和它们的顾客和供应商之间支持企业事务文件按直接的电子方式交换。EDI代替了采购订单、销售发票等传统的纸张或事务文本的交换。

电子资金交付（electronic fund transfer，EFT）系统被专门用于银行业和零售业。它把零售商、销售商或银行等金融机构与顾客连接起来，处理现金和信用贷款。银行的通信系统支持各分支办公室的付款终端和遍及全市或整个地区的自动付款机（automated teller machine，ATM）。同样也支持电话支付服务，这种服务允许顾客在家里把电话作为计算机的终端以电子方式支付账单，WAN广域网可以将零售店的POS终端连接到银行的EFT系统上。

4. 分布式协同处理方式

分布式网络处理取代了以往对主干计算机设备或一些独立计算机的处理。分布式处理网络可以分布在局域网中，也可以由主干型、小型和微型计算机组成，覆盖一个宽广的地理领域并与广域网连接。

采用分布式协同处理，用户可以处理网络内的信息，其中包括数据输入、数据查询、事务处理、更新数据库、产生报告及提供决策支持，而数据完全可以进行本地化的输入/输出处理，同时又提供了对网络中其他计算机的数据资源进行存取的功能。分布式协同处理更适应用户的需求并增加信息处理的效益，让大型的、中央端的主干计算机能做更适合于它们做的工作。

5. 办公自动化

网络在办公自动化过程中起着重要作用，办公室局域网上的微型计算机和其他办公设备，如复印机、激光打印机、传真机等连接到公司或部门的网络上，网络上的软件和数据库可以共享，诸如电子邮件、传真等服务，允许用户以文本、声音、映像或视频方式发送和接收信息。

6. 公用信息服务

公用信息服务是一种计算机网络的应用形式，现在已有不少这样的公司，只收很少一点费用，就向任何一个已装备了个人计算机的用户提供各种信息服务。他们的服务包括传递电子邮件、航空预售票、电子游戏、个人计算机用的软件包、新闻/运动/气象信息、电子银行购物等。

九、网络应用的发展趋势

从管理角度来看网络，不应仅仅当作一种电子通信的方法，而是要把它看作为一种竞争武器，作为组织的一种联络手段，作为一种重要的技术投资。对通信网络给予重视以后，企业应充分认识到网络的潜在效益，并考虑如何在组织中规划及建设一个合适的网络系统。

1. 网络发展的趋向

网络发展的趋向对于管理决策有很大的影响，它们对于组织的决策选择增加了分析的内容，因此管理人员应深入了解网络通信的技术及应用两个领域方面的发展趋向，学会分析与选择适合于组织发展的通信网络。

（1）行业发展趋势

当前通信服务的竞争已发生了巨大变化，从政府垄断逐步向自由供应商发展，从通讯和计算机行业的分立到两种行业的互相渗透甚至合一。

（2）技术发展趋势

通信网络正处于从模拟向数字网络技术转化发展的过程中。早期通信主要依靠面向声音的模拟传送系统，传送由人的声音的声波产生的各种电子频率。然而新的电子网络技术已快速转向数字传送网络，出现如同计算机一样以脉冲方式传送的信息。数字传送大大提高了计算机化的通信设备和通信介质的使用。其优点为：有效的高速传送；大量信息的传送；更大的经济效益；比模拟系统更低的出错率。另外综合服务数字网络技术（integrated service digital network，ISDN）允许在同一线路中进行多种形式的通信，如数据、声音、图像等，多媒体传送技术现在已经实现。另一个主要趋势是传输介质的改变。许多通信网络从以前的双绞线、同轴电缆、微波中继站到现在的光纤和人造卫星传输。特别当组织需要传送海量数据并跨越全球网络时，采用卫星传输在速度和容量方面将大大提高。

（3）应用的趋势

由于有了更多的销售商、各种通信服务和先进的技术平台大大增加了应用上的可行性。无论对于什么样的企业，通信对于支持生产、管理和实现企业战略目标都起了重大作用。一个企业的通信已不再局限于办公室电话和长途电话的范围，而是属于公司主架结构中的一个部分。同样也是计算机信息系统集成中的一部分，用于降低成本，改进生产过程，共享资源，锁定顾客和供应商，发展新产品和服务。因此对于一个要求在国际化市场上增加竞争力的企业来讲，通信网络是一个更重要更复杂的决策领域。

2. 网络对企业发展产生的附加值

采用计算机网络能使企业在运作过程中有三方面效用：

（1）缩短完成事务活动的时间；

（2）降低由于地理距离原因对公司事务活动的局限性；

（3）重新构造公司与顾客、供应商及其他组织的传统关系。

这些影响可以在三个主要领域增加企业的经济效益，表3-2就是显示了管理人员利用计算机网络可以改进工作效率、事务功能的效益及事务改革的全过程。

表 3-2　通信网络的附加值

附　加　值			
影响效果	操作效率	商业(事务)的效果	组织改革
压缩时间	加速商业事务的操作和处理联机事务操作过程	加快信息流动,如电子邮件	产生了更好的服务,如远距离信贷核对
降低地理位置限制	产生规模效应,如联机集中式处理的售货机	确保对分散操作的控制,如会议通信系统	开拓新市场,如偏远的ATM银行系统
重组关系	回避在一系列散布点之间因素的影响,通过电话直接销售	对偏远地区提供专门知识,如远距离的诊断和维护	在顾客和供应商之间建立联系,如家庭电子购物系统

十、开发网络的决策

如果不进行管理上的全面规划,网络不一定会带来效益。首先要决策建立网络,也就是最高管理层必须决定组织所决策的企业目标有多少是必须依赖于通信技术的应用。假若一个企业发现企业长期的生命力和成功依靠通信网络的效益,那么管理层就必须定义如何将这种技术集成到企业的长期规划中,这就需要对组织由于通信技术的应用在操作效率、事务处理效果、组织改革方面获得的改进进行定义。表 3-2 就可以作为分析用的框架。最后,应开发一个通信网络的架构。为了建设一个能支持企业操作、管理决策制定和组织决策的目标集成化的通信网络,设计网络的结构是一项重要的主体任务。总之,组织的管理决策目标之一是利用通信网络和其他信息技术开发一个开放的集成的企业间的信息系统(open integrated inter-organizational information system)。也就是说,这些组织的目标是协同开发一个开放型的远程通信网络结构,这种结构允许组织提供一个集成化的应用选择,以服务其内部的需求和他们当前与未来组织的需求。

十一、网络信息系统的安全

信息安全是指防止其他人利用、破坏你的信息系统、窃取你的机密而采用的设备、技术、措施和手段的集合。如何保护你的信息系统和数据?随着信息系统的不断普及和发展,这个问题越来越重要。没有一个安全保障的信息系统是不可能有实际应用价值的。

影响信息系统的安全有诸多因素,如硬件设备的稳定、软件运行的正常及信息数据的传输安全等。一般说,保证硬件设备的稳定、软件运行的正常等比较好办,而防止主观的侵害就比较难办一些。这些主观的因素有的来自内部组织,有的来自外部入侵。通常表现在信息的传输领域中。计算机安全并不是目的,它是达到信息安全这一目的的手段。维护组织的严格制度化管理,敏感应用数据的保密与加密,特别是信息网络传递安全措施都是非常必要的。

1. 信息系统安全的涵义

计算机安全的主要目标是保护计算机资源免受毁坏、替换、盗窃和丢失。这些计算机资源包括计算机设备、存储介质、计算机数据等。计算机安全是一个组织机构的安全。

网络安全从其本质上来讲，就是网络上的信息安全，它涉及的领域相当广。这是因为在目前的公用通信网络中存在着各式各样的安全漏洞和威胁。一般意义上说，凡涉及网络信息的保密、完整、可用、真实的相关理论、技术和措施都是网络安全的研究领域。网络安全是指网络系统的硬件、软件和系统中的数据收到的保护，不因偶然的或恶意的原因而收到破坏、更改、泄露等，系统可继续可靠地运行和提供服务。

在新的时代里，信息系统的安全问题应得到足够的重视，信息安全这一新型的学科正在形成。所谓信息系统安全，是指为信息处理、存储系统建立和采用的管理技术的安全而采用保护措施，以保护计算机系统中的硬件、软件及数据，防止由于各种原因使系统遭到破坏、更改和泄密。其涉及技术内容包括计算机及设备安全、信息管理安全、信息存储安全、信息传输安全、信息系统安全监察和信息安全法等，共分三大领域：技术安全领域、管理安全领域和安全法律领域。破坏信息系统安全的因素有许多，如何做到信息系统安全或较安全，人们必须对造成信息系统不安全的因素和信息系统本身的脆弱性加以分析，以得到保护系统安全的方法和策略。

2. 信息安全的威胁

(1) 系统的威胁

信息技术和计算机网络得发展，使信息共享应用日益广泛与深入。从而也使得整个信息系统变得十分脆弱，甚至使得人们丧失了对 Internet 及信息高速公路的信赖。一方面，网络提供了资源的共享性、使用的方便性，通过分布式处理提高了系统效率和可靠性，并且还具有可扩充性。另一方面，正是这些特点增加了网络信息得保密性、完整性和可用性程度下降，造成不可估量的经济和政治损失。信息系统存在威胁有两种：一种是无意的威胁包括人为操作错误、设备故障、自然灾害等很多不以人的意志为转移的事件；另一种是有意的威胁包括窃听、计算机犯罪等人为破坏。实现信息系统的安全，不但靠先进的技术，而且也得靠严格的安全管理、法律约束和安全教育。

先进的信息安全技术是信息安全的根本保证。用户应对自身面临威胁进行风险评估，决定其所需要的安全服务种类，选择相应得安全机制，然后集成先进的安全技术，形成一个全方位的安全系统。

其次是严格的安全管理。各个计算机和网络的使用机构应建立相应的信息安全管理办法，加强内部管理，建立合适的信息安全管理系统，建立安全审计和跟踪体系，提高整体信息安全意识。

制订严格的法律，法规。计算机、网络是一种新生事物，它的很多行为无法可依，无章可循，导致计算机犯罪有机可乘。面对日趋严重的计算机犯罪，必须建立与网络安全、计算机安全和信息安全相关的法律、法规，使非法行为慑于法律，不敢轻举妄动。

(2) 信息系统常见的安全缺陷

计算机系统的安全缺陷和通信链路的安全缺陷构成了信息的潜在安全缺陷。计算机硬件资源易受自然灾害和人为破坏；软件资源和数据信息易受计算机病毒的侵扰以及非授权用户的复制、篡改和毁坏。计算机硬件工作时的电磁辐射以及软硬件的自然失效、外界电磁干扰等均会影响计算机的正常工作。通信链路易受自然灾害和人为破坏。采用主动攻击和被动攻击可以窃听通信链路的信息并非法进入计算机网络获取有关重要信息。信息系统的安全缺陷通常包括物理网络的安全缺陷、过程网络安全缺陷以及通信链路安全缺陷三种。一些普遍存在的安全缺陷包括如下几点。

① 网络的规模

网络的规模越大，通信链路越长，则网络的脆弱性和安全问题也随之增加。网络用户数量的增加，网络的安全性威胁也随之增加。

② 电磁辐射和电磁泄漏

计算机及其外围设备在进行信息处理时会产生电磁辐射。电磁辐射分辐射发射和传导发射两种。当计算机设备在进行数据处理和传输时，各种高频脉冲通过各种电器元件和分布参数的耦合、调制，叠加成一个包含有用信息的频带信号，由电源线、电缆和电话线等通信链路传导出去造成信息泄漏。

③ 搭线

现行计算机网络的传输媒介主要是同轴电缆和电话线路等，这为搭线窃听提供了可能。搭线窃听的手段主要有两种：第一种是利用磁记录设备或计算机终端从信道中截获有关计算机信息，然后对记录信息进行加工、综合、分析，提取有用信息；第二种是搭线者不仅截获有关信息，而且试图更改、延迟被传送的信息，从而造成更大的威胁。

④ 串音

在有线通信链路中（光纤除外），由于电磁泄漏和信道间寄生参数的交叉耦合，当一个信道进行信息传送时，会在另一个或多个相邻信道感应出信号或噪声即串音。串音不但使网络内的噪声增加、传输的信息发生畸变，而且会引起传导泄漏，对信息保密构成威胁。

3. 信息安全策略

信息安全与保密的涵义还会因为不同的应用环境而得到不同的解释。大体上可以分为如下几点。

（1）系统运行的安全

运行系统的安全即保证信息处理和传输系统的安全，包括计算机系统机房环境的保护，法律、政策的保护，硬件系统的可靠运行，操作性能的安全，电磁泄漏的防护等。安全的运行系统侧重于保证信息系统的正常运行，避免因为系统崩溃和损坏对存储、处理和传输的信息系统造成破坏和损失，避免由于电磁泄漏产生信息泄露，干扰他人或被他人干扰。运行系统安全的本质是保护系统的合法操作和正常运行。

（2）信息存储的安全

信息存储的安全包括合法用户访问的口令鉴别、用户存取权限的控制、数据存取权限和方式控制、安全审计、安全跟踪、计算机病毒防治、数据加密等。

（3）信息传播的安全

信息传播的安全即信息传播后果的安全。信息传播的安全侧重于防止和控制非法、有害的信息传播和避免在公用网络信息系统中大量自由传输的失控。网络信息传播安全的本质是维护社会道德、国家法律和人民利益。

（4）信息内容的安全

信息内容的安全侧重于保护信息保密性、真实性和完整性，避免攻击利用信息系统的安全漏洞进行窃听、冒充、诈骗等有损合法用户的行为。信息内容安全的本质是保护用户的利益和隐私。

由此可见，信息安全与保密是一个很复杂的问题，它与被保护的对象密切相关。还有一种观点认为，信息安全与保密包括以下几个方面：物理安全、人员安全、信息安全、操作安全、通信安全、计算机安全、工业安全等。信息安全的本质是在安全期内保证数据在处理、网络传输或存储时不被非授权用户非法访问，但授权用户却可以访问。

4. 信息安全防护法

（1）数据加密

① 密文的基本概念

密文（又称密码），就是指经明文转换而成的信息。之所以称之为密文，是因为密文一般很难识别，必须经过解密后，使密文再转换成明文，才能读懂。早在一千年以前，就有了密文技术，而且运用于安全通讯上。目前的密文技术与那时的密文技术有很大的差别，但具有一致性，即在不安全的物理信道上实现逻辑上的安全通信。

明文（又称报文），就是指信息的原文。用数据库语言编写的数据库管理程序、用高级语言编写的源程序以及用汇编语言编写的专用软件都是明文。加密就是将明文转换成密文的过程，一般通过一个加密算法来实现。解密就是将密文转换成明文过程，通常也用一个解密算法来实现解密。解密和加密是两个互逆的过程。

密钥是控制加密和解密过程的一系列重要参数。相应于加密和解密过程，密钥分为加密密钥与解密密钥两种。密钥的英文是 KEY，通常记作 k，加密密钥可记作 kE，解密密钥则记作 kD。

② 加密的主要方法

加密的方法很多，难易程度也有很大差别。一般常用的方法为换位法、替代法和乘积密码法。

（2）防火墙

防火墙是指设置在不同网络或网络安全域之间的一系列部件的组合。它是不同网络或安全域之间信息的唯一出入口，能根据企业的安全政策控制（允许、拒绝、检测）出入网络的信息流，且本身具有较强的抗攻击能力。防火墙可以是分离器、限制器，也可以是分离器，用来检测内部网和互联网之间的任何活动，从而保证了内部网络的安全。

在没有防火墙的环境中，网络安全性完全依赖主系统的安全性。在一定意义上，所有主系统必须通力协作来实现均匀一致的安全性。子网越大，把所有主系统保持在相同的安全性水平上的可能性就越小，安全性的失策和失误越来越多，入侵就可能发生。防火墙有助于提高主系统总体安全性。防火墙的基本思想不是对每台主机系统进行保护，而是让所有对系统的访问通过某一点，并且保护这一点，并尽可能地对外界屏蔽保护网络的信息和结构。它是设置在可信任的内部网络和不可信任的外界之间的一道屏障，防止不可预料的潜在的入侵。防火墙的技术已经经历了三个阶段，即包过滤技术、代理技术和状态监视技术。

（3）访问权限的控制

在计算机系统中，安全机制的主要目的是存取控制，它包括以下三个任务：授权（确定可给予哪些主体存取客体的权力）；确定存取权限（一个诸如读写、执行、删除、添加等存取方式的组合）；实施存取权限。

在计算机系统中，"存取控制"这一术语仅适用于系统内的主体和客体，而不适用于外界对系统的存取。当然，网络系统内的存取控制不仅要考虑外界用户和远程系统，还要考虑系统内的主体。尽管系统能实现多种类型的存取方式，但系统安全主要区分的概念是读和写。另外，区分删除文件的能力与在文件中写零的能力，或者区分在文件中任意地方写入任何数据的能力与仅能在文件末尾添加数据的能力，对定义存取方式偶尔还是很有用的。每个客体都有一组安全属性，以确定鉴别和存取权，客体的安全属性也能简单到仅有两位比特（一位用作读，一位用作写），以表明所有主体对客体的存取模式。

（4）口令的保护

系统缺陷是一种破坏系统十分刺激的方法，但不是最常用的攻击方式。因为其固有的特性，"用户口令"攻击方式获得了这一"殊荣"。由于整个口令系统失效引发的系统穿透占了相当高的百分比。"口令系统"失败的原因有几种，而最常见的问题在于人们习惯选择拙劣的口令。研究表明，猜测口令极易成功。不是说每个人都选用拙劣的口令，但是，却有相当一部分人把那种可猜测口令留给了那些擅长猜测口令的攻击者。猜测口令式攻击采用第二种基本形式：它是在登录时尝试使用已知的或假设的用户名和类似的猜测口令。这种方法常常会获得成功。站点常常有账户—口令对，如 field-service，guest-guest 等。这些账户—口令对，居然经常出现于系统手册中，通过多次尝试，总有一次成功。攻击者一旦进入，你的主要防线就会崩溃。可以设置不允许那个用户使用不正确的口令尝试无限次的登录。

第四节　云计算技术

计算机硬件和网络技术的发展带来的巨大变化使企业增强了组织运算的能力，并将这种能力用于构建网络。人们看到了六种趋势：新兴的移动电子平台、纳米技术、云计算、自主计算、虚拟化和多核处理。

一、云计算

云计算（cloud computing）是基于互联网的相关服务的增加、使用和交付模式，通常涉及通过互联网来提供动态易扩展且经常是虚拟化的资源。云是网络、互联网的一种比喻说法。过去在图中往往用云来表示电信网，后来也用来表示互联网和底层基础设施的抽象。因此，云计算甚至可以让你体验每秒 10 万亿次的运算能力，拥有这么强大的计算能力可以模拟核爆炸、预测气候变化和市场发展趋势。用户通过电脑、笔记本、手机等方式接入数据中心，按自己的需求进行运算。

对云计算的定义有多种说法。现阶段广为接受的是美国国家标准与技术研究院（NIST）定义：云计算是一种按使用量付费的模式，这种模式提供可用的、便捷的、按需的网络访问，进入可配置的计算资源共享池（资源包括网络、服务器、存储、应用软件，服务），这些资源能够被快速提供，只需投入很少的管理工作，或与服务供应商进行很少的交互。

1. 云计算的特点

云计算是通过使计算分布在大量的分布式计算机上，而非本地计算机或远程服务器中，企业数据中心的运行将与互联网更相似。这使得企业能够将资源切换到需要的应用上，根据需求访问计算机和存储系统。好比是从古老的单台发电机模式转向了电厂集中供电的模式。它意味着计算能力也可以作为一种商品进行流通，就像煤气、水电一样，取用方便，费用低廉。最大的不同在于，它是通过互联网进行传输的。被普遍接受的云计算特点如下。

（1）超大规模

"云"具有相当的规模，Google 云计算已经拥有 100 多万台服务器，Amazon、IBM、微软、Yahoo 等的"云"均拥有几十万台服务器。企业私有云一般拥有数百上千台服务器。"云"能赋予用户前所未有的计算能力。

（2）虚拟化

云计算支持用户在任意位置、使用各种终端获取应用服务。所请求的资源来自"云"，而不是固定的有形的实体。应用在"云"中某处运行，但实际上用户无需了解、也不用担心应用运行的具体位置。只需要一台笔记本或者一个手机，就可以通过网络服务来实现需要的一切，甚至包括超级计算这样的任务。

（3）高可靠性

"云"使用了数据多副本容错、计算节点同构可互换等措施来保障服务的高可靠性，使用云计算比使用本地计算机可靠。

（4）通用性

云计算不针对特定的应用，在"云"的支撑下可以构造出千变万化的应用，同一个"云"可以同时支撑不同的应用运行。

（5）高可扩展性

"云"的规模可以动态伸缩，满足应用和用户规模增长的需要。

（6）按需服务

"云"是一个庞大的资源池，可按需购买；云可以像自来水、电、煤气那样计费。

（7）极其廉价

由于"云"的特殊容错措施可以采用极其廉价的节点来构成云，"云"的自动化集中式管理使大量企业无需负担日益高昂的数据中心管理成本，"云"的通用性使资源的利用率较之传统系统大幅提升，因此用户可以充分享受"云"的低成本优势，经常只要花费几百美元、几天时间就能完成以前需要数万美元、数月时间才能完成的任务。云计算可以彻底改变人们未来的生活，但同时也要重视环境问题，这样才能真正为人类进步做贡献，而不是简单的技术提升。

（8）潜在的危险性

云计算服务除了提供计算服务外，还必然提供了存储服务。但是云计算服务当前垄断在私人机构（企业）手中，而他们仅仅能够提供商业信用。对于政府机构、商业机构（特别像银行这样持有敏感数据的商业机构）对于选择云计算服务应保持足够的警惕。一旦商业用户大规模使用私人机构提供的云计算服务，无论其技术优势有多强，都不可避免地让这些私人机构以"数据（信息）"的重要性挟制整个社会。对于信息社会而言，"信息"是至关重要的。另一方面，云计算中的数据对于数据所有者以外的其他用户云计算用户是保密的，但是对于提供云计算的商业机构而言确实毫无秘密可言。所有这些潜在的危险，是商业机构和政府机构选择云计算服务、特别是国外机构提供的云计算服务时，不得不考虑的一个重要的前提。

2. 云计算应用

（1）云物联

"物联网就是物物相连的互联网"。这有两层意思：第一，物联网的核心和基础仍然是互联网，是在互联网基础上的延伸和扩展的网络；第二，其用户端延伸和扩展到了任何物品与物品之间，进行信息交换和通信。物联网的两种业务模式：MAI（M2M Application Integration），内部 MaaS；MaaS（M2M As A Service），MMO，Multi-Tenants（多租户模型）。

随着物联网业务量的增加，对数据存储和计算量的需求将带来对"云计算"能力的要求：

① 云计算：从计算中心到数据中心在物联网的初级阶段，PoP 即可满足需求；

② 在物联网高级阶段，可能出现 MVNO/MMO 营运商（国外已存在多年），需要虚拟化云计算技术，SOA 等技术的结合实现互联网的泛在服务：TaaS（everything As A Service）。

（2）云安全

云安全（Cloud Security）是一个从"云计算"演变而来的新名词。云安全的策略构想是：使用者越多，每个使用者就越安全，因为如此庞大的用户群，足以覆盖互联网的每个角落，只要某个网站被挂马或某个新木马病毒出现，就会立刻被截获。

"云安全"通过网状的大量客户端对网络中软件行为的异常监测，获取互联网中木马、恶意程序的最新信息，传送到 Server 端进行自动分析和处理，再把病毒和木马的解决方案分发到每一个客户端。

(3) 云存储

云存储是在云计算（cloud computing）概念上延伸和发展出来的一个新的概念，是指通过集群应用、网格技术或分布式文件系统等功能，将网络中大量各种不同类型的存储设备通过应用软件集合起来协同工作，共同对外提供数据存储和业务访问功能的一个系统。当云计算系统运算和处理的核心是大量数据的存储和管理时，云计算系统中就需要配置大量的存储设备，那么云计算系统就转变成为一个云存储系统，所以云存储是一个以数据存储和管理为核心的云计算系统。

(4) 云游戏

云游戏是以云计算为基础的游戏方式，在云游戏的运行模式下，所有游戏都在服务器端运行，并将渲染完毕后的游戏画面压缩后通过网络传送给用户。在客户端，用户的游戏设备不需要任何高端处理器和显卡，只需要基本的视频解压能力就可以了。就现今来说，云游戏还并没有成为家用机和掌机界的联网模式，因为至今 X360 仍然在使用 LIVE，PS 是 PSNETWORK，wii 是 wi-fi。但是几年后或十几年后，云计算取代这些东西成为其网络发展的终极方向的可能性非常大。如果这种构想能够成为现实，那么主机厂商将变成网络运营商，他们不需要不断投入巨额的新主机研发费用，而只需要拿这笔钱中的很小一部分去升级自己的服务器就行了，但是达到的效果却是相差无几的。对于用户来说，他们可以省下购买主机的开支，但是得到的确是顶尖的游戏画面（当然对于视频输出方面的硬件必须过硬）。你可以想象一台掌机和一台家用机拥有同样的画面，家用机和今天用的机顶盒一样简单，甚至家用机可以取代电视的机顶盒而成为次时代的电视收看方式。

3. 云计算的服务形式

云计算可以认为包括以下几个层次的服务：基础设施即服务（IaaS）、平台即服务（PaaS）和软件即服务（SaaS）。

(1) IaaS：基础设施即服务

IaaS（Infrastructure-as-a-Service）：基础设施即服务。消费者通过 Internet 可以从完善的计算机基础设施获得服务。例如：硬件服务器租用。

(2) PaaS：平台即服务

PaaS（Platform-as-a-Service）：平台即服务。PaaS 实际上是指将软件研发的平台作为一种服务，以 SaaS 的模式提交给用户。因此，PaaS 也是 SaaS 模式的一种应用。但是，PaaS 的出现可以加快 SaaS 的发展，尤其是加快 SaaS 应用的开发速度。例如：软件的个性化定制开发。

（3）SaaS：软件即服务

SaaS（Software-as-a-Service）：软件即服务。它是一种通过 Internet 提供软件的模式，用户无需购买软件，而是向提供商租用基于 Web 的软件，来管理企业经营活动。例如：阳光云服务器。

4. 云计算的未来发展

21 世纪初 10 年里云计算作为一个新的技术趋势已经得到了快速的发展。云计算已经彻底改变了一个前所未有的工作方式，也改变了传统软件工程企业。以下几个方面可以说是云计算现阶段发展最受关注的几大方面。

（1）云计算扩展投资价值

云计算简化了软件、业务流程和访问服务。比以往传统模式改变的更多，这是帮助企业操作和优化他们的投资规模。这不仅是通过降低成本，有效的商业模式，或更大的灵活性操作。有很多的企业通过云计算优化他们的投资。在相同的条件下，企业正扩展到更多创新与他们的 IT 能力，这将会帮助企业带来更多的商业机会。

（2）混合云计算的出现

企业使用云计算（包括私人和公共）来补充他们的内部基础设施和应用程序。专家预测，这些服务将优化业务流程的性能。采用云服务是一个新开发的业务功能。在这些情况下，按比例缩小两者的优势将会成为一个共同的特点。

（3）以云为中心的设计

有越来越多将组织设计作为云计算迁移的元素。这仅仅意味着需要优化云的经历是那些将优先采用云技术的企业。这是一个趋势，预计增长更随着云计算的扩展到不同的行业。

（4）移动云服务

未来一定是移动的方式。作为移动设备的数量上升显著的——平板电脑、iphone 和智能手机是在移动中发挥了更多的作用。许多这样的设备被用来规模业务流程、通信等功能。让云计算应用在所有的员工采取"移动"的方法上。更多的云计算平台和 api 将是移动云服务。

（5）云安全

人们担心他们在云端的数据安全。为此，用户应该期待看到更安全的应用程序和技术。许多新的加密技术、安全协议，在未来会越来越多的呈现出来。

二、其他新技术

（1）新的移动电子计算平台已经可以替代个人电脑和更大型的计算机。一些移动电话、智能手机等通信设备已经拥有便携式电脑的许多功能，其中包括数据传输、网上冲浪、电子邮件和即时信息的传输、展示数字内容，并且能与企业内部系统进行数据交换。

（2）纳米技术使用特殊的原子、分子来生产电脑芯片和其他设备，其大小仅为现有技术生产出来的产品的几千分之一。IBM 和其他研究实验室已经从纳米管和其他电子设备中创造出晶体管，并为生产纳米处理器设计开发了一个比较经济的生产流程。

（3）自主计算是整个行业开发的一种可以自我构造、自我优化、自我调整、损坏时自我修复以及保护自己免受外界入侵和自我毁灭的系统。例如，台式机可以知道自己被计算机病毒所攻击。PC 不会盲目的允许病毒入侵，它可以识别并且根除病毒，或者在病毒破坏文件之前将工作转移到其他的处理器中并自我关闭。

（4）虚拟化表明许多计算机资源可以在不受物理配置和地理位置局限的方式下获得。服务器虚拟化使企业能在一台机器上同时运行多个操作系统。实际上，大多数服务器只运行了 10％～15％的计算能力，虚拟化可以使服务器的利用率激增至 70％或者更高。

（5）多核处理器是一种减少能量需求和硬件泛滥的方法。一个多核处理器是一块集成电路，为了提高效率、减少能耗和有效同步地进行多任务处理，它将两个或更多个处理器连接在一起。此项技术使两个低能耗、散热快的处理引擎执行任务时比单核的资源稀缺的芯片更快。

【本章小结】 ▶▶

计算机系统由硬件系统和软件系统两部分组成。其中硬件系统由中央处理单元、内存、辅助存储器和输入输出设备组成。中央处理单元负责解释指令、计算、操纵和传输数据；内存用来暂时保存程序指令和数据；辅助存储器用来存储程序指令和数据，在需要的时候，调入内存；输入设备负责把程序指令和数据输入到存储器；输出设备显示处理的结果。软件系统包括系统软件和应用软件。系统软件提供了对计算机资源进行控制的手段；应用软件可以提高个人或组织数据的处理效率。

计算机网络是管理信息系统的一项基本使用技术，把分布式信息处理通过计算机网络集成起来，是管理信息系统运行的基础。很多企业都在建立基于客户机/服务器模型的网络，基于客户机/服务器模型的网络能飞速发展的更深层的原因是客户机/服务器是一种基于计算机网络平台上的进行计算机信息管理的一种企业模型。

在信息时代，信息系统的安全问题理应得到足够的重视，并正在形成一个新型的学科。研究信息系统的安全就是为了信息处理、存储系统建立和采用的管理技术的安全而采用保护措施，以保护计算机系统中的硬件、软件及数据，防止由于各种原因使系统遭到破坏、更改和泄密。影响信息系统安全的因素有许多，如何做到信息系统安全或比较安全，人们必须对造成信息系统不安全的因素和信息系统本身的脆弱性加以分析，以得到保护系统安全的方法和策略。

【课堂讨论】 ▶▶

1. 讨论目前市场上常见的硬件产品及性能。
2. 网络知识对管理信息系统建设的作用。

3. 网络新兴技术有哪些?

【复习思考】 ▶▶

1. 计算机系统的组成。

2. 衡量 CPU 的性能指标有哪些?

3. 介绍常见的操作系统。

4. 介绍几种典型的常用软件。

5. 存储器的类型有哪些? 各有什么特点?

6. 计算机网络的定义及分类。

7. 简述各种通信信道、传输媒体及通信处理机的基本特征。

8. 简述网络通信协议的层次结构。

9. 管理信息系统专家们认为: 一个企业一定要有战略目标, 其中之一将采用远程通信网, 以便在任何地点向任何人提供集成的信息资料。你是否同意这个观点, 请解释。

10. 简述信息系统的安全技术。

11. 结合企业信息系统的管理实践, 谈谈企业对信息安全常用的策略。

第四章

数据库技术

学习目标

数据库技术是信息系统的一个核心技术。是一种计算机辅助管理数据的方法。它研究如何组织和存储数据，如何高效地获取和处理数据。本章主要讲述数据库相关概念与技术，包括数据库系统的基本概念、相关技术及数据模型。详细讲解数据库系统中常用的概念模型 E-R 图及数据模型-关系模型，并且以案例的形式介绍数据库设计技术。

通过学习本章，使学生系统地了解数据库系统的基本原理、概念、模型、结构、方法，能够从事一般的数据库系统设计、开发、研究和应用工作，并为学生毕业后走向工作岗位打下数据库基础。学习本章要达到以下目标：

1. 掌握数据库基本概念；
2. 掌握概念模型，熟悉 E-R 图；
3. 掌握关系模型及规范化理论；
4. 掌握数据库设计的基本流程。

关键术语

数据库；DBMS；概念模型；逻辑模型；关系模型；规范化理论；SQL。

第一节　数据库及数据库系统概述

一、概述

或许你还没有意识到，当你从步入大学校园的那一刻起，就会不时地与各种数据库系统打交道：通过学籍系统注册，通过选课系统选课，通过图书馆系统查询和借阅图书；甚至于在食堂里，你所使用的饭卡也离不开数据库的支持。在学校的数据库系统中，存储着大量的学生信息、教师信息、课程信息、财务信息、设备信息等。

正是这些存储在数据库中数据支撑着各应用系统的运转，成为全校师生从事教学活动的依据。如图 4-1 所示。

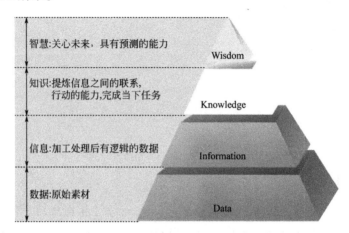

图 4-1　数据、信息、知识、智慧关系图

阿里巴巴创办人马云在演讲中曾提到，未来的时代将不是 IT 时代，而是 DT 的时代，DT 是 Data Technology（数据技术）。在信息化社会中，可为人们所利用的数据呈爆炸性增长，浩瀚的数据是新的生产要素，已成为一种继自然资源和人力资源之后的重要战略资源。学好数据库技术，为更好的迎接"云计算"与"大数据"时代，打下基础。

二、基本概念

（1）数据（Data）

描述事物的符号记录称为数据。是数据库中存储的基本对象。

数据有多种表现形式，可以是数字，也可以是文字、图像、图形、声音、语言等，它们都可以经过数字化后存入计算机。

例如在学生档案中，描述一个学生的一条记录：（黎明，男，1998-07-08，山东，管理学院，2016-09）——这就是数据。

（2）数据库（DataBase，简称 DB）

所谓数据库是指长期储存在计算机内的、有组织的、可共享的数据集合。

数据库中的数据是按一定的数据模型组织、描述和储存的，具有较小的冗余度、较高的数据独立性和易扩展性，并可为各种用户共享。

通俗地说，数据库，是存放数据的仓库。只不过这个仓库是在计算机存储设备上，而且数据是按一定的格式存放的。

（3）数据库管理系统（DataBase Management System，简称 DBMS）

数据库管理系统是一种操纵和管理数据库的大型软件，用于建立、使用和维护数据库，并对数据库中的数据进行统一的管理和控制。

数据库管理系统位于用户与操作系统之间。Oracle、SQL Server、SYBASE、DB2、MySQL、Access、Visual FoxPro 等，都是数据库管理系统（DBMS）。

DBMS 的主要作用：科学地组织和存储数据，高效地获取和维护数据。数据存放在数据库里，由 DBMS 统一管理。

（4）数据库系统（DataBase System，简称 DBS）

数据库系统分为广义的和狭义的两个范畴。狭义的数据库系统特指数据库管理系统和保存在数据库中的数据。广义的数据库系统则包括数据库集合、数据库管理系统及相关软件、计算机硬件系统、数据库管理员和用户等组成。广义数据库系统主要包括：

① 硬件：DBMS 一般部署在服务器上，需要足够的磁盘空间以及运行内存等；

② DBMS：DBMS 是为数据库的建立、使用和维护配置的软件；

③ 支持 DBMS 运行的操作系统；

④ 具有与数据库接口的高级语言及其编译系统，便于开发应用程序；

⑤ 数据库管理员（DataBase Administrator，简称 DBA）是这个机构的一个（组）人员，负责全面管理和控制数据库系统；

⑥ 用户：包括应用开发用户、应用程序使用用户等。

三、数据库管理系统

数据库技术是应数据管理任务的需要而产生的。数据管理则是指对数据进行分类、组织、编码、存储、检索和维护，它是数据处理的中心问题。

数据库技术发展过程大致经历了人工管理、文件管理、数据库管理三个阶段。本章只对数据库管理阶段进行讲述。

1. 数据库管理系统的特点

为了进一步减少数据冗余，满足多用户，多应用程序的数据独立与高度共享的需求，使数据为尽可能多的应用程序服务，出现了统一管理数据的专门软件系统——数据库管理系统（DBMS）。其具有以下特点。

（1）数据结构化。数据库中的数据是按照一定的数据模型建立起来的相关的数据集合，它既反映现实世界的客观事物，也反映事物之间的联系。

（2）数据独立性高。数据库管理系统提供了数据的逻辑映射与物理映射。用户只需通过简单的局部逻辑结构来操作数据，无须考虑数据的全局逻辑结构及物理存储结构。因此确保了数据具有较高的逻辑独立性和物理独立性。

（3）实现数据的共享与最小冗余。数据的共享性直接影响到数据的冗余度。数据库中的数据是面向整个系统，而不是面向某个应用，可以被多个用户共享。这样既可以保证最小的数据冗余，又可以避免数据的不相容性与不一致性。

（4）具有统一的数据管理和控制功能。数据库系统中由数据库管理系统对数据进行统一的管理和控制。通过 DBMS 还可以保证数据库系统中数据的安全性、数据的完整性、数据的并发访问控制和数据的恢复。

2. 数据库管理系统的主要功能

（1）数据定义功能：DBMS 提供数据定义语言（Data Definition Language，简称 DDL），用户通过它可以方便地对数据库中的数据对象进行定义。

（2）数据操纵功能：DBMS 还提供数据操纵语言（Data Manipulation Language，简称 DML），用户可以使用 DML 操纵数据实现对数据库的基本操作，如查询、插入、删除和修改等。

（3）数据库的运行管理：数据库在建立、运用和维护时由数据库管理系统统一管理、统一控制，以保证数据的安全性、完整性、多用户对数据地并发使用及发生故障后的系统恢复。

（4）数据库的建立和维护功能：它包括数据库初始数据的输入、转换功能，数据库的转储、恢复功能，数据库的重组织功能和性能监视、分析功能等。

3. 数据库系统的体系结构

人们为数据库设计了一个严谨的体系结构，数据库领域公认的标准结构是三级模式结构，它包括外模式、概念模式、内模式。

三级模式有效地组织、管理数据，提高了数据库的逻辑独立性和物理独立性。使不同级别的用户对数据库形成不同的视图。如图 4-2 所示。

（1）外模式：也称为用户模式，它是数据库用户（包括应用程序员和最终用户）能够看见和使用的局部数据的逻辑结构和特征的描述，是数据库用户的数据视图，是与某一应用有关的数据的逻辑表示。

外模式是保证数据库安全性的一个有力措施。每个用户只能看见和访问所对应的外模式中的数据，数据库中的其余数据是不可见的。

（2）模式（逻辑模式）：是数据库中全体数据的逻辑结构和特征的描述，是所有用户的公共数据视图。一个数据库只有一个模式。

定义模式时不仅要定义数据的逻辑结构，例如数据记录由哪些数据项构成，数据项的名字、类型、取值范围等，而且要定义数据之间的联系，定义数据的安全性、完整性等。

（3）内模式（存储模式）：一个数据库只有一个内模式。它是数据物理结构和存储方式的描述，是数据在数据库内部的表示方式。例如：数据是否压缩存储，是否加密；数据的存储记录结构有何规定等。

数据库三级模式两级映像实例见图 4-3。

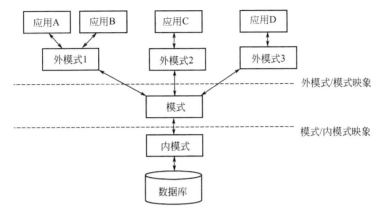

图 4-2　数据库三级模式体系结构

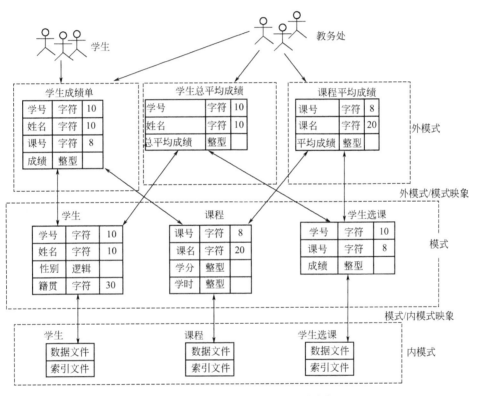

图 4-3　数据库三级模式两级映像实例

第二节　数据模型

一、概述

数据库是按照一定的数据模型而组织建立起来的，反映客观世界的事物及事物之间联系的数据集合。数据模型是数据库技术的基础，任何 DBMS 都必须提供一个或多个数据模型。另外，计算机进行信息处理的前提是现实世界的信息能够抽象转换成计算机可以存储处理的数据。

1. 数据抽象的三个层次

信息从现实生活进入到数据库实际经历了若干个阶段。一般可划分为 3 个阶段，即现实世界、信息世界和机器世界，这 3 个阶段也称为数据的 3 种范畴。在这 3 种范畴中数据的一些概念、术语都有些不同，这些概念是掌握数据模型的基础。

（1）现实世界

现实世界即人们通常所指的客观世界，现实世界充满了事物，如学生、课程等。事物之间存在广泛的联系，如学生与课程之间有选修与被选修的关系。

现实世界中实际存在的、并且能够被识别的事物称为个体，个体可以是实际存在而且可以区分的客观事物，如学生个体、教师个体、产品个体等，也可以是事件和抽象的概念，如表现、性格等。

每个个体都具有一定的特征（性质），人们通过这些特征来区分每个不同的个体。例如，学生有学号、姓名、性别、年龄、身高等特征。

具有相同特征的一类个体的集合称为个体集，它表示某一类事物，也称事物类。例如，所有的学生个体构成一个学生事物类。可以区分个体集中的每个个体的特征称为标识特征，例如假设每个同学的学号都不一样，则给定一个学号，就可以确定一个学生，学号就是学生的标识特征。

（2）信息世界

信息世界又称概念世界，是指现实世界的客观事物经过人们的综合分析后，在头脑中形成的印象与概念。

在进行现实世界管理时，客观事物必然要被反映并存储于人脑中，客观事物在人脑中的反应就是信息，它反映了现实世界的状态。对这些信息进行记录、整理、归类，就成为格式化的信息。例如，可以用学生卡片来管理学生信息，这种管理就是信息管理。

要对现实世界进行比较好的管理，必须借助信息管理。在信息世界中，用实体记录表示现实世界的个体，实体集表示个体集即事物类，用属性表示事物的特征。

（3）机器世界

数据管理进入计算机管理范畴，就称为机器世界。机器世界又称数据世界。因为一切信息最终是由计算机进行处理的，而计算机只能处理数字化的信息。因此要进行计算机信息处理，必须把信息世界的信息转化为机器世界的**数据**。

在这一范畴中，用数据项表示信息世界中实体的属性，数据项的值就是属性值，数据集对应实体记录集。在数据库系统中，信息从信息世界到数据世界的转换由 DBMS 实现。

数据管理所涉及的 3 个范畴中使用的术语的对应关系如表 4-1 所示。

表 4-1　数据管理 3 个范畴的术语对应关系

现实世界	信息世界	数据世界
事物及其联系	实体及其联系	数据库
事物类(总体)	实体集	数据库表文件
事物(对象、个体)	实体	记录
特征	属性	数据项

2. 数据模型的三要素

在数据库中，数据模型就是数据库系统中用于提供信息表示和操作手段的形式框架。数据模型通常是由数据结构、数据操作和数据的完整性约束 3 个要素组成。

数据结构：用于描述系统的静态特性，是所研究的对象类型的集合。这些对象是数据库的组成部分，它包括用于表示数据类型、内容、性质的对象，以及表示数据之间联系的对象。

数据操作：用于描述系统的动态特性，是指对数据库中各种对象及实例允许执行的操作集合及操作规则。数据库的操作主要包括检索与更新两种，其中更新操作包含插入、删除和修改。

数据的完整性约束：是为了保证数据的正确性、有效性和相容性，预先规定的一些规则条件，用以限定符合数据模型的数据库状态以及状态的变化。例如学生数据库中的性别只有男和女两种状态。

二、概念模型

1. 概念模型的基本概念

概念模型是对客观实体及其联系的一种抽象描述。用于信息世界的建模，是现实世界到信息世界的第一层抽象，是用户与数据库设计人员之间进行交流的语言，是数据库设计中的关键一步。概念模型应该具有较强的语义表达能力，能够方便、直接地表达应用中的各种语义知识。

2. 概念模型中的相关术语

实体（entity）：在信息世界中，客观存在并可相互区别的事物称为实体。实体可以是具体的人、事、物，也可以是抽象的概念或联系。例如，学生张三与数学是具体的事物实体，张三选修数学课这个关系也是实体。

属性（attribute）：是实体特征的抽象描述，也是实体所具有的特征或性质。一个实体通过其若干个属性来刻画。例如，学生实体在信息世界中可以通过学号、姓名、性别、出生年月、专业、奖学金等特征来描述，学号、姓名、性别等称为学生实体的属性。

属性值（attribute value）：是属性的具体取值。如学生张三的学号属性值为"201622001"，姓名属性值为"张三"，性别属性值为"男"。

实体记录（entity record）：是由若干个属性的属性值组成的集合，用来表征一个具体的实体。如实体记录（201622001，张三，男，1998/12/5，工程造价，2000）表示张三这个学生。

实体型（entity type）：具有相同属性的实体必然具有共同的特征和性质。用实体名及其属性名集合来抽象和刻画同类实体，称为实体型（entity type）。例如学生实体型可以表示为：学生（学号，姓名，性别，出生年月，专业，奖学金）。其中，学生是实体型名，学号、姓名等是属性名。

实体集（entity set）：是同类实体的实体记录的集合。如全体学生的记录构成一个学生实体集。

域（domain）：属性的取值范围，因此也称为属性的域。如性别属性的域为（男、女），学号属性的域为9位数字字符串。

码（key）：惟一标识实体记录的属性或属性组称为码（key），也称为关键字。例如，在学生实体中，由于每个学生的学号都不一样，因此给定一个学号就惟一确定一个学生，则学号就是学生实体的码。一个实体中可能有多个码，如假设每个学生的姓名不同，则姓名也是码。人们在进行数据库应用开发时选定或使用的标识码称为主码（primary key），其余标识码称为候选码（candidate key）。

联系（relationship）：表示数据之间的对应关系。联系在现实世界中表现为事物内部、事物与事物之间的联系，这些联系在信息世界中反映为实体内部的联系和实体之间的联系。实体内部的联系通常是指组成实体的各属性之间的联系，如学号决定其他属性。而实体之间的联系指的是不同实体类型之间的联系，它反映一类实体与另一类实体之间的关系，可以分为3类。

（1）一对一联系

如果实体集A中的每一个实体至多和实体集B中一个（也可以没有）实体相联系，反之亦然，则实体集A与实体集B之间的联系称为一对一联系，记为1∶1。

例如，一个学校只有一个正校长，而一个校长只任一个学校的校长（不考虑兼任多个学校的校长），则学校与校长之间的联系是一对一联系。

（2）一对多联系

如果实体集A中的每一个实体可以和实体集B中任意个（零个或多个）实体相联系，而实体集B中的每一个实体至多和实体集A中一个（也可以没有）实体相联系，则实体集A与实体集B之间的联系称为一对多联系，记为1∶n。

例如，一个学校有若干个职工，而一个职工只在一个学校任职（不考虑兼职情况），则学校与职工之间的联系是一对多联系。

（3）多对多联系

如果实体集A中的每一个实体可以和实体集B中任意个（零个或多个）实体相联系，反之亦然，则实体集A与实体集B之间的联系称为多对多联系，记为$m∶n$。

例如，一门课程同时有若干个学生选修，而一个学生可以同时选修多门课程，则课程与学生之间的联系是多对多联系。

3. 概念模型的设计方法 E-R 图

概念模型的表示方法很多，其中最为著名最为常用的是 P. P. S. Chen 于 1976 年提出的实体-联系方法。这种方法用 E-R 图来描述现实世界的概念模型，也称为 E-R 模型。

E-R 图中有四种图形标记。

(1) 矩形框，表示实体集，矩形框内写明实体名。

(2) 椭圆框，表示实体或联系的属性，椭圆框内写明属性名。

(3) 菱形框，表示实体集之间的联系，菱形框内写明联系名。

(4) 连线，实体与属性之间，联系与属性之间用直线连接；联系与其相关的实体集之间也以直线相连，同时在连线旁边标上联系的类型 ($1 : 1$, $1 : n$ 或 $m : n$)。下面将用实例来讲解 E-R 图的画法。

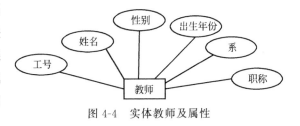

图 4-4　实体教师及属性

[例 4-1]：实体及属性。

教师实体具有工号、姓名、性别、出生年份、系、职称等属性，用 E-R 图表示如图 4-4 所示。

[例 4-2]：$1 : 1$ 联系。

学校与校长之间的联系。如图 4-5(a) 所示，也可以画成图 4-5(b)。在很多情况下，图形比较复杂，实体的属性可以在图中省略，改用文字描述。

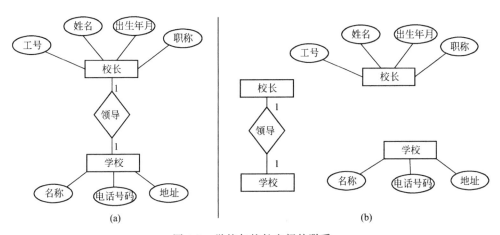

(a)　　　　　　　　　　　　　　(b)

图 4-5　学校与校长之间的联系

[例 4-3]：$1 : n$ 联系。

一个学校有若干个职工，而一个职工只在一个学校任职（不考虑兼职情况），则学校与职工之间的联系是一对多联系。如图 4-6(a) 所示。

[例 4-4]：$m : n$ 联系。

一门课程同时有若干个学生选修，而一个学生可以同时选修多门课程，则课程与学生之间的联系是多对多联系。如图 4-6(b) 所示。

[例 4-5]：多元联系（联系涉及两个以上实体）。

一门课程同时有若干个学生选修，而一个学生可以同时选修多门课程，一个教师可以教多门课程。如图 4-7 所示。注意：联系也可以有属性。

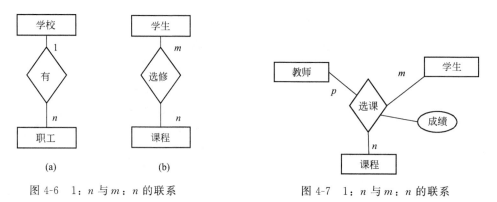

图 4-6　1：n 与 m：n 的联系　　　　图 4-7　1：n 与 m：n 的联系

[例 4-6]：一个更为复杂的例子。一张图包含多个联系，如图 4-8 所示。

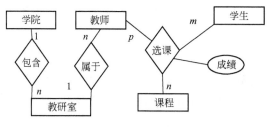

图 4-8　多个联系

三、逻辑模型

逻辑数据模型简称逻辑模型，这是用户从数据库所看到的模型，是具体的 DBMS 所支持的数据模型。此模型既要面向用户，又要面向系统，主要用于数据库管理系统（DBMS）的实现。

数据模型中最核心也是最基本的要素是数据结构，因此，逻辑模型是按照数据结构的不同来划分。目前，数据库领域中最常用的逻辑模型有网状模型（Network Model）、层次模型（Hierarchical Model）、关系模型（Relational Model）等。其中层次模型和网状模型统称为非关系模型。

1. 层次模型

层次模型定义：满足下列条件的数据模型。

（1）只有一个根结点。

（2）根以外的其他结点有且只有一个双亲。

其如图 4-9 所示。

[例 4-7]：高校的系包含若干教研室，教研室包含若干教员；另外系也管理若干学生班级，班级包含若干学生。该系统的层次模型如图 4-10 所示。图 4-11 是该层次模型的一个具体实例。

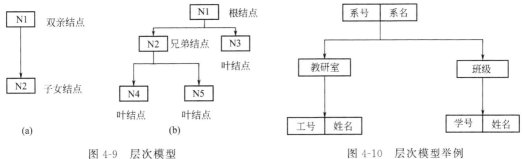

图 4-9　层次模型　　　　　　　　　　　图 4-10　层次模型举例

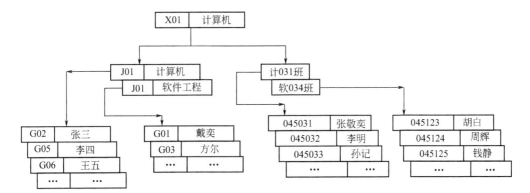

图 4-11　层次模型实例

2. 网状模型

网状模型也必须满足两个条件：

（1）允许一个以上的结点无双亲；

（2）一个结点可以有多于一个的双亲。

其如图 4-12 所示。

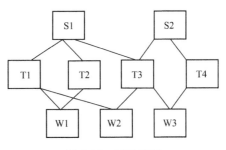

图 4-12　网状模型

[例 4-8]：一个学生可以选修若干门课程，某一课程可以被多个学生选修，该系统的网状模型见图 4-13。

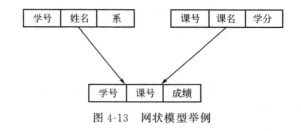

图 4-13 网状模型举例

3. 关系模型

关系模型最早由 IBM 公司 San Jose 研究室的研究员 E. F. Codd 于 1970 年在论文"大型共享系统的关系数据库的关系模型"中首次提出，由此奠定了关系数据库的理论基础。关系模型是建立在严格的数学理论基础之上的，也是现在应用最广泛的数据模型。

网状数据库和层次数据库已经很好地解决了数据的集中和共享问题，但是在数据独立性和抽象级别上仍有很大欠缺。用户在对这两种数据库进行存取时，仍然需要明确数据的存储结构，指出存取路径。而关系模型的出现较好地解决了这些问题。

对关系数据库的操作是高度非过程化的，用户不需要指出特殊的存取路径，路径的选择由 DBMS 的优化机制来完成。

关系模型是目前最为常用的一种数据模型。采用关系模型作为数据组织方式的数据库系统称为关系数据库系统。

下面将在第三节详细讲述关系模型。

四、物理模型

物理模型是面向计算机物理表示的模型，描述了数据在储存介质上的组织结构，它不但与具体的 DBMS 有关，而且还与操作系统和硬件有关。每一种逻辑数据模型在实现时都对应相应的物理数据模型。DBMS 为了保证其独立性与可移植性，大部分物理数据模型的实现工作由系统自动完成，而设计者只设计索引、聚集等特殊结构。

物理模型是对真实数据库的描述。数据库中的一些对象如下：表、视图、字段、数据类型、长度、主键、外键、索引、是否可为空、默认值。

概念模型到物理模型的转换即是把概念模型中的对象转换成物理模型的对象。

第三节 关系模型及关系数据库

关系模型是目前最常用的一种数据模型。关系数据库系统采用关系模型作为数据的组织方式。当前，关系数据库系统统治了数据库市场，如 Oracle、SQL Server、Sybase、DB2、Informix、My SQL 等，在数据库的应用领域占据了绝大部分份额。

关系数据模型是以集合论中的关系概念为基础发展起来的。关系模型中无论是实体还是实体间的联系均由单一的结构类型-关系来表示。在实际的关系数据库中的关系也称表。一个关系数据库就是由若干个表组成。

一、关系模型概述

关系模型：用二维表的形式表示实体和实体间联系的数据模型。

关系模型由关系数据结构、关系操作集合和关系完整性约束三部分组成。

二、关系数据结构

现实世界的实体以及实体间的各种联系均用关系来表示，从用户角度看，关系模型中数据的逻辑结构是一张二维表，它由行和列组成。

关系模型的数据结构介绍如下。

关系模型用关系（即规范的二维表格）来表示各类实体以及实体间的联系，如表 4-2～表 4-4 所示的范例是用关系模型表示的学生、课程两个实体以及它们之间的联系。

表 4-2　学生实体

学　号	姓　名	性　别	出生日期	入学成绩
201622002	王一凡	男	1998.2.8	618
201622003	张丹丹	女	1999.11.25	622
M	M	M	M	M

表 4-3　课程实体

课程编号	课程名称
09021001	Java 程序设计
09021002	数据库系统及应用
M	M

表 4-4　选课

学　号	课程号	成　绩
201622002	09021001	86
201622002	09021002	95
201622003	09021001	77
M	M	M

关系模型的基本术语：

关系（Relation）——指通常所说的二维表格。

元组（Tuple）——表格中的一行。

属性（Attribute）——表格中的一列，相当于记录中的一个字段。

码（Key）——可唯一标识元组的属性或属性集，也称为关键字。如"学生"表中学号可以唯一确定一个学生，所以学号是学生表的码。

域（Domain）——属性的取值范围，如"学生"表中性别只能取男或女两个值。

分量——每一行对应的列的属性值。

关系模式——对关系的描述，一般表示为：关系名（属性 1，属性 2，……，属性 n）。如学生关系的关系模式为：学生（学号，姓名，性别，出生日期，入学成绩）。

关系模型要求关系必须是规范化的，即要求关系必须满足一定的规范条件，这些规范条件中最基本的一条就是"关系的每一个分量必须是一个不可再分的数据项"，也就是说，不允许表中还有表。

三、关系数据操作

常用的关系操作包括查询操作和插入、删除、修改操作等几大部分。其中查询操作的表达能力最重要，包括：选择、投影、连接、除、并、交、差等。

关系模型中的关系操作能力早期通常是用代数方法或逻辑方法来表示，分别称为关系代数和关系演算。关系代数是用对关系的代数运算来表达查询要求的方式；关系演算是用谓词来表达查询要求的方式。

另外还有一种介于关系代数和关系演算的语言称为结构化查询语言，简称 SQL。SQL（Structured Query Language，结构化查询语言）是最重要的关系数据库操作语言。它也是一种交互式查询语言，允许用户直接查询存储数据；也可以嵌入到编程语言中，借用 VB、C、JAVA 等语言，通过调用级接口直接发送到数据库管理系统。

SQL 语言支持关系型数据库的三级模式结构。其中外模式对应于视图（View）和部分基本表（Base Table），模式对应于基本表，内模式对应于存储文件。

结构化查询语言包含 6 个部分。

（1）数据查询语言（Data Query Language，DQL）

其语句，也称为"数据检索语句"，用以从表中获得数据，确定数据怎样在应用程序给出。保留字 SELECT 是 DQL（也是所有 SQL）用得最多的动词，其他 DQL 常用的保留字有 WHERE，ORDER BY，GROUP BY 和 HAVING。这些 DQL 保留字常与其他类型的 SQL 语句一起使用。

（2）数据定义语言（Database Definition Language，DDL）

其语句包括动词 CREATE 和 DROP。在数据库中创建新表或删除表（CREATE TABLE 或 DROP TABLE）；为表加入索引等。

（3）数据操作语言（Data Manipulation Language，DML）

其语句包括动词 INSERT，UPDATE 和 DELETE。它们分别用于添加、修改和删除表中的行。也称为动作查询语言。

（4）数据控制语言（Data Control Language，DCL）

其语句通过 GRANT 或 REVOKE 获得许可，确定单个用户和用户组对数据库对象的访问。某些 RDBMS 可用 GRANT 或 REVOKE 控制对表单个列的访问。

（5）指针控制语言（Cursor Control Language，CCL）

它的语句，像 DECLARE CURSOR、FETCH INTO 和 UPDATE WHERE CURRENT 用于对一个或多个表单独行的操作。

（6）事务处理语言（Transaction Process Language，TPL）

其语句能确保被 DML 语句影响的表的所有行及时得以更新。TPL 语句包括 BEGIN-TRANSACTION、COMMIT 和 ROLLBACK。

四、关系完整性约束

关系模型的完整性规则是对关系的某种约束条件。关系模型中有 3 类完整性约束：实体完整性（Entity Integrity）、参照完整性（Referential Integrity）和用户定义的完整性（User-defined Integrity）。

（1）实体完整性约束

关系的实体完整性规则为：若属性 A 是基本关系 R 的主属性，则属性 A 的值不能为空值。

注意：该规则规定基本表的所有主属性都不能取空值（空值不是空格值，它是无输入的属性值，用"Null"表示），而不仅是主键不能取空值。

CREATE TABLE Student

(Sno CHAR（9）PRIMARY KEY，/＊列级实体完整性约束，主码取值唯一，不许取空值＊/

Sname CHAR（20）UNIQUE，

Ssex CHAR（1），

Sage INT，

Sdept CHAR（15））；

（2）参照完整性约束

例如：学生实体和专业实体用下面的关系表示，其中主码用下划线标识：

学生（<u>学号</u>，姓名，性别，<u>专业号</u>，年龄）

专业（<u>专业号</u>，专业名）

这两个关系之间存在着属性的引用，学生表中各元组的专业号值必须是专业表中存在的专业号值，或者为空值。

CREA TETABLE SC

(Sno CHAR（9），

Cno CHAR（4），

PRIMARY KEY（Sno，Cno），

FOREIGN KEY（Sno）REFERENCES Student（Sno）/＊表级参照完整性约束，引用 Student 表中主码 Sno 作 SC 表的外码＊/

FOREIGN KEY（Cno）REFERENCES Course（Cno）/＊表级参照完整性约束，引用 Course 表中主码 Cno 作 SC 表的外码＊/

）；

（3）用户定义完整性约束

完整性约束条件：NULL ｜ NOT NULL

UNIQUE

CHECK（条件）

如果完整性约束条件涉及该表的多个属性列，则必须定义在表级上，否则既可以定义在列级也可以定义在表级。

五、E-R 模型到关系模型的转换

在概念设计阶段得到的数据模型，是独立于具体 DBMS 产品的信息模型。由 E-R 模型转换成数据库逻辑模型是概念模型设计的最终目的，以关系数据库为例，即将 E-R 模型进一步转化为某一种（某些类）DBMS 产品支持的关系数据库模型。这种转换一般遵循如下转换规则。

1. 实体型转换为关系模式

一个实体型转换为一个关系模式。实体的属性就是关系的属性。实体的码就是关系的码。

- 实体集对应于一个关系。
- 关系名：与实体集同名。
- 属性：实体集的所有属性。
- 主码：实体集的主码。

2. 联系转换为关系模式

联系转换成为关系模式。联系转换成为关系模式时，要根据联系方式的不同采用不同的转换方式。

（1）1∶1 联系的转换方法

① 将 1∶1 联系转换为一个独立的关系：与该联系相连的各实体的码以及联系本身的属性均转换为关系的属性，且每个实体的码均是该关系的候选码。

② 将 1∶1 联系与某一端实体集所对应的关系合并，则需要在被合并关系中增加属性，其新增的属性为联系本身的属性和与联系相关的另一个实体集的码。

其如图 4-14 所示。

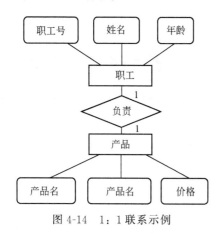

步骤一，联系形成的关系独立存在

职工表（<u>职工号</u>，姓名，年龄）主码：职工号

产品表（<u>产品号</u>，产品名，价格）主码：产品号

负责（<u>职工号，产品号</u>）主码：职工号或产品号

步骤二：合并

方案 1："负责"与"职工"两关系合并：

职工（<u>职工号</u>，姓名，年龄，产品号）

产品（<u>产品号</u>，产品名，价格）

方案 2："负责"与"职工"两关系合并：

职工（<u>职工号</u>，姓名，年龄）

产品（<u>产品号</u>，产品名，价格，职工号）

图 4-14　1∶1 联系示例

（2）1：n 联系的转换方法

① 一种方法是将联系转换为一个独立的关系，其关系的属性由与该联系相连的各实体集的码以及联系本身的属性组成，而该关系的码为 n 端实体集的码；

② 另一种方法是在 n 端实体集中增加新属性，新属性由联系对应的 1 端实体集的码和联系自身的属性构成，新增属性后原关系的码不变。

其如图 4-15 所示。

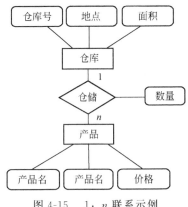

步骤一：联系形成的关系独立存在

仓库（<u>仓库号</u>，地点，面积）主码：仓库号

产品（<u>产品号</u>，产品名，价格）主码：产品号

仓储（仓库号，<u>产品号</u>，数量）主码：产品号

步骤二：合并后方案

联系形成的关系与 n 端对象合并：

仓库（<u>仓库号</u>，地点，面积）

产品（<u>产品号</u>，产品名，价格，仓库号，数量）

图 4-15　1：n 联系示例

（3）m：n 联系的转换方法

在向关系模型转换时，一个 m：n 联系转换为一个关系。转换方法为：与该联系相连的各实体集的码以及联系本身的属性均转换为关系的属性，新关系的码为两个相连实体码的组合（该码为多属性构成的组合码）。其如图 4-16 所示。

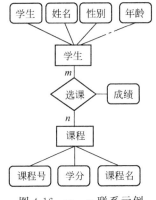

该模型包含两个实体集（学生、课程）和一个 m：n 联系

该模型可转换为三个关系模式：

学生（<u>学号</u>，姓名，性别，年龄）主码：学号

课程（<u>课程号</u>，课程名，学分）主码：课程号

选课（<u>学号</u>，<u>课程号</u>，成绩）主码：学号＋课程号

图 4-16　m：n 联系示例

六、关系数据库及其规范化理论

关系数据库（Relational Database，RDB）就是基于关系模型的数据库。在计算机中，关系数据库是数据和数据库对象的集合。

所谓数据库对象是指表、视图、存储过程、触发器等。关系数据库管理系统（Relational Database Management System，RDBMS）就是管理关系数据库的计算机软件。

关系数据库的特点在于它将每个具有相同属性的数据独立地存储在一个表中。对任何一个表而言，用户可以新增、删除和修改表中的数据，而不会影响表中的其他数据。

数据库设计中一个非常重要的问题，就是如何设计出一个"好"的数据库。何谓数据库的"好"与"差"？可能单纯从数据存储角度来说，"好"数据库和"差"数据库都能提供该功能，但一个"好"的数据库，它能有效的避免数据操作中出现的问题、提高数据存取效率以及降低维护的代价。从本质上来说，设计一个"好"的数据库，就是如何在数据库中构造合适的关系模式并使之满足规范化的要求。这就是关系数据库的规范化理论。

1. 函数依赖与规范化理论

函数依赖是数据库规范化理论中非常重要的一个概念。依赖关系在客观世界中也普遍存在，例如对于一个公民，可以通过身份证号、姓名、性别、出生日期、籍贯等特征属性来描述。由常识知道确定一个身份证号后，其相关的姓名、性别、出生日期、籍贯等都能唯一确定，因此说姓名、性别、出生日期、籍贯等对身份证号具有函数依赖关系。

简单的来说，对于关系模式中的两个属性集 X 和 Y，如果给定 X 的值，能唯一确定 Y 的值的话，就称 X 函数确定 Y，或者 Y 函数依赖于 X，记做 $X \rightarrow Y$。

关系模式中，如果 $X \rightarrow Y$，并且对于 X 的任何一个真子集 X'，都有 $X' \rightarrow Y$，则称 Y 对 X 完全函数依赖，记作 $X \xrightarrow{F} Y$；若 $X \rightarrow Y$，但 Y 不完全函数依赖于 X，则称 Y 对 X 部分函数依赖，记作 $X \xrightarrow{P} Y$。

在关系模式中，如果 $X \rightarrow Y$，$(Y \subseteq X)$，$Y \rightarrow X$，$Y \rightarrow Z$，则称 Z 对 X 传递函数依赖。

例如如下关系模式：

产品表（产品代码、产品名称、供应商名称、供应商地址）

根据语义，一个产品代码对应一个供应商；一个供应商只有一个地址，可以提供多种产品。因此有如下依赖关系：

① 产品代码→产品名称、供应商名称、供应商地址；

② 供应商名称→供应商地址；

③ 供应商名称→产品代码。

由依赖关系①②③可知，供应商地址传递依赖于产品代码。

由于在关系模式中存在着某些属性之间的各种函数依赖关系，可能会带来数据进行插入、删除、修改等操作以及数据维护的困难。因此有必要对关系模式进行规范。1971～1972 年 E. F. Codd 提出了范式的概念（Normal Form，简称 NF），用以规范关系模式，并提出了 1NF、2NF、3NF。以后陆续有学者对该范式理论进行完善，又形成了 4NF、BCNF 的概念。

所谓"第几 NF"，是范式的一种级别表示，表明它满足的某些函数依赖关系。较高一级的范式总是在满足它上一级范式的基础上进一步的规范。各种范式之间的关系如

图 4-17所示。

2. 第一范式（1NF）

1NF 规定关系模式中的每一列都是不可
分割的基本数据项，同一列中不能有多个值，
即实体的某个属性不能有多个值，或者不能有
重复的属性。

如表 4-5 所示个人信息表中，家庭关系字
段又分成了亲属关系、姓名、年龄和政治面貌

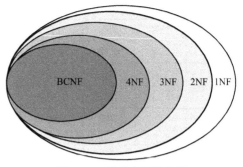

图 4-17　范式之间的关系

几个字段，而不是一个单纯的二维表，因此就不满足 1NF，也不能称为一个关系模式。
如果要符合 1NF 的要求，必须对表 4-5 进行分解，形成表 4-6 个人基本信息表和表 4-7 家
庭关系表，则都满足 1NF 要求。

表 4-5　个人信息表

身份证号	姓名	性别	出生日期	籍贯	政治面貌	家庭关系			
						亲属关系	姓名	年龄	政治面貌
370234199802130012	张文华	男	1998.2.13	山东	党员	父亲	张建国	48	党员
370234199802130012	张文华	男	1998.2.13	山东	党员	母亲	赵淑碧	47	群众
370221199910020010	章洁	女	1999.10.2	山东	群众	父亲	章文友	47	党员
…	…	○ ○	…	…	…	…	…	…	…

表 4-6　个人基本信息表

身份证号	姓名	性别	出生日期	籍贯	政治面貌
370234199802130012	张文华	男	1998.2.13	山东	党员
370221199910020010	章洁	女	1999.10.2	山东	群众
…	…	○ ○	…	…	…

表 4-7　家庭关系表

身份证号	亲属关系	姓名	年龄	政治面貌
370234199802130012	父亲	张建国	48	党员
370234199802130012	母亲	赵淑碧	47	群众
370221199910020010	父亲	章文友	47	党员
…	…	…	…	…

只有满足 1NF 的表才能称为关系模式。

3. 第二范式（2NF）

2NF 规定关系模式首先必须满足 1NF；所有的非主属性必须完全依赖于码。如表 4-8
所示。

表 4-8　教师科研表

教师代码	姓名	职称	系	系电话	科研课题号	课题名	责任排名
1101	王丽	教授	管理系	3324	500	搭建企业信息门户	第1负责人
1101	王丽	教授	管理系	3324	501	企业决策支持应用	第2负责人
1102	刘　明	副教授	管理系	3324	500	搭建企业信息门户	第2负责人
1254	李爱军	讲师	投资系	3341	630	电子商务平台搭建	第1负责人
…	…	…	…	…	…	…	…

教师科研表中每一个字段都是不可再分的数据项，因此满足 1NF 的要求，是一个符合规范的关系模式。

根据语义约束，一个教师代码能唯一确定教师的基本信息；一个系有唯一一个系电话；一个教师可以有多个科研课题，一个科研课题可有多个老师参与。因此可以很快明确该关系模式只有一个码，即主码，由（教师代码、科研课题号）共同组成，其中教师代码和科研课题号分别都是主属性，其他属性为非主属性。

根据语义和主码，可明确其函数依赖关系，如图 4-18 所示。可见科研课题号→课题名，所以非主属性课题名是部分依赖于主码（教师代码、科研课题号）；同理，非主属性姓名、职称、系、系电话也是部分依赖于主码（教师代码、科研课题号），所以不满足 2NF 的要求。

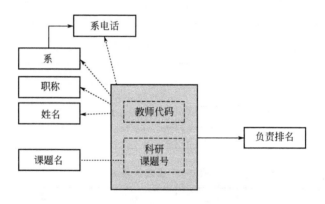

图 4-18　教师科研表的函数依赖关系

一个关系模式如果不满足 2NF，就可能在新增、删除、修改操作时出现异常。以表 4-8为例。

① 新增数据时：如果学校有一新来的年轻教师，需要记录该教师基本信息。但由于该教师目前没有科研课题，因此信息就增加不到教师科研表中（因为缺少主属性科研课题号，违背了关系模式的实体完整性约束）。

② 删除数据时：如果某一个教师只有一个科研课题，如果该科研课题被取消，即需要从教师科研表中删除该科研课题信息，则该教师的信息同时也被删除了（同样是因为实体完整性约束）。

③ 修改数据时：如果一个教师参与 N 个科研课题，则该教师的信息就要重复存储多次，造成冗余；同时如果该教师的信息需要修改的话，就必须对 N 条记录里的该教师信息进行修改，否则就可能造成数据的不一致。

可见，由于不满足 2NF 的关系模式可能会出现以上诸多的问题，故必须对它进行相应处理，基本的原则就是对该关系模式进行分解，使之转换为多个满足 2NF 的关系模式。

例如对于表 4-8，可分解为如下三个关系模式（如图 4-19 所示）：

教师表（教师代码、姓名、职称、系、系电话）；

科研课题表（科研课题号、课题名）；

教师科研表（教师代码、科研课题号、负责排名）。

易看出，分解以后的三个关系模式都满足 2NF 要求。

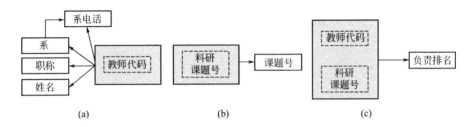

图 4-19　分解后满足 2NF 的函数依赖关系

4. 第三范式（3NF）

2NF 规定关系模式首先必须满足 2NF；所有非主属性都不传递依赖于码。

以表 4-8 分解以后得到的教师表为例：

教师表（教师代码、姓名、职称、系、系电话）

已知它满足 2NF 的要求；

由图 4-19(a) 得知，教师代码→系，系→教师代码，而系→系电话，由此得知非主属性系电话传递依赖于教师代码，所以不满足 3NF 的要求。

一个关系模式不满足 3NF 的话，同样也可能会出现新增、删除、修改方面的异常。以教师表为例［参考图 4-19(a)］：

① 新增数据时：如果该学校新增设了一个系，配备了系电话，但该系目前还没有教师，那么该系的信息就不能新增到教师表；

② 删除数据时：如果删除了该系的所有教师信息，则该系和系电话信息也不能保存；

③ 修改数据时：如果该系有 N 个教师，则系和系电话信息就会重复存储 N 次，造成数据冗余；同时如果该系的电话变动了需要修改，则必须同时修改相应 N 条记录，否则就会造成数据不一致。

为了避免上述问题，可以将该模式继续分解，形成多个符合 3NF 条件的关系模式。例如，对教师表：

教师表（教师代码、姓名、职称、系、系电话）

可分解为如下两个关系模式（见图 4-20）：

教师基本信息表（<u>教师代码</u>、姓名、职称、系）；

系基本信息表（<u>系</u>、系电话）。

图 4-20　分解后满足 3NF 的函数依赖关系

第四节　数据库设计

一、概述

数据库是信息系统的核心和基础。它把信息系统中大量的数据按一定的模型组织起来，提供存储、维护、检索数据的功能，使信息系统可以方便、及时、准确地从数据库中获得所需的信息。这个信息系统设计的成败与否，关键在数据库。因此，数据库设计是信息系统开发和建设的重要组成部分。数据库设计的步骤与信息系统开发的过程是密切相关的。

数据库设计目前一般采用生命周期法，它将整个设计过程分解为若干个阶段，每个阶段目标独立，前一阶段是后一阶段工作的基础，后一阶段又可以对前一阶段提出补充和完善。根据有关资料，可以将数据库设计的过程分为六个阶段，如图 4-21 所示。

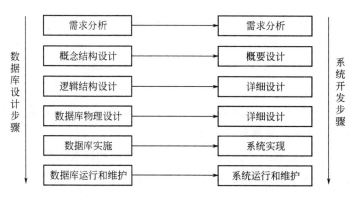

图 4-21　数据库设计的步骤与信息系统开发过程的关系

怎样才能设计出一个"好"的数据库呢？这并不是几句话所能回答的问题。因为数据库设计是一项涉及多学科的综合性技术。它不仅需要设计者具有计算机信息系统和数据库原理等方面的知识，还需要具体领域内的业务知识。数据库设计还是一个复杂的过程，它通常是一个分阶段反复进行的过程。

其中，需求分析和概念结构设计可以独立于任何 DBMS 进行，逻辑结构设计和物理结构设计与具体的 DBMS 密切相关。

为了让学生掌握数据库设计过程，本书将主要讲述需求分析、概念设计、逻辑设计和物理设计四个阶段，图 4-22 所示为四个阶段各设计过程和每一过程应生成的文档。下面将简要介绍这四个阶段。

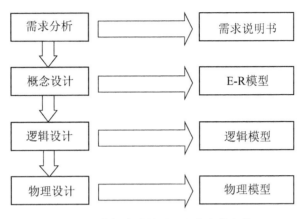

图 4-22　数据库设计过程和产生的文档

1. 需求分析

需求分析是整个设计过程的基础，是最困难、最耗费时间的一步。它的目的是分析系统的需求。需求分析的任务是通过详细调查现实世界要处理的对象（组织、部门、企业等），充分了解原系统（手工系统或计算机系统）工作概况，明确用户的各种需求，然后在此基础上确定新系统的功能，并把这些需求写成用户和设计人员都能接受的说明书。新系统必须充分考虑今后可能的扩充和改变，不能仅仅按当前应用需求来设计数据库。

2. 概念设计

概念设计是整个数据库设计的关键。它的目的是将需求说明书中关于数据的需求，综合为一个统一的 DBMS 概念模型。首先根据单个应用的需求，画出能反映每一应用需求的局部 E-R 模型。然后将这些 E-R 模型图合并起来，消除冗余和可能存在的矛盾，得出系统总体的 E-R 模型。

3. 逻辑设计

它的目的是将 E-R 模型转换为某一特定的 DBMS 能够接受的逻辑模式。对关系数据库，主要是完成表的关联和结构的设计。

4. 物理设计

它的目的在于确定数据库的存储结构。其主要任务包括：确定数据库文件和索引文件的记录格式和物理结构，选择存取方法，决定访问路径和外存储器的分配策略等。不过这些工作大部分可由 DBMS 来完成，仅有一小部分工作由设计人员完成。例如，物理设计应确定列类型和数据库文件的长度。实际上，由于借助 DBMS，这部分工作难度比实体设计要容易得多。

二、数据库设计案例

本节引用一个数据库设计案例，具体讲述相关设计过程。

1. 需求分析

经过对教学管理业务的调查、数据的收集和信息流程分析处理，明确了该系统的主要功能，分别为：制定学校各专业各年级的教学计划以及课程的设置；学生根据学校对所学专业的培养计划以及自己的兴趣，选择自己本学期所要学习的课程；学校的教务部门对新入学的学生进行学籍注册，对毕业生办理学籍档案的归档工作，任课教师在期末时登记学生的考试成绩；学校教务部门根据教学计划进行课程安排、期末考试时间地点的安排等。各部门对教学管理系统的数据要求如下。

学生处：管理各系班级学生的基本情况。对学生而言主要有学生的学号、姓名、出生年月、性别、电话等信息。对班级而言有班级的编号、班级名称等。对院系而言有系编号、系名称、负责人。

教务处：掌握课程的基本信息以及学生各门课程的成绩情况。就课程需要掌握课程的编号、课程名称、课程学时、课程学分等信息。对教师而言包括教师编号、教师姓名、性别、职称、出生年月、电话、电子邮件。

各系：登录本系学生各门课程的成绩。

2. 概念设计

概念设计就是通过对需求分析阶段所得到的信息需求进行综合、归纳与抽象，形成一个独立于具体数据库管理系统的概念模型，主要的手段为 E-R 图。

由前面分析可以抽象得到实体主要有 5 个：学生、教师、课程、院系、班级。

学生实体属性有：学号、姓名、出生年月、性别、电话。

教师实体属性有：教师编号、教师姓名、性别、职称、出生年月、电话、电子邮件。

课程实体属性有：课程编号、课程名称、课程学时、课程学分。

院系实体属性有：系编号、系名称、负责人。

班级实体属性有：班级编号、班级名称。

(1) 系统局部 E-R 图

在需求分析阶段采用的是自上而下的分析方法，那么要在其基础上进一步作概念设计则面临的是细化的分析数据流图以及数据字典，分析得到实体及其属性后，进一步可分析各实体之间的联系。

学生实体和课程实体存在选修的联系，一个学生可以选修多门课程，而每门课也可以被多个学生选修，所以它们之间是多对多的联系（$n : m$），见图 4-23。

教师实体和课程实体存在讲授的联系，一名教师可以讲授多门课程，而每门课也可以被多个教师讲授，所以它们之间是多对多的联系（$n:m$），见图 4-24。

学生实体和班级实体存在归属的联系，一个学生只能属于一个班级，而每个班级可以包含多个学生，所以班级和学生之间是一对多的联系（$1:n$），见图 4-25。

班级实体和系之间存在归属的联系，一个班级只能属于一个系，而每个系可以包含多个班级，所以班级和系之间是一对多的联系（$1:n$），见图 4-25。

教师实体和系实体之间存在归属的联系，一个教师只能属于一个系，而每个系可以拥有多名教师，所以教师和系之间是一对多的联系（$1:n$），见图 4-25，但是教师中会有一位充当该系的主任（正），可见教师和系之间也存在一种一对一的领导关系（$1:1$），见图 4-25。

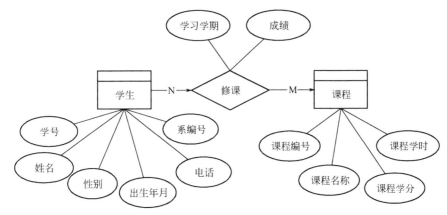

图 4-23 "学生-课程"选课联系

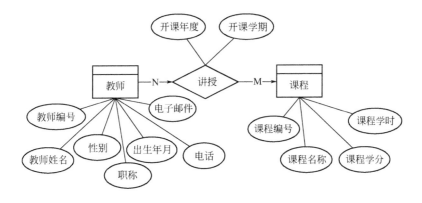

图 4-24 "教师-课程"联系

（2）系统全局 E-R 图

系统的局部 E-R 图，仅反映系统局部实体之间的联系，但无法反映系统在整体上实体间的相互联系。而对于一个比较复杂的应用系统来说，这些局部的 E-R 图往往有多人各自分析完成的，只反映局部的独立应用的状况，在系统整体的运作需要时，他们之间有可能存在重复的部分或冲突的情况，如实体的划分、实体或属性的命名不一致等，属性的具体含义（包括数据类型以及取值范围等不一致）问题，都可能造成上述提到的现象。

为解决这些问题，必须理清系统在应用环境中的具体语义，进行综合统一，通过调整消除那些问题，得到系统的全局 E-R 图。

从实际的情况以及上述的局部 E-R 图可以得知，学生实际修学某门课时必须只能对应一位老师的该门课。因此，可以使用一个聚集来表达学生参加实际授课课程的学习关系，会更加切合实际。各局部 E-R 存在不少的重复的实体，经过上述聚集分析和合并得到系统全局的 E-R 图如图 4-25 所示。该全局 E-R 图基本上不存在关系的冗余状况，因此它已经是一个优化了。

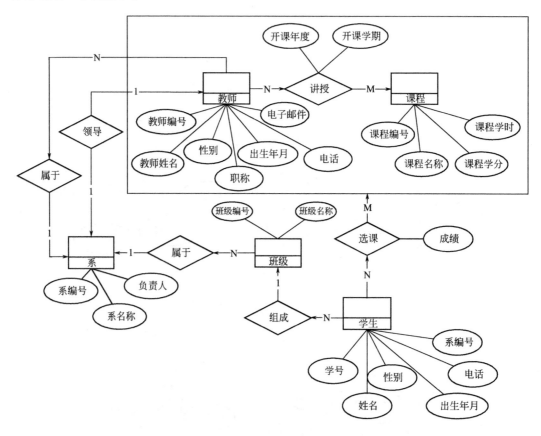

图 4-25　选课管理系统的全局 E-R 图

3. 逻辑设计

本阶段应将概念设计阶段的 E-R 图模型转化为关系数据模型。

（1）关系模型

首先，课程实体以及他们的联系。任课教师与课程之间的是多对多的联系类型，因此，将任课教师、课程以及讲授联系分别设计成如下的关系模式：

教师（<u>教师编号</u>，教师姓名，性别，职称，电话，系编号）；

课程（<u>课程编号</u>，课程名称，课程学分，课时）；

讲授（教师编号，课程编号，开课年度，开课学期）。

院系实体和班级之间是一对多的联系类型，所以只要两个关系模式就可表示，其中联系可以放到班级的实体中：

系（系编号、系名称、系主任）；

班级（班级编号，班级名称，系编号）。

班级实体和学生实体之间是一对多的联系类型，所以也可以只使用两个关系模式来表示。由于"班级"关系模式在上面已经给出，因此，只要再给出一个学生的关系模式，它们间的联系则被放在该关系模式中：

学生（学号，姓名，性别，出生年月，电话，班级编号）。

学生实体与讲授是聚集方式的联系类型，它们之间的关系是多对多的关系，可以使用如下关系模式来表示：

学生选课（课程编号，学号，教师编号，开课年度，开课学期，成绩）。

（2）各个数据表的表结构设计

在上述经由 E-R 模型得到关系模式并且得到适当的调整后，可以结合在需求表述中数据字典包含的数据项信息，得到数据库的表结构。应该根据上一节的内容，具体设计各个数据表的表结构，包括表名，表中各列的字段名、数据类型、数据长度和表的主键和外键；还要考虑应该建立哪些索引以及索引的类型。

表 4-9～表 4-16 给出了数据库中各个数据表的表结构。

表 4-9　数据库中表清单

数据库表名	关系模式名称	备　　注
Teacher	教师	教师信息表
Student	学生	学生学籍信息表
Course	课程	课程基本信息表
Class	班级	班级基本对照表
StuCourse	学生选课	选课-授课合成信息表
Department	系	院系基本信息表
Schedule	教学计划	教学计划安排表

表 4-10　学生信息表 Student 字段信息列表

字段名称	含义属性	类型	长度	备　　注
Snum	学号	char	10	主键，也可以作为登录标识
Sname	学生姓名	nvarchar	6	Notnull
Ssex	性别	nchar	2	男、女（M/F）
Sbirth	出生年月	datetime		
Clnum	班级号	varchar	6	所在班级编号，外键→Classes. Clnum
Email	电子邮件	nvarchar	40	支持中文邮箱

字段名称	含义属性	类型	长度	备　注
Passwd	密码	varchar	20	密码,可以是数字英文和符号等
Status	状态	nvarchar	8	表示在校或毕业或转学等

表 4-11　教师基本信息表 Teacher 字段信息列表

字段名称	含义属性	类型	长度	备　注
Tnum	教师编号	char	10	主键,也可以作为登录标识
Tname	教师姓名	nvarchar	6	Notnull
Tsex	性别	nchar	2	男、女(M/F)
Title	职称	nvarchar	8	教授、副教授…
Tphone	联系电话	char	15	
Email	电子邮件	nvarchar	40	支持中文邮箱
Tbirth	出生年月	datetime		
Passwd	密码	varchar	20	密码,可以是数字英文和符号等
Dnum	系编号	varchar	6	外键→Depart. Dnum

表 4-12　系基本信息表 Depart 字段信息列表

字段名称	含义	类型	长度	备　注
Dnum	系编号	varchar	6	主键
Dname	系名称	nvarchar	10	Notnull
Director	系主任	varchar	10	外键→Teacher. Tnum

表 4-13　班级信息表 Classes 字段信息列表

字段名称	含义	类型	长度	备　注
Clnum	班级编号	varchar	6	主键
Cname	班级名称	nvarchar	10	Notnull
Desscription	班级说明	nvarchar	100	如专业,本专科
Dnum	系编号	varchar	6	外键→Depart. Dnum

表 4-14　课程基本信息 Course 字段信息列表

字段名称	含义	类型	长度	备　注
Cnum	课程编号	varchar	10	主键
Cname	课程名称	varchar	20	Notnull
Credit	学分	numeric	3,1	
Period	课时	int	3	

表 4-15　学生选课信息表 StuCourse 字段信息列表

字段名称	含义	类型	长度	备　注
Snum	学号	varchar	10	外建→Student. Snum
Cnum	课程编号	varchar	10	外建→Course. Cnum
Tnum	教师编号	varchar	10	外建→Teacher. Tnum
Ynum	开课年度	int	4	例如:2008
Term	开课学期	int	1	1|2
Grade	成绩	numeric	4,1	{0···100}注意考查课的数字化
CAuditor	选课审核者	nvarchar	6	直接取其姓名
Gauditor	成绩审核者	nvarchar	6	直接取其姓名

表 4-16　教学计划信息表 Schedule 字段信息列表

字段名称	含义	类型	长度	备　注
Cnum	课程编号	varchar	10	外建→Course. Cnum
Clnum	班级编号	varchar	6	外建→Classes. Clnum
Ynum	开课年度	int	4	例如:2008
Term	开课学期	int	1	如 1|2 针对一个学年只有两个学期情形

4. 数据库物理设计

数据库的物理设计任务，主要是将逻辑设计映射到存储介质上，能可靠地、高效地对数据进行物理访问和维护。物理结构依赖于给定的 RDBMS 和硬件系统，因此设计人员必须充分了解所用 RDBMS 的内部特征、存储结构、存取方法。

数据库的物理设计通常分为两步：第一，确定数据库的物理结构；第二，评价实施空间效率和时间效率。确定数据库的物理结构包含下面四方面的内容：确定数据的存储结构、设计数据的存取路径、确定数据的存放位置和确定系统配置。

数据库物理设计过程中需要对时间效率、空间效率、维护代价和各种用户要求进行权衡，选择一个优化方案作为数据库物理结构。在数据库物理设计中，最有效的方式是集中地存储和检索对象。

（1）存储介质类型的选择

RAID（独立磁盘冗余阵列）是由多个磁盘驱动器（一个阵列）组成的磁盘系统，可提供更高的性能、可靠性、存储容量和更低的成本。容错阵列分为从 0 到 5 共 6 个 RAID 等级。每个等级使用不同的算法实现容错。

（2）数据库"学生选课"的建立

SQL Server2000 使用一组操作系统文件映射数据库。数据库中的所有数据和对象（如表、存储过程、触发器和视图）都存储在下列三种文件类型的操作系统文件中。

主文件：这些文件包含数据库的启动信息。主文件还用于存储数据。每个数据库都包含一个主文件。

次要文件：这些文件含有不能置于主要数据文件中的所有数据。如果主文件足够大，能够容纳数据库中的所有数据，则该数据库不需要次要数据文件。有些数据库可能非常大，因此需要多个次要数据文件，或可能在各自的磁盘驱动器上使用次要文件，以便在多个磁盘上存储数据。其扩展名一般为 ndf。

事务日志：这些文件包含用于恢复数据库的日志信息。每个数据库必须至少有一个事务日志文件（但是可以有多个）。日志文件最小为 512KB，其扩展名一般为 ldf。

首先，为系统开发的需要分别在 C:、D:、E:、F: 上建立四个文件夹 css \ data \ 分别用于存放上述三个数据文件和一个日志文件。这样系统由于可以对四个磁盘实现并行访问而达到高效的读写效率。创建数据库的语句如下：

```
--创建学生选课管理系统的数据库"学生选课"
CREATE DATABASE 学生选课
ON
Primary
（NAME＝css _ Data1，FILENAME＝'C： \ css \ data \ csmain. mdf'），
（NAME＝css _ Data2，FILENAME＝'D： \ css \ data \ cssecd1. ndf'），
（NAME＝css _ Data3，FILENAME＝'E： \ css \ data \ cssecd2. ndf'）
LOGON
（NAME＝css _ Log，FILENAME＝'F： \ css \ data \ cslog. ldf'）
```

（3）各个数据表（视图）的建立

建立数据库"学生选课"中各个数据表的 SQL 语句如下：

```
--创建系基本信息表 Depart
CREATETABLEDepart
（
    Dnum varchar （6）PRIMARYKEY，
    Dname nvarchar （10）notnull，
    Director varchar （10）
）
--创建班级基本信息表 Classes
CREATETABLEClasses
（
    Clnum varchar （6）PRIMARYKEY，
    Clname nvarchar （10）notnull，
    Dnum varchar （6），
    Bdate datetime，
    Description nvarchar （100），
Constraint ClDnumFK foreign key （Dnum）References Depart （Dnum）
）
--创建学生基本信息表 Student
CREATE TABLE Student
```

```
(
    Snum varchar（10）PRIMARY KEY，
    Sname nvarchar（6）not null，
    Ssex nchar（2），
    Sbirth datetime，
    Email nvarchar（40），
    Passwd varchar（20），
    Clnum varchar（6），
    Status nvarchar（6），    --0：正常，1：毕业，2：休学，3：退学，4：转学，5：其他
Constraint ClnumFK for eign key（Clnum）References Classes（Clnum），
    Constraint SSexchkCheck（Ssex='男'orSsex='女'）
)
```

--创建教师基本信息表 Teacher

```
CREATETABLETeacher
(
Tnum char（10）PRIMARY KEY，
    Tname nvarchar（6）not null，
    Tsex nchar（2），
    Tbirthdate datetime，
    Title nvarchar（8），
    Dnum varchar（6），
Tphone char（15），
Email nvarchar（40），
Passwd nvarchar（20），
Constraint TDnumFK foreign key（Dnum）References Depart（Dnum），
    Constraint TSexchk Check（Tsex='男'orTsex='女'）
)
```

--创建课程基本信息表 Course

```
CREATETABLECourse
(
    Cnum varchar（10）PRIMARY KEY，
    Cname nvarchar（20）not null，
    Period int（3），
    Credit numeric（3，1）
)
```

--创建学生选课基本信息表 StuCourse

```
CREATETABLESStuCourse
(
    Snum varchar（10）FOREIGN KEY REFERENCES Student（Snum），
```

Cnum varchar（10）　　FOREIGN KEY REFERENCES Course（Cnum），

Clnumvar char（6）　　FOREIGN KEY REFERENCES Classes（Clnum），

Tnum char（10）FOREIGN KEY REFERENCES Teacher（Tnum），

Ynum int（4），

Term int（1），

Grade numeric（4，1），

Cauditor nvarchar（6），

Gauditor nvarchar（6）

）

（4）索引设计

考虑到本系统主要的业务目的是学生的选课，此过程访问最频繁的功能是集中在教学计划的查询和选课信息表的查询上以及学生的学籍信息查询上。教学计划的制定基本上是一次为主，基本查询功能是基于学年、学期和班级联合条件进行的，所以可以考虑在Schedule 表上建立聚簇索引：

Create Clustered Index StuCourseIndex on StuCourse（Clnum，Ynum，Term）

同样地，学生学籍信息的查询基本上集中在学号上，因此可以建立聚簇索引：

Create Clustered Index SnumIndex on Student（Snum）

而对于选课信息由于聚集关系以及整合的结果，该表上的变更也是比较频繁的，所以可以考虑建立普通的索引：

Create Index ScheduleIndex on Schedule（Cnum，Clnum，Ynum，Term）

当然，索引的设计不但需要仔细考虑查询功能的特点以及数据变更的权衡因素，而且也需要结合整体数据量的大小和增长的可能等（注意：本章需求部分没有对数据量大小作分析），但是关键还是实际的性能需求。

第五节　高级数据库技术

数据库技术一直是 IT 领域里发展最快、最活跃的一个部分。短短几十年的发展，数据库技术经历了从层次数据库、网状数据库到关系数据库的转换。从 20 世纪 90 年代以来，随着计算机硬件、软件技术的迅速提升，以及计算机网络和多媒体的普及，数据库的应用也更为广泛，形式也更加多样化。

现代数据库技术越来越趋向于多领域技术的融合，信息集成、数据流管理、传感器数据库技术、半结构化数据与 XML 数据管理、网格数据管理、DBMS 自适应管理、移动数据管理、微型数据库等数据库领域主流技术。网络化、智能化、协同化逐渐成为现代数据库技术的主要特征，数据仓库、分布式数据库、面向对象数据库、数据挖掘与商务智能等高级数据库技术逐渐成为现代数据库技术的典型代表。

一、数据仓库

传统的关系数据库以二维表的形式存储数据，并通过结构化查询语言（SQL）完成数据的查询、插入、删除、修改等操作，其重点在于有效完成业务处理并及时反馈给用户，因此通常称为联机事务处理（OLTP）。但随着企业管理理论和方法的发展，企业决策者希望对大量数据进行深层次的分析和挖掘，进而形成有价值的辅助决策信息，这是联机事务处理型数据库所不能及的，因此数据仓库应运而生，它主要面向的是联机分析处理（OLAP）。

目前普遍被接受的数据仓库定义是数据仓库之父 Bill Inmon 在 1991 年出版的"Building the Data Warehouse"一书中所提出的：数据仓库（Data Warehouse）是一个面向主题的（Subject Oriented）、集成的（Integrated）、相对稳定的（Non-Volatile）、反映历史变化（Time Variant）的数据集合，用于支持管理决策（Decision Making Support）。数据仓库具有如下特点。

（1）面向主题：根据分析需求将数据组织成一个完备的主题域。

（2）数据集成：数据仓库中的数据是在对原有分散的数据库数据抽取、清理的基础上经过系统加工、汇总和整理得到的。

（3）反映历史变化：数据仓库中的数据通常包含历史信息，通过这些信息，可以对企业的发展历程和未来趋势做出定量分析和预测。

（4）不可更新：进入数据仓库的数据主要用于决策分析，所涉及到的主要是大量查询操作，一般情况下不对数据进行修改和删除操作。

数据仓库的体系结构如图 4-26 所示，由基础数据源、数据存储与管理、OLAP 服务器和前台工具组成。

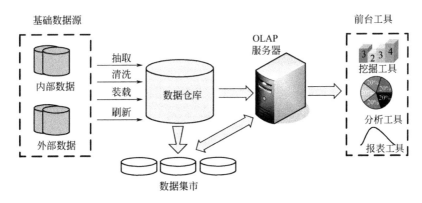

图 4-26　数据仓库的体系结构

二、分布式数据库

传统的数据库系统是集中式的，所有关于数据处理的工作都由一台数据库服务器来完成。集中式数据库成本较低，同时数据集中管理，便于控制和维护。但随着应用规模的扩大，集中式数据库系统表现出它的不足。

（1）数据库服务器的性能成为应用系统性能瓶颈，一旦客户端规模扩大，性能将急剧下降。

（2）集中式的数据处理方式，一旦服务器出现故障，整个系统将崩溃，因此可靠性不高。

（3）集中式处理引起系统的规模和配置都不够灵活，系统的可扩充性差。

分布式数据库技术是数据库技术在网络通讯技术基础上衍变而来的新技术。通过网络通讯技术，将分散在各个物理空间的多个数据库系统连接起来，使之在逻辑上形成一个统一体，这就是分布式数据库系统（见图 4-27），它有效的克服了集中式数据库系统存在的缺陷。

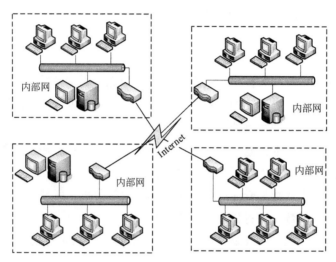

图 4-27　分布式数据库系统结构

分布式数据库的基本特点：

物理位置的分散：数据并非集中存放在一个网络节点的数据库里，而是分散存放在若干个网络节点上；

逻辑上的统一：分散的数据在逻辑上是一个统一的整体，为全部数据库用户所共享，并由一个分布式数据库管理系统统一进行管理；

局部的自治性：各局部的数据库管理系统负责本节点的数据管理并支持该局部系统的应用；

全局的协作性：各局部的数据库系统相互协作，形成一个完整的整体。

正是基于以上的这些特点，分布式数据库具有可靠性高、相应速度快、结构灵活、扩展性好等优点，但同时也导致在网络通信部分开销太大，并存在安全性方面的隐患。

三、面向对象数据库

面向对象数据库（Object-Oriented Database，简称 OODB）是将面向对象的思想、方法和技术引入数据库，并与数据库技术相结合形成的新一代数据库系统。基于面向对象的思想可以使数据库的分析和设计最大程度的与人们对客观世界的认知相一致，从而更加适应复杂的应用需求。

从 20 世纪 90 年代以来，关系数据库以结构简单，使用方便、灵活等优点一直占据主流数据库技术的宝座。但是随着应用系统复杂度提升，关系数据库的不足逐渐体现。

关系数据库的不足如下。

数据表达能力差：关系数据模型不直接支持复杂的数据类型，所有的数据必须转换为简单的类型。在需要构造复杂度较高数学模型的应用领域，关系数据模型的表达很欠缺，这将增加数据库设计中额外的复杂性。

对复杂查询支持不利：关系数据库对复杂信息的查询很烦琐。

环境应变能力差：在要求系统频繁改变的环境下，关系系统的成本高且修改困难。

支持长事务能力差：关系数据库记录锁机制的颗粒度限制决定了很难实现基于键值关系的较复杂的锁机制。

面向对象数据库系统支持面向对象数据模型（简称 OO 模型）。即面向对象数据库系统是一个持久的、可共享的对象库的存储和管理者；而一个对象库是由一个 OO 模型所定义的对象的集合体。

一个 OO 模型是用面向对象观点来描述现实世界实体（对象）的逻辑组织、对象间限制、联系等的模型。概要的说，OO 模型的基本概念如下。

（1）对象（Object）与对象标识 OID（Object Identifier）

现实世界的任一实体都被统一地模型化为一个对象，每个对象有一个唯一的标识，称为对象标识。

（2）封装（Encapsulation）

每一个对象是其状态与行为的封装，其中状态是该对象一系列属性（Attribute）值的集合，而行为是在对象状态上操作的集合，操作也称为方法（Method）。

（3）类（Class）

共享同样属性和方法集的所有对象构成了一个对象类（简称类），一个对象是某一类的一个实例（instance）。

（4）消息（Message）

由于对象是封装的，对象与外部的通信一般只能通过显式的消息传递，即消息从外部传送给对象，存取和调用对象中的属性和方法，在内部执行所要求的操作，操作的结果仍以消息的形式返回。面向对象数据库具有如下优点。

能有效表达客观世界：面向对象的方法符合一般人的思维规律，即将现实世界分解为明确的对象，这些对象具有属性和行为。

能有效处理复杂查询：面向对象数据库可以支持高度复杂数据结构的直接建模。

能很好解决应用程序语言与数据库管理系统对数据类型支持的不一致问题。

适应性强，易于修改和扩充。

需要指出的是，面向对象数据库技术现在还处于不断发展中，无论在理论还是技术上都面临诸多挑战，需要不断完善。但不可否认的是，面向对象数据库思想已经逐步取得共同认识，面向对象数据库将成为下一代数据库的代表，并会在相当一段时期内和关系数据库并存，在不同的领域支持不同的应用需求。

四、数据挖掘与商务智能

数据挖掘从大型数据库中提取有趣的（非平凡的、蕴涵的、先前未知的且是潜在有用的）信息或模式。商务智能是要在必须的时间段内，把正确有用的信息传递给适当的决策者，以便为有效决策提供信息支持。

伴随着以电子商务为特征的新经济逐步走向成熟，企业需要处理的数据量越来越多，数据库应用的规模、范围和深度不断扩大，已经从点（单台机器）、线（局域网）发展到面（网络），甚至到因特网全球信息系统。

对于企业来源，这些数据一方面来自于客户间的交易记录，另外，还可能来自企业内部的管理或生产系统，以及从其他途径搜集到的市场信息、协作伙伴和竞争对手的信息等。企业急切地希望通过快速处理这些数据获得有利于企业进一步发展的决策依据，最大限度地使用信息资源来管理和影响企业决策流程。

企业面临的真正挑战是如何从信息资源中挖掘出潜在的商机。目前，大多数企业只利用了很少的数据资源用于统计汇总，而余下的数据资源则不断随时间增长，成为一座含金量很高、但是被忽略了的矿山。而数据挖掘与商务智能则可以通过对这些数据的分析提出企业战略性决策的依据。使得企业高管获得更多有关顾客、合作伙伴、竞争对手以及企业运营的有用情报增多，使其就越能做出明智的经营决策。

从数据分析的角度看，商务智能是为了解决商业活动中遇到的各种问题，利用各种信息系统进行的高质量和有价值的信息收集、分析、处理过程，其基本功能包括个性化的信息分析、预测、辅助决策。一般地，商务智能有以下的几个主要流程：

明确需求—信息收集—数据采样—清除转换—分析提炼—信息归档—信息发送—使用反馈。

决策者通过正确运用商务智能，将使用结果加以反馈。通过反馈，可以暴露出潜在的问题，同时，也可以根据情况变化，表达新的需求，提高商务智能流程内在质量的提高。

商务智能是在计算机软硬件、网络、通讯、决策等多种技术成熟的基础上出现的，用于处理海量数据的一项技术。它需要从来源多样的数据资源（数据库、数据仓库、Web等）中发现规律，而这将主要依赖数据挖掘技术来实现。因为数据挖掘就是要从大量的数据中挖掘出隐含的、未知的、可能感兴趣的、对决策有价值的知识和规则。这些规则蕴含了数据库中一组对象之间的特定关系，揭示出一些有用的信息，为经营决策、市场策划、金融预测等方面提供依据。

数据挖掘大体上有两种功能：预测/验证功能和描述功能。前者指用数据库的若干已知属性预测或验证其他未知属性值；后者指找到描述数据的可理解模式。具体地说，数据挖掘的任务主要包括。

数据分类（Classification）：发现每一数据与既定类别间的映像函数的过程，在市场调查、信用评估等领域应用广泛，常用的方法有决策树、神经网络、遗传算法、Rough集等。

回归分析（Regression）：发现变量和属性间的依赖关系。

聚类分析（Clustering）：根据对象之间的相似性把对象分组。

概括（Summarization）：寻找数据集合的描述。

构造依赖模式（Dependency Pattern）：构造变量间函数依赖关系或相关关系的模型。

偏差分析（Deviation Detection）：探测数据现状和历史记录或标准之间的差别，例如结果与期望的偏离，反常实例等。

商务智能的应用行业如下。

制造业：可以在销售/营销方面采取更主动的行动以吸引客户，也可以通过扫描数据预测需求，进行及时的订货和补货，通过采购/供应商分析实时了解供应商之间的成本差异和代理商的情况，并优化调度、配送和运输过程，实现低库存水平。

保险业：根据投保品种、投保人、险种等历史数据，使保险公司合理设定储备金数额，分析赔偿金的标准；分析保险客户的需求、消费特征；进行风险分析和损益判断；根据客户的心理提供个性化的服务等。

银行、金融和证券行业：分析客户的当前和长期整体收益，并能根据一年或更长时间的成本和销售数据调整市场活动，为高利润销售和银行合作打下基础；按客户等级和类型建立信贷发放模型；提供早期警告避免客户出现信贷危机，提供信贷情形好转或恶化时的信贷管理方法，提供更精确的组合业务评估。预测信贷政策变化造成的影响，以减少信贷损失。

电信行业：用于客户描述和定位及需求预测等方面。

在我国加入世界贸易组织后，企业不仅要市场扩大到了全球，同时也要面对来自全球的更多更强的竞争对手，企业必须采用快速的智能分析手段来实现对市场的定位、细分，对客户的更深层次的研究，以更强的姿态迎接挑战。

【本章小结】 ▷▷

数据库系统是由计算机系统、数据、数据库管理系统及有关人员组成的有高度组织的整体，是一个企业、组织或部门涉及的全局数据及其管理系统的综合。在数据库系统中，对现实世界数据的抽象、表示及处理，都是通过数据模型实现的。数据模型可分为概念模型和数据模型两个层次；概念模型用于信息的表示；数据模型用于数据操纵的实现。关系模型是一种重要的数据模拟型，是数据库系统中的基础数据模型。关系模型中，关系必须是规范化的关系，对于有缺陷的关系可以利用关系模型的规范化理论进行规范。

【课堂讨论】 ▶▶

1. 怎样由现实世界得到概念模型。
2. 数据库设计的基本思路。

【复习思考】 ▶▶

1. 试述 DBMS 的主要功能。

2. 数据库系统由哪几部分组成？各部分有何作用？

3. 请解释下列术语：DB，DBA，DBMS。

4. 试述数据库系统的三级结构，这种结构的突出优点是什么？

5. 请举例说明实体间的各种类型的联系。

6. 什么是 E-R 图？构成 E-R 图的基本要素是什么？

7. 设有如下教学环境，一个班有多名学生，一名学生只属于一个班。一个学生可以选修若干门课程，每门课程由多名学生选修。一位教师可以讲授若干门课程，一门课程只有一位教师主讲。每门课程可以由若干个教师讲，一位教师至多主讲一门课程。每位教师属于一个教研室，一个教研室有若干位教师。请用 E-R 图画出概念模型。

8. 设有如下库存环境：在一个仓库里可以存放多种器件，一种器件可以存放在多个仓库中。一个职工只能在一个仓库工作，一个仓库有多名职工。一个职工可以保管所有在仓库的多种器件，由于一种器件可以存放在多个仓库中，当然可以由多个职工保管。试用 E-R 图画出概念模型。

9. 试对等级考试管理系统中的数据库进行设计。

第三篇
管理信息系统开发与管理

信息系统开发方法

第一节　信息系统开发方法概述

一、开发方法的结构体系

当前有多种系统开发思想，它们的侧重点各不相同。生命周期法强调开发过程的组织、管理和控制；方法论强调开发方法的驱动对象；技术论是支持某种方法论的技术；系统开发环境/工具研究则强调系统开发需要在一定的开发环境下运用开发工具来完成。

这些方法在一定层面上，从不同的角度提出，但彼此相互联系、相互支持、相互制约，它们之间的关系从图 5-1 所示的四个层次中体现。开发环境/工具位于最底层，说明其他三个层面均离不开开发环境/工具的支持；技术是组成方法学的基本要素。

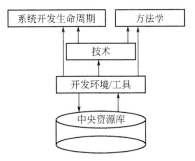

1. 系统开发生命周期

系统开发生命周期（System Development Life Cycle，SDLC）是指系统分析员、软件工程师、程序员以及最终用户建立计算机信息系统的一个过程，是管理和控制信息系统开发成功的一种必要措施和手段；或者是一种用于规划、执行和控制信息系统开发项目的项目组织和管理方法，是工程学原理（系统工程的方法）在信息系统开发中的具体应用。常见基于生命周期的开发方法有两种：结构化的系统开发生命周期法和原型化开发方法。

图 5-1　系统开发生命周期、方法学、技术、开发环境/工具的关系

2. 开发方法学

方法学是将具体的方法与技术包装在一起而形成的一种思想体系。信息系统开发方法学是一组思想、规范、过程、技术、环境及工具的集成，为系统的开发过程从头到尾提供一整套高效率的途径和措施。如图 5-2 所示。

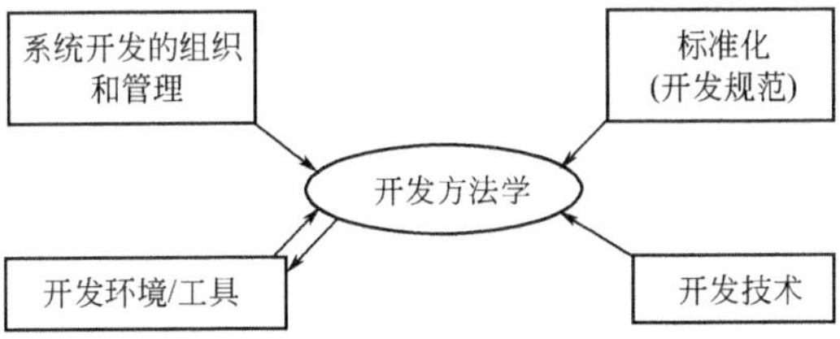

任何一种开发方法学都应该支持系统开发生命周期的每一个阶段，是对整个系统开发生命周期进行综合的、详细的描述。

图 5-2　开发方法学的体系

信息系统的开发方法依照方法学可主要分为以下几类：面向过程的方法学（结构化方法学）——70 年代的主流；面向数据的方法学（数据建模和信息工程）——80 年代；面向对象的方法学——90 年代的主流；面向组件的方法学——21 世纪方兴未艾。

3. 技术

技术是指运用一些特殊的工具和规则来完成信息系统开发生命周期的一个或几个阶段。技术只是支持某一种方法学或开发过程中的一部分。

在信息系统的开发体系中，技术的发展可以说是比较活跃、比较快的，先后出现了结构化技术、可视化技术、软件复用技术、计算机软件辅助工程（CASE）、对象建模技术等。技术的发展，在某种程度上促进了开发方法的形成与发展。

4. 系统开发环境/工具

系统开发环境/工具是指用于支持系统生命周期、方法学以及技术的应用系统。它由软件工具和环境集成机制构成，前者用以支持软件开发的相关过程、活动和任务，后者为工具

集成和软件的开发、维护及管理提供统一的支持。常用开发环境包括：计算机辅助软件工程（Computer Aided Software Engineering，CASE）；软件开发环境（Software Development Environment，SDE）；软件工程环境（Software Engineering Environment，SEE）；集成化项目/程序支持环境（Integrated Project/Programming Support Environment，IPSE）。

对上述几个范畴进一步扩展，即为现在各种主要的开发方法。管理信息系统开发方法体系结构图如图 5-3 所示。

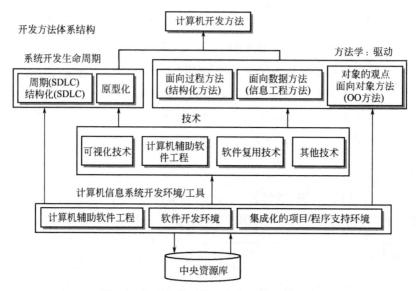

图 5-3　管理信息系统开发方法体系结构图

二、信息系统开发的原则

系统工程是为了合理进行开发、设计和运用系统而采用的思想、步骤、组织和方法的总称呼，管理信息系统的开发属于系统工程的范畴。按照系统论的一般原理，系统具有目的性、整体性、相关性、环境适应性等特征。系统的特征反映了系统最本质的方面。深入分析系统的特征，根据系统发展的规律来建立系统，是系统开发的指导原则。其要点如下。

1. 目的性原则

管理信息系统是一个人机系统，它是为管理工作服务的，建成的系统要由用户来使用。系统开发的成功与否取决于是否符合用户的需要，满足用户的要求是开发工作的出发点和归宿；用户是否满意是衡量系统开发质量的首要标准。但是用户要求一般难以用简单的语言表达，而是随着开发工作的进展不断明确和具体化的。因此，在系统开发的整个过程中，开发人员应始终与用户保持密切联系，不断地、及时地了解用户的要求和意见，这是开发工作取得成功的必要条件之一。

2. 整体性原则

为了使所开发的新系统既能实现原系统的基本功能和新的用户功能需求，又能摆脱手工系统传统工作方式的影响，寻求系统的整体优化，系统开发应采取整体化开发方式，即采用先确定逻辑模型、再设计物理模型的开发思路。

3. 相关性原则

管理信息系统是由多个子系统组成的，整个系统是一个不可分割的整体。组成管理信息系统的各子系统有其独立功能，同时又相互联系、相互作用，通过信息流把它们的功能联系起来。这些子系统相互配合，或者前后衔接，或者主从搭配，共同实现系统的目标。

4. 递进原则

管理信息系统是一个复杂的软件系统。贪大求全、企图一步到位，违反了其发展的客观规律，使系统研制周期过于漫长，影响了信心，增大了风险。因此只能先做一个总体规划，然后分步实施，递进发展。

5. 效益原则

开发信息系统必须着眼于效益。在技术上，不能片面追求最先进的技术，而应该选择成熟的先进技术；避免不惜代价地追求华丽技巧的人机接口，而应该采用经济的、友好的、简洁的人机界面；不能只着眼于现有业务流程的计算机化，而应该以提高效益为目标，发挥人机结合处理的优势，再造业务流程。

6. 工作成果文档化、 图表规范化原则

软件是程序，数据以及开发、使用和维护这些程序所需的所有文档。要及时按照一定规范产生各种文档，做到工作成果文档化、图表规范化。信息系统开发曾经走过很长一段弯路，就是因为在系统开发管理过程中随意性太强造成的。

三、信息系统的开发方式

信息系统的开发方式是指企业组织获得应用系统服务的方式，主要解决由谁来承担系统开发任务，建设所需信息系统的问题。目前主要的开发方式有自行开发、委托开发、联合开发、购买现成软件等。这几种开发方式各有优点和不足之处，需要根据使用单位的技术力量、资金情况、外部环境等各种因素进行综合考虑和选择。不论哪一种开发方式都需要使用单位的领导和业务人员参加，并在管理信息系统的整个开发过程中，培养、锻炼、壮大使用单位的系统开发、设计和维护队伍。

1. 自行开发

由用户依靠自己的力量独立完成系统开发的各项任务。根据项目预算，企业自行组织开发队伍，完成系统的分析和设计方案，组织实施，进行运行管理。自主开发适合于有较强的管理信息系统分析与设计队伍和程序设计人员、系统维护使用队伍的组织和单位，如高等院校、研究所、计算机公司等单位。

独立开发的优点是开发费用少，企业控制管理信息系统开发的全过程，便于规划本企业的整个系统建设工作。开发后的系统能够适应本单位的需求且满意度较高，方便维护和扩展，有利于培养自己的系统开发人员。缺点是由于不是专业开发队伍，容易受计算机业务工作的限制，系统优化不够，开发水平较低。同时开发人员一般都是临时从所属各单位抽调出来进行信息系统开发工作的，他们都有自己的工作，精力有限，这样就可能造成系统开发时间延长。开发人员可能难以摆脱本企业习惯的管理方式的影响，不易开发出一个高水平的管理信息系统。开发人员调动后，还会出现系统维护工作没有保障的情况。

2. 联合开发

由用户和有丰富开发经验的机构或专业开发人员共同完成开发任务。联合开发方式适合于使用单位有一定的管理信息系统分析、设计及软件开发人员，但开发队伍力量较弱，希望通过管理信息系统的开发提高自己的技术队伍，建立完善的单位便于系统维护工作。这种方法一般是由用户负责开发投资，根据项目要求组建开发团队，建立必要的规则，分清各方的权责，以合同的方式明确下来，协作完成新系统的开发。

优点是相对比较节约资金，可以培养、增强使用单位的技术力量，便于系统维护工作，系统的技术水平较高。缺点是双方在合作中沟通易出现问题，需要双方及时达成共识，进行协调和检查。

3. 委托开发

由用户委托给富有开发经验的机构或专业开发人员，按照用户的需求承担系统开发的任务。委托开发方式适合于使用单位无管理信息系统分析、设计及软件开发人员或开发队伍力量较弱、但资金较为充足的组织和单位。采用这种开发方式，关键是要选择好委托单位，最好是对本行业的业务比较熟悉的、有成功经验的开发单位，并且用户的业务骨干要参与系统的论证工作，开发过程中需要开发单位和用户双方及时沟通，进行协调和检查。

委托开发的方式的优点是省时、省事，系统的技术水平较高。缺点是费用高、系统维护需要开发单位的长期支持，不利于本单位的人才培养。

4. 购买现成软件

目前，软件的开发正在向专业化方向发展，一些专门从事管理信息系统开发的公司已经开发出一批使用方便、功能强大的专项业务管理信息系统软件。为了避免重复劳动，提高系统开发的经济效益，也可以购买现成的适合于本单位业务的管理信息系统软件，如企业管理信息系统、教育管理信息系统、财务管理系统、进销存管理系统等。

此方式的优点是节省时间的费用、系统技术水平高。缺点是通用软件专用性较差，跟本单位的实际工作需要可能有一定的差距，难以满足特殊要求，有时可能需要一定的技术力量根据使用者的要求做软件改善和编制必要的接口软件等二次开发的工作。因此，在选择通用软件时，不可只看开发商的宣传，要经过多方详尽的考查后再作决定。

以上介绍的四种开发方式有各自的长处和短处，需要根据使用单位的实际情况进行选择，也可综合运用各种开发方式，见表5-1。

表 5-1　各种系统开发方式的比较

特点比较　　方式	独立开发	联合开发	委托开发	购买现成软件
分析和设计能力的要求	较高	逐渐培养	一般	较低
编程能力的要求	较高	需要	不需要	较低
系统维护的难易程度	容易	较容易	较困难	较困难
开发费用	少	较少	多	较少
说明	开发时间较长，系统适合本单位，培养了自己的开发人员。	开发出的系统便于维护。	省事，开发费用高。	最省事，但不一定完全适合本单位。

　　选择开发方式是一个复杂的决策过程，不能仅从经济效益原则来考虑，应当有一个正确的决策机制，对企业的实力、信息系统的地位和应用环境等综合考虑。阿普尔特概括的"造"与"买"的决策影响因素，如表5-2所示，可以值得企业决策者借鉴。但不论哪一种开发方式都需要用户的领导和业务人员参加，并在管理信息系统的整个开发过程中培养、锻炼、壮大使用单位的管理信息系统开发、设计人员和系统维护队伍。

表 5-2　"造"与"买"的决策影响因素

决策准则	适合自行制造	适合购买
企业战略	IT应用或基础结构提供了独有的竞争优势	IT对战略和企业经营提供支持,但不属于战略型IT
核心能力	IT应用维护的知识、人员等是企业的核心能力	IT应用维护的知识、人员等不是企业的核心能力
信息/流程可靠性与机密程度	IT系统和数据库的内容及流程高度机密	安全方面的故障会带来一些问题,但不至于导致致命后果
合作伙伴是否可得	没有值得信赖的、称职的合作伙伴能够负责IT应用和基础设施	能够找到可靠的、称职的、愿意合作的经销商
应用软件或需求方案	IT的应用或基础结构具有特异性	能够找到满足大多数需求的应用软件及解决方案
成本/效益分析	购买软件产品或服务的成本,以及合作管理的支出超过自我服务的支出	购买软件产品或服务的成本明显低于自我服务的支出
实施时间	企业有充分的时间利用内部资源开发应用系统,建立基础设施	利用内部资源开发应用系统和建立基础设施所需时间太长,不能及时满足需求
技术演进及复杂性	企业有能力拥有一支专业性开发队伍	企业无力支付迅速变动、日益复杂化的企业技术需求
实施的难易程度	拥有快速开发IT应用系统的软件开发工具	没有用于快速开发的软件开发工具,或工具不理想

第二节　结构化开发方法

　　结构化开发方法又叫结构化生命周期法、瀑布法等，是一种传统的信息系统开发方法，在20世纪70～80年代，该类方法非常盛行，在信息系统的开发上取得了较好的效果。目前该类方法仍不失为一种有效的方法，不过在开发工具上有了很大的革新与进步，在整体的系统开发上讲究与其他方法的结合，多种方法共同使用来开发信息系统。

结构化方法强调从系统的角度出发来分析问题和解决问题，用系统的思想和系统工程的方法，按照用户至上的原则，结构化、模块化、自顶向下对系统进行分析与设计。"自顶向下、逐步求精、分而治之"是结构化方法的精髓所在。从计算机信息系统的特征来看，结构化方法强调的是系统的功能特征，即过程，所以它是一种过程驱动的方法。

一、结构化开发方法的特点

1. 系统观点

采用结构化的系统开发方法，要把待解决的问题看成一个系统，按照系统的观点来分析和解决它。首先要明确信息系统建立的目的，要把企业的需求搞清楚，不能含糊；其次，要从整体的角度出发分析问题和解决问题，不能见木不见林，只管局部的最优，而忽略全局的最优；最后，还要考虑系统的相关性以及环境适应性，注重子系统之间的各种联系，并给系统留有一定的扩充余地。

2. 生命周期

结构化方法认为任何系统都有一个从发生、发展到消亡的生命周期，新系统是旧系统的继续。开发过程强调严格的规范管理，工作文档要成文，要标准。任何系统都会经历一个发生、发展、消亡的过程，管理信息系统也不例外，也有其生命周期（如图5-4所示）。对生命周期各阶段的划分，不同的方法会有些差别，但实质上没什么变化。

二、开发过程

结构化开发方法先将整个信息系统开发过程划分为若干个相对独立的阶段：系统规划、系统分析、系统设计、系统实施、系统运行。在前三个阶段坚持自顶向下地对系统进行结构化划分：在系统调查和理顺管理业务时，应从最顶层的管理业务入手，逐步深入至最基层；在系统分析、提出目标系统方案和系统设计时，应从宏观整体考虑入手，先考虑系统整体的优化，然后再考虑局部的优化问题。在系统实施阶段，则坚持自底向上地逐步实施，即组织人员从最基层的模块编程，然后按照系统设计的结构，将模块一个个拼接到一起进行调试，自底向上、逐步地构成整个系统。然后在系统运行的过程中发现系统的缺陷，从而进行系统规划、分析、设计、实施的另一个循环。

1. 系统规划阶段

系统规划阶段是根据用户的系统开发请求，进行初步调查，要弄清楚最关键的问题是"要解决的问题是什么"，通过问题定义，提出问题的性质、工程目标及规模，通过对系统的实际用户和使用部门负责人的访问，对企业的环境、目标、现行系统的状况进行初步调查，根据企业目标和发展战略，确定管理信息系统的发展战略，对建设新系统的需求做出分析和预测，确定系统目标和总体结构。

同时，考虑建设新系统所受的各种约束，确定分阶段实施进度，从技术、经济、人文社会等方面研究开发新系统的必要性和可行性，估计系统成本和效益，通过可行性研究确定下一阶段的实施，在此基础上确定项目规模和目标。

系统规划方法主要有战略目标集转化法（SST，Strategy Set Transformation）、关键成功因素法（CSF，Critical Success Factors）和企业规划法（BSP，Business System Planning）等。

这一阶段完成后得到的主要文档有可行性分析报告、系统设计任务书等。

2. 系统分析阶段

系统分析的主要任务是将在系统详细调查中所得到的文档资料集中到一起，对组织内部整体管理状况和信息处理过程进行分析。它侧重于从业务全过程的角度进行分析。

依据现状调查中确定要做的改变，考虑采用先进信息技术的影响与作用，根据系统任务书所确定的范围，对现行系统进行详细调查，描述现行系统的业务流程，指出现行系统的局限性和不足之处，进行业务流程再造，设计新的业务流程图，力求在成本、质量、服务、效率、速度等方面取得显著的实质性进展。据此编制新系统的数据流图（DFD）及其数据字典（DD）。对 DFD 中的数据存储进行存储分析，得到描述新系统静态结构的实体联系图（ERD）。最终提出由业务流程图、数据流程图及其数据字典、实体联系图和功能层次图所组成的新系统的逻辑模型。

在这个阶段，系统分析员必须与用户紧密配合，因为用户了解他们所面临的问题，知道必须做什么，但是通常不能完整、准确地表达出他们的要求，更不知道怎样用计算机解决他们的问题；而软件开发人员知道怎样用软件实现人们的要求，但是对特定用户的具体要求并不完全清楚。

这一阶段完成后得到的主要文档为系统分析报告。

3. 系统设计阶段

系统设计阶段的任务是：总体结构设计；代码设计；数据库/文件设计；输入输出设计；模块结构与功能设计。

在这一阶段，根据系统分析报告中规定的功能要求，考虑实际条件，具体设计实现逻辑模型的技术方案，即设计新系统的物理模型，分为总体设计和详细设计。总体设计依据系统分析所得到的逻辑模型来设计系统的不依赖具体物理设备的、一般的、概要的总体结构。详细设计则是在总体设计的基础上，设计硬件设备物理位置、网络拓扑结构；数据的各种属性、具体数据结构的格式、内容定义以及传递过程；数据库模型，数据库中数据的使用对象、主要用途、安全性和精确性等；功能模块的实现方式和类型；以及提出必要的组织结构调整建议及相关的组织结构图，最终给出设计方案。这一阶段完成后得到的主要文档为系统设计说明书。

4. 系统实施阶段

系统实施阶段是将系统设计的成果变成可实际运行的系统的过程。其主要任务是：系统平台的建立、数据库的建立、应用程序设计与编程、人员培训以及数据准备、系统模块调试以及系统测试，然后投入试运行。

这些工作要投入大量的资源，要用结构化的思想做好项目管理工作；用结构化程序设计方法设计程序，把数据库测试与程序测试有机结合起来完成。

这一阶段完成后得到的主要文档有系统平台及其设备的相关资料、程序流程图、系统源程序代码、测试记录、用户手册等。

5. 系统运行阶段

系统运行阶段的任务是系统的日常运行维护、评价及监理审计。系统评价通常每年定期进行，发生特殊情况后要及时进行。评价结果如果是有点问题，则要对系统进行修改、维护或者是局部调整，如果出现了不可调和的大问题，则用户将会进一步提出开发新系统的要求，这标志着老系统生命周期将结束，新系统生命周期开始。

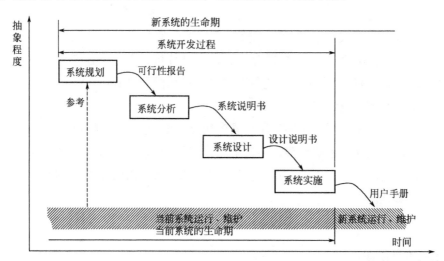

图 5-4　管理信息系统生命周期

三、结构化开发方法应注意的问题

1. 加强调查研究和系统分析

为使新系统满足用户要求，必须深入用户单位，对现系统进行认真的全面调查，弄清实际业务处理过程的每一个细节，以便在此基础上进行系统分析，通过方案对比，确定新系统的最佳设计方案。

2. 树立用户至上的观点

用户对系统开发的成败至关重要，在管理信息系统开发的全过程中要树立用户至上的观点，一切从用户出发，从用户利益考虑，充分了解用户的需求和愿望。要尽量吸纳用户（管理、业务人员）参加开发，加强与用户沟通，主动、及时交换意见，以取得共识。

3. 严格划分工作阶段

把整个开发过程划分为若干工作阶段，每一个阶段有明确的任务和目标、预期达到的工作成效。每个阶段又可分为若干工作步骤，以便计划和控制进度，协调各方面的工作。前一阶段的工作成果是后一阶段的工作依据，每完成一个阶段，要严格审查，防止留下隐患。

4. 使用结构化、层次化方法

采用结构化的设计方法，使新系统各部分独立性强，便于设计、实施和维护。而整个系统开发采用自上而下的方法，在保证总体模块正确的前提下，逐步分成若干个层次，每个层次都有其明确的任务和目标，以便于计划控制进度和协调各方面的工作。在细化的层次基础上进行物理设计和程序设计。

5. 开发过程规范化

要求开发过程的每一步都要按工程标准规范化，工作问题或文档资料标准化。在使用工具进行分析和设计系统的时候，要统一采用规范化的图表设计。这样做的目的是保证系统开发工作的连续性和日后系统的维护，减少错误，易于沟通。

四、结构化开发方法的优缺点

结构化系统开发方法是在对传统的自发的系统开发方法批判的基础上，通过很多学者的不断探索和努力，而建立起来的一种系统化方法。

这种方法的突出优点就是它强调系统开发的整体性和全局性，强调在整体优化的前提下来考虑具体的分析设计问题，即自上而下的观点。

结构化开发方法以"用户第一"为目标，树立面向用户的观点。开发中保持与用户的沟通，取得与用户的共识，这使管理信息系统的开发建立在可靠的基础之上。

它强调的另一个观点是严格地区分开发阶段。每一阶段工作完成后，都要根据阶段工作目标和要求进行审查，使阶段工作有条不紊。对当前阶段的任务是否有需要修改和返工的部分，任务完成符合要求后，是否进入下一阶段继续开发等问题要及时作出决策。由于它及时对各阶段的工作进行评价，从而能对各阶段的工作任务符合系统需求和符合组织标准提供有力的保证措施。开发过程要求及时建立诸如数据流程图、实体关系图以及编程技术要求等各种文档，工作进度容易把握，这些文档对系统投入运行后的系统维护工作十分重要。这种方法避免了开发过程的混乱状态。

但是，随着时间的推移，这种结构化开发方法也逐渐暴露出了缺点和不足，主要有以下几点。

（1）结构化开发方法侧重点在于数据转换过程，而不是数据本身。数据的转换处理过程是不稳定的、变化的，而数据本身却是相对稳定的，从而也更有价值。所以当业务流程发生变化的时候，改变的往往是数据的处理方法，而数据本身却是稳定不变的。显然，目前更需要的是一种面向数据的开发方法与工具，使系统更加精确、灵活、易于修改，更能够对企业的经营变化做出更加快速、迅捷的反应。

（2）结构化开发方法的开发周期过长。有时系统开发尚未完成，而内外环境已经发生了变化，对系统的需求也发生了变化。实际项目很少能够完全遵循该模式提出的工作顺序去完成，可运行的程序一直要到项目的最后阶段才可能得到。因疏忽而导致的错误要到检验运行时才能发现，这势必造成经济上、时间上的损失。

（3）这种方法开发要求系统开发者在调查中就要充分掌握用户需求、管理状况以及预见可能发生的变化，这不符合人们循序渐进地认识事物的规律性。在开发过程中用户的需求一旦发生变化，系统将很难做出调整。在实际工作中难以实施，导致系统开发的风险较大。

（4）结构化开发方法需要大量的文档和图表，这方面的工作劳动量非常大，有时会造成效率低、成本高的问题。

结构化开发方法一般适用于大型系统和复杂系统。

第三节　原型化开发方法

随着计算机技术的发展，特别是在关系数据库系统（RDBS，Relational Data Base System）、第 4 代程序生成语言（4GLs，4th generation languages）和各种系统开发生成环境产生，尤其是计算机网络的普遍应用，这种传统的信息系统开发方法受到了挑战。20世纪 80 年代提出了一种从设计思想到工具、手段都全新的系统开发方法——原型化开发方法（Prototyping Method）。

原型化开发方法提出以下几点考虑：首先，结构化生命周期法理论基础是严密的，但它要求系统开发人员和用户在系统开发初期对整个系统的功能有全面、深刻的认识，并制定出每一阶段的计划和说明书。然而，由于管理信息系统的复杂性，不论开发者在系统分析时采用何种严格的方法描述用户需求，到系统完成后，总会有或多或少让用户不满意的地方。究其原因在于，需求本身具有模糊性，并非所有的需求在系统开发以前都能准确地定义，而且用户与专业人员对计算机、具体业务的理解也有一定的差距，用户很善于叙述其对象、方向和目标，但对于如何实现却不甚清楚或难以确定，只有看到一个具体的应用系统才能清楚认识到自己的需要和系统存在的缺点，并提出更具体的需求。其次，在结构化开发方法中，使用的通信工具是文字和静态图形，其最大的缺点就是缺乏直观的、感性的特征，因而用户往往不易理解对象的全部含义。然而在原型化开发方法中，通过一个交互系统的形式提供一个生动活泼的动态模型，用户见到的是一个运行着的系统，并且系统运行暴露出来的问题可以迅速修改和完善。第三，在信息系统开发之后，反复的修改是必要的和不可避免的。这是由于用户多变的需求导致无法预先定义完备的系统需求。随着原始系统的运行，用户不断积累经验，并充分发挥自己的想象，提出更新的需求。因此，在开发最终的系统时，反复是完全需要的。只有这样，才可能达到用户和系统间的良好匹配，而且所开发的系统也容易为用户所接受。

一、原型化开发方法特点

原型化开发方法与结构化开发方法相比，具有以下一些特点。

（1）原型化开发方法在用户需求分析、系统功能描述以及系统实现方法等方面允许有较大的灵活性。用户需求可以不十分明确，系统功能描述也可以不完整，对于界面的要求也可以逐步完善。

（2）将模拟的手段引入系统分析的初始阶段，沟通了人们（用户和开发人员）的思想，缩短了用户和系统分析人员之间的距离，解决了结构化方法中最难于解决的一环。强调用户参与、描述、运行、沟通。

（3）原型化方法不排斥传统结构化生命周期法中采用的大量行之有效的方法和工具，它是与传统方法互为补充的方法。

二、开发过程

原型化开发方法遵循图 5-5 所示的开发步骤。

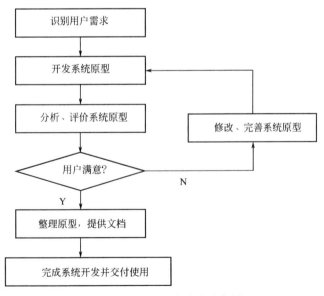

图 5-5　原型化开发步骤示意图

1. 识别用户需求

识别用户需求是为了能够设计和建立系统初始模型。这时的需求可能是不完全的、粗糙的，但也是最基本的。传统的需求调查方法都可采用。这一阶段的主要目标有：讨论构造原型的过程；写出简明的说明性报告，反映用户/设计者在信息需求方面的基本看法和要求；列出数据元素和它们之间的关系；确定所需数据的可用性；概括出业务原型的任务并估计其成本；考虑业务原型的可能使用情况。

2. 开发系统原型

开发系统原型是根据系统的基本需求建立原型的初始方案，以便进行讨论。开发者根据用户的基本需求开发一个应用系统的初始原型。一般这个初始的系统原型是在计算机上初步实现的信息系统，其中的主要工作有：建立逻辑设计所需的数据库；开发和安装原型数据库；建立友好的用户界面；组装或编写所需的应用程序模块；然后把初始原型交付给用户，并演示如何工作，确定是否满足用户的基本需求，解释初始原型的接口和特点，确定用户是否能很舒适地使用系统。

3. 分析、评价系统原型

模型分析评价即验证系统模型的正确程度，进而提出开发新的、修改原有的功能需求。这项工作必须通过所有有关人员的检查、评价和测试。一般是让用户试用原型，要使之更好地理解实际的信息需求和最能满足这些需求的系统种类。掌握用户对现有的原型系统是否满意，或者哪些方面不满意。在这个阶段开发者要积极地鼓励所有的评论者提出修改意见和需求，同时充分解释所完成模型的合理性。

4. 判定原型完成

对于模型来说，每一个成功的改进都会促进模型的进一步完善。而判定系统原型完成的唯一标准是用户是否满意。判断系统是否完成是判断有关用户的各项应用需求是否已经被掌握并开发出来，这个重复周期是否可以结束。因此根据判定结果可以有两种转向，一是继续修正和改进，二是系统交付使用。

5. 修改和完善系统原型

为了使模型与用户的愿望一致，就要对模型进行修改和完善。大多数的修改是在现有模型的基础上进行的。为了使修改工作顺利进行，必须建立一套完整的文档资料，特别是数据字典，它不仅用以描述系统中的数据和功能，而且可以作为修改的依据。修改和完善原型系统的基本原则如下。

（1）组装和修改程序模块，而不是编写程序。

（2）如果模块更改很困难，则把它们放弃并重新编写模块。

（3）不改变系统的作用范围，除非业务原型的成本估算有相应的改变。

（4）修改并把系统返回给用户的速度是关键。

（5）如果不能进行任何所需要的更改，则必须立即与用户进行对话。

（6）用户必须能很舒适地使用改进的原型。

6. 整理原型，提供文档

如果用户对系统原型满意，则可以把系统交付使用。在这之前需要整理原型、提供文档，即把原型进行整理和编号，并将其写入系统开发文档资料中，以便为下一步的运行、开发服务。原型法同结构化方法一样也必须具有一套完整的文档资料，它包括用户的需求说明、新系统的逻辑方案、系统设计说明、数据字典、系统使用说明书等，这也是系统运行维护的依据。

三、原型化开发方法的优缺点

1. 原型化开发方法的优点

原型法的主要优点在于它是一种支持用户的方法，使得用户在系统原型开发周期中起到积极的作用。其优点主要表现如下。

(1) 原型化开发方法在用户需求分析、系统功能描述以及系统实现方法等方面允许有较大的灵活性。这遵循了人们认识事物的客观规律，易于掌握和接受。

(2) 便于用户和开发人员之间的沟通。改进了用户和系统开发人员的交流方式，有效避免开发者和用户的认识差异所产生的失败。

(3) 用原型化方法开发的系统应变能力强。原型化方法开发周期短，使用灵活，对于管理体制和组织结构不稳定、有变化的系统比较合适。原型化开发方法中很重要的方面是经常要进行开发和测试，这能以较低的代价发现系统主要的漏洞。

(4) 原型化开发方法充分利用最新的软件工具，摆脱了传统的方法，使系统开发的时间、费用大大地减少，效率、技术等方面都大大地提高。强调软件工具支持。

(5) 原型化方法可以提供很好的项目说明和示范，简化了项目管理。

2. 原型化开发方法的缺点

尽管原型化开发方法有上述优点，但它仍然有一些克服不了的局限性。

(1) 原型化开发方法不适用于开发大系统。因为大系统比较复杂，如果只在初步调查分析而得出的用户需求的基础上开发系统原型，势必会让系统很粗糙，甚至无法使用。对于批处理系统和含有复杂的逻辑处理功能的系统，以及含有大量计算的小系统也不宜采用原型法开发。

(2) 原型化开发方法常常会忽略测试和文档开发工作。因为系统太容易改变，开发者往往认为编写文档太费事，即使做了文档又会很快失效。由于缺乏有效完整的文档，使得系统运行后很难进行正常的维护。

(3) 开发者对于不熟悉的领域，可能会把次要部分当作主要框架，做出结构不合理的原型。而原型经过多次改进后的最终系统可能仍保留这种不合理的结构。用户往往满足于系统已经具有了需要的功能，而当系统运行于大数据量或是多用户环境中的时候，运行的效率会降低。

　　由此可见，原型化开发方法比较适合用于用户需求定义不清、管理决策方案不确定、需求经常发生变化、处理过程明确、涉及面窄的小型系统。而当系统比较复杂、难以模拟，或系统存在大量运算、大量批处理、逻辑性强，以及管理基础工作不完善、处理过程不规范的情况，原型化开发方法就不适用了。

四、结构化与原型化方法的比较与结合

1. 结构化方法与原型化方法的比较

　　结构化方法与原型化方法有所联系，又有所区别，主要体现在如下几点。

　　（1）原型法模糊了结构化方法中的需求定义阶段、总体设计阶段、详细设计阶段和实施阶段的界限。

　　（2）在结构化方法中，需求定义阶段主要关心"做什么"，在详细设计阶段主要关心"如何做"，而在原型化方法中，这两者是融为一体的。

　　（3）在结构化方法中，设计阶段的工作和实施阶段的工作往往是由不同的人来完成的。而在原型化方法中，这两项工作通常是由相同的人来完成。

　　（4）在结构化方法中，界面、报表的格式设计是在详细设计阶段进行的。而在原型化方法中，界面、报表的格式是在系统开发的第一个阶段定义的。

　　（5）与结构化方法相比，原型化方法开发管理信息系统所需的周期比较短。

2. 结构化方法与原型化方法的结合

　　将结构化开发方法与原型化开发方法结合起来的方法称为综合法。综合法采用结构化方法的设计思想，在系统分析与系统初步设计上采用原型化方法做出原始模型，与用户反

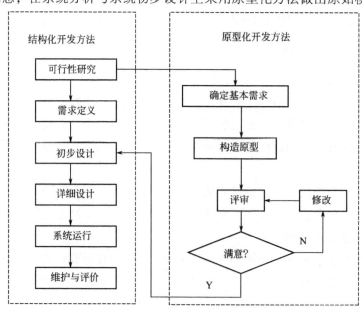

图 5-6　结构化与原型化方法的结合

复交流，达成共识后，继续按结构化方法进行系统详细设计、系统运行的工作。如图 5-6 所示。

综合法的优点是，它兼顾了结构化开发过程控制性强以及原型化开发方法周期短、见效快的特点。

第四节　面向对象开发方法

前面讲述的结构化方法等管理信息系统构建方法都是从功能和信息（数据）的角度对系统进行分析和设计，它们最大的缺点是忽略了数据与程序之间不可分割的内在联系，并由此引发了软件危机。

面向对象方法起源于面向对象程序设计语言趋于成熟，并形成了面向对象的程序设计（Object-Oriented Programming，OOP）这一新的程序设计方法。从 20 世纪 80 年代中后期开始，专家们进行了在系统开发各个环节中应用面向对象概念和方法的研究，出现了面向对象分析（Object-Oriented Analysis，OOA）、面向对象设计（Object-Oriented Design，OOD）等涉及系统开发其他环节的方法和技术，它们与面向对象程序设计结合在一起，形成了一种新的系统开发模型，即面向对象方法。

90 年代面向对象（OO）的技术和程序设计语言取得了巨大的成功，信息系统的开发更多的采用面向对象的程序设计语言和支持面向对象的数据库管理系统。面向对象的技术把对象的属性（数据）和处理（方法）封装在一起，是真正的抽象思维，它通过子类对父类的继承，使软件便于维护和扩充，提高了软件的可重用性。

一、面向对象方法的基本概念

1. 对象（Object）

用计算机（求解空间）所创建的对象是对客观事物进行表达和模拟的一种包括客观事物形状数据和行为特征的数据模型。每个对象都有它自己的属性（Attribute）值，表示该对象的状态，对象中的属性只能通过该对象所提供的操作来存取或修改。操作（Operation）（也称方法或服务）规定了对象的行为，表示对象所能提供的服务。如图 5-7 所示。

2. 类（Class）

具有相同属性和方法的对象的集合。是一组具有相同模板或模子对象类型的抽象和说明。

3. 消息（Message）

对象之间相互作用和相互协作的一种机制。对象之间的相互操作、调用和应答多是通过发送消息到对象的外部接口来实施的。消息是为完成某些操作而向对象所发送的命令和命令说明。

4. 继承（Inheritance）

相关对象类层次之间的一种数据和操作（程序代码）的共享机制。如果类 B 继承了类 A，则在 A 中所定义的数据和操作也将成为 B 的组成部分。

5. 封装（Encapsulation）

将数据与操作（方法）封闭在一起（即放于同个对象中），使自身的状态、行为局部化（对数据的操作只通过该对象本身的方法来进行）。这种封装了的对象满足软件工程的一切要求，而且可以直接被面向对象的程序设计语言所接受。

6. 实例（Instance）

某个特定的类所描述的一个具体的对象。

7. 多态（Polymorphism）

同样的消息为不同的对象接受后，会因不同对象所含操作的不同，而导致完全不同的行动，使软件开发设计更便利，编码更灵活。

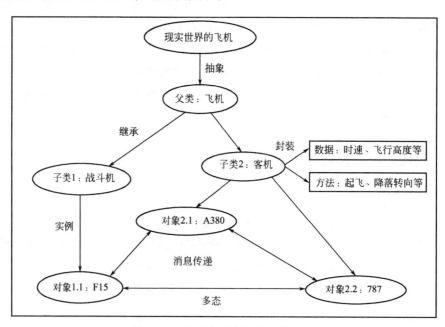

图 5-7　面向对象基本概念及其关系

二、面向对象方法的基本思想

（1）客观事物都是由对象组成的，对象是在原事物基础上抽象的结果。任何复杂的事物都可以通过对象的某种组合构成。

（2）对象由属性和方法组成。属性反映了对象的信息特征，如特点、值、状态等。而方法则是用来定义改变属性状态的各种操作。

（3）对象之间的联系主要是通过传递消息来实现的，而传递的方式是通过消息模式（message pattern）和方法所定义的操作过程来完成的。

（4）对象按其属性进行归类。类有一定的结构，类上可以有超类（superclass），类下可以有子类（subclass）。这种对象或类之间的层次结构是靠继承关系维系着的。

（5）对象是一个被严格模块化了的实体，称之为封装，这种封装了的对象满足软件工程的一切要求，而且可以直接被面向对象的程序设计语言所接受。

三、面向对象方法的开发过程

面向对象方法的开发过程分为系统调查和需求分析、分析问题的性质和求解问题、面向对象的设计、面向对象的编程等步骤。当然，在开发过程的最后也必须要有测试、安装维护系统以及必要的系统修改。这些步骤和结构化的开发方法大同小异，这里就不再赘述。

1. 系统调查和需求分析

对系统面临的具体管理问题以及用户对系统开发的需求进行调查研究，即先弄清要干什么。

2. 分析问题的性质和求解问题

在繁杂的问题域中抽象地识别出对象以及其行为、结构、属性、方法等，即面向对象分析（OOA）。OOA 是建立在对处理对象客观运行状态的信息模拟（实体关系图和语义数据模型）和面向对象程序设计语言的概念基础之上，用 OOA 分析一个事物时，遵循五个基本步骤。

（1）确定对象（object）和类（class）：对象是对数据及其处理方式的抽象，反映了系统保存和处理现实世界中某些事物的信息的能力。类是多个对象的共同属性和方法集合的描述，它包括如何在一个类中建立一个新对象的描述。

（2）确定结构（structure）：结构是指问题域的复杂性和连接关系。类成员结构反映了泛化—特化关系，整体—部分结构反映整体和局部之间的关系。

（3）确定主题（subject）：主题是指事物的总体概貌和总体分析模型。

（4）确定属性（attribute）：属性就是数据元素，可用来描述对象或分类结构的实例，可在图中给出，并在对象的存储中指定。

（5）确定方法（method）：方法是在收到消息后必须进行的一些处理方法：方法要在图中定义，并在对象的存储中指定。

3. 面向对象的设计（ OOD ）

面向对象的设计是对分析的结果作进一步地抽象、归类、整理，并最终以范式的形式将它们确定下来，即面向对象设计 OOD。OOD 是 OO 方法中的一个中间过渡环节，其主要作用是对 OOA 分析的结果作进一步的规范化整理，以便能够被 OOP 直接接受，主要的工作如下。

（1）对象定义规格的求精过程

根据面向对象的概念模型整理分析所确定的对象结构、属性、方法等内容，改正错误的内容，删去不必要和重复的内容等；进行分类整理，以便于下一步数据库设计和程序处理模块设计的需要。整理的方法主要是进行归类，对类和对象、属性、方法和结构、主题进行归类。

（2）数据模型和数据库设计

数据模型设计需要确定类和对象属性的内容、消息连接方式、系统访问数据模型的方法等。最后每个对象实例的数据都必须落实到面向对象的库结构模型中。

（3）优化

从另一个角度对分析结果和处理业务过程的整理归纳，优化包括对象和结构的优化、抽象、集成。

4. 面向对象的编程（OOP）

用面向对象的程序设计语言（例如 C＋＋/Java 语言）将上一步整理的范式直接映射为应用程序软件，即面向对象编程 OOP。面向对象的分析和设计是面向对象编程的补充。面向对象编程解决问题的思路是从对象入手，因此面向对象编程需要相应的面向对象的分析和设计方法。

四、面向对象方法的优缺点

1. 面向对象方法的优点

（1）以对象为基础，利用特定的软件工具直接完成从对象客体的描述到软件结构之间的转换；解决了传统结构化开发方法中客观世界描述工具与软件结构不一致问题，缩短了开发周期；解决了从分析和设计到软件模块结构之间多次转换的繁杂过程。

（2）能迅速适应资产运用的变化。企业产品变化时，只要再追加新产品中包含新的要素，无需修改整个系统，在企业的发展过程中，MIS 就不会成为阻碍发展新业务的瓶颈。

（3）老系统的维护工作和新系统的开发工作变得相对简单。

2. 面向对象方法的缺点

（1）需要有一定的软件基础支持才可以应用。

（2）对大型系统会造成系统结构不合理、各部分关系失调等问题。

五、面向对象方法与结构化方法的关系

面向对象的方法从结构化方法等其他常用方法中吸取了大量有益的成分。有经验的分

析员不必扔掉使用其他方法的全部知识和经验。对他们来说，学习面向对象的方法和符号的核心在于：如何从以功能或信息为中心的解决问题的思路转变到以对象为中心的解决问题思路。

面向对象方法中的对象模型把面向对象的概念（对象、类、继承等）与传统方法中常用的信息建模概念（实体、关系）结合起来了。这样结构化分析员在开始时就可以从实体-关系分析入手，附加上相应的方法使之上升为类。

面向对象方法与传统方法的比较，优势在于：

（1）可解决目前在 MIS 开发中迫切需要解决的维护复杂性、提高生产率的问题；

（2）在适应多变需求时表现出灵活性和降低开发风险性。

第五节　CASE 方法

CASE 方法即计算机辅助开发方法。自计算机在管理中应用以来，系统开发过程，特别是系统分析、设计和开发过程，就一直是制约信息系统发展的一个瓶颈，直到 20 世纪 80 年代集图形处理技术、程序生成技术、关系数据库技术和各类开发工具于一身的 CASE 出现才缓和并解决了这一问题。

从方法论的角度看，计算机辅助开发并不是一门真正意义上的方法，它是对整个开发过程进行支持的一种技术。CASE 方法解决问题的基本思路是：系统开发过程中的第一步如果都可以在一定程度上形成对应关系的话，那么就完全可以借助于专门研制的软件工具来实现上述一个个的开发过程。如：结构化方法中的业务流程分析→数据流程分析→功能模块设计→程序实现；业务功能一览表→数据分析、指标体系→数据/过程分析→数据分布和数据库设计→数据库系统。OO 方法中的问题抽象→属性、结构和方法定义→对象分类→确定范式→程序实现等。在实际开发过程中上述几个过程很可能只是一定程度上对应（不是绝对的一一对应），故这种专门研制的软件工具暂时还不能一次"映射"出最终结果，还必须实现其中间过程。对于不完全一致的地方由系统开发人员再作具体修改。

在实际开发一个系统中，CASE 环境的应用必须依赖于具体的开发方法，例如结构化方法、原型方法、OO 方法等，而一套大型完备的 CASE 产品，能为用户提供支持上述各种方法的开发环境。CASE 只是一种辅助的开发方法，主要体现在帮助开发者方便、快捷地产生出系统开发过程中的各类图表、程序和说明性文档。CASE 环境从根本上改变了人们开发系统的物质基础，在考虑问题的角度、开发过程的做法以及实现系统的措施等方面都与传统方法有所不同。

当前，有代表性的 CASE 工具包括微软的 Visio、Oracle 公司的 Designer，Platinum 公司的 Erwin，Rational 公司的 ROSE 等。

【本章小结】 ▶▶

本章介绍管理信息系统的开发方法，通过本章的学习，读者应对目前常用的几种管理信息系统开发方法有一定了解，并重点理解和掌握结构化的生命周期法和快速原型法的特点和适用情况。

系统开发方法是影响系统开发成功的关键因素之一。目前国内外流行的开发方法主要有前面讲述的结构化的生命周期法、快速原型法、面向对象开发方法等，但是无论哪一种方法，都具有其各自的特点与不足，对于开发 MIS 这样的大型、复杂的系统，严格地按照某一种开发方法是不可取的。实践证明，由于企业的具体情况不同，选用开发方法时不能死搬硬套。有些开发人员在开发的过程中遇到困难和问题时，往往想要寻求一种"最好"的方法，好像有了这种"法宝"就可以抛弃其他方法而一举成功。例如，学了快速原型法，就否定生命周期法；看到数据库重要，就停下所有开发工作全力搞数据库设计；听说面向对象方法是最新的，就着急引进搞"最先进的开发"。实际上，最好的开发方法都是在充分分析应用领域的本质特征、开发规律的基础上，综合各种开发方法的特点，在长期的工程实践中逐步形成和完善的。

从本章的讲述可以看出：不管哪种 MIS 开发方法都有一个分析、设计、实施的过程，这些常用开发方法在一定意义上具有开发过程的统一性。开发人员不论运用哪种方法于实践，只要明白它们具有的一般共性和各自的特性，就能把握系统的开发，工作起来就得心应手了。

【课堂讨论】 ▶▶

1. 企业信息系统的最好开发方式是什么？
2. 讨论各种信息系统开发方法的适用范围。

【复习思考】 ▶▶

1. MIS 开发一般应遵循哪些原则？应如何贯彻？
2. 什么叫生命周期法？分几个阶段？各阶段的任务是什么？
3. 什么叫原型法？有哪些主要环节？
4. MIS 开发的各种方法有什么特点？
5. MIS 有哪几种开发方式？各自有什么优缺点？

第六章

信息系统规划

学习目标

从一个组织或企业的角度来看，实现信息化这个长远的战略目标需要通过信息系统规划加以具体化；而在信息系统规划框架下安排一个又一个具体的信息系统建设项目，就成为实现信息化的一个又一个台阶，规划就是这样成为信息化战略和具体项目之间的联系和桥梁。学习本章主要达到以下目标：

1. 掌握信息系统规划的基本概念；
2. 掌握企业信息系统规划的诺兰模型；
3. 掌握信息系统规划的 BSP 方法、CSF 方法等；
4. 理解业务流程再造与信息系统规划的关系。

关键术语

信息系统规划；诺兰模型；BSP 方法；CSF 方法；业务流程再造。

第一节　信息系统规划概述

由于管理的信息量大、面广且形式多样，内容和要求涉及到广泛的领域，加上组织结构复杂，信息系统必定是一个复杂的大系统，其复杂性体现在其组分的复杂性、结构的复杂性、系统管理过程的复杂性、系统行为的复杂性、信息系统方法论的复杂性等方面。

信息系统的复杂性使得信息系统的总体规划越来越重要。通常人们会有这样一种认识：假如一个操作错误可能会导致损失几万元，那么一个设计错误则可能损失几十万元，一个计划的失误就可能损失几百万元，而一个规划错误的损失则能达到千万元，甚至上亿元。信息系统规划失误的损失是巨大的，而且还是隐性的、长远的，往往要到系统全面推广实施后才能在实践中慢慢显现出来。

凡事预则立，不预则废。信息系统规划是企业和政府信息化建设之本，没有科学合理的信息系统规划，就不可能有信息化建设的成功和效益。

一、信息系统规划的概念与层次

信息系统规划（Information system planning，ISP），又称信息系统的战略规划或者信息系统的总体规划，是根据组织的战略目标和用户提出的需求，从用户的现状出发，经过调查，对所要开发的信息系统的技术方案、实施过程、阶段划分、开发组织和人力资源、投资规模、资金来源及工作进度，用系统的、科学的、发展的观点进行全面部署和计划。ISP 是面向组织中信息系统发展远景的系统开发计划。信息系统规划可帮助组织充分利用信息系统及其潜能来规范组织内部管理，提高组织的工作效率和顾客满意度，为组织获取竞争优势，实现组织的宗旨、目标和战略。

信息系统规划是关于信息系统长远发展的规划，它既可以看成是企业战略规划的一个重要组成部分，也可以看成是企业战略规划下的一个专门性规划。信息系统规划主要解决如下四个问题：（1）如何保证信息系统规划同它所服务的组织和总体战略上保持一致？（2）怎样为该组织设计出一个信息系统总体结构，并在此基础上设置、开发应用系统？（3）面对相互竞争的应用系统，应如何拟定优先开发计划和资源配置计划？（4）面对前三个阶段的工作，应怎样选择并应用行之有效的设计方法？

信息系统规划是信息系统生命周期中的第一个阶段，也是系统开发过程的第一步，其质量直接影响着系统开发的成败。正是由于信息系统是一项耗资巨大、技术复杂、开发周期长的系统工程，因而需要一个高层的战略规划，也就是以整个系统为分析对象，从战略上把握系统的目标和功能的框架。在现代社会中，信息已成为企业的生命线，信息资源是企业的一项重要财富，信息管理是企业管理的重要组成部分，信息系统的运行与企业的运营方式息息相关，所以，不仅要在资源上、经费上、时间上给予充分考虑，更要在观念上给予高度重视，做出全方位的规划。

信息系统规划有狭义和广义两个概念。广义的战略规划是指信息系统的整个建设计划，既包括战略计划，也包括信息需求分析和资源分配。例如是否对关键的成功因素进行分析（组织的信息需求分析）或是否需要安装一个收费系统（资源分配）等问题。狭义的信息系统规划则不包括后面分析的内容。

一般情况下，如果将信息系统规划看成是企业战略规划下的一个专门性规划，那么它将是在制定企业战略之后配合其结果和要求来制定的。另一种情况则将信息系统规划看成是企业战略规划的一个组成部分，即在制定企业战略规划中的生产规划、市场规划等的同时制定信息系统规划。由于信息管理的规划涉及到生产、市场等多个部门的规划，因此，要强调信息系统规划与企业战略规划整体的协调。总之，不论是把信息系统规划作为企业战略规划的一部分，还是作为一个专门性规划，都应与企业战略规划有机地配合。正如一些信息系统规划专家所指出的：如何使一个企业中的信息系统发展战略与企业发展战略保持一致，是信息系统规划工作的核心问题之一。

二、信息系统规划的目标、 作用、 任务及内容

1. 信息系统规划的目标

信息系统规划的目标是：制定同组织发展战略的目标相一致的信息系统发展战略目标。

目前，在信息系统规划工作中存在着两种性质截然不同的发展战略：一种战略是希望通过更多、更好的硬件和软件来增加系统的数据处理能力；另一种战略则是强调建立更好的组织模式，目的是给计划和控制提供良好的管理信息。不论哪一种战略，都必须根据以前的情况来预测信息系统规划执行期间的技术和管理上的进展，而且，也要考虑将来的组织结构、产品情况和业务系统，更重要的是，要确保所制定的信息系统规划的目标与组织的战略规划的目标相一致。

2. 信息系统规划的作用

信息资源环境的复杂性使信息系统规划工作的好坏成为信息系统成败的关键。一个有效的信息系统规划可以使信息系统和用户建立较好的关系，可以做到信息资源的合理分配和利用，从而可以节省信息系统的投资。一个有效的信息系统规划可以促进信息系统应用的深化，为企业带来更高的经济效益。有效的信息系统规划还可以作为一个标准，考核信息系统开发人员的工作，明确他们的努力方向。信息系统规划的制定过程本身也是迫使企业领导回顾过去的工作，发现可改进的地方的过程。只有进行信息系统规划，才可以保证信息系统中信息的一致性，避免信息系统成为"沙滩上的房屋"。

3. 信息系统规划的任务

（1）制定信息系统的发展战略

信息系统服务于企业管理，其发展战略必须与整个企业的战略目标协调一致。首先要调查分析企业的目标和发展战略，评价现行信息系统的功能、环境和应用状况，再确定信息系统的使命，制定信息系统的战略目标及相关政策。

（2）制定信息系统的总体方案，安排项目开发计划

在调查分析企业信息需求的基础上，提出信息系统的总体结构方案。根据发展战略和总体结构方案，确定系统和应用项目开发次序及时间安排。

（3）制定系统建设的资源分配计划

提出为实现系统开发计划所需要的硬件、管理软件、数据通信设备、人员、技术、服务、资金等资源计划，做系统建设的概算。

4. 信息系统规划的内容

信息系统规划一般既包含三年或更长的长期计划，也包含一年的短期计划。长期计划

部分指明了总的发展方向，而短期计划部分则为作业和资金工作的具体责任提供依据。一般来说，整个信息系统规划包括下面四项主要内容。

（1）信息系统的目标、约束与结构

信息系统规划包括企业的战略目标、外部环境、内部环境、内部约束条件、信息系统的总目标和计划以及信息系统的总体结构等。其中，信息系统的总目标为信息系统的发展方向提供准则，而计划则是对完成工作的具体衡量标准。信息系统的总体结构规定了信息的主要类型以及主要的子系统，为系统开发提供了框架。

（2）当前的能力状况

系统规划包括硬件情况、通用软件情况、应用系统及人员情况、硬件与软件人员及费用的使用情况、项目进展状况及评价等。

（3）对影响计划的信息技术发展的预测

信息系统规划自然要受到当前和未来信息技术发展的影响。应能够准确觉察计算机硬件技术、网络技术、数据库技术以及办公自动化技术的发展趋势并在战略规划中有所反映。软件的可用性和方法论的变化、周围环境的发展以及它们对信息系统产生的影响也应该在考虑因素之内。这些都是信息系统有较强生命力的保证。

（4）近期计划

在系统规划适用的几年中，应对即将到来的一段时期（如一年）做出具体的安排，主要应包括硬件设备的采购时间表、应用项目开发时间表、软件维护与转换工作时间表、人力资源的需求以及人员培训时间安排、财务资金需求等。

信息系统规划需要不断修改。人员的变化、技术的变革、组织自身的变化都可能影响到整个规划，甚至一种新的硬件或软件的推出也能影响到规划。除此之外，修改规划的原因还可能来自信息系统之外的事物，如财务限制、政府的规章制度、竞争对手采取的行动等。

第二节　信息系统规划的阶段模型

在信息系统开发理论中，用来描述信息系统发展进程的是阶段理论，其代表模型主要有诺兰（R. Nolan）模型、西诺特（W. R. Synnott）模型和米切（Mische）模型等，这里主要介绍诺兰模型和米切模型。鲍曼（Bowman）模型则具体描述了信息系统规划的三个阶段及对应的任务和可选择的方法。

一、诺兰的阶段模型

在一些国家、地区或部门，信息系统的建设刚刚起步；而在另一些地区，信息系统的建设已经趋于成熟。诺兰的阶段模型反映了信息系统的发展阶段，并使信息系统的各种特性与系统生长的不同阶段对应起来，从而成为信息系统规划工作的框架。根据这个模型，只要一个信息系统存在某些特性，便可以知道它处在哪一阶段。这一理论的基本思想是：一个组织的信息系统在能够转入下阶段之前，必须首先经过系统生长的前几个阶段。因此，如果能够诊断出一个企业目前所处的成长阶段，就能够对它的战略规划提出一系列的限制条件和作出针对性的规划方案。

诺兰在 1973 年首次提出了信息系统发展阶段理论，这时仅确定了信息系统生长的四个不同阶段。到 1980 年，诺兰又把上述模型扩展成六个阶段，如图 6-1 所示。

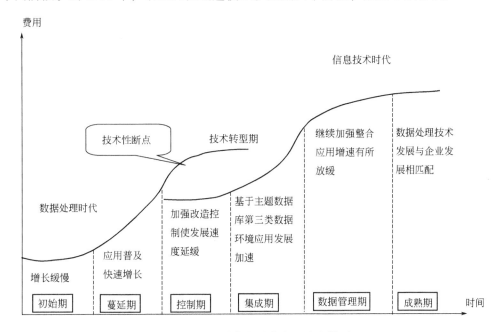

图 6-1　诺兰的信息系统发展阶段模型

第一阶段为初始阶段。企业购置第一台用于管理的计算机，表明了信息系统开发初始阶段的开始。在这一阶段，各级管理人员对信息系统从不认识到有点认识，支持、组织开发出了一两个简单的应用系统。初始阶段的计算机一般用在会计、统计等部门。这些简单的应用系统的运行所产生的效益和效率使得人们对信息系统的认识大大提高，于是逐渐进入了第二阶段。

第二阶段是蔓延阶段。这一阶段是数据处理发展最快的一个阶段，用户感到计算机在事务处理上的方便之处，计算机的利用率不断提高，各部门都开发了大量的应用程序。但这时由于缺乏综合系统开发，出现了信息冗余、代码不一致、信息难以共享等混乱局面。在 20 世纪 60 年代，美国多数公司经历了这个阶段，当时由于无控制的技术刺激和松弛的管理，使计算机应用猛增，只有一小部分收到实际的效益。

第三阶段是控制阶段。由于广大管理人员都认识到了计算机信息系统的优越性，纷纷购置设备，开发支持自身管理的信息系统，使得硬件、软件投资和开发费用急剧增长，增长到一定程度便会受到控制，即进入控制阶段。这个阶段除了各项投资费用受到控制外，还要求完善各个子系统的功能以提高现有计算机应用的效益，其发展速度与前两个阶段相比要缓慢得多。随着应用项目不断积累，客观上也要求加强组织协调，于是，就出现了由企业领导和职能部门负责人参加的领导小组，对整个企业的系统建设进行统筹规划，特别是利用数据库技术解决数据共享问题。这时，严格的控制阶段便代替了蔓延阶段。诺兰认为，第三阶段将是实现从以计算机管理为主向以数据管理为主转换的关键，一般发展得较慢。

第四阶段是集成阶段。由于发现分散开发的系统不能互通、信息不能共享等一系列由分散开发所形成的问题，就产生了从全局出发，建立一个支持全企业的信息系统的需求，即进入了集成阶段。在集成阶段，信息系统的开发首先应考虑总体，面向数据库建立稳定的全局数据模型，基于稳定的全局数据模型实现各子系统的功能需求，进而发挥信息"粘合剂"和"倍增剂"的作用。这种开发支持全局信息系统的需求，势必带来各项投资费用的增长，但开发速度加快了。

第五阶段是数据管理阶段。诺兰认为，在集成阶段之后才会真正进入数据管理阶段。这时，数据真正成为企业的重要资源。鉴于20世纪80年代美国多数企业还处在第四阶段，诺兰对第五阶段还无法给出详细的描述。

第六阶段是成熟阶段。一般认为，信息系统的成熟表明它可以满足企业各管理层次的要求，从操作层的事务处理（EDP）到中间管理层的控制管理（信息系统）再到支持高级管理层的决策支持（DSS），真正实现了信息资源的管理。

诺兰模型的前三个阶段具有计算机数据处理时代的特征，后三个阶段则显示出信息技术时代的特点，前后的转折区间是整合期。由于办公自动化的普及、终端用户计算环境进展而导致了发展的非连续性，这种非连续性又称为技术性断点。

诺兰模型是对计算机信息系统发展历程的总结。诺兰曲线是一种波浪式的发展过程，反映了一定的发展规律，跳过某个或某几个阶段是不大可能的。但是，随着人们对信息系统认识的提高，可以压缩有些阶段的时间，特别是蔓延阶段的时间。诺兰的阶段理论既可以用于判断当前处在哪个生长阶段、向什么方向前进、怎样管理对研制最有效，也可以用于对各种变动进行安排，进而以一种可行方式转至下一生长阶段。虽然系统生长现象是连续的，但各阶段是离散的。在制定战略规划过程中，根据各阶段之间的转换和随之而来的各种特性的逐渐出现，运用诺兰模型来辅助制定规划，将其作为信息系统规划指南是十分有益的。

二、米切四阶段连续发展模型

诺兰模型把系统整合（集成）和数据管理分割为前后两个阶段，似乎可以先实现信息系统的整合再进行数据管理，但后来的大量实践表明这是行不通的。20世纪90年代初美国的信息专家米切（Mische）对此进行了修正，揭示了信息系统整合与数据管理密不可分，系统整合期的重要特征就是做好数据组织，或者说信息系统整合的实质就是数据整合或集成。由于此前的研究仅仅集中于数据处理组织机构的管理和行为的层面，而没有更多地研究各种信息技术的整合集成，忽视了将信息技术作为组织的发展要素而与经营管理相融合的策略。

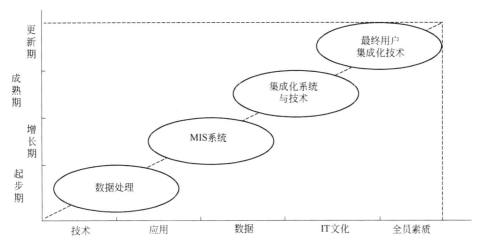

图 6-2　米切四阶段连续发展模型

米切模型可概括为四个阶段、五个特征，如图 6-2 所示。四个阶段为：起步阶段（20 世纪 60 年代～70 年代）；增长阶段（20 世纪 80 年代）；成熟阶段（20 世纪 80 年代～90 年代）；更新阶段（20 世纪 90 年代中期～21 世纪初期）。决定以上阶段的五个特征是：技术状况；代表性应用和集成程度；数据库和存取能力；信息技术融入组织文化；全员素质、态度和信息技术视野。每个阶段还有很多具体的属性，总共有 100 多个不同属性。这些特征和属性可用来帮助一个单位确定自己在综合信息技术应用的连续发展中所处的位置，帮助组织把握自身的发展水平并找到改进的方向，从而做到在不同阶段采取不同的措施。

"米切模型"可以帮助企业和开发机构把握自身当前的发展水平，了解自己的 IT 综合应用在现代信息系统的发展阶段中所处的位置，是研究一个企业的信息体系结构和制定变革途径的认识基础，由此就能找准这个企业建设现代信息网络的发展目标。

调查表明，目前许多企业运行的 MIS 系统，由于在开发时没有经过科学有效的构思和详细规划，以及深入研究如何将信息技术与业务工作结合起来；而在考虑系统整合或集成时，一般都偏重于计算机系统和通信网络方面，这似乎是花大钱而立竿见影的解决方案，而实际上却根本达不到企业信息系统整合集成的目的。

三、信息系统规划的三阶段模型

目前，已有许多方法用于信息系统的规划工作，各种方法在规划中所起的作用和地位是不同的。由 B. Bowman、G. B. Davis 等所研制的信息系统计划工作的三阶段模型，阐明了广义战略规划的制定活动以及各活动的顺序与可选用的技术和方法。该模型有助于人们了解规划问题的本质并选择适当的规划阶段，可减少规划方法使用不当造成的混乱，对进行信息系统规划给予了实质性的指导。这个模型由战略计划（或称战略规划）、组织的信息需求分析和资源分配三个一般性的活动组成，其相应的任务及有关的方法论的分类描述如表 6-1 所示。

表 6-1　信息系统规划的三阶段模型

阶段	战略计划	组织的信息需求分析	资源分配
任务	在整个组织的计划和信息系统规划间建立关系	识别组织信息需求，建立信息系统战略性总体结构，指导具体应用系统的开发	对信息系统的应用、系统开发资源和运营资源进行分配
方法	战略集合变换 根据组织传统制定战略 根据组织集合制定战略	企业系统规划（BSP） 关键成功要素法（CSF） 目的/手段分析（E/M）	投资回收法 零点预算法 收费法

战略计划是为了在整个组织的计划和信息系统规划间建立关系，内容包括：提出组织目标和实现目标的战略，确定信息系统的任务，估计系统开发的环境，定出信息系统的目标和战略。其方法有战略集合交换，根据组织传统制定战略和根据组织集合制定战略等。

组织的信息需求分析是要研究广泛的组织信息需求，建立信息系统总体结构，并用来指导具体应用系统的开发。内容包括：确定组织在决策支持、管理控制和日常事务处理中的信息需求，制定主开发计划。

资源分配是为实行在组织的信息需求分析阶段中确定的主开发计划而制定计算机硬件、软件、通信、人员和资金计划，即对信息系统的应用、系统开发资源和运营资源进行分配。主要方法有投资回收法、零点预算法和收费法等。

四、信息系统规划的具体步骤

制定信息系统战略规划的具体步骤如下。

（1）确定规划性质：检查企业的战略规划，确定信息系统战略规划的年限和规划方法。

（2）收集相关信息：收集来自企业内部和外部环境中的与战略规划有关的各种信息。

（3）进行战略分析：对信息系统的战略目标、开发方法、功能结构、计划活动、信息部门情况、财务状况、所承担的风险程度和政策等多方面进行分析。

（4）定义约束条件：根据财务资源、人力资源、信息设备资源等方面的限制，定义信息系统的约束条件和政策。

（5）明确战略目标：根据分析结果与约束条件，确定信息系统的战略目标，也就是在规划结束时，信息系统应具有怎样的能力，包括服务的范围、质量等多方面。

（6）提出未来框图：选择未来的信息系统的思想，勾画出未来信息系统的框图，作出子系统划分表等。

（7）选择开发方案：对信息系统进行分析，根据资源的限制，选择一些适宜的项目优先开发，制定出总体开发顺序。

（8）提出实施进度：在确定每个项目的优先权后，估计项目成本、人员要求等，以此作为整个时期的任务、成本与进度表。

（9）通过战略规划：将战略规划书写成文，书写过程中不断征求用户、信息系统工作者的意见，战略规划经企业领导批准后生效，并将它合并到企业战略规划中。

第三节　信息系统规划的主要方法

制定信息系统战略规划的方法有多种，主要有关键成功因素法（Critical Success Factors，CSF）、战略目标集转换法（Strategy Set Transformation，SST）和企业系统规划法（Business System Planning，BSP）三种。另外，还有几种用于特殊情况，或者作整体规划的一部分使用，如企业信息分析与集成技术（BIA&IT）、产出/方法分析（E/MA）、投资回收法（ROI）、零点预算法。这里介绍 3 种常用的信息系统规划方法：战略目标集转换法、企业系统规划法和关键成功因素法。

一、战略目标集转换法

战略目标集转换法由威廉·金（William King）于 1978 年提出，它把整个战略目标看成是一个信息集合。由目的、目标、战略和其他战略变量（如管理的复杂性、重要的环境约束）等组成，其基本出发点是将该集合转换为信息系统的目标与战略。如图 6-3所示。

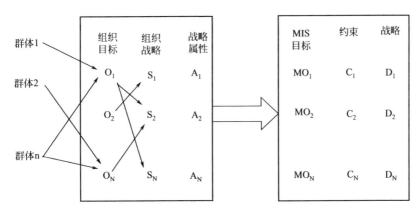

图 6-3　战略目标集转换法

战略目标集转换法是通过下面步骤形成信息系统战略规划的。

（1）说明企业战略集合。包括说明企业利益相关方结构，如供应商、顾客、经理、雇员、股东、竞争者等；识别每类人员的目标；指出每类人员的任务及战略。

（2）请管理人员和高级领导人对形成的目标和战略进行审阅、修改，最后形成包含企业目标、战略和战略属性的企业战略集合。

（3）将企业的战略集合转化成信息系统战略规划。针对企业战略集合中的每个战略及相关目标与属性，找出一个或多个信息系统的目标；从企业的战略和信息系统的目标中找出信息系统的约束条件；根据企业的战略属性、信息系统的目标和信息系统的约束条件，找出信息系统的设计战略。

例如，某企业利益相关方为股东、债权人、顾客等，企业的目标之一是改善现金流通，这是来自股东和债权人的目的。为达到这个目的，战略之一是改进信贷业务，由此引出信息系统的目标是提高开单速度，这个目标的约束主要是计算机和决策模型，其战略可能是新的设计方法。这样，就将企业目标转化成信息系统的规划。

二、企业系统规划法

企业系统规划（Business System Planning，BSP）方法是一种对企业管理信息系统进行规划和设计的结构化方法，它是由美国的 IBM 公司在 20 世纪 60 年代末创造并逐步发展起来的。这里所说的"企业"，也可以是非盈利性的单位或部门。BSP 方法主要基于用信息支持企业运行的思想，是把企业目标转化为信息系统战略的全过程。BSP 方法所支持的目标是企业各层次的目标，实现这种支持需要许多子系统。

BSP 方法从企业目标开始，规定其处理方法，自上而下地推导出信息需求。事务处理是数据收集和分析的基础。通过与经理面谈，弄清处理过程，并询问企业成功的关键因素，明确决策方法和问题，找出逻辑上相关的数据以及事务处理的关系。这些信息可以用来定义未来的信息结构。根据当前系统和未来系统的信息结构，就可以建立应用的优先级别，并开始数据库的设计。该方法在我国经济信息系统规划研究当中曾产生过很大影响。可以将 BSP 方法看成是一个转化过程，即把企业战略转化成信息系统战略的过程。

1. BSP 方法的基本思想

（1）一个信息系统必须支持企业的战略目标。基于这种思想，可以将 BSP 看成是一个转化过程，即将企业的战略转化成信息系统的战略。

（2）一个信息系统的战略应当表达出企业的各个管理层次的需求。一般认为，在任一企业内同时存在着三个不同的管理层，即战略管理层、策略管理层和操作管理层。对不同层次的管理活动有着不同的信息需求，因此，有必要建立一个合理的框架，并据此来定义信息系统。

（3）一个信息系统应该向整个企业提供一致的信息。由于计算机正在发展中，各种单项数据处理系统的分散开发形成了信息的不一致性，包括信息形式上的不一致、定义上的不一致和时间上的不一致，因而为了保证信息的一致性，有必要制定关于信息一致性的定义、技术实现以及安全性的策略与规程。

（4）一个信息系统应该经得起组织机构和管理体制的变化。信息系统应具有可变更性或对环境变更的适应性，即应当有能力在企业的组织机构和管理体制的变化中发展自己而不受到大的冲击。为了实现上述目的 BSP 采用定义企业过程的概念与技术，这种技术使信息系统独立于组织机构中的各种因素，即与具体的组织体系和具体的管理职责无关。

（5）一个信息系统应是先"自上而下"识别，再"自下而上"设计。BSP 对大型信息系统所采用的基本方法是"自上而下"地识别系统目标、识别企业过程、识别数据和"自下而上"地分步设计系统，这样既可以解决大规模的企业信息系统难以一次设计完成的困难，也可以避免自下而上分散设计可能出现的数据不一致、重新系统化和相互无关的系统设计问题。如图 6-4 所示。

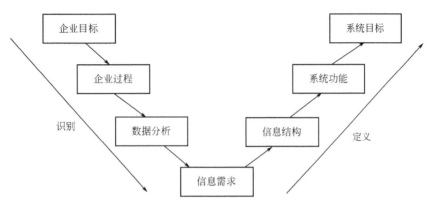

图 6-4　BSP 方法的基本思想与过程

2. BSP 方法的步骤

BSP 是一项系统工程，其步骤大致可分为 13 个阶段。

（1）研究项目的确立。由于 BSP 研究必须反映最高领导层对企业信息系统发展的想法，研究所提出的建议也必须得到最高领导层的批准，而一旦批准，企业在数年内就要按照规划提供的方向去做，因此 BSP 研究一开始就要得到最高领导参与研究的承诺，并对研究目标和应交付的成果取得一致意见。

（2）研究准备工作阶段。研究项目确立之后，应成立由最高领导牵头的委员会，下设一个规划研究组。准备工作阶段的主要工作应当是研究计划的制订，内容包括研究计划、采访日程表、复查时间表、研究报告大纲以及必要的经费确定。所有这些都得到委员会的认可，准备工作才算落实。准备工作十分重要，大量事实证明，在未做好准备工作的情况下仓促上阵，结果是欲速则不达，危害整个工程。

（3）研究开始阶段。BSP 研究的首项活动是企业情况介绍，内容包括三个方面：第一，重申研究的目标、期望的成果和研究的远景及企业的活动和国标的关系；第二，介绍有关资料并讨论有关企业的决策过程、组织职能、开发策略等问题；第三，介绍数据处理部门的历史、现状、目前的主要活动和存在的主要问题。通过介绍，达到对企业和对信息支持的要求有较全面了解的目的。

（4）定义企业过程。定义企业过程是 BSP 方法的核心。企业过程是指在企业资源管理中所需要的、逻辑上相关的一组决策和活动，这些活动将作为安排与管理人员面谈、确定信息总体结构、分析现行系统、识别数据类以及随后许多研究项目的基础。

（5）定义数据。定义企业过程后，要识别和定义由这些过程产生、控制和使用的数据。数据类是指支持企业过程所必需的逻辑上相关的数据，即将数据按逻辑相关性归成类。

（6）分析现行系统支持。对目前存在的企业过程、数据处理和数据文件进行分析，发现其缺欠和冗余部分，进而对将来的行动提出建议。

（7）确定管理部门对系统的要求。BSP"自上而下"的研究方法，决定了在整个规划过程中必须考虑管理人员对系统的要求，特别是对长远前途的看法。要通过与高层管理者的对话来明确目标、问题、信息需求和它们的价值，使 BSP 研究成员和管理部门间建立新的、更密切的关系。

（8）提出判断和结论。通过采访可获得大量资料，这些资料随着规划研究组对企业了解的深入而进一步得到扩充和完善，最后通过与管理部门的会谈，对这些材料做出进一步确认和解释。接着，对问题进行分析，即使用问题/过程矩阵等方法将数据和企业过程关联起来。通过关联分析，不仅为安排项目的优先顺序提供了帮助，也将有助于解决信息系统的改进问题。

（9）定义信息总体结构。定义信息总体结构是由对现行情况研究转向对未来计划综合的主要步骤。信息总体结构构建出未来的信息系统框架和相应的数据类型。因此，该步骤的核心是子系统划分，具体做法是利用 U/C 矩阵。

（10）确定总体结构中的优先顺序。一个规模较大的信息系统一般都不能同时开发和实施，因此需要确定系统开发的优先顺序，即对信息总体结构中的子系统或其子项目根据所规定的准则进行重要性评价，从而排定开发顺序。

（11）评价信息资源管理。为了实现更完善的信息管理体系，使信息系统能有效、迅速地开发、实施和运行，就需要对与信息系统相关的信息资源的管理加以评价和优化，并使其能不断随企业战略的变化而改变。

（12）制定建议书和开发计划。建议书用来帮助管理部门对所建议的项目做出决策。项目是由信息总体结构优先顺序和信息管理部门的建议来决定的，开发计划则要确定具体的资源、日程、估计工作规模等。

（13）提交研究成果报告。最后要向最高管理部门提交 BSP 研究成果报告，报告中的各部分是在不同阶段逐步完成的，在此阶段要将整个报告完整化和规范化。

3. 定义企业过程的方法

企业过程是指为企业各类资源管理所需要的、逻辑相关的一组决策和活动。整个企业的管理活动由一系列企业过程组成。例如医院营销、院前急救、门诊流程、急诊流程、住院流程、临床诊断、临床检验、临床检查、麻醉与手术、临床护理、药品管理、跟踪服务等都是医院的业务过程。按照业务过程设计开发的信息系统，在组织结构发生变化时可以

定义企业过程可以帮助理解企业如何完成其目标，可以有效地支持所开发的信息系统结构设计独立于组织机构，为从操作控制过程中分离出战略规划奠定基础，为定义所需的信息结构提供依据。

定义企业过程首先要识别企业过程的三类主要来源：计划/控制、产品/服务、支持资源，任何企业的活动均与这三方面有关并由这三方面导出。定义企业过程的步骤如图 6-5 所示。

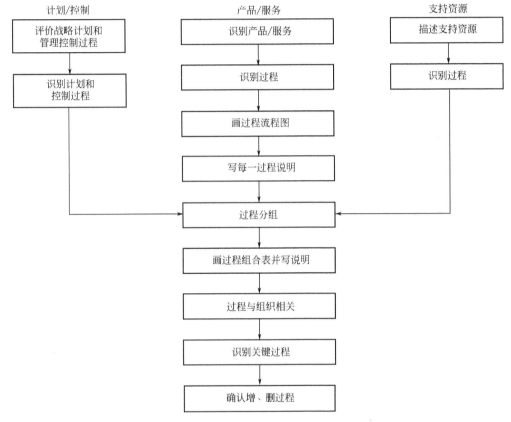

图 6-5　定义企业过程的步骤

第一类企业过程源——计划/控制。它可以定义企业战略规划和管理控制方面的过程。战略规划方面的过程有经济预测、组织计划、政策开发、生产线模型等。管理控制方面的过程有市场/产品预测、资金计划、运营计划、人员计划等。

第二类企业过程源——产品/服务。由于任一产品都有其生命周期，即要求、获得、服务、退出，在每一阶段都需要一些过程对其进行管理（如在要求阶段，所需过程为市场计划、预测、定价、材料需求计划等；在获得阶段，所需过程为产品说明、材料购买、生产运行与调度等；在服务阶段，所需过程为库存控制、质量检测等；在退出阶段，所需过程为销售、运输等），因此，可以沿着生命周期了解这些过程。

第三类企业过程源——支持资源。它的识别方法和产品/服务相类似。一般来说，企业支持资源包括人（人事）、财（资金）、物（材料与设备）这些资源也都有其生命周期。

对"人"而言，生命周期中的要求、获得、服务、退出的对应过程为人事计划、招聘、补充、退休；对"财"而言，对应过程为财务计划、资金获得、财务管理、会计支付；对"物"而言，对应的过程为生产材料和设备需求、购买材料和设备、库存控制与机器维修、订货控制与设备报废等。

完成上述过程识别后，还要进行过程分组，应合并同类过程并减少过程在层次上的不一致。然后画出过程组合表，即将每一过程组合和它的过程都列在一张表上，之后，再用建立过程/组织矩阵的方法，把企业组织机构与企业过程联系起来，从而说明每一过程与机构的联系。下一步开始识别关键过程，即识别企业成功的关键过程。识别关键过程是为了决定要对企业的哪些部门进行更详细的研究。

定义企业过程是 BSP 方法成功的关键步骤。本步骤做完后应产生如下文档。

（1）分别列出计划/控制、产品服务、支持资源所导出的过程。第一类按战略规划和管理控制列出，第二类、第三类按生命周期列出。

（2）分别对每一过程做出简单说明。例如，对生产计划的说明"为生产满足需求预测的产品"而对材料、人员、设备所进行的计划活动。

（3）作出产品/服务过程流程图。

（4）列出关键过程名。

4. 定义数据类的方法

定义数据类的第一步是识别数据类，其目的主要是：了解当前支持企业过程的数据的准确性和提供的及时性；识别在建立信息总体结构中要使用的数据类；发现企业过程间的数据共享；发现各个过程所产生、使用和缺少的数据等。

BSP 法将数据分为四类。

存档类数据——记录资源的状况，支持经营管理活动，仅和一个资源直接有关。

事务类数据——反映由于获取或分配活动引起的存档类数据的变更。

计划类数据——包括战略计划、预测、操作日程、预算和模型，可以是数据，也可以是文本。

统计类数据——历史和综合的数据，用作对企业的度量和控制。

数据类的最后确定，一般依赖于企业过程法。企业过程法是用来确定各个过程使用或产生了哪些数据类的，具体工作是按产品/服务生命周期的顺序，构造一系列的输入——过程——输出数据类图，如图 6-6 所示。其中，每个输入和输出都是待定的数据类和要识别的输入或输出数据类的实体。

在做完上述分析后，要写出每一个数据类的定义，并说明它包含什么数据，供今后讨论和定义数据结构使用。数据类写的越详细，在以后的研究中越不易失误，建立系统总体结构越方便。

5. 划分子系统

BSP 方法是根据信息的产生和使用来划分子系统的，它尽量把信息产生的企业过程

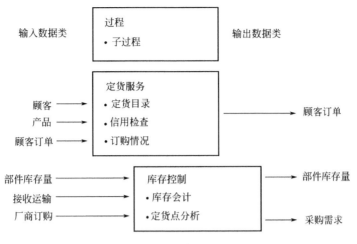

图 6-6　输入——过程——输出数据类图

和使用的企业过程划分在一个子系统中，从而减少了子系统之间的信息交换。划分子系统的步骤如下。

（1）作 U/C 矩阵。利用定义好的功能和数据类做一张功能/数据类表格，即 U/C 矩阵，如表 6-2 所示。矩阵中的行表示数据类，列表示功能，并用字母 U（use）和 C（create）表示功能对数据类的使用和产生，交叉点上标 C 的表示这个数据类由相应的功能产生，标 U 的表示这个功能使用这个数据类。例如，销售功能需要使用有关产品、客户和订货方面的数据，则在这些数据下面的销售一行对应交点标上 U；而销售区域数据产生于销售功能，则在对应交叉点上标 C。

表 6-2　U/C 矩阵（一）

数据类　　功能	客户	订货	产品	工艺流程	材料表	成本	零件规格	材料库存	成品库存	职工	销售区域	财务计划	计划	设备负荷	物资供应	任务单
经营计划						U						U	C			
财务规划						U				U		U	C			
资产规模												U				
产品预测	U		U								U		U			
产品设计开发	U		C		U		C									
产品工艺			U		C		U	U								
库存控制							C	C							U	U
调度			U											U		C
生产能力计划				U										C	U	
材料需求			U		U										C	
操作顺序				C										U	U	U
销售管理	C	U	U							U		U				

功能＼数据类	客户	订货	产品	工艺流程	材料表	成本	零件规格	材料库存	成品库存	职工	销售区域	财务计划	计划	设备负荷	物资供应	任务单
市场分析	U	U	U								C					
订货服务	U	C	U						U		U					
发运	U	U	U						U		U					
财务会计	U	U	U						U	U		U				
成本会计		U	U			C						U				
用人计划										C						
业绩考评										U						

（2）调整功能/数据类矩阵。开始时数据类和过程是随机排列的，U、C 在矩阵中排列也是分散的，必须加以调整。

首先，功能这一列按功能组排列，每一功能组中按资源生命周期的四个阶段排列。功能组指同类型的功能，如经营计划、财务计划属计划类型，归入经营计划功能组。

其次，排列数据类这一行，使得矩阵中 C 最靠近主对角线。因为功能的分组并不绝对，在不破坏功能成组的逻辑性基础上，可以适当调配功能分组，使 U 也尽可能靠近主对角线。表 6-2 的功能/数据类矩阵经上述调整后，得到表 6-3 表示的功能/数据类矩阵。

表 6-3　U/C 矩阵（二）

功能＼数据类	计划	财务计划	产品	零件规格	材料表	材料库存	成品库存	任务单	设备负荷	物资供应	工艺流程	客户	销售区域	订货	成本	职工
经营计划	C	U												U	U	
财务规划	U	C													U	U
资产规模		U														
产品预测			U									U	U			
产品设计开发	U		C	C	U							U				
产品工艺			U	U	C	U										
库存控制					C	C	U				U					
调度			U				U	C	U		U					
生产能力计划								C	U		U					
材料需求			U		U	U					C					
操作顺序								U	U	U	C					
销售管理			U	U			U					C	U	U		
市场分析			U	U								U	C	U		

续表

功能＼数据类	计划	财务计划	产品	零件规格	材料表	材料库存	成品库存	任务单	设备负荷	物资供应	工艺流程	客户	销售区域	订货	成本	职工
订货服务			U				U					U	U	C		
发　运		U	U				U						U	U		
财务会计	U	U	U				U						U		U	U
成本会计	U	U	U										U		C	
用人计划																C
业绩考评																U

（3）画出功能组对应的方框，并起个名字，这就是子系统，见表6-4，通过子系统之间的联系（"U"）可以确定子系统之间的共享数据，如表6-5所示。

表 6-4　U/C 矩阵（三）

功　能		计划	财务计划	产品	零件规格	材料表	材料库存	成品库存	工作令	机器负荷	材料供应	工艺流程	客户	销售区域	订货	成本	职工
经营计划	经营计划	C	U											U	U		
	财务规划	U	C													U	U
	资产规模		U														
技术准备	产品预测			U									U	U			
	产品设计开发	U		C	C	C							U				
	产品工艺			U	U	U	U										
生产制造	库存控制						C	C	U		U						
	调　度			U				U	C	U	U						
	生产能力计划									C	U	U					
	材料需求			U		U	U					C					
	操作顺序								U	U	U	C					
销　售	销售管理			U	U			U					C	U	U		
	市场分析			U	U								U	C	U		
	订货服务			U				U					U	U	C		
	发　运			U	U			U						U	U		
财　会	财务会计	U	U	U				U					U		U		U
	成本会计	U	U	U										U		C	
人　事	人员计划																C
	人员招聘/考评																U

表 6-5　U/C 矩阵（四）

功　能	数 据 类	计划	财务计划	产品	零件规格	材料表	材料库存	成品库存	工作令	机器负荷	材料供应	工艺流程	客户	销售区域	订货	成本	职工
经营计划	经营计划														U	U	
	财务规划															U	U
	资产规模																
技术准备	产品预测												U	U			
	产品设计开发	U											U				
	产品工艺					U											
生产制造	库存控制																
	调度			U													
	生产能力计划																
	材料需求			U	U												
	操作顺序																
销售	销售管理		U	U			U										
	市场分析		U	U													
	订货服务			U			U										
	发运		U	U			U										
财会	财务会计	U	U	U			U							U	U		U
	成本会计	U	U	U										U	1		
人事	人员计划																
	人员招聘/考评															2	

注：1—财会子系统；2—人事档案子系统。

　　从使用 U/C 矩阵进行子系统划分的步骤来看，整个划分过程中人为的主观因素起到了很大的作用，比如功能组合数据类的排位、"C"较密集区域的划分等。因此不同的人划分的结果可能是不一样的。

6. 定义信息总体结构

　　为识别要开发的信息系统及其子系统，要用表达数据对系统所支持的过程之间的关系图来定义出信息总体结构。这种结构图应勾画出每一系统的范围；产生、控制和使用的数据；系统与系统的关系；对给定过程的支持；子系统间数据的共享等。这是企业长期数据资源规划的图形表示。目前，最常用的方法是 U/C 矩阵方法。

　　在概括地介绍了 BSP 方法的基本概念和基本内容之后，需要说明三点。

　　（1）BSP 方法适合较大型信息系统的规划。

（2）该方法仅建立信息系统蓝图，而不进行详细设计。

（3）目前存在许多 BSP 的变形方法，都已取得了一定的应用效果。

三、关键成功因素法

在每一个企业中都存在着对该企业成功起关键性作用的因素，称为关键成功因素（Critical Success Factor，CSF）。关键成功因素总是与那些能确保企业具有竞争能力的方面相关的。在不同类型的业务活动中，关键成功因素会有很大的不同；即使在同一类型的业务活动中，在不同时间内，其关键成功因素也会不同。在多数企业中，通常有 3～6 个决定企业成功与否的因素。

关键成功因素与企业战略规划密切相关。企业战略规划要描绘企业的期望目标，关键成功因素则提供了达到目标的关键和需要的测量标准。一个企业要获得成功，就需要对关键成功因素进行认真的和不断的度量，并时刻注意对这些因素进行调整。关键成功因素法就是帮助识别关键成功因素的方法，它在确定企业关键成功因素和信息系统关键成功因素方面都收到了较好效果，它的使用通常包含以下步骤。

（1）了解企业（或信息系统）的战略目标。

（2）识别所有成功因素：这时可采用树枝图，画出影响战略目标的各种因素以及影响这些因素的子因素。

（3）确定关键成功因素：对所有成功因素进行评价，根据企业现状与目标确定出关键成功因素，这时可采用德尔斐法、模糊综合评判法等。如前所述，不同企业的关键成功因素不甚相同，James Martin 曾给出汽车工业和软件公司两类企业的关键成功因素示例。

汽车工业：燃料的节约措施；汽车的式样；高效供货组织；生产成本的严格控制。

软件公司：产品的革新；销售和用户资料的质量；国际市场和服务；产品的易用性。

（4）识别性能指标与标准：给出每个关键成功因素的性能指标与测试标准。

例如，某企业有一个目标是提高产品竞争力，可以用树枝图画出影响它的各种因素以及影响这些因素的子因素，如图 6-7 所示。

关键成功因素法在高层应用一般效果好，因为每一个高层领导人员日常总在考虑什么是关键因素。对中层领导来说一般不大适合，因为中层领导所面临的决策大多数是结构化的，其自由度较小，最好应用其他的方法。

CSF 法能抓住主要矛盾，使目标的识别重点突出，由于决策者熟知这种方法，用这种方法所确定的目标，决策者们乐于去努力实现。也就是说 CSF 法与传统方法衔接得比较好，但是此方法只适用于半结构化问题决策的系统，并且关键因素靠主观确定，难免有随意性。SST 法从另一个角度识别管理目标，反映了各种人的要求，而且给出了按这种要求的分层结构，然后转化为 MIS 目标的结构化方法。它能保证目标全面，但重点不如

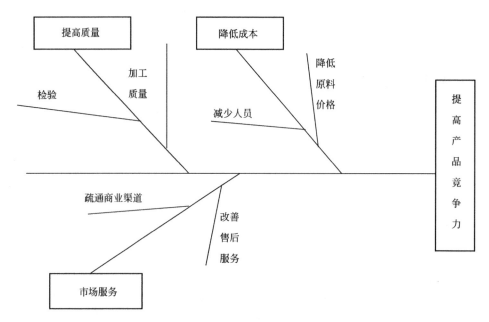

图 6-7　树枝图

前者突出。BSP 法虽然也强调目标，但没有明显的目标过程，它是通过管理人员酝酿过程引出了系统目标，企业目标到系统目标的转换是通过组织/系统、组织/过程以及系统/过程矩阵的分析得出的，这样定义的新系统可以支持企业过程，也能把企业过程转化为系统的目标。BSP 法对计划与控制活动没有给出有效的识别过程，对综合性的公共组织资源难以识别。而且，收集分析资料花费太多的时间，大的 U/C 矩阵结构分析有一定困难。有人提出将这三种方法集合起来，用 CSF 法确定企业目标，然后用 SST 法补充完善企业目标，并将这些企业目标转化为 MIS 目标，用 BSP 法校核两个目标，并确定 MIS 结构。这样补充了单个方法的不足，但这种方法过于复杂，削弱了单个方法的灵活性。因此，至今还没有一个完善的 MIS 的规划方法。

第四节　信息系统规划与业务流程再造

当今信息系统的建设已进入整体规划阶段，或称基于业务流程再造的信息系统规划阶段，其趋势是将信息系统规划和业务流程再造结合在一起进行。一个完整的信息系统规划将包括基于业务流程再造的过程规划，作为基础设施的信息系统架构规划，以及信息系统的形象规划等。业务流程优化与再造已成为信息系统成功实施的一个重要环节。业务流程再造与信息系统之间有着密切的关系。业务流程的再造必须依靠信息系统和信息技术的支持，信息系统是业务流程再造的核心和使能器（Enabler）。而业务流程的优化和再造又为信息系统的高效应用创造了条件。一个组织信息化后效益的提高，一方面来自于信息系统本身，另一方面将得益于业务流程的优化和再造。

一、业务流程概念

业务流程（Business Process）即为企业在完成其使命、实现其目标的过程中必需的、逻辑上相关的一组活动。它有一个起点，一个终点，有明确的输入资源与输出结果，可以由人或系统顺序或并行地加以完成。它决定组织资源的运行效率和效果。在计算机模型上，一个流程由一系列事务组成的，以达到一个特定结果。业务流程可分为人到人的流程、人到系统的流程、系统到系统的流程三大类。

根据美国著名战略专家迈克尔·波特（M·Porter）的价值链模型，业务流程划分为核心流程和辅助流程两类。核心流程是组织的核心部门所进行的关键流程，它对组织的最终输出贡献较大（与组织提供的服务或产品有直接关系），能够集成组织的各种核心竞争力。辅助流程是对组织的最终输出没有直接贡献或贡献很小，不增值或增值少的流程。相对于核心流程而言，辅助流程在客户看来不能创造价值，但它对核心流程的执行起着至关重要的作用，没有辅助流程，核心流程就难以执行。核心流程和辅助流程的界定并非一成不变，对于不同的组织或环境，同一个流程既可以是核心流程，也可以是辅助流程。

企业的业务流程直接体现了企业的核心能力，是企业完成其使命、实现其目标的基础。

二、业务流程的优化与再造

由于业务流程比企业内部的组织结构相对稳定，面向业务流程的管理信息系统在组织机构与管理体制变化时能够保持工作能力。然而，只是在 20 世纪 90 年代以来，业务流程才在管理变革与信息系统建设中受到特别关注。在此之前，人们更多关注的是企业管理的层次结构与职能结构。

传统的企业管理模式下企业的业务流程，非增值环节多，信息传递缓慢，同一流程各个环节之间和不同流程之间的关系混乱。特别是完整的业务流程被不同的职能部门分割，大大降低了流程的效益与效率，难以及时捕获迅速变化的市场机会，致使整个企业效率与效益低下，竞争力弱，对市场形势与用户需求的变化反应迟钝，应变能力差。必须应用现代信息技术与管理方法，对业务流程进行改革和创新，企业才能在经济环境与市场形势下得以生存和发展。

20 世纪 80 年代以来，国际管理学术界和企业界兴起了管理改革的热潮。首先兴起的就是业务流程改善（Business Process Improvement，BPI），寻求对企业的业务流程的连续、渐进的改善。然而许多企业发现渐进的改善不能从根本上解决企业面临的问题。1990 年，美国的 M. 哈默（Micheal Hammer）博士把"重新设计（Reengineering）"的思想引入管理学界，提出了业务流程再造（亦称为"业务流程重组"，Business Process Re-engineering，BPR）的概念。哈默认为，BPR 是对企业业务的流程的全新改革，是根本性的再思考核彻底的再设计，从而使企业的关键绩效指标，如成本、质量、服务、效率等，获得巨大的提高。

BPR 的模式是：以作业流程为中心，打破金字塔状的组织结构并使之扁平化，使企业能适应信息社会的高效率和快节奏，适合员工参与企业管理，实现企业内部的有效沟通，使企业具有较强的应变能力和较大的灵活性。其核心是"流程"、"根本"、"彻底"和"显著"。"根本"表明业务流程重组所关注的是企业的根本问题，通过对这些问题的思考，企业可能发现自己的问题。"彻底"意味着改革而不是改良和调整，将抛弃陈规陋习，改变既成的结构和规程，设计和创造全新的工作模式。"显著"业务流程重组追求的不是一般意义上的业绩提升，而是要使企业的业绩有显著的增长。

业务流程再造过程中 IT 技术的应用十分关键。IT 技术既是流程重组的出发点，也是流程重组的最终目标的体现者。如果没有 IT 技术的支持，企业即使可以理顺业务流程，也难做到优化业务流程。可以想象，没有信息在流程上的连续传输，要消除信息的重复录入和处理等无效劳动是不可能的；没有信息共享机制，要想将原来的串行业务处理流程改造为并行处理流程也是不可能的；没有信息系统，要将决策点定位于业务流程执行的地方也是困难的。福特公司付款业务流程重组就充分说明了这一点。

Ford 公司应付账款部门原来的业务流程：财会部门接受采购部门送来的采购订单副本、仓库的验货单和供应商的发票，然后将三张票据在一起进行核对，查看其中的 14 项数据是否相符，核对相符后，财会部门才予以付款。财会部门要花费大量的时间核对三张单据上 14 项数据是否相符。再造前的付款流程如图 6-8 左图所示。

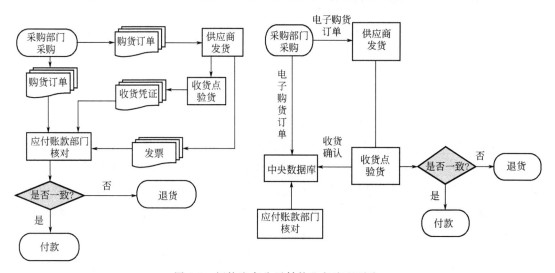

图 6-8　福特汽车公司付款业务流程再造

流程进行重组后，财会部门不再需要发票，需要核实的数据项减为三项：零件部名称、数量和供应商代码，采购部门和仓库分别将采购订单和收货确认信息输入到计算机系统后，由计算机进行电子数据匹配。重组之后的业务流程如图 6-8 右图所示。新的流程中包含两个工作步骤：第一，采购部门发出订单，同时将订单内容输入联机数据库；第二，供应商发货，验收部门核查来货是否与数据库中的内容相符合，如果符合就收货，并在终端上按键通知数据库，计算机会自动生成付款单据。

BPR 的主要技术在于简化和优化过程。总的来说，BPR 过程简化的主要思想是战略上精简分散的过程，职能上纠正错位的过程，执行上删除冗余的过程。

BPR 的实现依赖于 IT（信息技术）和组织结构的支持。BPR 之所以能达到巨大的提高就在于充分的发挥 IT 的潜能，即利用 IT 改变企业的过程，简化企业过程。另一方面则在于变革组织结构，达到组织精简，效率提高。除了这两个赋能者，对 BPR 更重要的是企业领导的抱负、知识、意识和艺术，没有企业领导的决心和能力，BPR 是决不能成功的。领导的责任在于克服中层的阻力，改变旧的传统。

三、业务流程再造的实施步骤

哈默和钱皮提出，业务流程再造适用于以下 3 类企业。

（1）问题丛生的企业。这类企业问题丛生，除了进行再造之外，别无选择。如有的企业生产成本过高，无法与同行业的其他企业竞争，或是入不敷出，连年亏损。

（2）目前业绩不坏，但却潜伏着危机的企业。这类企业，就当前的财务状况来看，还算令人满意，但是前景却有"风雨欲来"之势。如新的竞争者纷纷出现、顾客的需求在变化、政府即将修改产业政策等，这一切环境因素可在转眼之间使企业辛辛苦苦创下的业绩化为乌有。这类企业应当高瞻远瞩，当机立断，及早进行改造。

（3）正处于事业发展高峰的企业。这类企业虽然事业处于发展高峰，但是雄心勃勃的管理阶层并不安于现状。决心大幅度超越对手。这样企业将流程再造看成是大幅度超越竞争对手的重要途径，他们精益求精、追求卓越、超越"巅峰"，不断提高竞争标准，构筑竞争壁垒。

业务流程重组就是重新设计和安排企业的整个生产、服务和经营过程，使之合理化。通过对组织原来生产经营过程的各个方面、每个环节进行全面的调查研究和细致分析，对其中不合理、不必要的环节进行彻底的变革。在具体实施过程中，可以按以下程序进行。

第一步：对原有流程进行全面的功能和效率分析，发现其存在问题。

根据企业现行的作业程序，绘制细致、明了的作业流程图。一般地说，原来的作业程序是与过去的市场需求、技术条件相适应的，并由一定的组织结构、作业规范作为其保证的。当市场需求、技术条件发生的变化使现有作业程序难以适应时，作业效率或组织结构的效能就会降低。因此，必须从以下方面分析现行作业流程的问题：

（1）寻找现有流程中增加管理成本的主要原因，组织结构设计不合理的环节，分析现存业务流程的功能、制约因素以及表现的关键问题；

（2）不同的作业流程环节对企业的影响是不同的。随着市场的发展，顾客对产品、服务需求的变化，作业流程中的关键环节以及各环节的重要性也在变化；

（3）根据市场、技术变化的特点及企业的现实情况，分清问题的轻重缓急，找出流程再造的切入点。为了对上述问题的认识更具有针对性，还必须深入现场，具体观测、分析现存作业流程的功能、制约因素以及表现的关键问题。

第二步：设计新的流程改进方案，并进行评估。

为了设计更加科学、合理的作业流程，必须群策群力、集思广益、鼓励创新。在设计新的流程改进方案时，可以考虑：

(1) 将现在的数项业务或工作组合，合并为一；

(2) 工作流程的各个步骤按其自然顺序进行；

(3) 给予职工参与决策的权力；

(4) 为同一种工作流程设置若干种进行方式；

(5) 工作应当超越组织的界限，在最适当的场所进行；

(6) 尽量减少检查、控制、调整等管理工作。

对于提出的多个流程改进方案，还要从成本、效益、技术条件和风险程度等方面进行评估，选取可行性强的方案。

第三步：制定与流程改进方案相配套的组织结构、人力资源配置和业务规范等方面的改进规划，形成系统的企业再造方案。

企业业务流程的实施，是以相应组织结构、人力资源配置方式、业务规范、沟通渠道甚至企业文化作为保证的，所以，只有以流程改进为核心形成系统的企业再造方案，才能达到预期的目的。

第四步：组织实施与持续改善。

实施流程再造方案，必然会触及原有的利益格局。因此，必须精心组织，谨慎推进。既要态度坚定，克服阻力，又要积极宣传，达成共识，以保证流程再造的顺利进行。

流程再造方案的实施并不意味着流程再造的终结。在社会发展日益加快的时代，企业总是不断面临新的挑战，这就需要对业务流程再造方案不断地进行改进，以适应新形势的需要。

四、基于业务流程再造的信息系统规划

20 世纪 90 年代以来，Hammer 提出了 BPR 的思想。BPR 不同于以前的质量管理运动，它不是渐进式的改进，而是根本性的变革。BPR 对企业的经营方式、组织模式产生了巨大的影响，同时也对 IS 规划带来了冲击。传统的 IS 规划方法大多数是面向职能或面向数据的，它们基于企业的组织结构，这显然无法适应 BPR 所产生的流程环境。因此，有必要对传统的 IS 规划方法进行再思考，使之能与流程环境相一致。

1. BPR 对 IS 规划的冲击

在 BPR 的思想中，IS/IT 起着非常重要的作用。没有 IS/IT 的支持，BPR 的实施是非常困难的。BPR 的核心思想是流程管理，它要求打破部门间的界限，从流程的角度而不是职能部门的角度来看问题。这种跨部门的流程思考观念对企业多年来赖以存在的基本状态提出了巨大的挑战。从目前企业实施 BPR 的情况来看，失败率是很高的。造成这种

现象的原因很多，其中一个重要原因就是没有合理地利用 IS/IT。而如何合理有效地利用 IS/IT 正是 IS 规划所要解决的问题。

研究者已经提出了多种 IS 规划方法，这些方法一般都包括一系列的规划步骤，并将一些相关技术（如企业建模技术）适当地引入到各个步骤中。然而，已有的这些 IS 规划方法大多是针对职能化的组织环境，它们的出发基础是企业的职能部门，而 BPR 则要求从流程出发来进行 IS 规划。职能与流程这两种观念上的差别必然会对 IS 规划产生巨大的冲击。这主要体现在如何获取信息需求上，可以将其归纳为下列三个方面。

（1）信息需求的创新性

面向职能的 IS 规划方法一般都是以现有的业务运行方式为基础，按照数据关联和系统划分的原则来规划信息系统，但这种方法没有考虑业务运行方式本身的合理性，可能会使原来错误的运行方式错上加错。而基于 BPR 的 IS 规划首先要对流程进行再思考，在流程优化中提出信息需求，而不再是简单的自动化。因此，这种信息需求将是创造性的、革新性的。

（2）信息需求的来源

面向职能的 IS 规划主要按职能部门来收集企业的内部信息需求，并通过部门之间的信息接口来达到信息一体化。但由于多年来根深蒂固的部门界限，信息在部门之间的传递或多或少会受到阻碍，这些必然会影响 IS 的运行效率。所以，在基于 BPR 的 IS 规划中，内部信息需求应当来源于流程，而不是职能部门。

（3）信息需求的一致性

各职能部门提出信息需求时，会从自己部门的利益出发，提出对自己最有利的信息需求，特别是部门间的接口信息，往往会出现对同一信息的需求不一致，规划人员难以确定这些信息需求的合理性。而基于 BPR 的 IS 规划则从流程出发而忽略了职能部门之间的界限，因此能够较为完整地找出合理的信息需求。显然，这些问题都是面向职能的 IS 规划方法所无法克服的。只有当 IS 规划是从企业流程而不是从职能部门出发，并对流程进行彻底的再思考，才能解决这些问题。

2. 基于 BPR 的 IS 规划方法

为了解决上述问题，下面介绍一种基于 BPR 的 IS 规划方法。这种方法与传统方法的本质区别在于它是从流程优化而不是职能分析中来获取 IS 需求。它强调从企业的战略目标和运行模式出发，通过优化核心流程，来分析支持流程运营的 IS 需求，并制订符合企业战略的 IS/IT 战略。基于 BPR 的 IS 规划方法如表 6-6 所示。

（1）企业战略分析阶段

这一阶段的主要目的是通过分析企业战略，确定关键成功因素，使 IS 战略与企业战略保持一致。同时，根据企业战略和 CSF 确定企业的核心流程，这是下一步流程分析和 IS 规划的起点。

在实施 BPR 时，正确识别企业流程是十分重要的。作为战略性的 IS 规划，我们无法、也没有必要对所有的流程都进行分析，因此必须识别企业中的核心流程。核心流程直接为企业产生价值，或为产生直接价值的流程提供必要的支持。比如：订单获取与完成流程、产品研究与开发流程、售后服务流程等。核心流程是我们进行 BPR 的重点，也是 IS 需求的主要来源。要将 CSF 与核心流程对应起来，作为流程的运营目标。

表 6-6　基于 BPR 的 IS 规划方法

阶　　段	活　　动	成　　果
战略分析	分析企业发展战略	发展战略及运营模式
	确定 CSF	CSF
	确定核心流程	企业核心流程
流程分析	分析流程现状	企业流程模型和信息模型
	确定未来流程运营模式	优化的流程模型和信息模型
	识别未来的 IS 需求	IS 需求
IS/IT 战略	建立 IS 战略	IS 模型
	建立 IT 战略	IT 基础构架
计划实施	确定系统开发顺序	系统开发顺序
	制定项目开发计划	开发计划书

（2）流程分析阶段

这一阶段的主要目的是全面了解核心流程现行的运营方式，对其进行必要的分析和优化，保证其运营方式符合企业战略、满足 CSF，同时确定 IS 需求。这一阶段是 IS 规划中最重要的阶段。

要进行流程优化，首先要了解流程现状。通过详尽的调查，全面了解流程及其子流程的运营方式，流程运营中信息是如何流动，流程之间是如何连接的，目前有哪些信息系统来支持流程的运营等。建立流程模型能使我们对企业核心流程有一个全局的了解，为以后的 IS 规划活动打下基础。在流程模型的基础上，对流程中的信息进行分析，明确信息类之间的关系，利用信息建模技术（如面向对象的建模技术），建立企业信息模型。建立一个合理的信息模型，有助于流程优化活动的进行，同时也为以后的信息集成和数据库设计打下基础。企业流程模型和信息模型是 IS 规划的基础，以后的流程优化、IS/IT 战略制订等都要基于这两个模型。因此在建立模型时一定要做到客观、准确。

对流程现状进行分析之后，下一步将要对不合理的流程进行优化。遵循 BPR 理论中的流程优化规则，充分利用当今先进的 IT，对流程进行再设计。这里要注意的是，对 IT 的利用必须是创造性的，而不仅仅只是将流程简单的自动化。只有创造性地利用 IT，才能使流程运营的效率出现质的飞跃。通过流程优化，可以提出流程未来的运营模式，建立企业未来的流程模型和信息模型。

IT 是 BPR 的使能器之一，在流程优化活动中会大量地利用 IT，这就会产生 IS 需求。如果优化后的流程是合理的，这些 IS 需求将有效地支持流程的运营，因此也就能支持企业战略和 CSF。应当将这些 IS 需求综合起来，明确这些需求所要达到的功能以及产生/利用的信息。这些 IS 需求是制订 IS/IT 战略的基础。

（3）IS/IT 战略形成阶段

本阶段的目的是制订合理的 IS/IT 战略，满足上一阶段所提出的 IS 需求。首先要合理划分信息系统，并将它们集成起来，形成企业的 IS 战略。同时充分理解当前 IT 的发展状况和未来发展趋势，确定实施这些 IS 的技术框架，建立企业的 IT 战略。

制订 IS 战略的目的是合理规划信息系统，保证流程运营和优化中所产生的 IS 需求得到满足。使用一些系统划分技术（如 U/C 矩阵法），按照信息的聚集关系，将这些 IS 需求划分出合理的 IS。确定各个 IS 所支持的流程、完成的功能和处理的信息，同时确定各个 IS 之间的信息流和控制流，从而将各个 IS 联系起来，建立 IS 模型。

IS 要利用 IT 来实现。这既要充分利用现有的信息资源，又要了解当前先进的 IT 以及 IT 的未来发展趋势，在企业现有的资源状况下，选用最适当的、相对稳定的 IT 来实施这些 IS。因此，要确定各个 IS 属于哪种类型（比如数据库系统、专家系统、决策支持系统、经理信息系统等），采用什么软件来完成，需要哪些硬件支持，在何种网络上运行，将这些 IT 需求综合起来，制订相应的规划，形成一个完整的 IT 基础构架。

（4）实施规划阶段

本阶段的目的是制订 IS 规划的实施计划，保证 IS 战略和 IT 战略能够顺利实施。在企业目前有限的资源状况下，要确定各个信息系统开发的优先次序，保证那些最关键的 IS 能优先开发。同时，要制订各个 IS 开发的计划，保证 IS/IT 战略能有序的实施。

上面四个阶段的活动来看，基于 BPR 的 IS 规划主要围绕着一系列的模型展开。但是建立这些模型不是最终的目的，有效地从企业战略和流程运营中提取 IS 需求，合理地规划并实现这些需求才是 IS 规划的最终目的。

【本章小结】 ▶▶

具体的信息系统建设项目与整个组织的、长远的信息系统规划之间的关系，就像台阶和梯子的关系一样。脱离了长远的规划目标，孤立的建设项目就失去了方向和意义。而没有一个接一个的、具体的项目，规划就将成为实现不了的空想。所以，信息系统的建设者很有必要对信息系统规划的内容和方法有所了解。虽然从原则上讲，制定和掌握信息系统的规划是组织的决策者、特别是 CIO 的责任，而项目负责人的直接责任是踏实地实施具体的建设项目。

一般来说，规划的制定和实施是战略管理的任务，其基本任务是制定宏观的、长远的目标和战略，其基本方法是对内外环境和主观、客观的条件进行分析和判断。

具体地说，一个组织的信息系统规划的制定应当包括目标设定、环境分析、战略选择这样三项主要的任务。要有效地、正确地完成这三项任务，需要依靠科学的方法和丰富的实践经验。BSP 方法和 CSF 方法是目前比较常用的、可供选择的两种方法。

【课堂讨论】▶▶

1. 为什么说信息化建设是一个相当长的发展流程？
2. 在信息系统规划工作中，CIO 应当担负什么样的责任？

【复习思考】▶▶

1. 解释诺兰模型对于信息系统建设的指导意义。
2. 简要说明 BSP 规划方法。
3. 简要说明 CSF 规划方法。
4. 什么是业务流程改革？
5. 简述企业流程定义的方法有哪些？
6. 说明业务流程改革与信息系统规划的关系。

第七章

系统分析

学习目标

　　系统分析是管理信息系统开发过程中一个非常重要的环节。系统分析阶段的工作是在系统规划的基础上，对现行系统进行全面详细的调查，并分析系统的现状和存在的问题，真正弄清楚所开发的新系统必须要"做什么"，提出新的管理信息系统的逻辑模型，为下一阶段的系统设计工作提供依据。系统分析阶段的成果最后汇总为一份书面资料——系统分析报告（或称为系统分析说明书），这是系统开发工作中最重要的文件。学习本章主要达到以下目标：

　　1. 掌握信息系统分析阶段的任务和基本步骤；

　　2. 了解系统详细调查的内容和方法；

　　3. 掌握信息系统组织结构调查、业务流程分析与数据流程分析的主要工具；

　　4. 掌握新系统逻辑模型包含内容；

　　5. 了解系统分析报告格式与内容。

关键术语

　　详细调查；组织结构调查；业务流程分析；数据流程分析；TFD；DFD；系统逻辑方案；系统分析报告。

第一节　系统分析概述

　　在信息系统的结构化开发过程中，紧接着系统规划阶段的是系统分析阶段。系统分析阶段的基本任务是：系统开发人员与用户一起，通过对系统规划阶段得到的数据进行分析，充分理解用户需求，从而在原有系统的基础上得到新系统的逻辑方案。逻辑方案不同于物理方案，它解决的是系统"做什么"的问题，而物理方案解决的是系统"怎么做"的问题。也就是说，系统分析阶段解决的是系统"做什么"的问题，而"怎么做"的问题将由系统开发的下一阶段——设计阶段来完成。

一、系统分析的任务

系统分析是在系统规划的指导下，运用系统的观点和方法，对系统进行深入详细的调查研究，通过问题识别、系统调查、系统化分析等工作来确定新系统的逻辑模型。系统分析（system analysis）也称为逻辑设计（logical design），逻辑设计是指在逻辑上构造新系统的功能，解决系统"做什么"的问题。

系统分析是确定新系统逻辑设计方案的关键阶段，要完成这个目标，系统分析必须从现行系统入手，调查系统的组织结构和各机构间的内在联系，分析组织的职能，详细了解每个业务过程和业务活动的工作流程及信息处理流程，理解用户对信息系统的需求，包括对系统功能、性能方面的需求，对硬件配置、开发周期、开发方式等方面的意向及打算。在详细调查的基础上，系统分析员运用各种系统的开发理论、开发方法和开发技术，确定系统应具有的逻辑功能，经过与用户反复讨论、分析和修改后产生一个用户比较满意的总体设计，再用一系列图表和文字表示出来，形成符合用户需求的系统逻辑模型，为下一阶段的系统设计提供依据。

二、系统分析的基本步骤

系统分析阶段的工作内容主要包括如下几个方面。

1. 可行性分析

管理信息系统建设要求总是基于某种需求，在这种需求实现之前必须认真地研究系统建设的必要性和可能性两个方面的问题，即进行可行性分析。在系统可行性分析中，系统分析人员和业务管理人员，根据企业内部和外部的条件和环境，科学、实际地提出系统目标。

2. 现行系统的详细调查

现行系统的详细调查是通过各种方式和方法对现行系统做详细、充分和全面的调查，弄清现行系统的边界、组织机构、人员分工、业务流程、各种计划、单据和报表的格式、处理过程、企业资源及约束情况等，使系统开发人员对现行系统有一个比较深刻的认识，为新系统开发做好原始资料的准备工作。

3. 组织结构与业务流程分析

在详细调查的基础上，用图表和文字对现行系统进行描述，详细了解各级组织的职能和有关人员的工作职责、决策内容对新系统的要求，业务流程各环节的处理业务及信息的来龙去脉。其目的是把系统的内在关系分析清楚，以便确定形成新系统的逻辑模型。

4. 系统数据流程分析

在对业务流程分析的基础上，分析数据的流动、传递、处理与存储过程，用数据流程图进行描述，建立数据字典。

5. 建立新系统的逻辑模型

在系统调查和系统化分析的基础上建立新系统的逻辑模型，采用一组图表工具来表达和描述新系统的逻辑模型，使新系统的概貌清晰地呈现在用户面前，方便分析人员和用户对模型进行交流讨论，在与用户充分的交流下使新系统的逻辑模型得到完善。

6. 提出系统分析报告

对前面的分析结果进行总结，编制系统分析阶段的成果文档，完成系统分析报告。系统分析报告是系统分析阶段的成果和总结，是向开发单位有关领导提交的正式书面报告，也是下一工作阶段系统设计的工作依据。

在系统分析阶段，应牢牢记住开发出来的新系统最终是要交付用户使用的，用户才是新系统的使用者，因此在系统分析过程中，一定要从用户的需求出发，做大量细致的工作。用户对开发的系统是否满意取决于系统是否满足用户的需求，因此，需求分析是系统分析阶段一项非常重要的工作，是整个信息系统开发的基础。过去发生的大量实践表明，管理信息系统发生的许多错误都是由于需求定义不准确或者需求定义错误造成的。用户具备的是本企业经营管理和业务方面的知识，系统开发人员具备的则是信息系统开发技术方面的知识，两者之间缺乏沟通，开发人员如果不重视用户的参与，在系统分析阶段对用户的需求理解不准确或理解错误，开发出来的系统就不能满足用户的需求，为修改这些错误将要付出昂贵的代价。系统分析深入的程度将是影响管理系统成败的关键问题，要深刻地理解和体会用户需求的途径就是与用户进行充分的交流，从很大程度上说，系统分析过程是一个系统开发人员与用户的交流的过程，双方的交流是系统分析的一个重要组成部分。

分析阶段工作的质量是系统开发成功与否的关键阶段，因此，必须扎扎实实做好系统分析阶段的工作，为系统的开发打下良好的基础。

第二节　可行性分析

一、可行性分析的主要内容

可行性分析的任务就是用最少的代价在尽可能短的时间内确定问题是否能够解决，可行性研究的目的不是解决问题，而确定问题是否值得去解。要达到这个目的，必须分析几种主要的可能解法的利弊，从而判断原定的系统目标和规模是否现实，系统完成后所能带来的效益是否大到值得投资开发这个系统的程序。

一般来说，系统可行性分析可以从技术可行性（Technical Feasibility）、经济可行性（Economic Feasibility）和运行可行性（Operational Feasibility）三方面来考虑。

1. 技术可行性

要确定使用现有的技术能否实现系统，就要对开发系统的功能、性能、限制条件进行分析，确定在现有的资源条件下，技术风险有多大，系统能否实现。这里的资源包括已有的或可得到的硬件、软件资源，现有技术人员的技术水平和已有的工作基础。

技术可行性一般要考虑的情况包括在给出的限制范围内，能否设计出系统并实现必需的功能和性能；可用于开发的人员是否存在问题；可用于建立系统的其他资源是否具备；相关技术的发展是否支持这个系统；开发人员在评估技术可行性时，一旦估计错误，将出现灾难性后果。

2. 经济可行性

进行开发成本的估算以及了解取得效益的评估，确定要开的系统是否值得投资开发。对大多数系统，一般衡量经济上是否合算，应考虑一个最小利润值。经济可行性分析范围较广，包括成本——效益分析、公司经营长期策略、开发所需的成本和资源、潜在的市场前景等。

成本——效益分析的目的是从经济角度评价开发一个新的系统是否可行。成本——效益分析首先是估算新系统的开发成本，然后与可能性取得的效益进行比较和权衡。效益分有形效益和无形效益两种。有形效益可以用货币的时间价值、投资回收期、纯收入等指标进行度量；无形效益主要从性质上、心理上进行衡量，很难直接进行定时地估算。系统的经济效益等于因使用新系统而增加的收入加上使用新的系统可节省的运行费用。运行费用包括操作人员人数、工作时间、消耗的物资等。

3. 运行可行性

运行可行性包括法律可行性和操作使用可行性等方面。法律方面主要是指在系统开发过程可能涉及的各种合同、侵权、责任以及各种与法律相抵触的问题。操作使用方面主要指系统使用单位在行政管理、工作制度和人员素质等因素上能否满足系统操作方式的要求。

二、可行性分析的过程

可行性分析需要的时间长短取决于工程的规模。进行可行性分析的典型过程包括以下几步。

（1）确定系统规模和目标。分析人员访问关键人员，仔细阅读和分析有关的资料，以便对问题定义阶段拟定的关于规模和目标的报告进一步确诊，修改不清晰或不正确的叙述，描述对目标系统的一切限制和约束。这个步骤的工作，实质上为了确保分析人员正在解决的问题确实是要求他解决的问题。

（2）研究目前正在使用的系统。现有的系统是信息的重要来源，新系统必须具备旧系统的基本功能，并能够解决旧系统中存在的问题。此外，使用旧系统需要的费用是一个重要的经济指标，如果新系统不能增加收入或减少使用费用，那么从经济角度看新系统不如旧系统。

应该仔细阅读分析现有系统的文档资料和使用手册，也要实地考察现有的系统。应该注意了解这个系统可以做什么，为什么这样做，还要了解使用这个系统的代价。在了解上述信息的时候，用户叙述的往往是表面而不是实际问题，分析人员必须分析总结所得到的信息。

绝大多数系统都和其他系统有联系，应该注意了解并记录现有系统和其他系统之间的接口情况，这是设计系统时的重要约束条件。

（3）导出新系统的高层逻辑模型。优秀的设计过程通常是从现有的物理系统出发，导出现有系统的逻辑模型，再参考原有系统的逻辑模型，设想目标系统的逻辑模型，最后根据目标系统的逻辑模型建造新的物理系统。

通过前一步的工作，分析员对目标系统应该具有的基本功能和所受的约束已有一定的了解，可以概括地表达出对新系统的设想，即系统高层逻辑模型。

（4）导出和评价供选择的方案。分析人员应该从系统逻辑模型出发，导出若干较高层次的物理方案供选择和比较。导出供选择的方案的最简单的途径，是从技术角度出发考虑解决问题的不同方案。例如，分析人员可以使用组合的方法导出若干可能的物理系统，从而为整个工程提供一种可能的方案。

当从技术角度提出了一些可能的物理系统之后，应该根据技术可行性的考虑排除一些不现实的系统，最终确定可行的一组方案。

操作的可行性也是应该考虑的。分析人员根据使用部门事务处理原则和习惯，检查技术上可行的那些方案，去掉操作过程中很难接收的方案。

分析员还应该估计系统开发的成本和运行费用，并且估计相对于现有系统来说这个系统可以节省的开支或可以增加的收入。在这些估计数字的基础上，对每个可能的系统进行成本—效益分析。一般说来，只有投资预计能带来利润的系统才值得进一步考虑。

（5）方案论证。根据上述可行性分析结果，决定是否进行这项工程。如果分析人员认为值得继续研究，那么应该选择一个最好的方案，并且说明选择这个方案的理由。

（6）草拟开发计划。分析人员应该草拟一份开发计划，包括工程进度表和成本估计表。同时把各阶段的结果写成清晰的文档，提请用户和使用部门审查。

可行性分析的成果是可行性分析报告。可行性分析报告要根据对现行系统的分析研究，提出若干个新系统开发的开发方案，供用户和管理者进行决策。

三、可行性分析报告

可行性分析报告是一套完整的文档报告，该报告是系统分析过程中的重要文件，是系统分析的重要依据。可行性分析报告是可行性分析的结果，主要包括新系统的目标、需求和约束，现行系统分析的描述及主要存在的问题，系统开发的投资和效益的分析，系统各种可选方案及比较，可行性分析的有关结论等。可行性分析报告包括的主要内容可参考有关编写指南。

第三节　系统详细调查

系统的详细调查是在可行性分析的基础上进一步对现行系统进行全面的调查和分析，弄清楚现行系统的运行状况，发现其薄弱环节。初步调查只是在宏观上对现行系统进行调查，不是很细致，调查的目的是论证企业是否有必要开发新系统，因此调查工作是一种概括的、粗略的调查，调查所掌握的资料不足以满足新系统逻辑设计的需要。系统分析阶段的详细调查，涉及企业各个部门的各个方面，是一项深入、细致、详尽的调查，必须从上而下，从粗到细，由表及里地对现行系统的基本功能和信息流程进行详细调查。详细调查的过程是大量原始素材的汇集过程，分析员通过对这些大量的材料进行整理、研究和分析，与用户进行反复讨论和研究，力求在短期内对现行系统有全面详细的认识。

一、详细调查的目的与原则

1. 详细调查的目的

系统分析阶段的首要工作就是详细调查。详细调查不同于人们前面所介绍的初步调查，详细调查的对象是现行系统（包括手工系统和已采用计算机的管理信息系统），详细调查的目的是深入了解企业管理工作中信息处理的全部具体情况和存在的具体问题，为提出新系统的逻辑模型提供可靠的依据，因此其细微程度要比初步调查高得多，工作量也要大得多。

2. 详细调查的原则

详细调查应遵循用户参与的原则，即由使用部门的业务人员、主管人员和设计部门的系统分析人员、系统设计人员共同进行。设计人员虽然掌握计算机技术，但对使用部门的业务不够清楚，而管理人员则熟悉本身业务而不一定了解计算机，两者结合，就能互补不足，更深入地发现对象系统存在的问题，共同研讨解决的方案。

二、详细调查的范围及内容

详细调查的范围应该是围绕组织内部信息流所涉及领域的各个方面。但应该注意的是，信息流是通过物流而产生的，物流和信息流又都是在组织中流动的，因此人们所调查的范围就不能仅仅局限于信息和信息流，应该包括企业的生产、经营、管理等各个方面。

系统开发小组的分析员，要向企业用户的各级领导、业务人员以及其他有关人员进行多种调查，调查大致从以下几方面进行。

1. 系统界限和运行状态

调查现行系统的发展历史、生产规模、经营效果、业务范围以及与外界的联系等，以便确定系统界限、外部环境，了解现有的管理水平等。

2. 组织机构和人员分工

调查现行系统的组织机构、领导关系、人员分工等情况。从中不仅可以了解现行系统的构成、业务分工，而且可以进一步了解人力资源的情况，同时还可以发现组织和人事等方面的不合理现象。

3. 业务流程

现行系统中进行着各种各样的业务处理过程。系统分析人员要全面细致地了解整个系统各方面的业务流程，以及商流、物流和信息流的流通状况，对各种输入、输出、处理时间、处理速度和处理量以及处理过程的逻辑关系都要进行详尽的了解。

4. 各种计划、单据和报表

调查中要收集各类计划、单据和报表，了解它们的来龙去脉及其各项内容的填写方法和时间要求，以便得到完整的信息流程。

5. 资源情况

除了人力资源外，还要调查了解现行企业系统的物资、资金、设备、建筑平面布置和其他各项资源的情况。现行系统如已配置了计算机，则要详细调查其型号、功能、容量、外设配置和计算机软件配置情况，还必须了解目前的使用情况和存在的问题。

6. 约束条件

调查了解现行系统在人员、资金、设备、处理时间以及处理方式等各方面的限制条件和规定。

7. 薄弱环节和用户要求

现行系统的薄弱环节正是新系统所要解决的，因此调查中最为关心的主要问题是新系统目标的重要组成部分。在调查中，要注意收集用户的各种要求，善于发现问题并找到问题的关键所在。

三、详细调查的方法

对现行系统的调查研究是一项繁琐而艰巨的任务，要求系统分析员在比较短的时间内，全面、准确地获取现行系统的各个方面的资料。为了使调查工作能顺利进行并获得预期成效，需要掌握有关的方法、要领和一定的技巧。在管理信息系统开发中所采用的调查方法有访问、问卷调查、深入现场跟班劳动、座谈、填表、抽样、查阅资料和参加会议等方法，系统分析人员根据企业的具体情况采用合适的方法进行多方面的调查研究。系统分析人员通常采用的详细调查方法有如下几种。

1. 重点询问调查方式

重点询问调查是列举若干可能的问题，自顶向下尽可能全面地对用户进行提问，然后对询问的结果分门别类进行归纳总结，找出其中真正关系到此项工作成败的因素。例如，可以先准备好调查方案和问题，然后按照方案和问题分别对各方面人员（包括管理层和操作层）进行访问，并分类整理结果，则得到各管理部门（或岗位）的具体情况，并对企业在初步了解的基础上形成下一步工作的设想和方案。重点询问一般要提前准备好提问的问题。在实际调查中，要了解的问题很多，应根据具体调查的对象作相关的准备，提问要灵活，问题要有针对性。

2. 问卷调查方式

问卷调查可以用来调查系统普遍性的问题。问卷调查方式是针对所需调查的各项内容，绘制出相应各种形式的图表（问卷），通过这些图表对企业管理岗位上的工作人员进行全面的需求调查，然后分析整理这些图表，逐步得出需要调查和研究的内容。

一个好的调查表应该具备有效、可靠和易于评估的特点。有效是指通过调查表能够得到所想要得到的信息，可靠是指同一信息是通过对多个问题的回答得到的，所得到的信息确实反映被调查者的意思。

采用问卷调查方式进行调查，可以缩短调查时间，易于沟通被调查者和调查者之间对所调查内容的理解。根据所需调查的内容，可以设计制作多种调查表。

3. 深入实际的调查方式

通过问卷和填表的调查方式后，要及时整理调查的结果。如果在整理中发现各个不同工作岗位上的调查结果不一致或前后矛盾时，就必须带着问题深入到具体的工作岗位去做实际调查，摸清详细的业务和数据流程以及具体的工作细节，弄清问题之所在，并予以解决。

4. 面谈

面谈是指系统分析员通过口头提问的方式收集现行系统的有关资料。面谈的对象是企业领导、管理人员和业务人员等各个岗位的工作人员，对某些特殊问题或细节的调查，可对有关的业务人员作专题访问，仔细了解每一步骤、方法等细节。采用这种方法采集信息时，被访问者就在现场，能对所了解的情况立即做出反应，系统分析员能够引导被访问人员，得到所需要的信息。

调查的方法多种多样，其他还有抽样统计分析、专家调查、召开调查会、个别访问、由用户的管理人员向开发者介绍情况等方法，可以根据系统调查的具体需要确定调查方法。不管采用何种调查方法，都是以了解清楚企业现状为最终目标的。

第四节　组织结构与功能分析

组织机构与功能结构的调查分析是系统分析工作中的一个环节，这个环节的工作内容是通过调查了解企业各机构间的内在联系，绘出企业的组织结构图；对机构的职能进行分析，分析各机构设置是否合理，是否真正发挥其应有的职能作用，找出存在的问题；根据基于计算机管理的要求，提出调整机构设置的意见。

一、组织结构图

现行系统中的信息流动是以组织结构为基础的。因为各部门之间存在着各种信息和物质的交换关系，只有理顺了各种组织关系，才能使系统分析工作找到头绪。有了调查问题的突破口，才能使我们按照系统工程的方法自顶向下地进行分析。

组织结构图是对组织机构调查的结果，将在详细调查中得到的关于企业组织的资料进行整理，用图的形式反映企业内部组织各部门之间的隶属关系。组织结构图是用来描述组织的总体结构以及组织内部各部分之间的联系，它把企业组织分成若干部分，按级别、分层次构成的，以树型结构显示，是一张反映组织内部之间隶属关系的树状结构图。通常用矩形框表示组织机构，用箭头表示隶属关系。

例如，图 7-1 是某企业的行政组织结构图，从图中可见，该企业的组织分为三层：企业领导决策层、业务管理层和业务执行层。企业领导决策层由总经理组成，主要职能是决定企业目标、确定经营方针、做出生产经营的具体决策。业务管理层包括计划科、财务科、生产科和供销科等机构，其主要职能是按照经营方针，在规定的职权范围内对各项业务进行管理。业务执行层由车间、班组等生产第一线的组织机构组成，完成日常的生产、业务和调度。

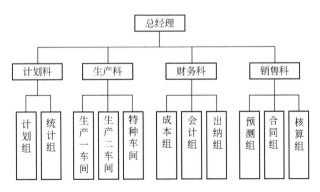

图 7-1　某企业组织结构

组织结构调查中还应详细了解各级组织的职能和有关人员的工作职责、决策内容、存在问题以及对新系统的要求等。在绘制组织结构图时应注意，与企业生产、经营、管理环境直接关系的部门一定要全面、准确地反映出来，有时候会出现有些部门的名称和实际工作性质存在较大差异的情况，要通过详细的调查搞清楚这些部门与其他部门之间的关系，详细、准确地画出组织结构图。

二、功能结构图

系统都有一个总的目标，为了达到这个目标，必须要完成各子系统的功能，而各子系统功能的完成，又依赖于下面各项更具体功能的执行。系统功能结构调查的任务，就是要了解或确定系统的目标、系统功能的结构以及它们的关系。

功能指的是完成某项工作的能力。每个系统都具有一定的功能，对调查资料进行整理，归纳出企业的部门与业务层次的功能，用树型图的形式描绘出来，就是功能结构图。功能要依靠组织机构来具体实现。因此，在理想情况下，功能和组织应该是一致的。但是由于客观情况的复杂性，在现行系统中，功能结构和组织机构并不能一一对应，这就要求我们在进行调查时要认真分析，加以划分。例如，图 7-2 就是对图 7-1 中销售业务管理的内容。

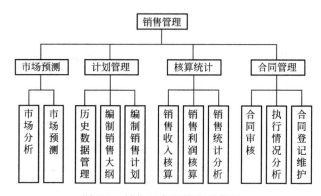

图 7-2 销售业务的管理功能图

三、组织/业务联系表

组织结构图反映了组织内部的上下级关系，但是对于组织内部各部分之间的联系程度，组织各部分的主要业务职能和它们在业务过程中所承担的工作等却不能反映出来，这将给后续的业务、数据流程分析和过程/数据分析等带来困难。为了弥补这方面的不足，通常增设组织/业务联系表来反映组织各部分在承担业务时的关系，如表 7-1 所示。

通常习惯将组织/业务联系表同组织结构图画在一张图上，以便对照、比较、分析它们之间的各种联系。运用组织/业务联系表可以对组织/业务进行调整和分析。分析的内容如下。

(1) 现行系统中的组织结构是否合理，不合理的地方在哪里？

(2) 不合理的部分对组织整体目标的影响有哪些？表现在哪些方面？

(3) 不合理现象产生的历史原因是什么？

(4) 哪些部门需要整改？改进措施是什么？

（5）对整改涉及的部门和有关人员的利益产生哪些影响？

表 7-1　某企业的组织/业务联系表

序号	组织 联系程度 业务功能	计划科	总工室	技术科	生产科	供应科	设备科	销售科	质检科	人事科	研究所	仓库	⋮
1	计划	○	√		△	△	△	△				△	
2	销售							○	√			△	
3	供应	√			○							√	
4	人事									○			
5	生产	√	○	△	○	△	△		△				
6	设备更新		√		△		○					√	
	…												

注："○"表示该项业务是对应组织的主要业务（即主持工作的单位）；"△"表示该单位是参加协调该项业务的辅助单位；"√"表示该单位是该项业务的相关单位。

通过组织/业务分析，目的是要找出现行系统中组织结构和功能存在的问题，研究解决这些问题的方法和措施，进一步理顺组织的功能，让组织和信息系统更好地适应。

第五节　业务流程分析

业务流程调查的主要任务是在对系统的组织结构和功能进行分析的基础上，调查系统中各环节的业务活动，掌握业务的内容、作用及信息的输入、输出、数据存储和信息的处理方法及过程等，对原系统业务处理过程的有关资料进行整理，用流程图的方式把企业的具体管理活动和业务的处理过程绘制出来。

业务流程调查一般是顺着原系统信息流动的过程逐步地进行，内容包括企业各工作环节的业务活动。由于业务流程调查的工作量很大，而且非常繁琐，因此在系统调查过程中，系统开发人员与用户彼此之间需要进行良好的沟通，保持密切的联系，做耐心细致的工作，才能真正掌握现行系统的业务活动状况。通常用业务流程图（transaction flow diagram，TFD）反映现实的业务活动。

一、业务流程图

业务流程图是业务流程的描述工具，是用规定的符号及连线来表示某个具体业务处理过程。绘制业务流程图是管理信息系统开发过程中分析业务处理过程的重要步骤，业务流程图基本上按照业务的实际处理步骤和过程进行绘制。

业务流程图的画法目前还没有统一的标准，但都大同小异，只是在一些具体的规定和所用的图形符号方面有所不同。不管采用什么标准和什么符号，目的都是为了准确明了地反映业务流程。在同一个系统开发过程中，要采用统一的图形符号和标准来描述系统业务处理的具体方法、规程与过程。图 7-3 是绘制业务流程图常用的符号。

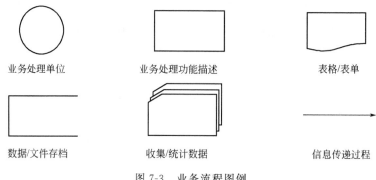

图 7-3　业务流程图例

二、业务流程分析

对业务流程进行分析的目的是发现现行系统中存在的问题和不合理的地方，优化业务处理过程，以便在新系统建设中予以克服或改进。对业务流程进行分析是掌握现行系统状况，确立新系统逻辑模型不可缺少的一个重要环节。系统中存在问题的原因可能是管理思想和方法落后，也可能是因为在手工状态下或在原系统的技术水平下，业务流程虽不尽合理但只能这么处理。在对业务流程进行分析的时候，不仅要找出原业务流程不合理的地方，还要充分考虑信息系统的建设为业务流程的优化带来的可能性，在对现有业务流程进行认真、细致分析的基础上进行业务流程重组，产生新的更为合理的业务流程。

业务流程图正是根据系统调查表中所得到的资料和问卷调查的结果，按业务实际处理过程且用给定的符号将它们绘制在同一张图上。在绘制业务流程图的过程中发现问题，分析不足，优化业务处理过程，所以说绘制业务流程图是分析业务流程的重要步骤。业务流程图的绘制并无严格的规则，只需简明扼要地如实反映实际业务过程。

业务流程过程如下。

业务流程分析过程包括以下内容。

首先，对现行流程进行分析。对现行系统业务流程的各处理过程进行分析讨论，看看原有的业务流程是否合理？产生不合理的业务流程的历史原因是什么？

其次，对现行业务流程进行优化。现行业务流程中哪些过程可以按计算机信息处理的要求进行优化，改进措施有哪些，改进会涉及哪些方面，流程的优化可以带来什么好处。

最后，确定新的业务流程。也就是画出新系统的业务流程图。

例如，经调查，某超市的主要业务过程为：超市员工对超市内商品进行管理，统计得到的商品信息提交给销售部门；销售部门依据收到的商品信息和客户的购物单生成销售出库信息传送给库管部门，同时生成收款单提交财务部；库管部门通过销售信息制作采购申请单发送给采购部依此生成采购订单发送给供应商，同时生成付款单提交财务部进行处理。据此绘制出如图 7-4 的业务流程图。

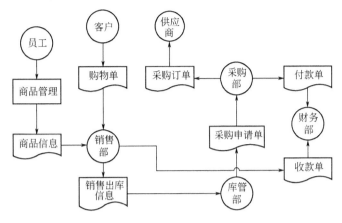

图 7-4　超市管理的业务流程图

第六节　数据流程分析

业务流程图虽然形象地描述了企业业务活动的过程，但仍然没有摆脱一些物质的因素，在业务流程图里有材料、资金和产品等具体的物质。人们建立基于计算机的管理信息系统，目的是用管理信息系统对企业的信息进行收集、传递、存储、加工、维护和使用。那么，信息在企业中是怎么传递、加工和使用的呢？在系统分析过程中，必须对数据与数据流程进行详细的调查和分析讨论，即舍去组织机构，具体的作业处理，物流、材料、资金等具体背景，把数据在现行系统内部的流动、存储与变换的情况抽象出来，考察实际业务的信息流动模式。

数据流程是指数据在系统中产生、传输、加工处理、使用、存储的过程。数据流程分析主要包括对信息的流动、变换、存储等的分析，其目的是尽量地发现数据流动中存在的问题，如数据流程不通畅，前后数据不匹配，数据处理过程不合理等问题，并找出加以解决的方法，优化数据流程。

一、数据流程图

数据流程图（data flow diagram，DFD）是一种能全面地描述系统数据流程的主要工具，它用一组符号来描述整个系统中信息的全貌，综合地反映出信息在系统中的流动、处理和存储情况。

数据流程图有两个特征，即抽象性和概括性。抽象性指的是数据流程图把具体的组织机构、工作场所、物质流都去掉，只剩下信息和数据存储、流动、使用以及加工情况。概括性则是指数据流程图把系统对各种业务的处理过程联系起来考虑，形成一个总体。

1. 数据流程图的基本符号

数据流程图中包括 4 个基本的元素，即外部实体、数据流、处理逻辑和数据存储，基本图例如图 7-5 所示。

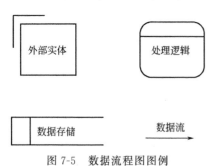

图 7-5　数据流程图图例

（1）外部实体

外部实体定义了系统的边界，用来表示与系统有关的人员或单位，他们向系统提供输入，接收系统产生的输出。如超市管理信息系统中的顾客、供应商都是外部实体。在绘制某一子系统的数据流程图时，凡是本子系统之外的人和单位，都被列为外部实体。

（2）数据流

数据流由一组确定的数据组成。例如"发票"为一个数据流，它由品名、规格、单位、单价、数量等数据组成。数据流用带有名字的具有箭头的线段表示，名字称为数据流名，表示流经的数据，箭头表示流向。数据流可以从加工流向加工，也可以从加工流进、流出文件，还可以从源点流向加工或从加工流向终点。

（3）处理逻辑

处理逻辑是对数据进行的操作，它把流入的数据流转换为流出的数据流。数据流程图中处理逻辑用矩形表示，由于处理逻辑表示对数据的加工处理，因此处理逻辑名称一般都是由动词和宾语表示，动词表示加工处理的动作，宾语表示被加工处理的数据。一张数据流程图中一般有多个处理逻辑，因此要用编号来标示，不同处理逻辑使用不同的编号。在表示处理逻辑的矩形里加一条直线，直线上方标示该处理逻辑的编号，直线下方标示该处理逻辑的名称。

（4）数据存储

数据存储是数据的仓库，用来标示需要暂时存储或长久保存的数据类，表示系统产生的数据存放的地方。数据存储是对数据文件的读写处理，通过数据流与处理逻辑和外部实体发生联系，当数据流的箭头指向数据存储时，表示将数据流的数据写入数据存储，反之，则表示从数据存储读取数据流的数据。数据存储用图 7-5 中右边不封口的长方形并在里面加一条竖线来表示，左边标示数据存储的编号，右边标示数据存储的名称。

2. 数据流程图的绘制

绘制数据流程图的原则如下。

一般遵循"由外向里"的原则，即先确定系统的边界或范围，再考虑系统的内部，先画加工的输入和输出，再画加工的内部。即：

① 识别系统的输入和输出。

② 从输入端至输出端画数据流和加工，并同时加上数据存储。

③ 加工的分解"由外向里"进行分解。

④ 数据流的命名要确切，能反映整体。

⑤ 各种符号布置要合理，分布均匀，尽量避免交叉线。

⑥ 先考虑稳定态，后考虑瞬间态。如系统启动后先考虑在正常工作状态，稍后再考虑系统的启动和终止状态。

3. 绘制数据流程图的基本步骤

（1）识别系统的输入和输出，画出顶层图。即确定系统的边界。在系统分析初期，系统的功能需求等还不是很明确，为了防止遗漏，不妨先将范围定得大一些。系统边界确定后，那么越过边界的数据流就是系统的输入或输出，将输入与输出用加工符号连接起来，并加上输入数据来源和输出数据去向就形成了顶层图。

（2）画系统内部的数据流、加工与文件，画出一级细化图。从系统输入端到输出端（或反之），逐步用数据流和加工连接起来，当数据流的组成或值发生变化时，就在该处画一个"加工"符号。画数据流图时还应同时画上数据存储，以反映各种数据的存储处，并表明数据流是流入还是流出文件。最后，再回过头来检查系统的边界，补上遗漏但有用的输入输出数据流，删去那些没被系统使用的数据流。

（3）加工的进一步分解，画出二级细化图。同样运用"由外向里"方式对每个加工进行分析，如果在该加工内部还有数据流，则可将该加工分成若干个子加工，并用一些数据流把子加工连接起来，即可画出二级细化图。二级细化图可在一级细化图的基础上画出，也可单独画出该加工的二级细化图，二级细化图也称为该加工的子图。

（4）其他注意事项。①一般应先给数据流命名，再根据输入/输出数据流名的含义为加工命名。名字含义要确切，要能反映相应的整体。若碰到难以命名的情况，则很可能是分解不恰当造成的，应考虑重新分解。②从左至右画数据流程图。通常左侧、右侧分别是数据源和终点，中间是一系列加工和文件。正式的数据流程图应尽量避免线条交叉，必要时可用重复的数据源、终点和文件符号。此外，数据流程图中各种符号布置要合理，分布应均匀。

当画出分层数据流程图，并为数据流程图中各个成分编写词典条目或加工说明后，就获得了目标系统的初步逻辑模型。

仍以某超市管理系统为例。

（1）绘制超市管理的数据流程图——顶层图。此系统的数据来源是顾客购买的购物单和供应商的发货单，数据去处是超市的订货单和给顾客的销售单，如图 7-6 所示。

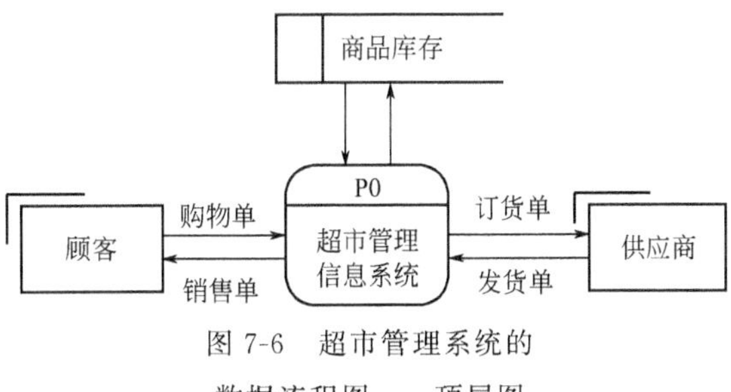

图 7-6　超市管理系统的
数据流程图——顶层图

（2）超市管理的数据流程图的一级子图。在一级子图中主要分析超市管理的三大主要功能的数据流动关系，如图 7-7 所示。在一个大的系统中，并不限于这 3 个主要功能。

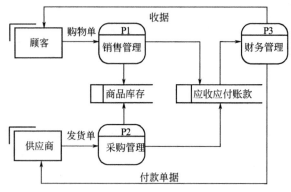

图 7-7 超市管理系统的一级子图

（3）超市管理的数据流程图的二级子图。在此仅以销售管理的二级子图为例进行说明。

对超市管理的数据流程图的一级子图，如图 7-7 所示，销售管理 P1 进一步分解为 6 部分，主要能记录销售情况，开发货单并修改库存，产生暂存订货单，对照审核暂存订货单，经理还可以检索库存，并且编制销售和库存报表，如图 7-8 所示。

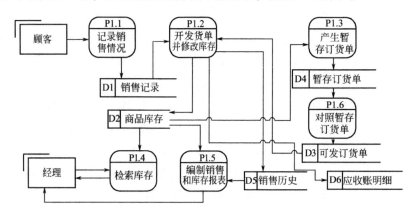

图 7-8 超市管理系统二级子图

4. 数据流程图分解的程度

对于规模较大的系统的分层数据流程图，如果一下子把加工直接分解成基本加工单元，一张图上画出过多的加工将使人难以理解，也增加了分解的复杂性。然而，如果每次分解产生的子加工太少，会使分解层次过多而增加作图的工作量，阅读也不方便。经验表明，一个加工每次分解量最多不要超过 7 个为宜。同时，分解时应遵循以下原则。

（1）分解应自然，概念上要合理、清晰。

（2）上层可分解的快些（即分解成的子加工个数多些），这是因为上层是综合性描述，对可读性的影响小，而下层应分解得慢些。

（3）在不影响可读性的前提下，应适当地多分解成几部分，以减少分解层数。

（4）一般来说，当加工只有单一输入/输出数据流时（出错处理不包括在内），就应停止对该加工的分解。另外，对数据流程图中不再作分解的加工（即功能单元），必须做出详细的加工说明，并且每个加工说明的编号必须与功能单元的编号一致。

二、数据字典

数据流程图抽象地描述了系统数据处理的概貌，描述了系统的分解。但它还不能完整地表达一个系统的全部逻辑特征，特别是有关数据的详细内容。只有当图中出现的每一个成分都给出详细定义后，才能较完善、准确地描述一个系统，因此需要一些其他的工具对数据流程图加以补充。

数据字典（Data Dictionary，DD）的作用就是对数据流程图上的每个成分给予定义和说明。数据字典描述的主要内容包括数据元素、数据结构、数据流、数据存储、处理过程和外部实体等，其中数据元素是组成数据流的基本成分。数据字典是数据流程图的辅助资料，对数据流程图起注解作用。

数据字典的条目如下。

数据字典有 6 类条目，分别是数据项、数据结构、数据流、数据存储、处理逻辑和外部实体。不同的条目有不同的属性需要描述。

（1）数据项（Data Element）

数据项，也称数据元素，是数据的最小组成单位，即不可再分的数据单位。数据字典中，每个数据元素需要描述的属性有名称、别名以及类型、长度和值域等。如资产编号、名称等。

每个数据元素的名称唯一地标识出这个数据元素，以区别于其他数据元素。名称应尽量反映数据元素的具体含义，以便理解和记忆。对于同一数据元素，其名称可能不止一个，以适应多种场合下的应用。在这种情况下，还对数据元素的别名加以说明。

数据元素的类型说明其取值属于哪种类型，如数值型、字符型和逻辑型等；长度规定该数据元素所占的字符或数字的个数；值域指数据元素的取值范围以及每一个值的确切含义。如表 7-2 所示为数据项描述的一个实例。

表 7-2　数据项描述实例

数据项编号：DI0001
数据项名称：学号
简述：学籍信息管理系统中的学生编号
别名：学生编码
类型：char
长度：8
取值/含义：aabbcddd，aa-入学年度，bb-学院编号，c-系号，ddd-流水号

编写：张　　　日期：2010.07.08　　审核：李　　　日期：2010.07.08

（2）数据结构（Data Structure）

用来定义数据元素之间的组合关系。数据字典中的数据结构是对数据的一种逻辑描

述，与物理实现无关。数据字典中，数据结构需要描述的属性有编号和名称、组、描述等。

数据结构的编号和名称用于惟一标识这个数据结构。数据结构的组成包括数据元素和数据结构。如果引用了其他数据结构，被引用的数据结构应已定义。对数据结构的属性描述包括数据结构的简单描述、与之相关的数据流、数据结构或处理过程以及该数据结构可能的组织方式。如表7-3所示为数据结构描述的一个实例。

表7-3　数据结构描述实例

数据结构编号:DS0001
数据结构名称:学生基本信息
简述:描述学生固有的属性
别名:学生情况
数据结构组成:DI0001＋姓名(char/8)＋性别(logic/1)＋出生日期(date/8)＋民族(char/8)＋家庭地址(char/28)
有关的数据流或数据结构:DF0003,DS0005
有关的处理逻辑:P0002,P0005

编写:张　　日期:2010.07.08　审核:李　日期:2010.07.08

（3）数据流

数据流表明数据元素或数据结构在系统内传输的路径。在数据字典中，数据流需要描述的属性有来源、去向、组成、流通量和峰值等。

数据流的来源即数据流的源点，它可能来自系统的外部实体，也可能来自某一个处理过程或数据存储。数据流的去向即数据流的终点，它可能终止于外部实体、处理过程或数据存储。数据流的组成是指它所包含的数据元素或数据结构。一个数据流可能包含若干个数据结构，这时，需要在数据字典中加以定义。如果一个数据流仅包含一个简单的数据元素或数据结构，则该数据流无需专门定义，只需在数据元素或数据结构的定义中加以说明。

数据流的流量指在单位时间内，该数据流的传输次数。有时还需描述高峰时的流通量(峰值)。如表7-4所示为数据流描述的一个实例。

表7-4　数据流描述实例

数据流编号:DF0001
数据流名称:新生登记表
简述:描述入学新生的基本信息
数据流来源:学生
数据流去向:建立档案
数据流组成:DS0001＋学生简历
数据流量:6000张/年
高峰期及流量:1000张/2月,5000张/9月

编写:张　　日期:2010.07.08　审核:李　日期:2010.07.08

（4）数据存储

数据存储指数据结构暂存或被永久保存的地方。在数据字典中，只能对数据存储从逻

辑上加以简单的描述，不涉及具体的设计和组织。在数据字典中定义数据存储内容有编号及名称、流入流出的数据流、数据存储的组成、存取分析以及关键字说明等。

如表 7-5 所示为数据存储描述的一个实例。

表 7-5　数据存储描述实例

数据存储编号:DB0001
数据存储名称:学习成绩表
简述:描述学生各科学习成绩
别名:成绩一览表
组成:班级＋科目编号＋科目名称＋考试时间＋DI0001＋姓名＋成绩
关键词:科目编号/DI0001
记录长度:98B
记录数:60000 条
容量:5880kB
有关的处理逻辑:P0001

编写:张　　日期:2010.07.08　审核:李　　日期:2010.07.08

（5）处理逻辑

对处理过程的描述有处理过程在数据流程图中的名称、编号，对处理过程的简单描述，该处理过程的输入数据流、输出数据流及来源与去向，其主要功能的简单描述。如表 7-6 所示为处理逻辑描述的一个实例。

表 7-6　处理逻辑描述实例

处理逻辑编号:P0001
处理逻辑名称:计算学生成绩
层次号:P4.2
简述:依据学生平时作业成绩、出勤率、实验成绩和期末试卷成绩所占的权重计算学生成绩
输入数据流:平时作业成绩单、考勤表、实验成绩单、期末试卷成绩单
输出数据流:成绩单
处理:平时作业成绩占 15％,出勤率占 5％,实验成绩占 10％,期末试卷成绩占 70％
处理过程为:
根据平时作业的次数、成绩和考勤的次数确定平时作业成绩和出勤率的成绩;
根据平时实验次数和每次的成绩确定实验成绩;根据试卷确定试卷成绩。
计算公式:
学生成绩＝平时作业成绩×15％＋出勤率的成绩×5％＋实验成绩×10％＋期末试卷成绩×70％;按学生成绩的计算公式计算每一位学生的成绩,填写学生成绩单。

编写:张　　日期:2010.07.08　审核:李　　日期:2010.07.08

（6）外部实体

对外部实体的描述包括外部实体的名称、对外部实体的简述及有关的数据流。一个信息系统的外部实体不应过多，否则会影响系统的独立性。

如表 7-7 所示为外部实体描述的一个实例。

上述 6 个方面的定义构成了数据字典的全部内容，在实际应用中，常常将数据存储和处理过程的描述另立报告，而不在数据字典中描述。有时也省去一些内容，如外部实体的描述，但数据元素、数据结构和数据流必须列入数据字典中加以详细说明。

表 7-7　外部实体描述实例

外部实体编号：E0001
外部实体名称：学生
简述：在学校接受教育的对象
输入数据流：新生名单
输出数据流：成绩单

编写：张　　日期：2010.07.08　审核：李　日期：2010.07.08

第七节　建立新系统的逻辑模型

通过系统调查，对现行系统的业务流程、数据流程、处理逻辑等进行深入的分析，并对原有系统进行了大量的分析和优化，这个分析和优化的结果就是新系统拟采用的信息处理方案。因而对原系统分析之后就应该提出系统的建设方案，即建立新系统的逻辑模型。建立逻辑模型是系统分析中重要的任务之一，它是系统分析阶段的重要成果，也是下一个阶段工作的主要依据。

新系统的逻辑模型主要包括新系统的目标、新系统的业务处理流程、数据处理流程、新系统的总体功能结构及子系统的划分和功能结构等，是系统分析阶段系统分析结果的综合体现。

一、系统目标

通过对现行系统的详细调查分析，已对系统目标和功能等做过分析和研究，在新系统逻辑模型建立之前，必须确定比较明确和比较具体的系统目标。

系统功能目标是指系统所能处理的特定业务和完成这些处理业务的质量。系统功能以系统为管理者提供信息量和管理者对系统提供的信息程度、方式和内容的满意度作为衡量标准。

系统技术目标是指系统应当具有的技术性能和应达到的技术水平，常用运行效率、响应速度、吞吐量、审核能力、可靠性、灵活性、可修改性、操作使用方便性和通用性等技术指标进行衡量。

二、确定新系统的业务流程

新系统的业务流程不仅是对企业业务过程进行描述，还是企业业务过程的重组与优化的过程。在业务流程分析的过程中，已经对原系统的业务流程进行了分析与优化，在确定新系统的逻辑模型时，还应再次分析讨论。

确定新系统业务流程的具体内容包括如下。

（1）对企业的业务流程进行分析讨论，找出业务流程中仍不合理的地方。

（2）对业务流程中不合理的过程进行优化，分析优化后将带来的益处。

（3）确定新系统的业务流程。

三、确定新系统的数据和数据流程

新系统的数据流程图是系统"做什么"的逻辑基础，在数据流程分析的过程中，已经对原系统的数据流程进行了分析与优化，在确定新系统的逻辑模型时，还应再次分析讨论。

确定新系统的数据和数据流程具体内容包括如下。

（1）与用户讨论数据指标体系是否全面合理，数据精度是否满足要求等有关内容，确认最终的数据指标体系和数据字典。

（2）对数据流程进行分析讨论，找出数据流程中仍不合理的地方。

（3）对数据流程中不合理的过程进行优化，分析优化后将带来的益处。

（4）确定新系统的数据流程。

四、确定新系统的功能模型

确定新系统的功能模型就是对新系统进行子系统的划分。在进行组织结构与功能分析时，对系统必须具有的功能做了详细的调查和分析，通过对子系统的划分，建立了系统的功能模型。在确定新系统逻辑模型时，必须再次进行分析讨论，最后确定新系统总的功能模型。对于大系统来说，划分子系统的工作通常在系统规划阶段进行，常用的工具是 U/C 矩阵。

五、确定新系统的数据资源分布

在系统功能分析和子系统划分之后，应该确定数据资源在新系统中的存放位置，即哪些数据资源存储在本系统的内部设备上，哪些是存储在网络或主机上的。

六、确定新系统中的管理模型

管理模型是系统在每个具体管理环节上所采用的管理方法的抽象，在计算机技术支持下，一些较复杂的现代管理方法的应用具有了实现的可能。系统分析中要根据数据流程图对每个处理过程进行认真分析，研究每个管理过程的信息处理特点，找出相适应的管理模型。

管理科学的发展在管理活动的各个层次、各个环节都形成了较为成熟的管理方法和定量化的管理模型，为管理信息系统的应用创造了条件，但在一个具体系统中应当采用的模型则必须由前一阶段的分析结果和有关管理科学的状况所决定，因而并无固定模式。但管理作为一门科学，仍是有规律可循的，常用的管理模型主要有：（1）综合计划模型；（2）生产计划管理模型；（3）库存管理模型；（4）财务成本管理模型；（5）统计分析与预测模型。

附录： 系统分析报告

系统分析报告又称为系统说明书或逻辑设计说明书，它反映了系统调查与分析阶段的全部情况，是系统分析阶段的成果与工作总结，也是系统分析阶段的重要文档，它是系统分析阶段的最终结果——新系统的逻辑模型。用户可以通过系统分析报告来验证和认可新系统的开发策略和开发方案，而系统设计人员可以用它来指导系统设计工作和以后的系统实施，此外系统分析报告还可以用来作为评价项目成功与否的标准。系统分析报告主要包括以下内容。

1. 概述

简要说明新系统的名称，主要目标及功能，新系统开发的有关背景以及新系统与现行系统之间的主要差别。

2. 现行系统概况

用本章介绍的一些工具，如组织结构图、功能体系图、业务流程图、数据流程图、数据字典等，详细描述现行组织的目标，现行组织中信息系统的目标，系统的主要功能、组织结构、业务流程等。另外，各个主要环节对业务的处理量、总的数据存储量、处理速度要求、处理方式和现有的各种技术手段等，都应作一个扼要的说明。

3. 系统需求说明

在掌握了现行系统的真实情况基础上，针对系统存在的问题，全面了解组织中各层次的用户就新系统对信息的各种需求。

4. 新系统的逻辑方案

根据原有系统存在的问题，明确提出更加具体的新系统目标。围绕新系统的目标，确定新系统的主要功能划分，系统的各个层次数据流程图，新系统的数据字典等，并与原有系统进行比较。

5. 系统开发资源与时间进度估计

为了使有关领导在阶段审查中获得更多的关于开发费用和开发工作量以及所需开发资源的信息，同时也便于对系统开发工作进行管理，要在当前基础上，对开发所需费用、资源和时间作进一步的估算。

在系统分析说明书中，数据流程图、数据字典和加工说明这三部分是主体，是系统分析说明书中必不可少的组成部分。而其他各部分内容，则应根据所开发目标系统的规模、性质等具体情况酌情选用，不必生搬硬套。总之，系统分析说明书必须简明扼要，抓住本质，反映出目标系统的全貌和开发人员的设想。

系统分析报告描述了目标系统的逻辑模型，是开发人员进行系统设计和实施的基础；是用户和开发人员之间的协议或合同，为双方的交流和监督提供基础；是目标系统验收和评价的依据。因此，系统分析报告是系统开发过程中的一份重要文档，必须要求该文档完整、一致、精确且简明易懂，易于维护。

【本章小结】 ▷▷

系统分析是管理信息系统开发过程中最基础、最重要的一环，同时也是工作量最大、涉及人员和部门最多、持续时间最长的阶段。因系统分析的结果是系统设计与实施的基础，所以系统分析的准确与否、全面与否，将决定着后面系统的设计和实施的成败。

系统分析包括可行性分析、详细调查、系统化分析等步骤，最后完成新系统的逻辑方案设计，形成系统分析报告。新系统的开发往往来自于对原系统的不满，在系统开发之前，应根据组织的战略目标和用户要求，对原系统存在的问题进行识别，对要开发的系统进行可行性分析，明确系统开发的必要性和可行性，包括管理上的可行性、技术上的可行性及经济上的可行性，形成可行性分析报告。详细调查主要针对现行系统的管理业务和数据流程进行，以便完整掌握现行系统的现状，找出存在的问题和薄弱环节，产生业务流程图和数据流程图。系统化分析主要是在详细调查的基础上，找出不合理的业务流程和数据流程，进而提出新系统的逻辑模型，包括原系统的不足、新系统的目标、子系统的划分、数据属性分析和数据字典的建立以及新系统中所要采用的管理方法。最终目标是提出新系统的逻辑方案，反映系统分析的结果和对新系统的设想。

【课堂讨论】 ▷▷

1. 实际体会"系统分析实质上就是分析、了解待开发系统的实际状况和进一步的管理需求"这句话的含义。

2. 通过实际例子领会加强基础管理工作对于系统开发的重要性。所给出的例子，设计出一套简单、全面、能尽快了解用户需求的调查问卷。

3. 系统分析的最终成果是建立新系统的逻辑方案，那么，为什么还要编写系统分析说明书（即系统分析报告）？

【复习思考】 ▷▷

1. 系统分析的主要任务是什么？有哪几个主要步骤？

2. 详细调查的任务是什么？

3. 什么是组织结构图？画出自己熟悉的部门的组织结构图。

4. 什么是业务流程图？画出自己熟悉的组织的业务功能图。

5. 业务流程分析的任务和内容是什么？

6. 什么是数据流程图？数据流程图具有哪些特征？

7. 简述数据字典的内容。

8. 系统分析报告中应写入哪些内容？

9. 去图书馆借书的过程是：借书人先查图书卡片；填写借书条；交给图书管理人员；管理人员入库查书；找到后由借书人填写借书卡片；管理员核对卡片；将书交给借阅者；将借书卡内容记入计算机。试用业务流程图图例画出该业务流程图。并考虑到"找不到书"，"卡片填错"，"过期不还书"等情况的中断处理。

10. 某公司生产加班申报及核对流程描述如下：各车间组长每天在加班前填写本车间人员加班申报表，统一交到人事部门，由经理签字批准后提交给行政助理修改加班记录。行政助理在每周三上报上周加班情况，并填写加班汇总表提交给人事经理，人事经理再根据汇总表核对员工考勤记录情况，制作异常加班情况表交行政助理核对，并修改加班记录。请根据以上描述绘制出"加班管理"的业务流程图。

11. 物资部门的采购人员从库房收到缺货通知单以后，查阅订货合同单，若已订货，向供货单位发出催货请求，否则，填写订货单交供货单位。供货单位发出货物后，立即向采购员发出取货通知单。采购员取货后，发出入库单给库房。库房进行验货入库处理，如发现有不合格货品，发出验收不合格通知单给采购员，采购员据此填写退货单给供货单位。请根据物资订货管理的过程画出它的数据流程图。

第八章

系统设计

学习目标

　　系统分析阶段，首先进行总体设计，逐层深入，直至完成系统每一模块的详细设计和描述工作，说明了系统设计阶段的工作分为两部分，即系统的总体设计（或概要设计）和详细设计。学习本章主要达到以下目标：

　　1. 掌握信息系统设计的主要任务；

　　2. 掌握信息系统总体设计的主要内容；

　　3. 掌握信息系统详细设计的主要内容；

　　4. 了解信息系统设计说明书的主要内容。

关键术语

　　总体设计；详细设计；代码设计；数据库设计；输入输出设计；模块化设计。

第一节　系统设计概述

　　根据前一阶段系统分析的结果，在已经获得批准的系统分析报告的基础上，即可进行新系统设计。系统设计包括两个方面，首先是总体设计，其次是具体的物理设计。系统设计的主要目的就是为下一阶段的系统实现（如编程，调试、试运行）制定蓝图。在系统设计阶段，我们的主要任务就是在各种技术和实施方法中权衡利弊，精心设计，合理地使用各种资源，最终勾画出新系统的详细设计方案。

　　系统设计阶段的主要依据是系统分析报告和开发者的知识与经验。系统设计的主要内容包括新系统总体结构框架设计、代码设计、数据库设计、输入/输出设计、处理流程及模块功能的设计。系统设计的结果是一系列的系统设计文件（蓝图），这些文件是实现一个信息系统（包括安装硬件设备和编制软件程序）的重要基础。

在系统分析阶段，明确了新系统的功能结构及信息结构，也就是系统的逻辑模型，对新系统回答了"做什么？"的问题。在系统设计阶段需要回答的中心问题是"怎么做？"，即通过给出新系统物理模型的方式描述如何实现在系统分析中规定的系统功能。

一、系统设计的任务

系统设计阶段的任务：系统设计阶段的工作是在现行系统分析的基础上进行的，根据新系统的设想，进行总体结构设计和详细设计，确定具体的实施方案，即根据新系统的逻辑模型建立新系统的物理模型，解决怎么做的问题。系统设计阶段的主要任务就是在各种技术和实施方法中权衡利弊，合理地使用各种资源，最终确定新系统地详细设计方案。

系统设计阶段的工作内容如下。

（1）确定系统输出：输出的内容和形式。

（2）确定系统输入：根据系统输出的内容而需要的系统输入。

（3）确定数据的组织方法：根据系统规模、数据量、性能要求和技术条件等因素确定是采用文件系统，还是采用数据库系统来组织数据。

（4）代码设计：为便于整个系统的信息交换和系统数据资源的共享，也便于计算机处理，要对被处理的各种信息进行统一的代码分类，确定编码对象及代码方式。

（5）绘制各处理功能的数据关系图：为表示一个处理功能的输入数据、中间数据及输出数据之间的关系图形。

（6）绘制系统流程图：将各个处理功能的数据关系图归纳、连接起来。抽象描述系统，而且说明新系统实际上的、物理上的结构。

（7）选择计算机系统：根据要求和资源条件，为新系统选择适当的计算机系统（包括应用软件）。

（8）系统模型的评价：对建立的模型进行技术论证，评价其效果。

（9）编写系统说明书，应记载上述各项设计的全部成果，全面描述出新系统的基本结构，从总体上回答新系统该怎样做的问题。同时还要指导下一步详细设计，订购系统所需各类设备，安排人员培训等各项工作的技术依据。

二、系统设计的依据

系统设计主要是依据系统分析阶段生成的系统分析报告和开发者的知识与经验。系统设计也是一个建模的活动，它使用分析阶段得出的逻辑模型（即需求模型）转化为物理模型（即解决方案），一般来说系统设计是一种技术工作，要求有更多的系统分析员和其他的技术人员（如数据技术人员等）加入。系统设计阶段的目标是定义、组织和构造最终解决方案系统的各个组成部分。

三、系统设计的步骤

系统设计阶段的工作步骤：根据系统设计的内容，可以把系统设计分为两个阶段：总体设计阶段和详细设计阶段。总体设计阶段决定系统的模块结构，而详细设计阶段是具体考虑每一模块内部采用什么算法。具体来说，在总体设计中，根据系统分析的成果进行系统总体结构设计，包括网络结构设计、硬件结构设计、软件结构设计、数据库存储和处理方式设计等。详细设计阶段包括具体的代码设计、输入输出设计、信息分类和数据库设计、功能模块设计，详细设计是对上述总体设计的结果进行进一步细化，直至符合小组编程的要求。

四、系统设计方法

系统设计方法主要有结构化设计方法（以数据流程图为基础构成系统的模块结构）、Jackson 方法（以数据结构为基础建立系统模块结构）、面向对象的设计方法（以对象行为封装、继承性、多形性为基础建立系统模块结构）。

本章主要介绍以数据流程图为基础构成系统模块结构的结构化设计方法。

第二节　系统总体结构设计

管理信息系统的总体结构设计是在系统分析工作的基础上，主要完成下述工作：系统物理配置方案设计、系统功能模块设计、系统数据存储的总体结构设计。

一、选取合适的系统体系

根据用户的需求要选取一种合适的系统体系，一种适用的系统体系决定了系统的框架，对于用户来讲，如何具体实现是并不关心的，用户关心的只是使用的方便及其实用，但对于系统设计人员及程序人员来说，却要知道系统到底是什么样的系统，所以系统的选取是系统设计第一步。常用系统体系有层次体系、客户机/服务器结构、浏览器/服务器结构、三层客户机/服务器结构。

1. 层次体系

层次体系就是利用分层的方式来处理复杂的功能，层次系统要求上层子系统可以使用下层子系统的功能，而下层子系统不能够使用上层子系统的功能。一般下层每个程序接口执行当前的一个简单的功能，而上层通过调用不同的下层程序，并按不同的顺序来执行这些下层程序，层次体系就是以这种方式来完成多个复杂的业务功能的。比如某一系统为了快速开发程序界面，界面编写语言是 Delphi 中文版，而为了实现某些特定的功能又采用了 Microsoft Visual C++ 6.0 编写 COM, 调用 SDK 进行具体实现, 这种方式就是层次体系的结构, 层次体系结构多应用单机系统。

2. 客户机/服务器结构

客户机/服务器结构简称 C/S 结构, 由服务器提供应用（数据）服务, 多台客户机进行连接。如图 8-1 所示。

客户/服务器应用模式的特点是大都基于“web 客户机”结构下的两层结构应用软件。客户端软件一般由应用程序及相应的数据库连接程序组成。服务器端软件一般是某种数据库系统。当前的实际应用中多数服务器就是一台数据库服务器（如 DB2、ORACLE 数据库），而客户端就是用 Delphi 或其他开发工具编写的客户软件, 通过 ODBC 或 ADO 同数据库服务器通信, 组成一个应用系统。

客户/服务器应用模式的缺点是客户方软件安装维护困难、数据库系统无法满足成百上千的终端同时联机的需求、由于客户/服务器间的大量数据通信不适合远程连接, 使其只能适合于局域网应用。

3. 浏览器/服务器结构

在当前 Internet/Intranet 领域, 浏览器/服务器结构是非常流行的系统体系, 简称 B/S 结构。如图 8-2 所示。

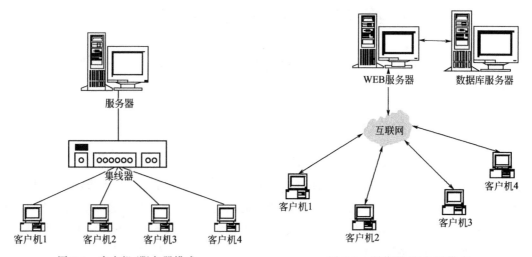

图 8-1 客户机/服务器模式　　　　图 8-2 浏览器/服务器模式

这种结构最大的优点是：客户机统一采用浏览器, 这不仅让用户使用方便, 而且使得客户机不存在安装及维护的问题。软件开发和维护工作转移到了 Web 服务器端。在 Web 服务器端, 程序员使用脚本语言编写响应页面。

当前主要的浏览器是 Netscape Navigator 和 Internet Explorer, Internet Explorer 和 Windows 捆绑销售, 而 Netscape Navigator 是可以免费下载的。国内大部分客户机基于 Internet Explorer, 而服务器使用 ASP、JSP 或 PHP 编写。客户机同 WEB 服务器之间的

通信采用 HTTP 协议，浏览器只有在接受到请求后才和 WEB 服务器进行连接，WEB 服务器马上与数据库通信并取得结果，WEB 服务器再把数据库返回的结果转发给浏览器，浏览器接收到返回信息后马上断开连接。WEB 服务器可以共享系统资源，支持几千、几万甚至更多用户。

4. 三层客户机/服务器结构

三层客户机/服务器结构是在常规客户机/服务器结构上提出的，系统在客户机和数据库服务器间添加一个应用服务器，如图 8-3 所示。

应用服务器分为以下两类：基于中间件的应用服务器，代表为 IBM 的 cics 和 BEA 的 tuxedo；基于 WEB 的应用服务器，代表为 IBM 的 WebSphere 和 BEA 的 Weblogic。基本原理类似于 B/S 结构。

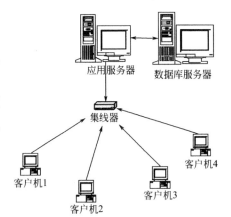

图 8-3　三层客户机/服务器模式

二、系统物理配置方案设计

1. 硬件结构的设计

计算机硬件平台的选择在很大程度上决定了整个系统的成本，也决定了整个系统的性能指标。一般来说，如果系统的数据处理是集中式的，则可采用单主机多终端模式，此时要求以大型机或性能较高的小型机作为主机。

对于具有一定规模的企业管理应用，按其管理功能来看，其应用本身就是分布式的，此时所选择的计算机系统的计算模式也应该是分布式的，即客户端以微机为主，可以选用名牌机、品牌机和兼容机。目前名牌机和品牌机只有较高档次的品种，基本都在 P586/166 以上，根据实用和经济的原则，也可以选用较低档次的兼容机。还可以选用无盘和有盘工作站，并考虑是否配备打印机等。总之，做到适当考虑长远发展而又经济实用。

服务器可采用性能一般的小型机或性能高的微机。计算机及网络的各项技术参数的选择可依据系统要处理的数据量及数据处理的功能要求来决定。

当选定计算机应用系统的计算模式之后，就可以确定系统的网络拓扑结构，并根据系统的逻辑功能划分（如有多少子系统）确定网络的逻辑结构（子网或网段的划分），这实际上也就决定了网络的主要连接设备及服务器等重要部分的构成，此时应遵循的重要原则就是应尽量使信息交换量大的应用放在同一网段内。

目前的结构基本上都是总线结构与星形结构结合起来的典型结构，这样的结构可以说是当前组网的通用形式，它具有结构简单、可靠性高、系统稳定性好的特点。从传输技术的角度讲，它实际上是采用了一种叫 MAC 对 MAC 的帧交换技术，充分利用大容量动态交换带宽。同时在多个节点间建立多个通信链路，最大限度地减少网络数据的帧转发延迟。并利用虚拟网络技术动态调整网络结构，提高网络资源利用率。基于产品的专用网管系统更为网络系统的实时维护提供了强有力的工具。虽然系统结构简单，但是它却充分利用了交换式网络技术来解决通信阻塞的问题，从而避免了 Ethernet、FDDI 的通信竞争问题。另外，由于建网以后整个网络的性能基本上归到服务器身上，所以在以后的网络升级中，增加服务器处理能力即可（包括服务器升级或增加服务器数量）。

中心网络设备方案，实际上，这里就是网络集线器 HUB、机柜、机架和配线架的选用，根据工作站的数量和速度的要求来确定 HUB 的档次和数量。

2. 系统软件结构设计

系统软件结构的设计工作，实际上是对确定的硬件结构中的每台计算机指定相应的计算机系统软件，包括操作系统、数据库管理系统、应用服务器系统、开发工具软件等。

（1）操作系统的选择　网络操作系统的选用应该能够满足计算机网络系统的功能要求、性能要求，一般要选用网络维护简单，具有高级容错功能，容易扩充和可靠，具有广泛的第三方厂商的产品支持、保密性好、费用低的网络操作系统。服务器上操作系统一般选择多用户网络操作系统，如 Unix、Netware、Windows NT 等。其中 Unix 的特点是稳定性及可靠性非常高，但缺点是系统维护困难、系统命令枯燥。Netware 适用于文件服务器/工作站工作模式，在五年前市场占有率很高，但现在应用的较少。Windows NT 安装、维护方便，具有很强的软硬件兼容能力，并且同 Windows 系列软件，其集成能力也很强，一般认为是最有前途的网络操作系统。客户机上的操作系统一般是采用易于操作的图形界面的操作系统，现在多数选择 Windows 系列，如 Windows98、Windows2000 等。

（2）数据库服务器系统软件的选择　管理信息系统中，数据库服务器是必不可少的网络组成部分。因此，数据库管理系统软件的选择对管理信息系统的建设有着举足轻重的影响。

在数据库管理系统的选择上，主要考虑数据库的性能、数据库管理系统的系统平台、数据库管理系统的安全保密性能、数据的类型等。对于 UNIX 操作系统，在数据库的稳定性、可靠性、维护方便性、对系统资源的要求等方面，Informix 数据库总体性能比其他数据库系统好；而在 Windows NT 平台上，SQL Server 与系统的结合比较完美。

在建立数据库时，应尽量做到布局合理、数据层次性好，能分别满足不同层次的管理者的要求。同时数据存储应尽可能减少冗余度，理顺信息收集和处理的关系。不断完善管理、符合规范化、标准化和保密原则。

目前市场上流行的数据库管理系统 Oracle、Sybase、SQLServer、Informix 是开发大、中型管理系统时数据库系统软件的首选，而 Visaul Foxpro、Microsoft Access 在小型管理信息系统建设中选用较多。

在数据库选择方面，另一个要注意的因素是数据库软件的行业占有性。如果在某一行业中企业采用 Sybase 的比例很高，那么同一行业中的其他企业建设管理信息系统时一般也应采用相应的数据库系统软件，这样有利于相互的数据交换。

（3）应用服务器系统软件及开发工具的选择　系统软件结构中的另一个方面是应用服务器软件及系统开发工具的选择。系统开发工具的选取首先依据的是管理信息系统应用的模式，即是 C/S 模式还是 B/S 模式，若你的系统确定开发的应用为 B/S 模式就应选择支持 B/S 模式的应用服务器软件及开发工具。如果你的网络操作系统选择的是 Windows NT，则微软公司的 Internet Information Server 即 IIS 是建立支持 Web 应用的首选应用服务器软件。目前 B/S 模式应用的开发工具很多，如 Delphi、ASP、Power Builder 的较高版本都支持 B/S 模式应用的开发。当然，若管理信息系统采用 B/S 模式，则客户端计算机上还需安装浏览器软件，现在用得最多的是微软公司的 IE4.0 及以上版本。

C/S 模式的开发工具及运行环境一般安装在客户端计算机上，用于 C/S 模式应用开发的系统工具软件用得较多的有 Power Builder、Delphi、Visual Basic、Visual c++ 等。

例如，某企业供销管理信息系统的系统软件配置方案可以如下设置：

A、B 两楼内的四台服务器均采用 Windows NT Server 4.0 网络操作系统；

A、B 两楼内的两台数据库服务器均采用 Oracle8.0 作为数据库服务器软件；

A、B 两楼内的两台应用服务器均采用 IIS3.0 作为 Web 应用服务器软件；

主办公大院内的客户端应用采用 B/S 模式工作，客户端操作系统采用 Windows98，浏览器采用 IE4.0，应用开发工具采用 ASP 和 Delphi5.0；

物资仓库、产品货场、货运站的客户端采用 C/S 模式工作，这样可以减少网络上的数据传输量，操作系统采用 Windows98，应用开发及运行环境采用 Power Builder6.0。

三、系统功能模块设计

系统的功能分解的过程就是一个从抽象到具体的、由复杂到简单的过程。所谓功能结构图就是按功能从属关系画成的图表，图中每一个框成为一个功能模块。

从管理职能的角度，把 MIS 看作是由不同职能的一系列子系统构成，这些子系统可以再分解成更小的子系统和模块，整个信息系统就是由这些功能模块构成的。整个企业管理信息系统是相应的子系统的有机结合，每个子系统都有为完成

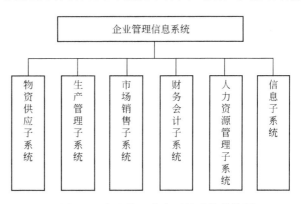

图 8-4　企业管理信息系统功能模块图

有关的各种信息处理工作的专用或公用的计算机程序。在每个职能子系统内部都包含用于事务处理、作业控制、管理控制和战略计划的具体应用。

功能模块设计的流程是先完成处理流程图（分析过程），再生成功能模块结构图（设计过程），再根据功能模块结构图细化功能模块。一般企业管理信息系统的系统功能模块

如图 8-4 所示。

市场销售子系统：市场销售职能通常包括与产品销售及售后服务有关的全部活动。

物资供应子系统：物资供应职能包括物料需求计划的编制、订货、库存管理以及企业内部物资分配、管理等活动。

生产管理子系统：企业经营的目的是制造出高质量的产品和提供服务，以满足市场的需要。生产活动是企业的主要活动之一，它通常包括计划、调度、统计、产品设计以及质量的检查与控制等。

财务会计子系统：企业财务和会计工作构成了企业的财务子系统，两者既具有密切的联系，又有不同的工作内容。

人力资源管理子系统：人力资源是企业的宝贵资源之一。人力资源管理职能主要有人力资源规划、人员的招聘、甄选、定向、培训、绩效考核、职业发展等。目前为止因为人力资源管理的非结构化程度比较高，我国企业人力资源管理信息系统的应用范围还是有限的。

信息子系统：信息处理职能的任务是确保其他职能部门及时得到必要的信息处理服务和资源。

按照结构化系统分析与设计的基本思想，根据数据流程图和数据字典，借助一套标准的设计准则和图表，按照自顶向下把整个系统划分为若干个大小适当、功能明确、具有相对独立性、并容易实现的子系统。从而把复杂系统的设计转变为多个简单模块的设计。然后再自下而上地逐步设计。组成系统的各模块间彼此独立、功能明确，系统应能够对大部分模块进行单独维护和修改。合理地进行系统划分、定义和数据协调是结构化设计的主要内容。

子系统划分的一般原则是：子系统要具有相对的独立性，子系统的划分必须使得子系统内部功能、信息等方面的凝聚性好；要使子系统之间的数据依赖性尽量小；子系统的划分结果应使数据冗余较小；子系统的设置应考虑今后管理发展的需要；子系统的划分应便于系统分阶段实现；子系统的划分应考虑到各类资源的充分利用。

根据系统的划分原则，系统的划分方法可以分为：按业务处理功能划分；按业务先后顺序划分；按数据拟合的程度划分、按业务处理过程划分、按业务处理时间划分、按实际环境和网络分布划分。

四、系统数据处理的总体结构设计

计算机网络数据处理的模式可以分为三种：集中式、协作式和分布式。

1. 集中式数据处理

集中式计算机网络由一个大型的中央系统，其终端是客户机，数据全部存储在中央系统，由数据库管理系统进行管理，所有的处理都由该大型系统完成，终端只是用来输入和输出。终端自己不作任何处理，所有任务都在主机上进行处理。

集中式数据存储的主要特点是能把所有数据保存在一个地方，各地办公室的远程终端通过电缆同中央计算机（主机）相联，保证了每个终端使用的都是同一信息。备份数据容易，因为他们都存储在服务器上，而服务器是唯一需要备份的系统。这还意味着服务器是唯一需要安全保护的系统，终端没有任何数据。银行的自动提款机（ATM）采用的就是集中式计算机网络。另外所有的事务都在主机上进行处理，终端也不需要软驱，所以网络感染病毒的可能性很低。这种类型的网络总费用比较低，因为主机拥有大量存储空间、功能强大的系统，而使终端可以使用功能简单而便宜的微机和其他终端设备。

这类网络不利的一面是来自所有终端的计算都由主机完成，这类网络处理速度可能有些慢。另外，如果用户有各种不同的需要，在集中式计算机网络上满足这些需要可能是十分困难的，因为每个用户的应用程序和资源都必须单独设置，而让这些应用程序和资源都在同一台集中式计算机上操作，使得系统效率不高。还有，因为所有用户都必须连接到一台中央计算机，集中连接可能成为集中式网络的一个大问题。由于这些限制，如今的大多数网络都采用了分布式和协作式网络计算模型。

2. 分布式数据处理

由于个人计算机的性能得到极大的提高及其使用的普及，使处理能力分布到网络上的所有计算机成为可能。分布式计算是和集中式计算相对立的概念，分布式计算的数据可以分布在很大区域。

分布式网络中，数据的存储和处理都是在本地工作站上进行的。数据输出可以打印，也可保存在软盘上。通过网络主要是得到更快、更便捷的数据访问。因为每台计算机都能够存储和处理数据，所以不要求服务器功能十分强大，其价格也就不必过于昂贵。这种类型的网络可以适应用户的各种需要，同时允许他们共享网络的数据、资源和服务。在分布式网络中使用的计算机既能够作为独立的系统使用，也可以把它们连接在一起得到更强的网络功能。

分布式计算的优点是可以快速访问、多用户使用。每台计算机可以访问系统内其他计算机的信息文件；系统设计上具有更大的灵活性，既可为独立的计算机的地区用户的特殊需求服务，也可为互联网的企业需求服务，实现系统内不同计算机之间的通信；每台计算机都可以拥有和保持所需要的最大数据和文件；减少了数据传输的成本和风险。为分散地区和中心办公室双方提供更迅速的信息通信和处理方式，为每个分散的数据库提供作用域，数据存储于许多存储单元中，但任何用户都可以进行全局访问，使故障的不利影响最小化，以较低的成本来满足企业的特定要求。

分布式计算的缺点是：对病毒比较敏感，任何用户都可能引入被病毒感染的文件，并将病毒扩散到整个网络。备份困难，如果用户将数据存储在各自的系统上，而不是将他们存储在中央系统中，难于制定一项有效的备份计划。这种情况还可能导致用户使用同一文件的不同版本。为了运行程序要求性能更好的 PC 机；要求使用适当的程序；不同计算机的文件数据需要复制；对某些 PC 机要求有足够的存储容量，形成不必要的存储成本；管理和维护比较复杂；设备必须要互相兼容。

3. 协作式数据处理

协作式数据处理系统内的计算机能够联合处理数据，处理既可集中实施，也可分区实施。协作式计算允许各个客户计算机合作处理一项共同的任务，采用这种方法，任务完成的速度要快于仅在一个客户计算机运行。协作式计算允许计算机在整个网络内共享处理能力，可以使用其他计算机上的处理能力完成任务。除了具有在多个计算机系统上处理任务的能力，该类型的网络在共享资源方面类似于分布式计算。

协作式计算和分布式计算具有相似的优缺点。例如协作式网络上可以容纳各种不同的客户，协作式计算的优点是处理能力强，允许多用户使用。缺点是病毒可迅速扩散到整个网络。因为数据能够在整个网络内存储，形成多个副本，文件同步困难。并且也使得备份所有的重要数据比较困难。

第三节　代码设计

代码设计问题是一个科学管理的问题。设计出一个好的代码方案对于系统的开发工作是一件极为有利的事情。它可以使很多机器处理（如某些统计、校对查询等）变得十分方便，另外还把一些现阶段计算机很难处理的工作变成很简单的处理。

一、代码的概念与功能

代码，客观实体或属性的一种表示符号，在管理信息系统中，它是人与计算机的共同语言，起着沟通人与计算机的作用。采用代码，可以使数据表达标准化，简化程序设计，加快输入，减少出错，节省存储空间，提高处理速度。代码设计是一项重要基础工作，设计时必须进行统筹规划、长远考虑，充分征求使用人员的意见。

系统设计阶段的代码设计是未来系统数据规范化管理的基础，特别要强调的是，共享代码的设计质量直接影响到未来系统的效率。代码设计的主要工作是完成对共享数据类中的关键字段的码结构设计并形成代码库。所谓共享数据类是指多个子系统都要用到的数据类，如"物资基本信息"，"产品基本信息"等。

二、代码设计的原则

（1）唯一性：代码的唯一性要求保证，通过代码可唯一地确定编码对象，这是代码在数据管理中最基本的作用。

（2）规范性：代码要遵循一定的规则，这些规则包括：代码的位数、代码的分段、每段的类型和含义等。例如会计科目代码，会计科目反映经济业务和会计核算的内容，能在一定范围内综合汇总会计指标。财政部已颁布了"会计科目代码总则"，规定了一级科目代码，各行业、各地区在财政部规定的基础上，制定了部分二级、三级科目编码。会计科目代码的结构一般可采用以下的"3-2-2-2"代码结构，如图8-5所示。

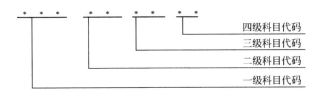

图 8-5　会计科目代码

（3）可识别性：代码的可识别性要求的目的是，通过代码能够比较容易地识别被编码对象。如物资代码"CTV21"表示彩色电视机21寸。

（4）可扩展性：是保证系统对企业管理业务变化的适应性，即要求代码规则对已有编码对象留有足够的余量。例如，在产品代码已经按其代码规则被全部占用的情况下，若企业再开发出新产品，系统就无法对其进行代码并进行管理了。

（5）标准化与通用性：考虑企业信息系统与主管部门通讯与联网的需要，尽可能利用国际、国内、部门的标准代码。

（6）实用性：尽量使用原业务处理上已使用的且行之有效的代码，方便使用。

（7）简明性：在不影响代码系统的容量和扩充性的前提下，代码尽可能简短、统一。

三、代码的种类

（1）数字码

数字码可分为顺序码和分组顺序码。顺序码是最简单的代码形式，一般适用于编码对象数目较少的情况。例如，某企业管理信息系统中，对5个产品仓库的代码可采用如下的数字顺序码。当编码对象具有两层（或以上）的分类时，可采用数字分组（段）顺序码（表8-1）。前两位表示账本的所属仓库，后3位表示该仓库中账本的序号。

表 8-1　数字分组顺序代码举例

编码对象	仓库1的第1本账	仓库1的第2本账	…	仓库2的第1本账	仓库2的第2本账	
代码	01001	01002	…	02001	02002	

（2）字符码

数字代码虽然结构简单，但也存在不容易识别和记忆的缺点。为了容易识别和记忆，可采用字符代码，如可对企业的仓库采用下面的字符代码见表8-2。使用仓库汉语名称的拼音字头形成了相应仓库的字符代码，即容易识别，也容易记忆。

表 8-2　字符码举例

编码对象	成品库	配件库	原料库
代码	CP	PJ	YL

（3）混合码

当编码对象具有两层（或以上）的分类时，可采用数字和字符的混合代码方式，使代码对某层分类的记忆和识别更直观和容易。如前述仓库管理中的账本的代码可采用如下表 8-3 的混合码。

表 8-3　混合码举例

编码对象	成品库的第 1 本账	成品库的第 2 本账	…	原料库的第 1 本账	原料库的第 2 本账	…
代码	CP001	CP002	…	YL001	YL002	…

（4）区间码

区间码把数据项分成若干组，每一区间代表一个组，码中数字的值和位置都代表一定意义。典型的例子是我国的行政区代码和邮政编码。例如，国家标准局编写的中华人民共和国行政区域码（GB2260—84）。用 6 位数字，按照层次分别表示我国各省（自治区、直辖市）、地区（市、州、盟）、县（市、旗、区、镇）的名称，从左至右的含义是：第 1、2 位表示省（自治区、直辖市）；第 3、4 位表示地区（市、州、盟）；第 5、6 位表示县（市、旗、区、镇）。

区间码的特点是：信息处理比较可靠，检索、分类、排序都很方便；但是这种码的长度与它的分类属性有关，有时可能造成很长的码，维护比较困难。

四、代码中的校验位

代码是计算机的重要输入内容之一，其正确与否直接影响到整个处理工作的质量，特别是在经过人的手工处理时，发生错误的可能性更大。为了保证正确输入，在代码设计结构中原有代码的基础上，另外加上一个校验位，使它成为代码的一个组成部分。校验位通过事先规定的数学方法计算出来，输入时，计算机用同样的方法按代码数字计算出校验位，与输入的校验位进行比较，以确保输入正确。计算校验位的方法很多，这里举出几种。

（1）算术级数法

原代码　　　　5　3　4　2　1

各乘以权　　　6　5　4　3　2

乘积求和　　30＋15＋16＋6＋2＝59

以 11 为模去除乘积之和，取余作为校验码：59/11＝4

由此得出代码为：534214

（2）几何级数法

原代码　　　　5　3　4　2　1

各乘以权　　32　16　8　4　2

乘积求和　　160＋48＋32＋8＋2＝250

以 11 为模去除乘积之和，取余作为校验码：250/11＝8

由此得出代码为：534218

（3）质数法

原代码　　　5　3　4　2　1

各乘以权　17　13　7　5　3

乘积求和　　85＋39＋28＋10＋3＝165

以 11 为模去除乘积之和，取余作为校验码：165/11＝0

若余数是 10 或 0，则按 0 处理。

由此得出代码为：534210

第四节　数据结构与数据库设计

信息系统的主要任务是通过大量的数据获得管理所需要的信息，这就必须存储和管理大量的数据。因此建立一个良好的数据组织结构和数据库，使整个系统都可以迅速、方便、准确地调用和管理所需的数据，是衡量信息系统开发工作好坏的主要指标之一。

数据结构组织和数据库或文件设计，就是要根据数据的不同用途、使用要求、统计渠道、安全保密性等，来决定数据的整体组织形式、表或文件的形式，以及决定数据的结构、类别、载体、组织方式、保密等级等一系列的问题。

一个好的数据结构和数据库应该充分反映物流发展变化的状况，充分满足组织的各级管理要求。同时还应该使得后继系统开发工作方便、快捷，系统开销（如占用空间、网络传输额度、磁盘或光盘读写次数等）小，易于管理和维护等特点。

一、规范化重组数据结构

数据是企业最重要的资源之一，开发数据资源既是企业信息化的出发点，又是企业信息化的目标。企业管理信息系统建立的关键在于落实信息资源管理基础标准，科学规划与设计共享数据库，建立稳定的全域数据模型，重组原有的信息资源，改造杂乱无序的数据环境，用全域数据模型来控制与协调整个企业信息系统建设。

标准化、规范化地组织好数据信息，这就是开发数据资源的基本工作。而且经过有效的分析设计，就可以得到相对稳定的数据结构，不论组织机构如何变动或信息系统环境如何变动，都可以做到基础层的数据结构稳定不变。这就是数据稳定性原理。如果按这种结构来建立新的全域数据视图，可以实现各种应用模块通过共享数据库交换数据，实现数据共享，提高了数据开发使用的效率。

在数据库管理系统中，采用数据模型（Data Model）来对现实世界进行抽象，反映数据本身及其数据之间的联系。数据模型按照计算机系统的观点来组织数据。为了将现实世界中的事物抽象为数据库管理系统支持的数据模型，通常需要一个不依赖于计算机系统的中间层次，即首先将现实世界中的事物及其联系抽象为概念模型，再由概念模型转化为数据模型，最常用的是关系数据模型。

关系数据模型的规范化理论已在第六章中详细介绍，在此不再赘述。

二、数据库设计的步骤

数据库设计是建立数据库及其应用系统的技术，是信息系统开发和建设中的核心技术，具体说，数据库设计是指对于一个给定的应用环境，构造最优的数据库模式，建立数据库及其应用系统，使之能够有效地存储数据，满足各种用户的应用需求（信息要求和处理要求）。

数据库是信息系统的核心和基础，它把信息系统中大量的数据按一定的模型组织起来，提供存储、维护、检索数据的功能，使信息系统可以方便、及时、准确地从数据库中获得所需的信息。一个信息系统的各个部分能否紧密地结合在一起以及如何结合，关键在数据库。因此只有对数据库进行合理的逻辑设计和有效的物理设计才能开发出完善而高效的信息系统。数据库设计是信息系统开发和建设的重要组成部分。

大型数据库的设计和开发是一项庞大的工程，是涉及多学科的综合性技术。其开发周期长、耗资多、失败的风险也大。必须把软件工程的原理和方法应用到数据库建设中来。从事数据库设计需要具备多方面的技术和知识。数据库设计人员必须深入实际与用户密切结合，对应用环境、专业业务有具体深入的了解，才能设计出符合具体领域要求的信息系统。

由于信息结构复杂，应用环境多样，在相当长的一段时期内数据库设计主要采用手工试凑法。使用这种方法与设计人员的经验和水平有直接关系，数据库设计缺乏科学理论和工程方法的支持，工程的质量难以保证，常常是数据库运行一段时间后又不同程度地发现各种问题，增加了系统维护的代价。这些年来，人们提出了各种数据库设计方法，这些方法运用软件工程的思想和方法，提出了各种设计准则和规程，都属于规范化方法。

按照规范设计的方法，考虑数据库及其应用系统开发全过程，将数据库设计分为以下六个阶段：需求分析、概念结构设计、逻辑结构设计、物理结构设计、数据库实施、数据库运行和维护。数据库实施、数据库运行和维护是在信息系统实施阶段进行。这里具体介绍需求分析、概念结构设计、逻辑结构设计、物理结构设计，最终形成数据库的具体设计方案。

1. 需求分析阶段

需求分析是整个数据库设计过程中的第一步，也是最重要一步。进行数据库设计即首先必须准确了解与分析用户需求（包括数据与处理）。需求分析是整个设计过程的基础，是最困难、最耗费时间的一步。作为基本的需求分析是否做得充分与准确，决定了在其上构建数据库的速度与质量。需求分析的结果是否准确地反映了用户的实际要求，将直接影响到后面各个阶段的设计，并影响到设计结果是否合理和实用。

　　需求分析的任务是通过详细调查现实世界要处理的对象（组织、部门、企业等），充分了解原系统（手工系统或计算机系统）工作概况，明确各用户的各种需求，然后在此基础上确定新系统的功能。新系统必须充分考虑今后可能的扩充和改变，不能仅仅按当前应用需求来设计数据库。

　　调查的重点是"数据"和"处理"，通过调查、收集与分析，获得用户对数据库信息要求、处理要求、安全性与完整性要求。

　　信息要求是指用户需要从数据库中获得信息的内容与性质，由信息要求可以导出数据要求，即在数据库中需要存储哪些数据。

　　处理要求是指用户要完成什么处理功能，对处理的响应时间有什么要求，处理方式是批处理还是联机处理。

　　确定用户的最终需求是一件很困难的事，这是因为一方面用户缺少计算机知识，开始时无法确定计算机究竟能为自己做什么，不能做什么，因此往往不能准确地表达自己的需求，所提出的需求往往不断地变化。另一方面，设计人员缺少用户的专业知识，不易理解用户的真正需求，甚至误解用户的需求。因此设计人员必须不断深入地与用户交流，才能逐步确定用户的实际需求。

　　需求分析阶段的一个重要而困难的任务是收集将来应用所涉及的数据，设计人员应充分考虑到可能的扩充和改变，使设计易于更改，系统易于扩充，这是第一点。

　　必须强调用户的参与，这是数据应用系统设计的特点。数据库应用系统和广泛的用户有密切的联系，许多人要使用数据库。数据库的设计和建立又可能对更多人的工作环境产生重要影响。因此用户的参与是数据库设计不可分割的一部分。在数据分析阶段，任何调查研究没有用户的积极参加是寸步难行的。设计人员应该和用户取得共同的语言，帮助不熟悉计算机的用户建立数据库环境下的共同概念，并对设计工作的最后结果承担共同的责任。需求分析阶段的主要工作具体如下。

　　（1）收集资料。收集资料工作是数据库设计人员和用户共同完成的任务。强调各级用户的参与是数据库应用系统设计的特点之一。

　　（2）分析整理。分析的过程是对所收集到的数据进行抽象的过程。

　　（3）数据流程图。在系统分析中通常采用数据流程图（Data Flow Diagram）来描述系统的数据流向和对数据的处理功能。

　　（4）数据字典。除了一套 DFD 外，还要从原始的数据资料中分析整理出下述数据信息：数据元素的名称、同义词、性质、取值范围、提供者、使用者、控制权限、保密要求、使用频率、数据量；数据之间联系的语义说明；各个部门对数据的要求及数据处理要求。

　　需求分析阶段的成果要形成文档资料，至少包括以下两项：各项业务的数据流程图 DFD 及有关说明；对各类数据描述的集合，即数据字典（Data Dictionary）DD。

　　（5）用户确认。DFD 图集和 DD 的内容必须返回给用户，并且用非专业术语与用户交流。

2. 概念结构设计

将需求分析得到的用户需求抽象为信息结构即概念模型的过程就是概念结构设计。它是整个数据库设计的关键。在需求分析阶段所得到的应用需求应首先抽象为信息世界的结构，才能更好地、更准确地用某一 DBMS 实现这些需求。

设计概念结构通常有四类方法：自顶向下，即首先定义全局概念结构的框架，然后逐步细化；自底向上，即首先定义各局部应用的概念结构，然后将它们集成起来，得到全局概念结构；逐步扩张，首先定义最重要的核心结构概念，然后向外扩充，以滚雪球的方式逐步生成其他概念结构，直至总体概念结构；混合策略，即将自顶向下和自底向上相结合，用自顶向下策略设计一个全局概念结构的框架，以它为骨架集成由自底向上策略中设计的各局部概念结构。

其中最经常采用的策略是自底向上方法，即自顶向下进行需求分析，然后再自底向上地设计概念结构。在概念结构设计过程中使用 E-R 方法的基本步骤如下。

(1) 选择局部应用，设计局部 E-R 图。根据某个系统的具体情况，在多层的数据流程图中选择一个适当层次的数据流程图，作为设计局部 E-R 图的出发点，这组图中每一部分对应一个局部应用。选择好局部应用之后，就要对每个局部应用逐一设计分 E-R 图，亦称局部 E-R 图。在前面选好的某一层次的数据流程图中，每个局部应用都对应了一组数据流程图，局部应用涉及的数据都已经收集在数据字典中了。现在就要依据数据字典，参照数据流程图，标定局部应用中的实体、实体的属性、标识实体的码，确定实体之间的联系及其联系类型。

为了简化 E-R 图的处置，现实世界的事物能作为属性对待的，尽量作为属性对待，可以参考以下两条准则：作为"属性"，不能再具有需要描述的性质，"属性"必须是不可分的数据项，不能包含其他属性；"属性"不能与其他实体具有联系，即 E-R 图中所表示的联系是实体之间的联系。

各子系统的分 E-R 图设计好以后，下一步就是要将所有的分 E-R 图综合成一个系统的总 E-R 图，可以将多个 E-R 图一次集成，也可以逐步集成，用累加的方式一次集成两个分 E-R 图。

(2) 合并分 E-R 图，生成初步 E-R 图。各个局部应用所面向的问题不同，且通常是由不同的设计人员进行局部视图设计，这就导致各个分 E-R 图之间必定会存在许多不一致的地方，称之为冲突。合并分 E-R 图时，必须着力消除各个分 E-R 图中的不一致，以形成一个能为全系统中所有用户共同理解和接受的统一概念模型，合理消除各分 E-R 图的冲突是合并分 E-R 图的主要工作和关键所在。

各分 E-R 图之间的冲突主要有三类：属性冲突、命名冲突和结构冲突。属性冲突是指属性域冲突，即属性值的类型、取值范围或取值集合不同，或属性取值单位冲突。命名冲突包括同名异义和异名同义，命名冲突可能发生在实体、联系上，也可能发生在属性上，其中属性的命名冲突更常见，处理命名冲突通常也像处理属性冲突一样，通过讨论、协商等行政手段加以解决。结构冲突包括：同一对象在不同应用中具有不同的抽象，例如在某一局部应用中被当作实体，但在另一局部应用中则被当作属性；同一实体在不同分 E-R 图中所包含的属性个数和属性排列次序不完全相同。解决方法是使该实体的属性取各分 E-R 图中属性的并集，再适当调整属性的次序；实体间的联系在不同的分 E-R 图中为不同的类型，解决方法是根据应用的语义对实体联系的类型进行综合或调整。

（3）消除不必要的冗余，设计基本 E-R 图。在初步 E-R 图中，可能存在一些冗余的数据和实体间冗余的联系。所谓冗余的数据是指可由基本数据导出的数据，冗余的联系是指可由其他联系导出的联系。冗余数据和冗余联系容易破坏数据的完整性，给数据库的维护增加困难，应当予以消除。消除了冗余后的初步 E-R 图称为基本 E-R 图。

消除冗余主要采用分析方法，即以数据字典和数据流程图为依据，根据数据字典中关于数据项之间逻辑关系的说明来消除冗余。但并不是所有的冗余数据与冗余联系都必须加以消除，有时为了提高效率，不得不以冗余信息作为代价。因此在设计数据库概念结构时，哪些冗余信息必须消除，哪些冗余信息允许存在，需要根据用户的整体需求来确定。如果人为地保留一些冗余数据，则应把数据字典中数据关联的说明作为完整性约束条件。

3. 逻辑结构设计

逻辑结构设计的任务就是把概念结构设计阶段设计好的基本 E-R 图转换为与选用的 DBMS 产品所支持的数据模型相符合的逻辑结构。

从理论上讲，设计逻辑结构应该选择最适于相应概念结构的数据模型，然后对支持这种模型的各种 DBMS 进行比较，从中选出最合适的 DBMS。但实际情况往往是已给定了某种 DBMS，设计人员没有选择的余地。目前 DBMS 产品一般支持关系、网状、层次三种模型中的某一种，对某一种数据模型，各个机器系统又有许多不同的限制，提供不同的环境与工具。新设计的信息系统都普遍采用支持关系数据模型的 DBMS。

（1）将 E-R 图转换为关系模型，一般遵循如下原则。

一个实体型转换为一个关系模式，实体的属性就是关系的属性，实体的关键字就是关系的关键字。

一个 1：1 的联系转换为一个关系。每个实体的关键字都是关系的候选关键字。

一个 1：n 的联系转换为一个关系。多方实体的关键字是关系的关键字。

一个 n：m 的联系转换为一个关系。联系中各实体关键字的组合组成关系的关键字（组合关键字）。

具有相同关键字的关系可以合并。

形成了一般的数据模型后，下一步就是向特定的 RDBMS（Relation DataBase Management System）的模型转换。设计人员必须熟悉所用 RDBMS 的功能与限制，这一步是依赖于机器的。

（2）规范化处理　规范化理论在数据库设计中有如下几方面的应用：在需求分析阶段，用数据依赖概念分析和表示各个数据项之间的联系；在概念结构设计阶段，以规范化理论为指导，确定关键字，消除初步 E-R 图中冗余的联系；在逻辑结构设计阶段，从 E-R 图向数据模型转换过程中，用模式合并与分解方法达到规范化级别。

（3）模式评价与修正　模式评价主要包括功能和性能两个方面。经过反复多次的模式评价和修正之后，最终的数据库模式得以确定。逻辑设计阶段的结果是全局逻辑数据库结构。对于关系数据库系统来说，就是一组符合一定规范的关系模式组成的关系数据库模型。

4. 物理结构设计

数据库在物理设备上的存储结构与存取方法称为数据库的物理结构，它依赖于给定的计算机系统。为一个给定的逻辑数据模型选取一个最适合应用要求的物理结构的过程，就是数据库的物理设计。

数据库的物理设计通常分为两步：第一步，确定数据库的物理结构，在关系数据库中主要指存取方法和存储结构；第二步，对物理结构进行评价，评价的重点是时间和空间效率。

如果评价结果满足原设计要求，则可进入到物理实施阶段，否则，就需要重新设计或修改物理结构，有时甚至要返回逻辑设计阶段修改数据模型。通常对于关系数据库物理设计的内容主要包括如下几点。

（1）为关系模式选择存取方法。数据库系统是多用户共享的系统，对同一个关系要建立多条存取路径才能满足多用户的多种应用要求。物理设计的任务之一就是要确定选择哪些存取方法，即建立哪些存取路径。

（2）确定数据存储结构　确定数据库物理结构主要指确定数据的存放位置和存储结构，包括确定关系、索引、聚簇、日志、备份等的存储安排和存储结构，确定系统配置等。

确定数据的存放位置和存储结构要综合考虑存取时间、存储空间利用率和维护代价三方面的因素。这三个方面常常是相互矛盾的，因此需要进行权衡，选择一个折中方案。

（3）评价物理结构　数据库物理设计过程中需要对时间效率、空间效率、维护代价和各种用户要求进行权衡，其结果可以产生多种方案，数据设计人员必须对这些方案进行细致的评价，从中选出一个较优的方案作为数据库的物理结构。评价物理数据库的方法完全依赖于所选用的 DBMS，主要从定量估算各种方案的存储空间、存取时间和维护代价入手，对估算结果进行权衡、比较、选择出一个较优的合理的物理结构。如果该结构不符合用户需求，则需要修改设计。

如下为按照该步骤进行数据库设计：按照规范设计的方法，考虑数据库及其应用系统开发全过程，数据库设计分为以下六个阶段：需求分析、概念结构设计、逻辑结构设计、物理结构设计、数据库实施、数据库运行和维护。

① 需求分析　某企业的物资管理系统，主要包括物资的采购、入库、出库、日常管理等活动。实体有物资、供应商和合同。物资实体可以通过物资代码、物资名称、型号、

规格、计量单位、物资类别、存放仓库等属性来进行描述；供应商的属性有供应商编号、供应商名称、供应商地址、联系人和供应商账号；合同的属性有合同编号、合同日期和交货日期等。订货联系涉及到的实体有物资、供应商和合同。一种物资可以由多家供应商供应，签订多笔合同；一家供应商也可以供应多种物资，也可能签订多笔合同，这种联系在图中用 L：M：N 来表示。在订货联系中的属性有订货数量和订货价格。

② 概念结构设计　根据该企业物资管理中的实体和实体间联系，构建概念模型。这里只给出了局部的 E-R 图，读者可以根据具体企业的实际情况和相关章节的内容自己补充其他实体，建成一个综合的物资管理的 E-R 图，实现企业物资管理的整体概念结构的设计，如图 8-6 所示。

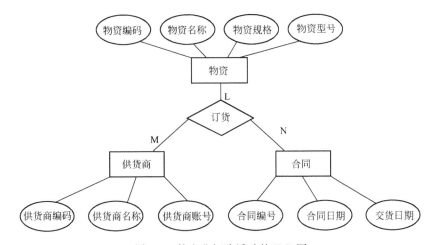

图 8-6　某企业订购活动的 E-R 图

③ 逻辑结构设计　根据数据库设计的原则，将 E-R 模型转换为关系数据模型：

物资（<u>物资代码</u>，物资名称，型号，规格，计量单位，物资类别）

供应商（<u>供应商代码</u>，供应商名称，地址，联系人，供应商账号）

合同（<u>合同编号</u>，合同日期，交货日期）

订货（<u>物资代码</u>，<u>供应商代码</u>，<u>合同编号</u>，订货数量，订货价格）

每个关系都经过规范化分析，符合 BCNF。

④ 物理结构设计　数据库的物理设计通常分为两步：确定数据库的物理结构，在关系数据库中主要指存取方法和存储结构；对物理结构进行评价，评价的重点是时间和空间效率。

不同的数据库产品所提供的物理环境、存取方法和存储结构有很大差别，能供设计人员使用的设计变量、参数范围也很不相同，因此没有通用的物理设计方法可遵循，只能给出一般的设计内容和原则。希望设计优化的物理数据库结构，使得在数据库上运行的各种事务响应时间小、存储空间利用率高、事务吞吐率大。为此首先对要运行的事务进行详细分析，获得选取物理数据库设计所需要的参数。其次，要充分了解所用的 RDBMS 的内部特征，特别是系统提供的存取方法和存储结构。这里要结合所选用的具体数据库管理系统进行物理结构设计。

⑤ 数据库实施和维护 完成数据库的物理设计之后，设计人员就要用 RDBMS 提供的数据定义语言和其他实用程序将数据库逻辑设计和物理设计结果严格描述出来，成为 DBMS 可以接受的源代码，再经过调试产生目标模式。

第五节 输入输出设计

输入输出设计是管理信息系统与用户的界面，一般而言，输入输出设计对于系统开发人员并不重要，但对用户来说，却显得尤为重要。

(1) 它是一个组织系统形象 (Cooperation Identify System，CIS) 的具体体现。

(2) 它能够为用户建立良好的工作环境，激发用户努力学习、主动工作的热情。

(3) 符合用户习惯，方便用户操作，使目标系统易于为用户所接受。

(4) 为用户提供易读易懂的信息形态。

一、输入设计

输入界面是管理信息系统与用户之间交互的纽带，设计的任务是根据具体业务要求，确定适当的输入形式，使管理信息系统获取管理工作中产生的正确的信息。输入设计的目的是提高输入效率，减少输入错误。

输入设计的工作是依据功能模块的具体要求给出数据输入的方式、用户界面和输入校验方式等。

1. 输入方式设计

输入方式的设计主要是根据总体设计和数据库设计的要求来确定数据输入的具体形式。常用的输入方式有：键盘输入；模/数、数/模输入；网络数据传送；磁/光盘读入等几种形式。通常在设计新系统的输入方式时，应尽量利用已有的设备和资源，避免大批量的数据重复多次地通过键盘输入。因为键盘输入不但工作量大，速度慢，而且出错率较高。

(1) 键盘输入 键盘输入方式 (key-in) 包括联机键盘输入和脱机键盘输入 (一种通过键到盘、键到带等设备，将数据输入到磁盘/带文件中然后再凑入系统的设备) 二种方式。它们主要适用于常规、少量的数据和控制信息的输入以及原始数据的录入。这种方式不大适合大批中间处理性质的数据的输入。

(2) 数模/模数转换方式 数模/模数转换方式 (A/D，D/A) 的输入是目前比较流行的基础数据输入方式。这是一种直接通过光电设备对实际数据进行采集并将其转换成数字信息的方法，是一种既省事，又安全可靠的数据输入方式。这种方法最常见的有如下几种。

第一种条码（棒码）输入。即利用标准的商品分类和统一规范化的条码贴（或印）于商品的包装上，然后通过光学符号阅读器（optical character reader，简称 OCR）（亦称扫描仪）来采集和统计商品的流通信息。这种数据采集和输入方式现已普遍地被用于商业企业、工商、质检、海关等的信息系统中。

第二种用扫描仪输入。这种方式实际上与条码输入是同一类型的。它大量地被使用在图形/图像的输入，文件、报纸的输入，标准考试试卷的自动阅卷，投票和公决的统计等。

第三种传感器输入。即利用各类传感器和电子平衡器接收和采集物理信息，然后再通过 A/D/A 板将其转换为数字信息。这也是一种用来采集和输入生产过程数据的方法。

（3）网络传送数据　这既是一种输出信息的方式，又是一种输入信息的方式。对下级子系统它是输出，对上级主系统它是输入。使用网络传送数据既安全、可靠、快捷地传输数据，又可避免下级忙于设计输入界面，上级忙于设计输入界面的盲目重复开发工作。网络传送有两种方式，第一种利用数字网络直接传送数据，第二种利用电话网络（通过 modem）传送数据。

（4）磁盘传送数据　即数据输出和接收双方事先约定好待传送数据文件的标准格式（这一点在上节数据整体结构中就可以确定下来），然后再通过软盘/光盘传送数据文件。这种方式不需要增加任何设备和投入，是一种非常方便的输入数据方式，它常被用在主、子系统之间的数据联接上。

2. 输入格式

在实际设计数据输入时（特别是大批量的数据统计报表输入时）常常遇到统计报表（或文件）结构与数据库文件结构不完全一致的情况。

如有可能，应尽量改变统计报表或数据库关系表二者之一的结构，并使其一致，以减少输入格式设计的难度。现在还可采用智能输入方式，由计算机自动将输入送至不同表格。

3. 校验方式

在输入时校验方式的设计是非常重要的。特别是针对数字、金额数等字段，没有适当的校验措施做保证是很危险的。因为从理论上来说，操作员输入数据时所发生的随机错误在各个数位上都是等概率的。如果错误出现在财会记录的低位则尚可容忍，但如出现在高位，则势必酿成大事故。所以对一些重要的报表，输入设计一定要考虑适当的校验措施，以减少出错的可能性。但应指出的是绝对保证不出错的校验方式是没有的。常用校验方式如下。

（1）人工校验　即输入数据后再显示或打印出来，由人来进行校验。这种方法对于少量的数据或控制字符输入还可以，但对于大批量的数据输入就显得太麻烦，效率太低。这种方式在实际系统中很少有人使用。

（2）二次键入校验　二次键入是指一种同一批数据两次键入系统的方法。输入后系统内部再比较这两批数据，如果完全一致则可认为输入正确；反之，则将不同部分显示出来有针对性地由人来进行校验。它是目前数据录入中心、信息中心录入数据时常用的方法。该方法最大的好处是方便、快捷。而且可以用于任何类型的数据符号。尽管该方法中二次键入在同一个地方出错，并且错误一致的可能性是存在的，但是这种可能性出现的概率极小。

（3）数据平衡校验　这种校验方法常用在对财务报表和统计报表等这类完全数字型报表的输入校验中。具体做法是在原始报表每行每列中增加一位数字小计字段（在这类报表中一般本来就有），然后在设计新系统的输入时再另设一个累加值，光让计算机将输入的数据累加起来，然后再将累加的结果与原始报表中的小计自动比较。如果一致，则可认为输入正确，反之，则拒绝接受该数据记录，这是一种非常有效的方法。但该方法也不是十全十美的，当同一记录中几个数同时输错，而累加后结果仍正确时，就无法检测出错误之处，这种情况在实际中出现的可能性也是很小的。

4. 用户界面设计

用户界面是系统与用户之间的接口，也是控制和选择信息输入输出的主要途径。用户界面设计应坚持友好、简便、实用、易于操作的原则，尽量避免过于繁琐。例如，在设计菜单时应尽量避免菜单嵌套层次过多和每选择一次还需确认一次的设计方式。菜单最好是二级、三级就到头了。又如，在设计大批数据输入屏幕界面时应避免颜色过于丰富多变，因为这样对操作员眼睛压力太大，会降低输入系统的实用性。

进行输入设计工作时，要注意在整个系统中统一设计风格。例如要求所有设计人员遵照图 8-7 的界面框架对输入型功能模块进行用户界面设计。

例如某企业物资库存管理信息系统的物资信息输入型功能模块用户界面设计如图 8-8 所示。

图 8-7　输入功能模块的界面框架

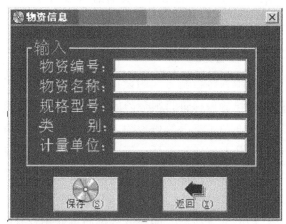

图 8-8　某库存系统输入界面

界面设计包括菜单方式、会话方式、操作提示方式，以及操作权限管理方式等。

（1）菜单方式　菜单（menu）是信息系统功能选择操作的最常用方式。按目前软件所提出的菜单设计工具，菜单的形式可以是下拉式、弹出式的，也可以是按钮（button）选择方式的（如 Windows 下所设计的菜单多属这种方式）。菜单选择的方式也可以是移动光棒、选择数字（或字母）、鼠标（mouse）驱动或直接用手在屏幕上选择等多种方式（甚至还可以是声音系统加电话键盘驱动的菜单选择方式）。

菜单设计时一般应安排在同一层菜单选择中，功能尽可能多，而进入最终操作层次尽可能少（最好是二级左右）。一般功能选择性操作最好让用户一次就进入系统，只有在少数重要执行性操作时，才设计让用户选择后再确定一次的形式，例如，选择执行删除操作。系统尚未执行完毕前执行退出操作等。

菜单设计时在两个邻近的功能（或子系统）选择之间，可以考虑交替使用深浅不同的对比色调，以使它们之间的变化更加醒目。

在系统开发工作中常常用下拉式菜单来描述系统或子系统功能。例如，有关库存管理子系统分析和设计的主要功能就可以表示成如表 8-4 所示的形式。它既是系统分析和系统设计所确定的新系统功能，又是下一阶段系统编程实现时的主控程序菜单屏幕蓝图。

表 8-4 企业物资库存管理系统菜单

企业物资库存管理信息系统					
系统	基本信息管理	入库信息管理	出库信息管理	余额信息管理	帮助
修改密码	添加物资基本信息	添加物资入库信息	添加物资出库信息	查询物资余额信息	关于…
添加用户	修改物资基本信息	修改物资入库信息	修改物资出库信息		
退出	删除物资基本信息	删除物资入库信息	删除物资出库信息		
	查询物资基本信息	查询物资入库信息	查询物资出库信息		

下拉式菜单的另一个好处是方便、灵活，便于统一处理。在实际系统开发编制一个统一的菜单程序，而将菜单内的具体内容以数据的方式存于一个菜单文件中，使用时先打开这个文件，读出相应的信息，这个系统的菜单就建立起来了。按这个方法，只要在系统初始化时简单输入几个汉字，定义各自的菜单项，一个大系统的几十个菜单就都建立起来了。

（2）会话管理方式　人机对话即会话（dialogue）方式，是指在计算机程序运行中，为了进行控制与检验，用户通过显示屏幕与机器的对话。最常见的有：用户操作错误时，系统发出提示和警告性的信息；系统执行用户操作指令遇到两种或两种以上可能时，提请用户作进一步的指示以便执行；系统定量分析的结果通过屏幕向用户发出控制型的信息等。人机对话设计是系统给用户的第一直观印象，就像商品的包装一样，因而它的设计是系统成功与否的条件之一。设计时应注意以下几点。

第一，对话要简单，直观，清楚，明了，语言要礼貌亲切，要符合用户的观点和习惯等。

第二，错误信息提示要尽可能告之产生错误的可能原因，用词要友善，要有建议性，不要措辞生硬和使用训斥式的语言等。

第三，对某些要害操作和关键操作，要有强调和警告，最好加上进一步的确认，千万不能对这样的操作设计成一接到命令即进行处理，这样容易造成恶劣的后果。

（3）提示方式与权限管理 为了操作使用方便，在系统设计时，常常把操作提示和要点同时显示在屏幕的旁边，以使用户操作方便，这是当前比较流行的用户界面设计方式。

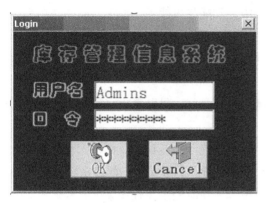

图 8-9 某库存系统权限管理

另一种操作提示设计方式则是将整个系统操作说明书全送入到系统文件之中，并设置系统运行状态指针。当系统运行操作时，指针随着系统运行状态来改变，当用户按"求助"键时，系统则立刻根据当前指针调出相应的操作说明。调出说明后还请求进一步详细说明的方式，可以通过标题（如本书的章节标志所示）来索引具体内容，也可以通过选择关键字方式（如 Windows 和 WWW 等的 help 方式）来索引具体的内容。

另外与操作方式有关的另一个内容就是对数据操作权限的管理。权限管理一般都是通过入网口令和建网时定义该节点级别相结合来实现的。对于单机系统的用户来说只需简单规定系统的上机口令（password）即可，如图 8-9 所示。所以在设计系统对数据操作权限的管理方式时，一定要结合实际情况综合确定。

二、系统输出设计

信息系统通过输出为用户提供信息。一个信息系统能否为用户提供准确、及时、适用的信息，是评价信息系统优劣的标准之一。因此，输出设计也很重要，其设计的好坏，直接影响系统的使用效果。另外，从系统开发的角度看，输出决定输入，即输入的信息只有根据输出要求才能决定。如何根据用户的特点和要求，以最适当的方式输出最适合需要的信息，是输出设计要解决的主要问题。

1. 输出类型的确定

输出有外部输出与内部输出之分。内部输出是指一个处理过程（或子系统）向另一个处理过程（或子系统）的输出。外部输出是指向计算机系统外的输出，如有关报表、报盘等。

2. 输出设备与介质的选择

输出的介质有打印纸、磁盘、磁带、光盘等。有关的设备有打印机、绘图仪、磁带机、磁盘机、光盘机等。可以根据需要和资源约束进行输出设备与介质的选择。输出设备和介质一览表如表 8-5 所示。

表 8-5　输出设备和介质一览表

输出设备	打印机	卡片或纸带输出机	磁带机	磁盘机	终端	绘图仪	缩微胶卷输出机
介质	打印纸	卡片或纸带	磁带	磁盘	屏幕	图纸	缩微胶卷
用途和特点	便于保存、费用低	可代其他系统输入之用	容量大、适于顺序存取	容量大,存取更新方便	响应灵活的人际对话	精度高、功能全	体积小、易保存

3. 输出内容的设计

输出内容的设计包括输出方式、输出内容的项目、数据结构、类型、长度、精度、取值范围、表格设计等。输出信息的格式:报表、凭证、单据、公文等的格式。输出信息使用方面的内容:使用者、使用目的、报表量、使用周期、有效期、保管方法、密级和复写份数等。

相对于输入方式来说,输出方式的设计要简单得多。从系统的角度来说输入和输出都是相对的,各级子系统的输出就是上级主系统输入。从这个意义上来说,前面所介绍的几种数据传输方式,如网络传递、软磁盘传递、通过电话线传递等,对于数据传出方来说也就是输出方式设计的内容。为了区别起见,将输出粗分为中间输出和最终输出两类。中间输出是指子系统对主系统或另一个子系统之间的数据传送,而最终输出则是指通过终端设备(如显示器屏幕、打印机等)向管理者输出的一类信息。

下面着重来讨论一下最终输出方式的设计问题。最终输出方式常用的只有两种:报表输出和图形输出。

究竟采用哪种输出形式为宜,应根据系统分析和管理业务的要求而定。一般来说对于基层或具体事物的管理者,应用报表方式给出详细的记录数据为宜,而对于高层领导或宏观、综合管理部门则应该使用图形方式给出比例或综合发展趋势的信息。例如,对于一个城市负责工业的市长来说,他需要的是全市工业、利税、产值、上升幅度、投资规模变化等综合比较信息以及极个别典型的信息。而对于市政府内某个工业局的管理人员来说,他就需要了解所管辖范围内企业的详细状况。对于市长最好是以图表方式向他提供综合类的输出信息,若提供详细报告则毫无用处(他根本没时间细看,更不可能从中找出数据变化发展趋势的规律)。反之对工业局具体管理人员则不同,应提供详细的数据记录报表。

(1)报表生成器设计　报表是一般系统中用得最多的信息输出工具。通常一个覆盖整个组织的信息系统,输出报表的种类都在百种。这样庞大的工作量对系统开发工作的压力是很大的。所以人们在实际工作时常常是在确定了报表的种类和格式之后,开发出一个报表模块,并由它来产生和打印所有的报表。这个报表模块的原理如图 8-10 所示。

图 8-10 分两部分,左边是定义一个报表格式部分,定义完后将其格式以一个记录的方式存于报表格式文件中;右边是打印报表部分,它首先打开文件读出已定义的报表各列于菜单中,供用户选择。当用户选中某个报表后,系统读出该报表的格式和数据打印之。

(2)图形方式　就目前的计算机技术来说,将系统的各类统计分析结果用图形方式输出已经是件很容易办到的事。大多数的软件编程工作都提供了作图工具或图形函数等。例

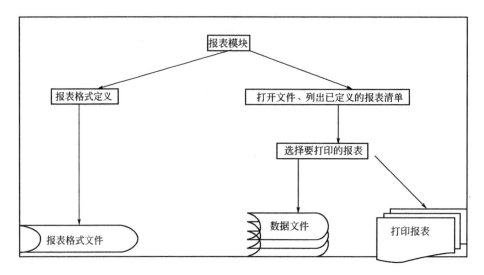

图 8-10　报表生成器设计示意图

如 BASIC 语言、C 语言、LOTUS、FoxGraph 等，利用这些工具就可产生出系统所需要的图形。但是如用这些工具绘图，它要求开发者具有一定的技术基础，而开发工作量较大。根据经验，特别推荐大家借用 Excel 来产生各种分析图形。如果你的系统是以 DBASE 或 FoxBASE 等为主编写的，则你可以利用 Excel 的动态数据交换功能（dynamic data exchange，简称 DDE），借用 Excel 来完成统计分析和图形输入的功能。这样，熟练者很快就可完成上百种统计分析和图形。

例如，某企业管理信息系统功能模块"物资入库单查询"的输出设计如下。

输出设计与输入设计类似，需要给出输出的方式和用户界面的内容，如显示输出的屏幕格式、打印输出的格式，每个显示、打印项目的类型、长度。输出设计时，也要注意在整个系统中统一设计风格。例如对个体数据类（如入库单）查询功能模块的实现和输出方式、用户界面可要求所有设计人员遵照图 8-11 和图 8-12 的形式进行。

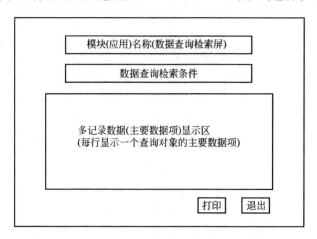

图 8-11　数据查询功能模块的过滤检索界面

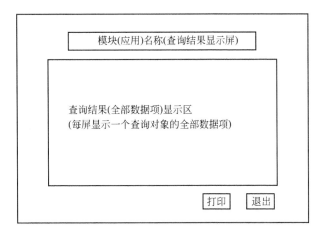

图 8-12   数据查询功能模块的查询结果数据显示界面

（3）磁盘文件输出   如果信息交换的双方都有计算机但还没有用网络连接在一起，则可考虑盘片传输，以减少键盘输入操作。如果用磁盘文件传输数据，必须事先规定好磁盘文件的格式，数据发出方按照规定的格式将数据写入磁盘，数据的接受方则按照规定的格式读取磁盘中的信息。磁盘传输可以减少网络传输的系统开销，降低传输费用，但它的传输速度较慢，对有立即查询要求和检索要求的用户，不宜采用这种方式。

（4）网络传输及卫星通信传输方式   网络传输及卫星通信传输方式是一种提高信息的传输速率和提高信息的利用率的方式，在计算机网络和通信技术迅速发展的今天，应该大力采用。在网络和卫星通信上，对于发送信息一方就是输出信息，而对于接收信息一方，则就是输入信息。无论是信息的接受方还是发送方，其输入和输出都要在统一的网络协议和数据标准规范下完成。

第六节   模块功能与处理过程设计

模块功能与处理过程设计是系统设计的最后一步，也是最详细地涉及到具体业务处理过程的一步。它是下一步编程实现系统的基础。

前面已经对系统的总体结构、编码方式、数据库结构以及 I/O 形式进行了设计。一旦这些确定了之后，就可以具体地考虑与程序编制有关的问题了，这就是详细设计，即不但要设计出一个个模块和它们之间的联接方式，而且还要具体地设计出每个模块内部的功能和处理过程。这一步工作通常是借助于 HIPO 图来实现的。有了上述各步的设计结果（包括总体结构、编码、DB、I/O 等）再加上 HIPO 图，任何一个程序员即使没有参加过本系统的分析与设计工作，也能够自如地编制出系统所需要的程序模块。

一、IPO 图与 HIPO 图

IPO 图主要是配合层次化模块结构图详细说明每个模块内部功能的一种工具。IPO 图的设计可因人因具体情况而异。但无论你怎样设计它都必须包括输入（I）、处理（P）、输出（O），以及与之相应的数据库/文件、在总体结构中的位置等信息，如图 8-13 所示。

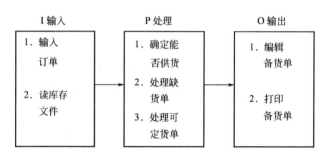

图 8-13 "订单处理"的 IPO 图

IPO 图其他部分的设计和处理都是很容易的，唯独其中的处理过程（P）描述部分较为困难。因为对于一些处理过程较为复杂的模块，用自然语言描述其功能十分困难，并且对同一段文字描述，不同的人还可能产生不同的理解（即所谓的二义性问题）。故如果这个环节处理不好，将会给后继编程工作造成混乱。目前用于描述模块内部处理过程主要有如下几种方法，结构化英语方法、决策树方法、判定表方法和算法描述语言方法。几种方法各有其长处和不同的适用范围，在实际工作中究竟用哪一种方法，需视具体的情况和设计者的习惯而定。

HIPO 图（hierarchy plus input-process-output）是 IBM 公司于 20 世纪 70 年代中期在层次结构图（structure chart）的基础上推出的一种描述系统结构和模块内部处理功能的工具（技术）。HIPO 图由层次结构图和 IPO 图两部分构成，前者描述了整个系统的设计结构以及各类模块之间的关系，后者描述了某个特定模块内部的处理过程和输入/输出关系。

HIPO 图一般由一张总的层次化模块结构图和若干张具体模块内部展开的 IPO 图组成，如图 8-14 所示。

二、层次模块结构图

层次模块结构图（或称结构图 structure chart）是 1974 年由 W. Steven 等人从结构化设计（structure design）的角度提出的一种工具。它的基本做法是将系统划分为若干子系统，子系统下再划分为若干的模块，大模块内再分小模块，而模块是指具备有输入输出、逻辑功能、运行程序和内部数据四种属性的一组程序。

层次模块结构图主要关心的是模块的外部属性，即上下级模块、同级模块之间的数据

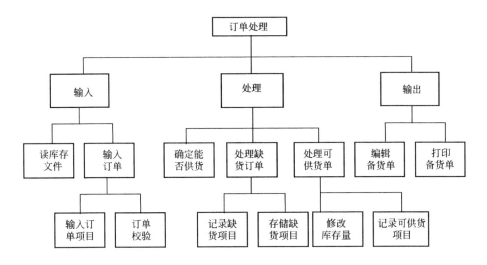

图 8-14 "订单处理"的 HIPO 图

传递和调用关系，而并不关心模块的内部。换句话说也就是只关心它是什么，它能够做什么的问题，而不关心它是如何去做的（这一部分内容由下面的 IPO 图解决）。

1. 模块结构的图形表示

结构图给出了 5 个图例（如图 8-15 所示）和 4 种基本关系（如图 8-16 所示），来表达模块和模块之间的联系。

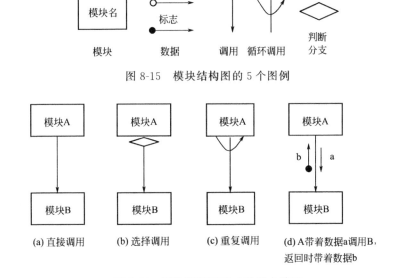

图 8-15 模块结构图的 5 个图例

图 8-16 模块结构图的 4 种基本关系

2. 结构设计

根据上述图例和几种基本结构关系来设计一个实际系统是一项较复杂的工作。随着所设计系统的增大，其结构的复杂性也迅速上升，当然难度也相应增大。为了确保系统设计工作的顺利进行，并不至于在繁杂纷乱的设计中搞昏头脑，在此有必要研究一下结构设计的原则规律。

（1）结构设计的原则　结构设计一般应遵循如下原则：

① 所划分的模块其内部的凝聚性（cohesion）要好，即模块具有独立性，模块之间的联系要少；

② 模块之间的耦合（coupling）只能存在上下级之间的调用关系，不能有同级之间的横向联系；

③ 整个系统呈树状结构，不允许有网状结构或交叉调用关系出现；

④ 所有模块（包括后继 IPO 图）都必须严格地分类编码并建立归档文件。

（2）模块的耦合方式模块耦合方式有 3 种：

① 模块耦合，按功能和数据流程耦合，是目前常用的一种方法；

② 内容耦合，按模块特征相耦合；

③ 控制耦合，按控制关系相耦合。

（3）功能模块划分

对于一个比较好的设计系统来说，模块一般都比较小，它往往都是在某一管理业务的某一局部中有某一单独功能。故在结构化系统设计中，模块一般都是按功能划分的，通常称为功能模块。

功能模块的划分能够较好地满足上述所有的原则，而且还能够最大限度地减少重复劳动，增大系统的可维护性和提高开发工作的效率。

3. 应用举例

下面举例来说明层次化模块结构图的画法。

某公司销售采购处理系统的数据处理子系统（简称 GETSOL）的处理过程是：公司营业部对每天的顾客订货单形成一个订货单文件，它记录了订货项目的数量、货号、型号等详细数据。然后在这个文件的基础上对顾客订货情况进行分类统计、汇总等项处理操作。人们可设计该子系统的层次化模型结构图如图 8-17 所示。

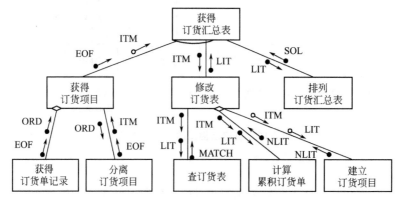

图 8-17　层次化模型结构图

三、结构化英语

结构化英语是专门用来描述一个功能单元逻辑要求的。它不同于自然英语语言，也区别于任何一种特定的程序语言（如COBOL、PL/1等），是一种介于两者之间的语言。

1. 结构化英语的特点

它受结构化程序设计思想的影响，由三种基本结构构成，即顺序结构、判断结构和循环结构。

2. 结构化英语的关键词

结构化英语借助于程序设计的基本思想，并利用其中少数几个关键词来完成对模块处理过程的描述。这几个关键词是：if, then, else, and, or, not。

3. 应用举例

下面用结构化英语来描述某公司产品销售业务过程中的折扣政策（注：例子是用英语，相应的改用汉语效果是一致的）。

IF customer does more than ＄50 000business

THEN IF the customer wasn't in debt to us the last months

　　　　THEN discount is 15％

　　　　ELSE（was in debt to us）

　　　　IF customer has been with us for more 20 years

　　　　THEN discount is 10％

　　　　ELSE（20 year or less）SO discount is 5％

ELSE（customer does ＄50,000 OR less）SO discount is nil.

四、决策树

用决策树（decision tree）来描述一个功能模块逻辑处理过程，其基本思路与结构化英语一脉相承，是结构化英语的另一种表现形式，而且是更为直观、方便的表现形式。下面用决策树方法来描述上述某公司产品销售业务过程中的折扣政策，如图8-18所示。

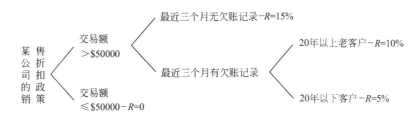

图 8-18　折扣政策决策树

五、判断表

判断表是另外一种表达逻辑判断的工具。与结构化英语和决策树方法相比，判断表的优点是能够把所有的条件组合充分地表达出来，特别适用于知识表达。但其缺点是判断表的建立过程较为繁杂，且表达方式不如前面两者简便。下面用判断表方法来描述上述某公司产品销售业务过程中的折扣政策，如表 8-6 所示。

表 8-6　折扣政策判断表

	决策规则号	1	2	3	4	5	6	7	8
条件	C1：交易额 5 万元以上	Y	Y	Y	Y	N	N	N	N
	C2：无欠款	Y	Y	N	N	Y	Y	N	N
	C3：交易 20 年以上	Y	N	Y	N	Y	N	Y	N
应采取的行动	A1：折扣率 15%	X	X						
	A2：折扣率 10%			X					
	A3：折扣率 5%				X				
	A4：折扣率 0%					X	X	X	X

六、算法描述语言方法

算法描述语言是一种具体描述算法细节的工具，它只面向读者，不能直接用于计算机。算法描述语言在形式上非常简单，它类似程序语言，因此非常适合那些以算法或逻辑处理为主的模块功能描述。

1. 语法形式

算法描述语言的语法不是十分严格，它主要由符号与表达式、赋值语句。控制转移语句、循环语句、其他语句构成。符号命名，数学及逻辑表达式一般与程序书写一致。赋值用箭头表示。语句可有标识，标识可是数字也可是具有实际意义的单词。例如，循环累加可表示为：

$$\text{loop: } n=n+1$$

2. 控制转移语句

无条件转移语句用"GOTO 语句标识"表示，条件转移语句用"IFCTHENS1ELSES2"。其中 C、S1 和 S2 可以是一个逻辑表达式，也可以是用"｛"与"｝"括起来的语句组。如果 C 为"真"，则 S1 被执行；如果 C 为"假"，则执行 S2。

3. 循环语句

循环语句有两种形式：WHILE 语句的形式为"WHILE C DO S"，其中 C 和 S 同上，如果 C 为"真"，则执行 S，且在每次执行 S 之后都要重新检查 C。如果 C 为"假"，控制就转到紧跟在 WHILE 后面的语句；FOR 语句的形式为"FOR i＝init TO limit BY step DO S"，其中 i 是循环控制变量，init、limit 和 step 都是算术表达式，而 S 同上，每当 S 被执行一次时，i 从初值加步长，直到 i＞limit 为止。

4. 其他语句

在算法描述中，还可能要用到其他一些语句，因为它们都是用最简明的形式给出的，故很容易知道它们的含义。例如，EXIT 语句，RETURN 语句，READ（或 INPUT）和 OUTPUT（或 PRINT，或 WRITE）语句等。

附：系统设计说明书

系统设计报告（又称系统设计说明书）是系统设计阶段的主要成果，是新系统的物理模型，也是系统实施的重要依据。

系统设计报告主要包括以下内容：

（1）系统概述；

（2）总体结构方案（包括总体结构图、子系统结构图、计算机流程图等）；

（3）计算机系统配置方案；

（4）代码设计方案；

（5）文件、数据库设计方案；

（6）输入输出设计方案；

（7）系统详细设计方案；

（8）接口及通信环境设计；

（9）安全、保密设计、数据准备；

（10）系统测试计划；

（11）培训计划。

系统设计报告要经领导批准，并得到用户的认可。一旦系统设计报告得到批准，则成为系统实施阶段的工作依据。

【本章小结】 ▶▶

从系统调查、系统分析到系统设计是信息系统开发的主要工作，这三个阶段的工作量几乎占到了总开发工作量的 70％。而且这三个阶段所用的工作图表较多，涉及面广，较为繁杂。系统设计是管理信息系统开发的重要阶段，主要目的是在系统分析阶段提出的反映用户需求的逻辑方案的基础上，科学合理地将逻辑方案转换成可以实施的物理（技术）方案。

系统设计阶段包括概要设计和详细设计两个步骤。概要设计阶段的主要任务是确定系统的硬件结构、软件结构、网络结构设计，详细设计阶段包括代码设计、数据库设计、输入输出设计、功能模块设计等内容。代码设计涉及科学管理的问题，好的代码方案有利于系统的开发工作。

根据结构化系统分析与设计的基本思想，按照自顶向下把整个系统划分为若干个大小适当、功能明确、具有相对独立性、并容易实现的子系统，然后再自下而上地逐步设计。功能模块的划分应注意高内聚、低耦合的原则，系统划分为功能模块可增大系统的可维护性和提高系统开发工作的效率。

数据库设计是系统设计的重要部分，数据库设计的好坏决定着整个系统开发的优劣，具有集中统一规划的数据库是管理信息系统成熟的重要标志，信息集中成为资源，为各种用户所共享。在数据库系统的分析和设计阶段大的步骤包括：需求分析；概念结构设计（设计局部 E-R 图、综合成初步 E-R 图、E-R 图的优化）；逻辑结构设计（导出初始关系模式、规范化处理）；物理设计。完成数据库的逻辑结构设计之后便可着手进行应用程序的设计，设计阶段的最后一步是系统性能测试与确认。数据库系统实现和运行阶段包括数据库的实施、数据库运行与维护、必要时需要进行数据库的重组。

一个好的输入系统设计可以为用户和系统双方带来良好的工作环境，一个好的输出设计可以为管理者提供简捷明了、有效、实用的管理和控制信息。模块功能与处理过程设计是系统设计的最后一步，也是最详细地涉及具体业务处理过程的一步。它是下一步编程实现系统的基础。

系统设计的最终结果是系统说明书，这些说明书包括技术方面的描述，详细说明系统的输出、输入和用户接口，以及所有的硬件、软件、数据、远程通信、人员和过程的组成部分及这些组成部分涉及的方法。这些说明书是设计报告的一部分，而设计报告是系统设计的主要结果。

【课堂讨论】 ▶▶

1. 举例说明管理信息系统中，代码的使用是规范化管理数据的重要手段。
2. 请列出建立一个 MIS 常用的硬件设备和软件工具。

【复习思考】 ▶▶

1. 系统设计的目的是什么？
2. 系统划分的原则是什么？
3. 系统设计阶段包括哪些工作内容？
4. 为什么说系统设计需自顶向下的进行，必须首先进行总体设计？
5. 代码的种类有哪些？代码设计时应注意哪些问题？
6. 目前有哪几种输入校验方式？它们的优缺点是什么？各适应于哪些地方？

第九章

信息系统的实施、 运行与维护

学习目标

　　信息系统的实施包括数据准备、系统测试、系统切换、系统运行等多方面的工作，可以成立项目实施团队，以保证其顺利完成。学习本章主要达到以下目标：

　　1. 掌握信息系统实施的任务和工作内容；

　　2. 掌握系统测试的方法；

　　3. 理解系统切换的方式及其优缺点；

　　4. 理解新系统运行管理的策略。

关键术语

　　软件测试；直接转换；分段转换；并行转换；系统运行管理。

　　信息系统的生命周期可分为系统开发期及系统运行期。在系统开发期，会涉及开发进度、开发经费以及开发项目的划分及相应规范化管理等问题。根据国外一些分析报告指出，只有37％的公司在计划的时间内完成信息系统项目，有42％的公司在预算内完成项目。而国内的情况更糟，大约有80％的系统是不成功的。在不成功的系统中，主要是由非技术原因造成的，包括企业业务流程与组织结构的改造问题、企业领导的观念问题、企业员工的素质问题、项目管理问题等。人们也逐步认识到，信息系统的开发过程"三分是技术，七分是管理"。需要对信息系统的开发过程进行有效的计划、组织和控制。

　　新的信息系统经过一段时间测试运行后，即可进行新老系统的切换，信息系统进入了运行期，信息系统也将在组织的日常工作中将起着越来越重要的作用。在这个阶段，系统软件或硬件的故障、通信的混乱或人为的错误等，都可导致信息系统运行出错。因而必须采取措施，对信息系统运行阶段进行有效规范的管理，保证信息系统的安全性和可靠性，使其在一个预期的时间内能正常发挥其应有的作用，产生其应有的效益。

第一节 信息系统实施的过程

一、信息系统实施的任务与内容

系统设计说明书经审核批准后，即进入系统实施阶段——即新系统付诸实现的实践阶段。系统实施的主要任务是将新系统的物理模型转换为可实际运行的物理系统。主要工作内容包括：

1. 设备购置安装，软硬件环境调试——物理系统的实施；

2. 基础数据的收集与录入；

3. 程序设计与调试；

4. 人员培训；

5. 系统调试与验收；

6. 系统运行准备；

7. 系统转换；

8. 研制总结报告（系统实施报告）。

系统实施是一项涉及面广、占时间长，耗费资源多的工作，而且涉及到管理体制、管理方法和工作流程的变革，所以必须加强组织领导，统筹安排，周密计划及时协调。注意以下几点：首先，应成立实施领导小组，由用户单位最高层领导担任组长；其次，应合理安排实施计划；最后，加强验收。

二、物理系统的实施

MIS 物理系统的实施是计算机系统和通信网络系统设备的订购、机房的准备和设备的安装调试等一系列活动的总和。

1. 计算机系统的实施

随着信息产业的发展，计算机技术的发展可谓日新月异，不同厂家、型号的计算机产品为信息系统的应用提供了广阔的舞台，但也给系统的实施带来了一定的复杂性。人们必须从这些计算机产品中选择最适合应用需要的品牌。购置计算机系统的基本原则是能够满足 MIS 的设计要求。此外，还应该考虑以下问题：

(1) 计算机系统是否具有合理的性能价格比；

(2) 系统是否具有良好的可扩充性；

(3) 能否得到来自供应商的售后服务和技术支持等。

作为精密电子设备，计算机对周围环境相当敏感，尤其在安全性较高的应用场合，对机房的温度、湿度等都有特殊的要求。通常，机房要安装双层玻璃门窗，并且要求无尘。硬件通过电缆线连接至电源，电缆走线要安放在防止静电感应的耐压有脚的活动地板下面。另外，应安装配备不间断电源。

2. 网络系统的实施

MIS 通常是一个由通信线路把各种设备连接起来组成的网络系统。MIS 网络有局域网（LAN）和广域网（WAN）两种。局域网通常指一定范围内的网络，可以实现楼宇内部和邻近的几座大楼之间的内部联系。广域网设备之间的通信，通常利用公共电信网络，实现远程设备之间的通信。

网络系统的实施主要是通信设备的安装、电缆线的铺设及网络性能的调试等工作。常用的通信线路有双绞线、同轴电缆、光纤电缆以及微波和卫星通信等。

三、程序设计

1. 程序设计的目标

随着计算机产业的发展，硬件的价格不断下降，而软件则越来越复杂，费用呈上升趋势。因此，对程序设计的要求也相应地发生了变化。小型程序设计强调程序的正确和效率，而大型程序则首先考虑程序的可维护性、可靠性和可理解性，然后才是效率。

（1）可维护性

信息系统的需求是不断变化的，系统分析阶段分析和确定了组织目前的信息需求以及估计了未来一段时期内的信息需求。但是未来系统信息需求会随着环境的变化而变化，相应地，系统功能必须不断地完善和调整。因此，在系统实施过程中，要不断地对程序进行补充或修改，进行系统维护和数据管理。另外，计算机软硬件的更新换代也促使应用软件和应用程序做相应的升级。

MIS 的寿命一般是 3 年至 10 年时间，软件系统和程序的维护工作量相当大。一个不易维护的软件系统或程序，用不了多久就会因为不能满足应用需要而被淘汰，因此，可维护性是对程序设计工作的一种重要的要求。

（2）可靠性

程序应具有较好的容错能力，不仅正常情况下能正确工作，而且在意外情况下应便于处理，不致产生意外的操作，从而造成严重损失。

（3）可理解性

程序不仅要求逻辑正确，计算机能够执行，而且应当层次清楚，可读性好。这是因为程序的维护工作量很大，程序维护人员经常要维护他人编写的程序，一个不易理解的程序将会给程序维护工作带来困难。因此，有必要在程序中加入简明扼要的程序功能与变量说明。

（4）效率

本节所讨论的效率有两种：程序效率和人工效率。程序效率指程序能否有效地利用计算机资源。由于硬件的性能价格比不断地提高，程序效率即软件效率已在很大的程度上由计算机硬件性能及效率来实现。相反，程序设计人员的工作效率则日益显得更重要，因为人工成本相对提高。改进人工效率不仅能降低软件开发成本，而且可明显降低程序的出错率，进而减轻维护人员的工作负担。程序效率与可维护性、可理解性通常是矛盾的。在实际编程过程中，宁可占用更多的系统资源来尽量提高系统的可理解性和可维护性。片面地追求程序的运行效率反而不利于程序设计质量的全面提高。应充分利用各种软件开发工具，如 MIS 生成器等来提高程序设计效率。

2. 结构化程序设计方法

应用软件的编程工作量大，而且要经常维护、修改。应该遵循正确的规律，利用工程化的方法进行软件开发，通过建立软件工程环境来提高软件开发效率。

（1）自顶向下的模块化设计（Top-Down）

系统分析和设计阶段都使用了自顶向下的方法。每个系统都分解成相应的功能模块，形成层次结构。底层的模块一般规模较小，功能较简单，完成系统某一方面的处理功能。在设计中使用自顶向下方法的目的在于一开始能从总体上理解和把握整个系统，而后对于组成系统的各功能模块逐步求精，从而使整个程序保持良好的结构，提高软件开发的效率。在模块化程序设计中应注意以下几点。

① 模块应相互独立，减少模块间的耦合，即信息交互。以便于将模块作为一个独立子系统。

② 模块大小和模块中包含的子模块数要合适，既便于模块的单独开发，又便于系统重构。

③ 模块功能要简单，底层模块一般应完成一项独立的处理任务。

④ 共享模块应集中，应集中可供各模块共享的处理功能在一个上层模块，供各模块引用。

（2）结构化程序设计方法（Structured programming）

自顶向下的模块化方法描述了大程序设计的原则，在具体编程中，则应采用结构化程序设计方法。这种方法起源于 20 世纪 70 年代，有助于解决由程序中的不同过程的控制和数据传输引起的波动效应问题：某程序中的第一个错误会在程序的其他部分引发第二个错误，第二个错误又会引发第三个错误，依次类推。结构化程序设计采用以下三种基本逻辑结构来控制不同的处理过程：顺序结构、循环结构和选择结构。

① 顺序结构，是一种线性有序的结构，由一系列依次执行的语句或模块构成。

② 循环结构，是由一个或几个模块构成，程序运行时重复执行，直到满足某一条件为止。

③ 选择结构，是根据条件成立与否选择程序执行路径的结构。

在 20 世纪 70 年代后期，一种称为结构化预排（Structured walkthrough）的组织策略为程序设计人员提供了仔细审核工作的机会。采用这种方法和策略，许多错误在系统分析和系统设计阶段就会被发现，预排参与者提出的意见是中肯的而非责难的，可以改进工作质量，加快系统开发进度。

四、系统测试

系统和程序测试（Testing），尤其是自行开发的系统和程序，是系统开发过程中耗费时间最多的步骤，目的是发现程序和系统中可能存在的错误并及时予以纠正。

1. 程序测试

检验程序的正确性可以用理论法和实验法。理论法是利用程序证明等数学方法证明程序的正确性，但目前尚处于研究之中，近期内不能达到实用阶段。检验程序更普遍的是采用实验法。程序只有经过测试和经过一段时间试用，才能认为基本正确和能够稳定地运行。

（1）代码测试

测试数据除用来考验程序逻辑正确性外，测试数据是经过精心挑选的，使程序和模块中的每一条语句都能得到执行，即能够测试程序中的任一逻辑通路。常用的测试数据有以下几种。

① 用正常数据测试。

② 用异常数据测试。例如用空数据文件参加测试，检查程序能否正常运行。

③ 用错误数据调试。试验程序对错误的处理能力，包括显示出错信息以及容许修改错误的可能性。具体检查内容如下。

对于输入错误的键号、包括不应有的键号，系统应能够检出，并进行修改。

对于输入错误的数据，包括不合理的数据，系统应能够检出，并进行修改。

发生操作错误，包括磁盘错误、操作步骤或方法错误时，系统应及时检出并发出警告。

（2）程序功能测试

代码测试基本上验证了程序逻辑上的正确性，但并不能验证程序是否满足程序说明中定义的功能，也不能验证测试数据本身是否完备。程序测试的目的是发现程序的错误。程序测试还要经过模拟数据和实际数据两方面的测试。

2. 子系统分调

系统的应用软件由多个功能模块组成，每个模块由一个或几个子程序构成。单个程序模块测试完成后，还要进行子系统和系统测试。高度模块化设计方式将使程序测试变得相对简单。子系统测试的目的是要保证模块内各程序间具有正确的控制关系，同时可以测试模块的运行效率。

3. 系统总调

（1）主控程序和调度程序测试

这部分程序虽然语句不多，但逻辑控制关系复杂。调试时，将所有控制程序与各功能模块的接口"短路"，即用直接送出预先安排计算结果的联系程序替代原功能模块。调试目的是验证控制接口和参数传递的正确性，以及发现并解决资源调度中的问题。

（2）程序的总调

功能模块和控制程序调试完成后，即可进行整个系统程序的总调。也就是将主控制和调度程序与各功能模块联结起来进行总体调试。对系统各种可能的使用形态及其组合在软件中的流通情况进行可行性测试。

这一阶段查出的往往是模块间相互关系方面的错误和缺陷。

4. 特殊测试

除了上述常规测试之外，还有一些必要的性能测试。这些测试往往不是针对程序在正常情况下运行的正确与否，而是根据系统需求。主要的测试项目有：峰值负载测试、容量测试、响应时间测试、恢复能力测试等。

进行系统程序测试时，不一定要在完全真实的数据量情况下进行。通常采用"系统模型"法，以便于以最少的输入数据量完成较全面的软件测试工作。通过对数据的精心选择，大大地减少了输入数据量，不仅可以使处理工作量大为减少，而且也更容易发现错误和确定错误的范围。调试中要严格核对计算机处理和人工处理的两种结果。通常是先校对最终结果。发现错误再回到相应中间结果部分校对，直到基本确定错误范围。

系统测试完成后，在交付用户使用之前，还需要进行实况测试。实况测试以过去手工处理方式或在原系统下得出正确结果的数据作为输入，将系统处理结果与手工处理结果进行比较。在这一阶段，除严格校对结果外，主要考察系统运转的合理性与效率，包括可靠性。系统调试完成后，应编写操作说明书，完成程序框图和打印源程序清单。

五、人员培训

人员是管理信息系统的重要组成部分，包括企业的各级管理人员及管理与维护信息系统的专业人员。每一个与新系统有关的人都应该了解管理信息系统的运作方式和运作过程。培训就是使有关管理人员和技术人员了解和掌握新系统的有效途径之一。因此，培训工作关系到新系统的成败。如果管理人员对即将使用的新系统的管理过程不了解，不能确定新系统是否适用于自己的工作，那么就有可能消极地对待新系统，甚至阻碍系统的推广应用。

管理信息系统的开发与应用不仅是计算机在企业中的应用，同时也是一种企业变革。由于企业管理的传统思想及方法与管理信息系统的要求之间有着巨大的差异，企业管理人员对这种新的管理思想和管理方法有一个熟悉、适应和转变观念的过程。

对于自行开发管理信息系统的企业来说，通过系统开发过程来培养一批既懂管理业务，又懂信息系统的企业专业人员也应是企业开发信息系统的主要目标之一。

信息系统的知识非常广泛，企业管理人员与企业信息系统专业人员的培训内容应各有侧重。管理人员的培训重点应该是信息技术基本概念与一些结合具体项目的基础知识。有以下几点。

(1) 信息系统的基本概念，包括信息概念、性质与作用、系统概念与特点、信息系统开发方法与开发过程等。

(2) 计算机基本知识，包括计算机硬件与软件基础知识、常用管理软件的功能与人机界面、网络与通信基本概念等。

(3) 管理方法，例如现代管理的基本思想、数据分析与管理决策的基本概念与常用方法。

(4) 本企业信息系统介绍，包括信息系统目标、功能及总体描述、开发计划、主要事项与配合要求等。

(5) 本企业信息系统的操作方法。

应当强调的是，对于管理人员的培训要结合企业实际，在通过培训使各级管理人员明确开发与应用信息系统对企业生存与发展的重要意义，在了解与掌握基本概念的基础上打消顾虑，使他们能积极参与信息系统的开发，并为下一步的应用做好准备。

对企业信息管理专业人员的培养应把重点放在系统知识与系统规范方面，培养方法除强调在实践中学习外，还可采取委托培养、进修与外聘专家进行系统授课等方法。

为了保证培训能真正获得成效，培训工作应与管理人员的工作绩效评定结合起来，对培训的效果进行考核。具体操作可以分阶段地在培训后进行考试，也可以采用竞争上岗等方式，促使管理人员处理好当前工作与未来知识储备二者的关系。

六、系统转换

系统转换指由手工处理系统或者原管理信息系统向新的管理信息系统转变的过程。信息系统的转换一般有三种方式。

1. 直接转换方式 (Cut-over method)

直接转换就是在某一确定的时刻，原系统停止运行，新系统投入运行。例如列车运行时间表或航空公司的飞行时间表的转换。这种转换方式要求系统要具有很好的可靠性，新系统一般要经过较严格的测试和模拟运行。

2. 平行转换方式 (Parallel systems method)

也叫并行切换。这种转换方式要经过两个阶段，第一阶段，新系统试验运行，同时原系统继续运行，利用原系统对新系统进行检验。第二阶段，当新系统可以稳定运行时，原系统停止运行或各子系统逐步停止运行。并行处理时间视系统实施效果而定，短则几个月，长则半年至一年。系统转换工作是平稳过渡的。

3. 试点过渡方式 (Pilot systems method)

试点过渡法先选用新系统的某一子系统代替和实现原系统中相应的功能，以作为试点。待取得成功后，再逐步推广到更多的子系统，最后取代原老系统。

无论采用哪一种转换方式，都要注意处理好以下问题。

（1）新系统的投运需要大量的基础数据，这些数据的整理与录入工作量很大，应及早准备、尽快完成。

（2）系统切换不仅仅是机器的转换、程序的转换，更难的是人工的转换，应提前做好人员的培训工作。

（3）系统运行时会出现一些局部性的问题，这是正常现象。系统工作人员对此应有足够的准备，并做好记录。系统只出现局部性问题，说明系统是成功的，反之，如果出现致命的问题，则说明系统设计质量不好，整个系统甚至要重新设计。

七、人员对系统实施的影响

信息系统失败的一个主要原因是用户拒绝使用新系统。拒绝通常来源于对新的工作方式和任务不熟悉，或者对可能发生的改变产生忧虑。例如，当计算机文字处理系统进入到办公室时，许多秘书认为自己的工作会被计算机取代，因而拒绝学习和抵制新技术。然而，实际上字处理软件不仅没有代替秘书的职能，只是完成那些日常重复性、机械化的工作，而且还为秘书创造出新的和更多的管理事务，综合性与分析性的工作大大地增加了。

当新技术被引入组织时，许多习惯于在原有环境下工作的人会觉得受到威胁。因为环境改变了，原有的工作岗位、个人地位和人际关系也都会相应有所改变，因此容易产生一种失落感和不安全感。持有这种心态的人员会妨碍新系统的实施并企图恢复原系统。如果新的工作方式和工作程序不被接受，那么新系统就达不到预定的目标。

拒绝变化的另一个原因是目前的工作环境比较舒适，有关管理人员安于现状。如果没有更多的报酬与激励，管理人员会觉得改变工作条件得不偿失，因而产生惰性。

要使新系统和新技术的实施成功，企业的最高管理者和系统分析与设计人员就必须起变化和发挥代理人的作用，用动态的观点，采用变化的计划实施策略来引导变化。当人们认识到变化的必要性和紧迫性时，就会产生求变心理，去制定改变现状的计划。通过管理业务调查、技术培训等形式，能逐步转变管理人员的观念，完成这项工作需要有耐心和恒心。在系统设计过程中，要注意维持一定的工作满意度，在此基础上对原有工作予以重定义。在系统实施过程中，一旦系统出现问题，系统设计人员应迅速作出反应，以免用户产生不满情绪。

第二节　信息系统的评价体系

信息系统投入运行后，要在平时运行管理工作的基础上，定期对其运行状况进行集中评价。进行评价的主要目的是看新系统是否达到了预期目的。系统评价主要由目标与功能评价、性能评价及经济效果评价等方面组成。

1. 目标与功能评价

针对系统开发所确定的目标，逐项检查，看是否达到预期目标。根据用户提出的功能要求，检查系统运行的实际状况，分析系统功能完成情况，评价用户对功能的满意程度。主要内容包括：

（1）对系统的功能设置是否满意；

（2）是否满足了科学管理的要求，各级管理人员的满意程度如何，有无进一步改进的意见和建议；

（3）能否及时响应用户的请求，并及时进行处理；

（4）系统的可维护性、可扩展性、可移植性如何。

2. 性能评价

性能评价着重评价系统的技术性能，包括系统的稳定性、可靠性、安全性、响应时间、容错性、使用效率等。评价指标如：

（1）系统平均无故障时间；

（2）联机响应时间，吞吐量或处理速度；

（3）控制点检测的实用性和信息的安全性、保密性；

（4）系统利用率（主机运行时间的有效部分的比例、数据传输与处理速度的匹配、内存是否够用、各类外设的利用率）；

（5）系统的可扩充性。

对系统目标功能和性能评价的目的，是为系统的进一步改进提供依据和方向。系统投运行后，随着应用的不断深入，应用环境的变化，管理水平和信息技术水平的不断提高，有必要不断对系统进行评价。

3. 经济效果评价

建立计算机管理信息系统的目的在于提供完整、准确的信息，提高管理工作效率和经营决策水平，减少管理中的失误，使生产经营活动达到最佳经济效益。评价其应用的经济效果，应从直接经济效果和间接经济效果两方面来分析。直接经济效果是可计量的。评价的经济指标主要有：

（1）系统费用：指开发费用与运行费用之总和；

（2）系统收益：指应用计算机管理后，由于合理利用现有设备能力、原材料、能量，使产品产量（或提供的服务）增长；由于劳动效率提高，物资贮备减少，产品（服务）质量提高，非生产费用降低，使生产（服务）成本降低等；

（3）投资回收期：是指在多长时间内累积的效益值可以等于初始投资，显然，回收期越短，系统经济效益越好；

（4）系统后备需求的规模与费用。

信息系统所产生的经济效益通常主要体现在其运行结果所产生的间接经济效益方面。

间接经济效果反映在企业管理水平的提高，主要表现在系统建立后对组织的工作效率、工作质量以及劳动生产力的提高程度；系统对组织的经营发展战略和组织内部的管理运行机制有重大影响；系统开发对企业管理科学化、规范化的作用；使管理人员摆脱繁重的事务性工作，能集中精力主要从事信息分析和决策等创造性工作。

系统评价工作的成果是系统评价报告。系统评价报告主要是根据系统可行性分析报告、系统分析报告、系统设计报告所确定的新系统目标、功能、性能、计划执行情况、新系统实现后的经济效益和社会效益等给予评价。它既是对新系统开发工作的总结，也是进一步进行系统维护工作的依据。一旦一般的系统维护工作不能满足系统要求时，一个新的更加先进完善的新系统的开发工作又将开始了。系统评价报告内容主要包括：

（1）概述；

（2）系统构成；

（3）系统达到设计目标情况；

（4）系统的可靠性、安全性、保密性、可维护性等状况；

（5）系统的经济效益与社会效益的评价；

（6）总结性评价。

第三节　信息系统运行与维护

系统运行阶段从企业验收并启用信息系统时开始，是信息系统生命周期中时间最长的一个阶段，也是信息系统给用户取得经济效益的阶段。系统进行的管理成为这一阶段企业信息化工作的主要任务。要做到信息系统的正确和安全运行，就必须建立健全信息系统运行管理的制度，提高运行管理人员的素质，记录系统运行状态，对其安装状态进行监控和管理，对系统进行必要的修改与扩充。目标就是使系统能更好地为决策者服务，取得经济效益和社会效益。企业信息系统的运行管理工作必须由了解系统功能及目标、能与企业管理人员直接接触的信息管理专业人员专职负责。

一、信息系统运行管理制度

企业启用新管理信息系统后，企业的业务流程、工作方法、各职能部门之间以及企业与外部环境之间的相互关系都发生了一定的变化。必须建立健全信息系统运行管理体制，以保证系统的安全和正常工作。信息系统运行管理制度包括系统操作规程、系统安全保密制度、系统修改规程、系统定期维护制度以及系统运行状况记录和日志归档等。

信息系统的运行制度，表现为硬件、软件、数据、信息等要素必须处于监控之中。

例如，对放置中央计算机的机房进行安全管理，其目的是防止各种非法人员进入机房，保护机房内的设备、机内的程序和数据的安全。

其他管理制度包括重要的系统软件和应用软件管理制度、数据管理制度、权限管理制度、网络通信安全管理制度、病毒的防治管理制度、人员调离的安全管理制度等，根据系统具体情况制定。

二、信息系统运行的组织与人员

1. 信息系统运行的组织

要对系统的运行进行有效的管理，需要有相应的组织结构来保证，并将信息系统的运行纳入整个企业的日常工作。要充分发挥信息系统的作用，提高效益，就必须将企业的经营决策与信息支持密切结合起来。

系统运行组织的建立是与信息系统在企业中的地位分不开的。目前国内企业组织中负责系统运行的大多是信息中心、计算中心、信息处等信息管理职能部门。随着人们的认识提高，信息系统在企业中的地位也逐步提高。目前企业常见的信息系统运行组织机构主要有图 9-1 中的三种形式。

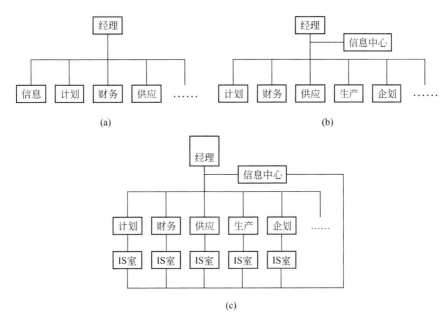

图 9-1　信息系统部门在企业中的地位

图 9-1(a) 方式中信息系统部门与其他职能部门平行，信息资源可以被整个企业共享，但信息系统部门的决策能力较弱，系统运行中有关的协调和决策工作将受到影响；（b）方式中信息系统部门在经理之下、各职能部门之上，系统作为企业的参谋中心，有利于信息资源的共享，并且在系统运行过程中便于向领导提供决策支持，但容易造成脱离管理或服务较差的现象；(c) 方式中信息系统部门不但存在于各部门之上，又在各业务部门设立了信息室，信息室（可能只是一个人）又归信息中心领导，这样信息系统能从企业的高度研究系统的发展出发，又能深入了解各部门对信息系统的需求。

2. CIO 的职责

需要强调的一点是信息主管（Chief Information Officer，简称 CIO）的作用。信息主管其实是一个人，但其在信息系统部门中的地位很重要，可以把他看作组织的一个重要组成部分来看待。CIO 一般由企业的高层人士来担任，相当于企业的副总经理，甚至更高。企业设置 CIO 这个职位，体现了企业对信息资源和信息技术的重视。以信息主管为首的信息系统部门具有以下一些职责：

（1）制定系统规划。对管理信息系统实施和更新换代、系统的管理维护和使用、资金计划、人员安排和培训等做出统一规划；

（2）负责信息处理的全过程。与企业领导和有关管理部门一起，确定合理、统一的信息流程，按照流程协调各个有关部门在信息处理方面的关系，同时负责对各个部门每时每刻产生的信息收集、整理、加工和存储，确保信息的准确性和一致性；

（3）信息的综合开发。对各方面的信息进行综合处理和分析，得到对全局更为重要的信息，提供给各个管理部门，尤其是决策层，并由系统以适当的形式发布；

（4）搞好信息标准化等基础管理。和有关部门一起，共同搞好系统运行中的基础管理工作，主要是西西编码等标准化、规范化工作；

（5）负责系统的运行和维护。作为系统主要的日常技术性工作，包括系统硬件软件维护，数据库管理的检查数据录入情况，机房日常管理，用户服务等。

3. 信息系统运行的人员配置

运行期间的信息系统部门内部人员大致包括系统维护管理员、管理人员和操作人员。系统维护管理员包括软硬件维护员、数据库维护员和网络维护员等；管理人员包括耗材管理员、资料管理员、机房值班员和培训规划人员等；操作人员则数量庞大，大部分都是在具体的业务岗位上工作的人员。因此系统内部人员主要由前两种人员构成。

一般而言，在中小型系统中，往往是一人身兼数职，而在大型系统中，结构比较复杂，人员较多，分工也比较明确。

三、系统日常运行管理

信息系统的日常运行管理是为了保证系统能长期有效地正常运转而进行的活动，具体有系统运行情况的记录、系统的维护与系统运行情况的检查评价等工作。

1. 系统运行情况的记录

系统的运行情况如何对系统管理、评价是十分重要的资料，因此要严格按要求就系统软硬件及数据等的运作情况作记录。特别要详细记录系统不正常与无法运行时所发生的现象、发生的时间及可能的原因等。此外，一些重要的运行情况，例如多人共用或涉及敏感信息的计算机及功能项的使用等也应作书面记录。对于信息系统来说，信息的记载主要靠手工方式，虽然一般大型系统都有自动记载自身运行情况的功能，但是也需要有手工记录作为补充手段。系统运行情况无论是自动记录还是由人工记录，都应作为基本的系统文档作长期保管，以备系统维护时参考。

在信息系统的运行过程中，需要收集和积累的资料包括以下五个方面。

（1）有关工作数量的信息　开机的时间，每天（周、月）提供的报表的数量、每天（周、月）录入数据的数量、系统中积累的数据量、修改程序的数量、数据使用的频率、满足用户临时要求的数量等反映系统的工作负担、所提供的信息服务的规模以及计算机应用系统功能的最基本的数据。

（2）工作的效率　即系统为了完成所规定的工作，占用了多少人力、物力及时间。

（3）系统所提供的信息服务的质量　信息系统提供服务的质量包括生成的报表是否满足管理工作的需要，管理人员使用起来是否方便，使用者对于提供的方式是否满意，所提供信息的精确程度是否符合要求，信息提供得是否及时，临时提出的信息需求能否得到满足等。

（4）系统的维护修改情况　系统中的数据、软件和硬件都有一定的更新、维护和检修的工作规程。这些工作都要有详细的及时的记载，包括维护工作的内容、情况、时间、执行人员等。这不仅是为了保证系统的安全和正常运行，而且有利于系统的评价及进一步扩充。

（5）系统的故障情况　无论系统故障的大小，都应该及时地记录以下这些情况：故障的发生时间、故障的现象、故障发生时的工作环境、处理的方法、处理的结果、处理人员、善后措施、原因分析。故障不只是指计算机本身的故障，而是对整个信息系统来说的。

通常情况下，人们往往比较重视系统发生故障时有关情况的记载，而系统正常运行时的信息比较容易被忽视。事实上，要全面地掌握系统的情况，必须十分重视正常运行时的情况记录。如果缺乏平时的工作记录，就无从了解瞬时情况。如果没有日常的工作记录，表示可靠性程度的平均无故障时间指标就无从计算。

对于任何信息系统，都必须有严格的运行记录制度，并要求有关人员严格遵守和执行。各种工作人员都应该担负起记录运行信息的责任。硬件操作人员应该记录硬件的运行及维护情况，软件操作人员应该记录各种程序的运行及维护情况，负责数据校验的人员应该记录数据收集的情况，包括各类错误的数量及分类，录入人员应该记录录入的速度、数量、出错率等。要通过严格的制度及经常的教育，使所有工作人员都把记录运行情况作为自己的重要任务。

记录时，一方面要强调记录的真实性，另一方面，应尽量采用固定的表格或本册进行登记。这些表格或登记簿的编制应该使填写者容易填写，节省时间。同时，需要填写的内容应该含义明确，用词确切，并且尽量给予定量的描述。对于不易定量化的内容，则可以采取分类、分级的办法。总之，要努力通过各种手段，详尽准确地记录系统运行的情况。

2. 系统维护

系统维护的目的是要保证管理信息系统正常而可靠地运行，其任务是有计划、有组织地对系统进行必要的改动，以保证系统中的各个要素随着环境的变化始终处于最新的、正确的工作状态。

（1）系统维护的特点

① 采用结构化开发方法是做好系统维护工作的关键。

采用结构化分析与设计方法，则系统开发过程有完整规范的设计开发文档、程序内部文档，拥有清晰规范的软件结构、数据结构和系统接口，系统设计中的各种技巧也很清楚，因此维护工作将会很方便。

② 系统维护具有很高的代价。

有形的系统维护工作分为非生产性活动和生产性活动两部分。前者主要是理解源程序代码的功能，解释数据结构、接口特点和性能限度等。这部分工作量和费用与系统的结构化程度、维护人员的经验水平以及对系统的熟悉程度密切相关；后者主要是分析评价、修改设计和编写程序代码等。其工作量与系统开发的方式、方法、采用的开发环境有直接的关系。一般来讲，系统维护的费用占整个系统生命周期总费用的 $60\%\sim70\%$。

另一方面，开发的系统越多，维护的负担越重，将导致完全没有时间和精力从事新系统的开发，从而耽误甚至丧失了开发良机。此外，合理的维护要求不能及时满足，将引起用户的不满；维护过程中引入新的错误，使系统可靠性下降等问题将带来很高的无形的维护代价。

③ 系统维护工作对维护人员要求较高。

因为系统维护所要解决的问题可能来自系统整个开发周期的各个阶段，因此承担维护工作的人员应对开发阶段的整个过程、每个层次的工作都有所了解，从需求、分析、设计一直到编码、测试等，并且应具有较强的程序调试和排错能力，这些对维护人员的知识结构、素质和专业水平有较高的要求。

④ 系统维护工作的对象是整个系统。

由于问题可能来源于系统的各个组成部分，产生于系统开发的各个阶段，因此系统维护工作并不仅仅是针对源程序代码，而且包括系统开发过程中的全部开发文档。实际上，系统维护中的编码本身造成的错误比例并不高，仅占 4% 左右，而绝大部分问题源于系统分析和设计阶段。绝大多数系统在设计和开发时并没有很好地考虑将来可能的修改，如有些模块不够独立，牵一发而动全身。

（2）系统维护的分类

系统的维护包括硬件维护、软件维护与数据库维护三部分。

在硬件维护工作中，较大的维护工作一般是由销售厂家进行的，使用单位一般只进行一些小的维护工作，一般通过程序命令或各种软件工具即可满足要求。使用单位一般可不配备专职的硬件维护员。硬件维护员可由软件维护员担任。

软件维护主要包括正确性维护、适应性维护、完善性维护、预防性维护四种。正确性维护是指诊断和修正错误的过程；适应性维护是指当企业的外部环境、业务流程发生变化时，为了与之适应而进行的系统修改活动；完善性维护是指为了满足用户在功能或改进已有功能的需求而进行的系统修改活动；预防性维护是为了改进应用软件的可靠性和可维护性，以及适应未来的软硬件环境的变化，主动增加预防性的新功能，以使系统适应各类变化而不被淘汰。以上四种维护工作的软件维护中所占的比率关系如图 9-2 所示。

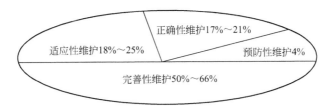

图 9-2 各类维护工作所占软件维护工作的比率

在数据库维护方面，须日常加以维护的有备份、存档及整理等。大部分的日常维护应该由专门的软件来处理。出于安全考虑，每天操作完毕后，都要对更动过的或新增加的数据作备份。一般讲，工作站点上的或独享的数据由使用人员备份，服务器上的或多项功能共享的数据由专业人员备份。通常把数据库复制两个副本，必要时，可将副本脱机保存在更安全可靠的地方。数据存档或归档是当工作数据积累到一定数量或经过一定时间间隔后转入档案数据库的处理，即进行数据库的再组织，作为档案存储的数据成为历史数据。数据的整理是关于数据文件或数据表的索引、记录顺序的调整等，数据整理可使数据的查询与引用更为快捷与方便。

（3）信息系统维护的程序

信息系统维护工作的程序如图 9-3 所示，其中各步骤前的数字代表步骤的顺序。

① 由系统用户或业务领导以书面形式向系统管理者提出维护申请，对于纠错性维护，在申请报告中必须完整描述出现错误的环境，包括输入/输出数据以及其他系统状态信息；对于适应性和完善性维护，应在报告中提出简要的需求规格说明书。

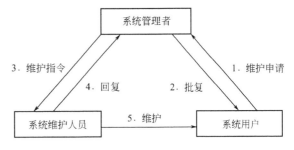

图 9-3 系统维护的程序

② 系统管理者根据用户提交的申请，对维护申请报告的内容进行核评，从合理性和技术可行性两个方面对维护要求进行分析和审查，并对修改所产生的影响做充分的估计，最后作出相应批复。

③ 系统管理者根据可行的维护请求，指示系统维护人员进行维护，指明维护性质、内容、预计工作量、缓急程度或优先级等。

④ 系统维护人员根据系统管理者的指示，以维护计划的形式作出回复，维护计划的内容包括：工作的范围，所需资源，确认的需求，维护费用，维修进度安排以及验收标准等。

⑤ 系统维护人员按照维护计划进行具体的维护工作，修改后应经过严格的测试，以验证维护工作的质量。测试通过后，再由用户和管理部门对其进行审核确认，不能完全满足要求的应返工修改。只有经确认的维护成果才能对系统的相应文档进行更新，最后交付用户使用。

⑥ 维护工作的全部内容（如维护对象、规模、语言，运行和错误发生的情况，维护所进行的修改情况，以及维护所付出的代价等）需要以规范化文档的形式记录下来，形成历史资料备查。

（4）维护对系统的副作用

维护产生的修改对系统产生的副作用表现在以下三个方面：

① 对源代码的修改可能会引入新的错误，从而导致原来正常运行的系统出现错误；

② 对数据结构进行修改，可能会带来数据的不匹配等错误，导致某些系统不适应这些变化了的数据而产生错误；

③ 如果在维护工作结束之后，不能对相应的文档进行更新，就会造成源程序与文档的不一致，必将给今后的应用和维护工作造成混乱。

3. 对系统运行情况的检查与评价

信息系统在其运行过程中除了不断进行大量的管理和维护工作外，还要在高层领导的直接领导下，由系统分析员或专门的审计人员会同各类开发人员和业务部门经理共同参与下，定期对系统的运行状况进行审核和评价，为系统的改进和扩展提供依据。系统评价一般从以下三个方面考虑：

（1）系统是否达到预定目标，目标是否需做修改；

（2）系统的适应性、安全性评价；

（3）系统的社会经济效益评价。

对系统定期进行各方面的审计与评价，实际上是看系统是否仍处于有效适用状态。如果审计结果是系统基本适用但需要做一些改进，则要做好系统的维护工作；一旦审计结果确认系统已经不能够满足各项管理需求和决策需求，不能适应企业或组织未来的发展，则说明该信息系统已经走完了它的生命周期，必须提出新的开发需求，开始另外一个新系统的生命周期，整个开发过程又回到系统开发的最初阶段。

四、安全管理

随着信息系统在企业中的广泛应用，企业越来越多的信息都保存到了系统中，这些信息是企业的资源、财富、机密。另一方面，以开放性和共享性为特征的网络技术成为现代信息系统的基础，这给信息系统的安全性问题带来巨大的挑战。事实上，大多数安全事件和安全隐患的发生，与其说是技术上的原因，不如说是由于管理不善而造成的。加强信息系统安全管理的重要性就尤为突出。

1. 影响信息系统安全性的因素

信息系统的安全问题主要来自以下几方面：

（1）自然现象或电源不正常引起的软硬件损坏与数据破坏，以及硬件本身存在的不正常运行等造成的破坏；

（2）输入法的输入、非法的侵入，或输出应该保密的数据；

（3）应用程序存在漏洞，容易被修改或破坏，或者系统文档被窃取遗失等；

（4）数据库遭破坏或失窃；

（5）病毒、"黑客"侵扰系统导致软件与数据的破坏；

（6）人为对系统软硬件及数据所作的破坏，例如低水平的操作人员，故意的违法犯罪行为等因素。

2. 信息系统的安全管理策略

信息系统的安全管理策略是为了保障系统的安全而制定和必须遵守的一系列准则和规定。实现信息系统的安全，不但靠先进的技术，而且也得靠严格的安全管理，法律约束和安全教育。

（1）行政管理

行政管理是依据系统的实践活动，为维护系统安全而建立和制定的规章制度和职能机构。这些制度包括组织及人员制度、运行维护和管理制度、计算机处理的控制与管理制度；机房保卫制度；凭证、账表的保管制度等。例如：制定信息系统损害恢复规程，明确在信息系统遇到自然的或人为的破坏而遭受损害时应采取的各种恢复方案与具体步骤；加强用户管理和授权管理，设置切实可靠的系统访问控制机制，包括系统功能的选用与数据读写的权限、用户身份的确认等，建立安全审计和跟踪体系；实行最小化授权，任何实体只有该主体需要完成其被指定任务所必需的特权，再没有更多的特权等。

（2）法律措施

法律措施包括社会规范和技术规范两类。社会规范要定义合法的信息活动，限制和惩罚违法的活动，明确用户和系统人员应履行的权利和义务，包括保密法、数据保护法、计算机安全法、计算机犯罪法等。技术规范包括各种技术标准和规程，如计算机安全标准、网络安全标准、操作系统安全标准、数据和信息安全标准等，这些标准是保证信息系统安全的依据和主要保障。

（3）技术措施

技术措施是信息系统安全的重要保证。实施安全技术，不仅涉及计算机和外部设备及其通信和网络等实体，还涉及到数据安全、软件安全、网络安全、运行安全和防病毒技术。安全技术措施应贯穿于系统分析、设计、运行和维护及管理的各个阶段。例如：用户应选择先进的网络安全技术，选择合适的安全服务种类及安全机制，融合先进的安全技术，形成一个全方位的安全体系；建立防火墙，在网络对外连接通道上建立控制点，对网络进行监控；进行失效保护，一旦系统运行错误，发生故障时，就拒绝其访问等。

（4）安全教育

制定严密的信息系统安全与保密制度，对所有涉及信息系统的人员作深入的宣传与教育，如终端操作人员、系统管理员、系统设计人员等，提高他们的安全与保密意识，因为他们对系统的功能、结构比较熟悉，对系统的威胁很大。对于从事重要信息系统工作的人员，更应重视教育，并挑选素质好、品质可靠的人员担任。

上述措施必须完整地严格地贯彻，尤其是人的安全保密意识，必须强调自觉、认真的参与，承担各自的责任。只有这样才可能从根本上解决信息系统的安全保密问题。

【本章小结】 ▶▶

本章对信息系统项目的实施进行了讨论。要建设信息系统项目，首先要成立项目小组，项目小组有三种模式：按子课题或子项目划分的模式，按职能划分的模式和矩阵模式。然后绘制项目成员技术编制表，据此绘制职责分配矩阵，明确项目组成员的职责。数据准备时信息系统实施的重要工作，包括数据的标准化和基础数据的准备。系统测试包括硬件测试、网络测试和软件测试。软件测试的方法包括人工测试和机器测试。人工测试包括个人复查、走查和会审；机器测试包括黑盒测试和白盒测试。系统测试过程包括拟定测试计划、编制测试大纲、设计和生成测试用例实施测试和生成测试报告。系统转换有三种方式：直接转换、并行转换和分段转换，各有优缺点。系统运行需要有合理的人员结构和运行管理制度。

【课堂讨论】 ▶▶

1. 讨论说明硬件系统实施与软件系统实施各自重要性。
2. 在信息系统实施工作中，CIO 应当担负什么样的责任？
3. 如何有效进行信息系统的运行管理？

【复习思考】 ▶▶

1. 数据准备包含哪些工作？
2. 简述系统测试的步骤与过程。
3. 软件测试有哪些方法？各有什么含义？
4. 系统转换有哪些方式？各有什么优缺点？
5. 信息系统的评价体系由哪些因素组成？

第四篇
管理信息系统应用与实践

第十章

BIM 系统的应用

学习目标

BIM 技术正日益成为建筑业信息化的重要手段。BIM 集成了建筑行业从设计（三维）、工程量计算、施工技术优化与施工组织管理信息平台，为建筑业信息化提供更加强有力的软件，提高建筑工程的规划、设计、施工管理以及运行和维护的效率和水平；实现建筑全生命期信息共享，从而实现建筑全生命期成本等关键方面的优化管理。住建部明确表示，在 2020 年形成 BIM 技术应用标准和政策体系。学习本章主要达到以下目标：

1. 学习 BIM 技术、特征以及其工程实用价值；

2. 掌握 BIM 技术在设计、施工组织、材料管理、碰撞检查、管线综合以及运营阶段的应用；

3. 学习应用 BIM 技术进行施工方案的模拟及优化；

4. 了解工程项目 BIM 实施的三个阶段以及项目实施 BIM 技术的保障措施。

关键术语

BIM 技术；三维管线设计；全寿命周期。

第一节　BIM 系统概述

建筑业一直被认为是科技水平不高、生产效率低下的行业。建筑行业利益相关主体的多元化、建设流程的复杂和不连续性、信息知识管理的低效率、新兴技术采纳的相对滞后，以及创新扩散速率的低下等问题是一直以来阻碍建筑业发展的主要原因。目前建筑行业正处于技术和制度变革的过渡时期，而实现变革的重要技术手段就是信息技术的应用。BIM（Building Information Modeling）已经被广泛接受，并被公认为是有效解决这一问题的工具，如美国国家科学院（The Nation Academies）提出 BIM 这一互操作技术的广泛应用是解决建筑业最有效操作工具之一。

BIM 技术的概念原型最早于 20 世纪 70 年代提出，当时称为"产品模型（Product Model）"，该模型既包含建筑的三维几何信息，也包含建筑的其他信息。随着 CAD 技术的发展，特别是三维 CAD 技术的发展，产品模型的概念得以发展，于 2002 年由主要的 CAD 软件开发商之一——美国 Autodesk 公司改名为 BIM，BIM 技术开始在建筑工程中得到应用。经过约 10 年的发展，BIM 技术取得很大进步，并以发展成为继 CAD 技术之后行业信息化最重要的新技术。

一、BIM 系统的含义及特征

BIM（Building Information Modeling 或 Building Information Model）的缩写，代表建筑信息模型化或建筑信息模型。BIM 技术即指关于建筑信息模型化和建筑信息模型的技术。其基本理念是，以基于三维几何模型、包含其他信息和支持开放式标准的建筑信息为基础，提供更加强有力的软件，提高建筑工程的规划、设计、施工管理以及运行和维护的效率和水平；实现建筑全生命期信息共享，从而实现建筑全生命期成本等关键方面的优化。BIM 一般具有以下特征。

1. 模型信息的完备性

除了对工程对象进行 3D 几何信息和拓扑关系的描述，还包括完整的工程信息描述，如对象名称、结构类型、建筑材料、工程性能等设计信息；施工工序、进度、成本、质量以及人力、机械、材料资源等施工信息；工程安全性能、材料耐久性能等维护信息；对象之间的工程逻辑关系等。

2. 模型信息的关联性

信息模型中的对象是可识别且相互关联的，系统能够对模型的信息进行统计和分析，并生成相应的图形和文档。如果模型中的某个对象发生变化，与之关联的所有对象都会随之更新，以保持模型的完整性和健壮性。

3. 模型信息的一致性

在建筑生命期的不同阶段，模型信息是一致的，同一信息无需重复输入，而且信息模型能够自动演化，模型对象在不同阶段可以简单地进行修改和扩展而无需重新创建，避免了信息不一致的错误。

BIM 既不仅仅是比 CAD 更先进的另外一种软件，也不仅仅是建筑物的一个数字模型，BIM 是一种技术、一种方法、一种过程，BIM 把建筑业业务流程和表达建筑物本身的信息更好地集成起来，从而提高整个行业的效率。美国联邦政府统计说明，在目前的情况下合适地使用 BIM 可以让建筑项目节省 5%～12% 的投资。

在我国，BIM 技术已经广泛应用于各类房地产开发项目中，并于 2009 年成立香港 BIM 学会。在中国大陆地区，大部分业内同行听到过 BIM；有一定数量的项目和同行在不同项目阶段和不同程度上使用了 BIM；建筑业企业（业主、地产商、设计、施工等）和 BIM 咨询顾问不同形式的合作是 BIM 项目实施的主要方式；BIM 应经渗透到软件公司、BIM 咨询顾问、科研院校、设计院、施工企业、地产商等建设行业相关机构；建筑企业开始有对 BIM 人才的需求，BIM 人才的商业培训和学校教育已经逐步开始启动；BIM 进入"十一五"国家科技支撑计划重点项目，"十二五"力度还在不断加大。山东省人民政府办公厅于 2014 年 7 月明确提出推广建筑信息模型（BIM）技术。

二、BIM 技术的价值

BIM 技术是从美国发展起来，逐渐扩展到欧洲、日韩等发达国家，究其原因在于 BIM 技术具有较好的应用价值。而且与未来物联网技术结合，可以实现建筑物全生命周期内的实时监控。

1. 解决当前建筑领域信息化的瓶颈问题

建立单一工程数据源。工程项目各参与方使用的是单一信息源，确保信息的准确性和一致性。实现项目各参与方之间的信息交流和共享。从根本上解决项目各参与方基于纸介质方式进行信息交流形成的"信息断层"和应用系统之间"信息孤岛"问题。推动现代 CAD 技术的应用。全面支持数字化的、采用不同设计方法的工程设计，尽可能采用自动化设计技术，实现设计的集成化、网络化和智能化。促进建筑生命期管理，实现建筑生命期各阶段的工程性能、质量、安全、进度和成本的集成化管理，对建设项目生命期总成本、能源消耗、环境影响等进行分析、预测和控制。

2. 基于 BIM 的工程设计

实现三维设计。能够根据 3D 模型自动生成各种图形和文档，而且始终与模型逻辑相关，当模型发生变化时，与之关联的图形和文档将自动更新；设计过程中所创建的对象存在着内建的逻辑关联关系，当某个对象发生变化时，与之关联的对象随之变化。实现不同专业设计之间的信息共享。各专业 CAD 系统可从信息模型中获取所需的设计参数和相关信息，不需要重复录入数据，避免数据冗余、歧义和错误。实现各专业之间的协同设计。某个专业设计的对象被修改，其他专业设计中的该对象会随之更新。实现虚拟设计和智能设计。实现设计碰撞检测、能耗分析、成本预测等。

3. 基于 BIM 的施工及管理

实现集成项目交付 IPD（Integrated Project Delivery）管理。把项目主要参与方在设计阶段就集合在一起，着眼于项目的全生命期，利用 BIM 技术进行虚拟设计、建造、维护及管理。实现动态、集成和可视化的 4D 施工管理。将建筑物及施工现场 3D 模型与施工进度相链接，并与施工资源和场地布置信息集成一体，建立 4D 施工信息模型。实现建设项目施工阶段工程进度、人力、材料、设备、成本和场地布置的动态集成管理及施工过程的可视化模拟。实现项目各参与方协同工作。项目各参与方信息共享，基于网络实现文档、图档和视档的提交、审核、审批及利用。项目各参与方通过网络协同工作，进行工程洽商、协调，实现施工质量、安全、成本和进度的管理和监控。实现虚拟施工。在计算机上执行建造过程，虚拟模型可在实际建造之前对工程项目的功能及可建造性等潜在问题进行预测，包括施工方法实验、施工过程模拟及施工方案优化等。

4. 基于 BIM 的建筑运营维护管理

综合应用 GIS 技术，将 BIM 与维护管理计划相链接，实现建筑物业管理与楼宇设备的实时监控相集成的智能化和可视化管理。基于 BIM 进行运营阶段的能耗分析和节能控制。

结合运营阶段的环境影响和灾害破坏，针对结构损伤、材料劣化及灾害破坏，进行建筑结构安全性、耐久性分析与预测。

第二节 BIM 系统的应用

住建部《关于征求关于推荐 BIM 技术在建筑领域应用的指导意见（征求意见稿）的意见函》明确表示，2016 年以前政府投资的 2 万平方米以上大型公共建筑以及省报绿色建筑项目的设计、施工采用 BIM 技术；截止 2020 年，完善 BIM 技术应用标准、实施指南，形成 BIM 技术应用标准和政策体系；在有关奖项，如全国优秀工程勘测设计奖、鲁班奖（国家优质工程奖）及各行业、各地区勘察设计奖和工程质量最高奖的评审中，设计应用 BIM 技术的条件。

一、BIM 在设计阶段的应用

1. 可视化设计

基于三维数字技术所构建的 BIM 模型、为业主、建筑设计师、结构工程师、机电工程师提供了直观的协作平台。

2. 协同设计

BIM 模型的可视直视，让各专业间设计的碰撞直观显露，BIM 模型的"三方联动"特质使平面图、立面图、剖面图在同一时间得到修改。

3. 绿色设计

在 BIM 工作环境中，Ecotect、Canda、Phoenics 等多种软件合作作业，对建筑进行风、光、声、热等环境模拟分析，指导、验证建筑性能。

4. 三维管线设计

在设计阶段搭建管线综合模型，设定冲突检测条件，直观便捷检测碰撞冲突，消除设计中的"错漏碰缺"。

5. 工程量统计

BIM 模型的信息库，随着工程的推进实时更新，当工程进行到一定阶段时，BIM 能将所有关联信息组织起来，为建筑每一部分进行精确算量，降低成本。

6. 结构分析

基于 BIM 技术的 3D 工具软件（如：Revit）包括了大量第三方分析程序所要求的各种信息，并可与结构分析模型双向链接，不仅提高了结构分析能力，同时减少重复建模的工作量。

二、BIM 在施工阶段的应用

1. 图纸梳理

现阶段，高精尖端的项目越来越多，大部分设计院设计的图纸未标准化（即设计说明有现成的模板、设计图纸有一定的参考物），图纸未标注或矛盾点的图纸问题层出不穷，而部分建筑企业由于发展过快，经验丰富的施工人员紧缺，新的施工技术人员的技术能力跟不上，直接体现在技术人员对图纸认知能力以及偏差部位处理能力相对不足。

BIM 技术全部应用都基于 BIM 模型，各专业人员借助三维可视化建立的 3D 模型可发现结构与建筑的矛盾、图纸未标注、尺寸不合理、安装专业自身有碰撞点等一系列图纸疑问，将所发现的图纸问题分专业、图纸号汇总，通过甲方与设计院沟通，或者直接与设计院沟通，一方面与设计人员及时进行图纸会审排除疑问，使得施工通畅、人员能力提升，一方面加深对设计图纸的理解。

（1）减少了影响工期的潜在风险因素

工程的施工完全按照图纸进行，在把图纸问题理清楚的前提下，施工的潜在风险降到最小化。

（2）加深项目各专业技术人员对设计图纸理解

建模的过程必须要把所有相关的图纸过一遍，依照图纸建立模型，无疑是图纸非常好的理解过程。

（3）项目各专业技术人员对项目的熟悉能力

在建模中逐渐熟悉图纸，专业技术人员对项目的熟悉能力逐渐提升，从二维到三维，是一种质的变化。

（4）为提升建筑企业精细化管理水平建立好的基础

建模过程中能发现多少图纸问题，是企业的精细化管理水平的一种体现方式，通过企业 BIM 技术逐渐完善，专业技术人员能预测到施工中存在的问题会越来越多，企业能预见的各种大小问题的能力也会逐渐进步，企业"BIM 心脏"的进步就为精细化管理建立了很好的基础。

通过 Word 文档对图纸问题的整理，根据与设计院沟通的结果进行 3D 模型的调整，后续即可在无疑问的 3D 模型中展开一系列的应用。

2. 施工场地布置

利用 BIM 技术三维反映施工场地布置，便于讨论和修改；检验施工场地布置的合理性；根据施工现场情况优化场地布置。利用 BIM 技术协助施工场地布置方案的优化，对施工现场中的邻舍、各生产操作区域、大型设备安装，通过 3D 模型将以动态的方式进行合理布局，最终选择分析最佳方案，为后续施工奠定基础，提高施工效率及质量，从而做到绿色施工、节能减排。主要特点体现在：

(1) 运用 BIM 模型以动态的方式展现设备吊装过程，中途若有碰撞发生，直至吊装模拟圆满为止，技术人员可依此模拟路径和吊装设备，完善吊装方案及选用吊装设备，同时合理布置起重机械和各项施工设施，科学规划施工道路；

(2) 通过 BIM 技术对施工现场各生产区域进行前期的合理布局，且可通过虚拟交底使员工对施工现场的准备及施工各区域有切身了解，达成共识，为后续施工奠定基础；

对生产性施工设施和生活性施工设施以及建设项目施工必备的安全、防火和环境保护设施运用 BIM 技术，在现场前得到更佳的布置方案且得到事先预演；

(3) 借助 BIM，进行施工场地的布置，可以提高现场机械设备的覆盖率，降低运输费用及材料二次搬运成本；提升管理人员对施工现场各施工区域的了解，确保施工进度；提升对现场合理布局，增强了绿色施工、节能减排，确保项目目标得以实现；直观形象地提供建设相关单位暂时施工现场的安排，提高沟通效率。

3. 材料管理

材料费在工程造价中往往占据了很大的比重，一般占整个预算费用 70％左右，占直接费更是高达 80％左右。因此，材料成本的控制是工程成本控制的重中之重。材料消耗量是指在施工过程中用于工程实体中的材料使用总量。

在施工管理过程中对材料消耗量的分析，尤其是计划部分材料消耗量的分析是一大难题。目前材料、设备、机械租赁、人工与单项分包等过程中成本拆分困难，无法和招投标阶段进行对比，等到项目快结束时才发现，为时已晚。基于 BIM 的集成工程图纸等详细的工程信息资料，是建筑的虚拟体现，形成一个包含成本、进度、材料、设备等多维度的信息模型。目前，BIM 的数据粒度可以达到构件级，可快速准确分析工程量数据，再结合相应的定额或消耗量分析系统就可以确定不同构件、不同流水段、不同时间节点的材料计划和目标结果。结合 BIM 技术，施工单位可以让材料采购计划、进场计划、消耗控制的流程更加优化，并且有精确控制能力。并对材料计划、采购、出入库等进行有效管控。

目前，施工管理中的限额领料流程、手续等制度虽然健全，但是效果并不理想，原因就在配发材料时，由于时间有限及参考数据查询困难，审核人员无法判断报送的领料单上的每项工作消耗的数量是否合理，只能凭主观经验和少量数据大概估计。随着 BIM 技术的成熟，审核人员可以调用 BIM 中同类项目的大量详细的历史数据，利用 BIM 多维模拟施工计算，快速、准确的拆分、汇总并输出任一细部工作的消耗量标准，真正实现限额领料的初衷。

4. 碰撞检查

美国建筑行业研究院公布：工程建设行业的浪费率高达 57%，而其中因图纸错误导致的设计变更或返工引起的进度延误和成本增加也是司空见惯。

2010 年《中国商业地产 BIM 应用研究报告》通过调研发现，77% 的企业遭遇因图纸不清或混乱而造成项目的投资损失，其中有 10% 的企业认为该损失可达项目建造投资的 10% 以上，43% 的施工企业遭遇过招标图纸中存在重大错误，改正成本超过 100 万元。

随着 BIM 技术的不断深入应用，发现使用 BIM 技术可以消除 40% 的预算外变更，通过及早发现和解决冲突可降低 10% 合同价格，而消除变更与返工的主要手段是基于 BIM 技术的碰撞检查。

通过 BIM 系统，将机电各专业间，机电与结构或钢结构间的构件，进行施工前的碰撞检查，提前发现问题反馈问题，通过"图片＋文字"描述的型式输出纸质报告，便于发现设计的不合理，方便各条线的施工人员沟通解决问题，从而避免返工和提升工作效率。如图 10-1 所示为借助 BIM 系统应用功能，筛选碰撞点。

图 10-1　借助 BIM 系统，筛选碰撞点

碰撞检查的价值点主要体现在以下几点：

（1）便于施工单位发现问题；

（2）便于向设计单位反馈；

（3）提前做好预留洞口；

（4）便于确认最优方案；

（5）便于施工人员和设计人员的沟通；

（6）便于向施工班组交待碰撞问题。

5. 管线综合

管线综合平衡技术是应用于机电安装工程的施工管理技术，涉及到机电工程中暖通、给排水、电气、建筑智能化等专业的管线安装。

为确保工程工期和工程质量，避免因各专业设计不协调和设计变更产生的"返工"等经济损失，避免在选用各种支吊架时因选用规格过大造成浪费、选用规格过小造成事故隐患等现象，通过对设计图纸的综合考虑及深化设计，在未施工前先根据所要施工的图纸利用 BIM 技术进行图纸"预装配"，通过典型的剖面图及三维模拟可以直观的把设计图纸上的问题全部暴露出来，尤其是在施工中各专业之间的位置冲突和标高"打架"问题。管线综合价值体现为以下四点：

(1) 进行方案合理优化，避免材料浪费；

(2) 建立模型后可出任意平面或剖面图形有利于指导现场施工；

(3) 为选择综合支架提供方案依据；

(4) 合理排布避免返工、保证工期。

以成都某项目为例：BIM 未实施之前，管道专业班组常出现提前施工，未考虑其他专业的施工空间，导致后续其他专业施工不便，出现扯皮现象，最终误工费料。后项目机电总工要求运用安装管线综合模型，并将此运用放入施工流程，要求各班组在施工前，必须根据综合模型交底以后方可施工，因此引入 BIM 技术，从而提高了沟通效率，加快了施工进度，节约了材料成本，保证了施工质量，得到了项目的一致好评。

三、BIM 在运营阶段的应用

1. 虚拟售楼平台

利用施工结束后的竣工模型加入所需信息搭建虚拟售楼模型进行销售招商。

2. 设备信息系统

BIM 模型中的信息随着工程进展实时更新，进入运营阶段，可建立相应的维护信息库及自动化维护系统。

3. 物业管理系统

加入空间、资产等信息，利用 BIM 竣工模型搭建虚拟物业管理平台，并与网络结合实现远程信息协调。

4. 应急预案优化

BIM 模型可以对各种灾难情况下的应急预案进行模拟分析，提高突发状况下应对措施，降低安全风险。

第三节　BIM系统的应用——施工方案的模拟及优化

施工方案模拟即根据施工图纸及现场各项施工方案通过建模软件进行模型的创建，并对各环节工序定义不同施工时间，在施工前将各方案在软件中进行三维动态虚拟建造，从而更容易在事前发现各种问题并及时进行处理，避免在正式施工中发现问题才去解决，免去了工程中造成工期延误及施工成本等问题的增加。

将传统的现场施工方案与BIM技术组合，通过三维模型对施工方案的模拟，使各方案得到一个直观的表达，可以让施工管理人员掌握各项施工方案是否能达到施工要求，并及时发现问题做出调整。通过施工方案的模拟，选择最优方案，这样就进一步的明确施工要求及施工标准，保证了工程质量，也为安全文明施工提供了保证。施工方案模拟有如下几种：支撑维护结构拆除方案、综合管线排布、钢筋下料及排布、土方开挖、高大支模查找、二次结构等施工方案进行三维模拟，确保施工目标实现。

1. 综合支吊架优化排布

根据综合管线排布的方案，对支架进行三维布置并对其进行优化，即可用于指导施工又可根据三维尺寸来预制支架的类型，是一项可以提升工作效率的应用。

(1) 精准定位支架的安装高度，用于指导现场施工。

(2) 通过三维可视化便于向现场施工人员进行交底。

(3) 支架样式数据化便于根据其进行预制，实用性强。

可根据不同的岗位出具不同的工程量数据需求，做到一模多用。

2. 钢筋下料与排布模拟

钢筋下料也称钢筋翻样。它是施工过程中最重要的分项工程之一，并且钢材也是影响建筑工程造价的主要因素之一。钢筋下料是最基本的原则就是要达到国家规范标准，达到验收标准，达到可操作性和满足节约钢材的标准。现在行业内的钢筋翻样水平参差不齐，较难做到料单既同时满足国家规范又可以节约钢材的目的。而BIM技术提供的钢筋下料与布排方案模拟将很好的解决这个问题。如图10-2所示。

图10-2　钢筋下料与排布模拟

3. 土方开挖方案模拟

土方开挖方案模拟是利用 BIM 软件在电脑里将复杂的基坑、集水井、电梯井的挖土过程进行模拟，这一过程可以作为施工现场管理人员的可视化技术交底。以往在土方开挖时，施工现场管理人员都是凭过往经验来进行土方放坡，这不仅给工程带来安全事故隐患，而且开挖的基坑形状又难以达到设计的要求。而 BIM 技术将很好的解决这个问题。

4. 高大支模查找

高大模板支撑系统是指建设工程施工现场混凝土构件模板支撑高度超过 8m，或搭设跨度超过 18m，或施工总荷载大于 $15kN/m^2$，或集中荷载大于 $20kN/m$ 的模板支撑系统。施工单位应依据国家现行相关规范标准，由项目技术负责人组织相关专业技术人员，结合工程实际，编制高大模板支撑系统的专项施工方案，并经过专家论证方可实施。通过土建 BIM 软件输入规定的高大支模参数可以方便快捷地查找出需要高大支模区域的柱、墙、梁、板范围。

5. 成本管控

（1）措施工程量。通过 BIM 技术提前，准确计算工程施工前和施工过程中非工程实体项目的费用中的消耗量，如模板工程工程量、脚手架工程工程量等。

（2）支付审核。利用 BIM 技术建立的 4D 模型，可直接根据形象进度在 BIM 模型中的框图即可完成进度款的汇总，做到对施工单位报的进度款心中有数，快速完成审核，避免超付，堵住成本漏洞。

（3）消耗量分析。通过 BIM 系统对人工、材料、机械台班根据企业特性、工程特点、施工方案进行分析。

（4）资金计划。建立的 BIM 模型可以与时间维度相结合，粗的可以按单体建筑来定义时间，细的可以按楼层和大类甚至按区域和构件来定义时间。通过计划开始时间和计划完成时间的定义，并结合项目造价就可以快速获得每个月甚至每天的项目造价情况。最后结合合同情况，就可以制定整个项目的资金计划。

（5）多算对比。只要将包含成本信息的 BIM 模型上传到系统服务器，系统就会自动对文件进行解析，同时将海量的成本数据进行分类和整理，形成一个多维度的，多层次的，包含三维图形的成本数据库。通过互联网技术，系统将不同的数据发送给不同的人。不仅可以看到项目资金的使用情况，还可以看到造价指标信息、查询下月材料使用量，不同岗位不同角色各取所需，共同受益，提高协同效率。从而对所开发项目的各类动态数据了如指掌，能实时掌控动态成本，实现多算对比。

6. 进度控制

通过将 BIM 模型与施工进度计划相关联，将空间信息与时间信息整合在一个可视的 4D（三维模型＋时间维度）模型中，直观、精确地反映整个建筑的施工过程。同时还可以将项目的计划进度与实际进度进行关联，通过 BIM 技术实时展现项目计划进度与实际进度的模型对比，随时随地三维可视化监控进度进展，对于施工进度提前或延误的地方用不同的颜色高亮显示，做到及时提醒预警，并结合项目造价就可以快速获得每个月甚至每天的项目造价情况。

4D施工模拟技术可以在项目建造过程合理制定施工计划、精确掌握施工进度，优化使用施工资源以及科学地进行场地布置，对整个工程的施工进度、资源和质量进行统一管理和控制，以缩短工期、降低成本、增强项目协同能力、从而提高工程质量。

通过进度管控，可以及时直观掌握项目计划进展、工期情况，协助项目管理层进行相应工作协调；通过计划成本与实际成本的对比，及时获得准确的数据，为施工进度产值控制提供支撑；通过计划进度与实际进度的模型对比，提前发现问题，保证项目工期；根据BIM进度模型，及时获取准确数据，制定相应的材料计划。

7. 质量安全协同管理

预留洞：在结构施工前利用BIM技术准确定位混凝土的预留孔洞位置，对班组进行可视化交底，避免二次打洞，破坏结构，提高结构施工质量。

下料加工：工作面大，工人多的时候，可能会因为交底不清楚，导致质量问题；可以通过BIM技术优化断料组合加工面，将损耗减至最低。

管线综合：集成各专业的BIM模型进行碰撞检查，发现碰撞点后，在安装模型中，通过三维模型调整，再次综合模型，并可导出二维平面图，生成剖面图，指导现场施工。

二次碰撞：根据重点部位的结构标高，结合深化后的机电综合排布方案，完成项目建造阶段的各专业（钢筋、机电、土建结构等）碰撞检查，发现影响实际施工的碰撞点。

方案模拟：利用BIM多维度可视化的特点，对重要施工方案进行模拟。项目各方可利用BIM模型进行讨论，调整方案，BIM模型快速相应调整，最终确定最优的施工方案。

例如项目复杂节点之一的基坑施工，其程序复杂，二维方式设计解决三维空间超复杂问题，因此风险大，同时工程进度控制难。在整个深基坑施工过程中，材料用量大，工程量统计费事费力，需要应用BIM技术对支撑维护施工方案模拟和审视、土方开挖施工方案模拟审视、支撑维护结构与土建结构碰撞检查。

现场质量安全监控：利用移动终端采集现场数据，建立现场质量缺陷、安全隐患等数据资料，与BIM模型或图纸及时关联，将问题可视化，让管理者对问题的位置及详情准确掌控，在办公室即可掌握质量安全风险因素，及时统计分析，做好纠正预措施，确保施工顺利进行。

第四节　BIM系统的实施及保障措施

一、BIM系统的实施

企业在确定试点应用项目并组建项目BIM团队后，就可以开始对项目实施BIM技术。工程项目的 BIM 实施可分为三个阶段：项目策划阶段、项目实施阶段和项目总结阶段与评价阶段。项目策划阶段需要完成项目的 BIM 实施规划，主要内容包括理解 BIM 技术应用、确定 BIM 技术应用点和应用流程、制定项目 BIM 实施策略和制定 BIM 实施相关配套措施；项目实施阶段将策划阶段制定的 BIM 实施规划方案付诸行动，主要包括选型采购、软件培训、数据准备、项目试运行、项目应用等工作；项目总结与评价阶段是在项目完成实施后对项目实施工作及成果的总结以及对 BIM 技术应用效果与价值的评价，以便总结项目 BIM 实施的经验与教训，改进 BIM 技术应用的相关工作，为企业推广应用 BIM 技术提供参考依据。

1. 项目策划阶段

（1）理解 BIM 技术的应用

首先，要求项目 BIM 团队深刻了解该项目应用 BIM 技术的目的和价值。只有了解项目为什么应用 BIM 技术，才能保证项目实施过程中能有目的地支持和配合工作，做到有的放矢，避免盲目使用的情况发生。其次，要求团队项目对 BIM 技术有整体的认识和了解，如 BIM 定义、目的、价值以及应用范围和内容等，尤其要重点了解每个 BIM 应用点能带来什么价值，从而进一步分析、选择适合本项目的应用点。目前，可以通过很多方式了解各个 BIM 技术用点，最直接的方式就是求助于各个软件供应商或咨询公司，了解其产品及服务。

（2）确定 BIM 技术应用点

项目 BIM 团队根据本项目特点、项目实施 BIM 的目的和需求、项目团队的能力、当前的技术水平、BIM 实施成本、项目经济社会效益等多方面综合考虑选择最佳效果的 BIM 实施方案。

（3）设计 BIM 实施流程

实施总体流程的步骤如下：明确项目应用的 BIM 技术应用点，绘制 BIM 技术应用流程图，把每个应用点当作一个过程加入到 BIM 应用流程图中；梳理 BIM 技术应用点之间的关系，依据工程项目不同实施阶段（如规划、设计、施工或维持）的 BIM 应用内容排列各个 BIM 技术应用点在总体流程中的顺序和位置，使项目团队清楚理解各个 BIM 应用的实施先后顺序；为每个 BIM 技术应用过程定义责任方。有些 BIM 技术应用过程的责任方可能不止一个，规划团队需要仔细讨论哪些责任方最合适完成某个过程，被确定的责任方需要清楚地确定执行每个 BIM 技术应用过程需要的输入信息以及由此而产生的输出信息；确定每一个 BIM 技术应用点的信息技术交换要求，即包含从一个参与方向另一个参与方来传递的信息，包括过长内部活动之间、过程之间的关键信息交换内容。

（4）确定 BIM 实施策略

首先，确定实施形式。项目可以根据自身的情况选择 BIM 技术应用的实施方式，常见的实施方式有咨询实施、自行实施、组合实施等。其次，制定信息交换需求策略。主要工作程序如下：定义 BIM 技术应用总体流程图中的每一个过程之间的信息交换；分解项目模型元素结构，使得信息交换内容的定义标准化；确定每一个信息交换的输入、输出信息要求；分配责任方负责创建所需要的信息；比较输入和输出的内容。

（5）制定项目 BIM 实施后的配套措施

从以下几个方面建立合适项目的制度和控制规范：明确项目 BIM 组织及职责；制定项目工作计划的管理机制和控制规范；建立沟通机制；明确软硬件设置及其他设施要求；建立风险管理机制；建立项目相关考核规范。

2. 项目实施阶段

（1）选型采购

选择合适的 BIM 产品及服务是 BIM 项目实施成功的关键步骤。选型主要从选 BIM 应用软件、选服务、选供应商等几个方面来考虑。这里的"BIM 应用软件"是指用于实际工作的基于 BIM 技术的计算机程序或文件；服务是软性条件，包括三个方面的要求。第一是实施服务的能力，BIM 应用软件不是简单的产品应用，需要供应商提供咨询、培训、应用上线等一系列的实施活动来保证。还要考虑与 BIM 其他应用软件的衔接。第二是 BIM 咨询能力，BIM 实施过程对于施工企业现有业务及流程都有影响，这就要求供应商能够提供专业的 BIM 咨询服务来指导和保证业务及流程的顺畅。第三是持续改进的服务，要求供应商具有对 BIM 应用软件持续调整和优化服务的能力，保证所提供的 BIM 产品具有可持续性。在选供应商时，要重点关注三点。首先要从专业性角度考虑，所选产品与其企业主营业务一致，就是保证软件供应商的主营业务与 BIM 技术应用业务的一致。其次是长期历史积累，软件供应商应该在所从事的专业领域内有一定的积累，这主要包括业务积累、产品积累、实施积累和专业人员的积累等。最后是样板用户，软件供应商不仅能提供专业的产品，同时应该有成功实施案例带来的最佳实践做保证，这样才能真正体现出软件产品的实用性和效果。

（2）软件培训

在软件硬件运行环境配置好后，就可以进行软件培训工作。软件培训是项目实施能否成功的关键步骤。在培训中需要注意以下三个方面的内容：首先进行培训策划。明确培训目标、培训范围、培训对象、培训计划等内容，建立详细策划方案便于培训执行，保障培训的效果。其次结合不同的培训对象采用不同培训策略与方法。培训对象一般分为项目领导层、管理层、执行层三层。对于项目领导层，需要让其了解 BIM 技术的理念、思想和应用价值；对于管理层，需要让其了解 BIM 技术应用如何提升管理水平；对于执行层，需要让其掌握具体的软件操作流程和步骤。最后需要建立培训考核机制，保证培训效果。如将培训考核成绩与个人工作绩效挂钩，促使培训学员掌握 BIM 技术的操作和应用。

（3）数据准备

基础数据是应用 BIM 技术开展业务工作的基础，实施过程中，基础数据 BIM 的准备是 BIM 应用软件稳定性的重要影响因素，因此务必引起重视。基础数据的准备是在与软件供应商确定开发方案时予以明确，可以成为后期项目试运行或正式应用的依据。

（4）项目试运行

项目试运行是项目正式运行之前的过渡阶段，通过对实际业务模拟操作，检验 BIM 应用软件产品是否满足了实际业务需求，并检验软件的稳定性和健壮性，为正式运行积累宝贵经验。在本阶段，应重点关注以下两点：首先采用真实的业务数据与环境进行模拟，提前发现潜在的问题；其次要以关键业务岗位人员为主导支持软件运行，务必完全熟悉掌握产品，以便在软件供应商离开后能够支持项目内部的使用和推广。

（5）项目应用

项目试运营之后，进入正式应用与维护阶段，此时更要注意 BIM 技术应用的持续推进。因为此时软件供应商实施团队已经离开现场，任何松懈都会造成前功尽弃。这就需要从几个方面进行保证。一是要明确专门的软件运营维护人员，负责 BIM 应用软件产品的维护、优化更新工作。二是根据项目需要与供应商签署维护合同，业务变化会引起产品调整，这就需要供应商对软件稳定性、适应性负责。三是建立 BIM 应用考核机制，针对应用 BIM 技术的业务部门及人员进行考核，并将考核结果纳入部门或个人绩效。四是建立完善的管理制度等，保障 BIM 技术能够持续的应用与优化。

3. 项目总结与评价阶段

（1）项目总结

项目完成之后，首先应及时总结项目实施的经验和教训，以便在后续的 BIM 项目中改进工作。其次，整理实施成果。将项目成果归类汇总，以便存档于知识库，为以后项目提供参考。

（2）项目评价

对 BIM 项目的评价亦是对 BIM 应用价值的评价，其目的是验证 BIM 技术应用工作给项目带来的独特贡献和产生效益。可以从两个维度对 BIM 项目进行评价：一是从 BIM 技术给项目带来经济效益角度进行评价；二是从 BIM 技术应用成熟度的角度进行评价，通过评价影响 BIM 技术应用成熟度的各个因素情况，以帮助项目找到 BIM 技术应用工作做得好和不好地方，为 BIM 技术应用工作提供改进方向。

二、实施 BIM 技术的保障措施

1. 组织保障

建立 BIM 中心，主要负责企业 BIM 的整体实施规划、技术标准规范的制定和完善、软硬件的选型和系统构建、BIM 技术应用的企业级基础数据库的建立、实施流程和相关制度的制定、人员培训考核等；培养 BIM 专业人才队伍，包括 BIM 战略总监、BIM 项目经理、BIM 模型工程师、BIM 专业分析工程师、BIM 信息应用工程师。

2. 资源管理制度保障

BIM 相关制度的配套是 BIM 实施的有力保障。主要包括软硬件管理制度、应用组织制度、项目实施管理制度、绩效管理制度、数据维护制度、培训管理制度等一系列保障措施。对于软硬件管理制度，硬件方面的相关制度，主要包括规范设备购置、管理、应用、维护、维修及报废等方面的工作；而软件方面的相关制度则包括系统的采购、权限分配、运行信息系统安全等方面。需要注意的是，一方面，BIM 的应用系统往往对硬件系统有较高的要求，软硬件的配合需要提前做好分析准备。另一方面，BIM 应用软件种类繁多，需要根据 BIM 规划所提出的具体应用需求进行选型搭配，避免造成资金的浪费；应用组织制度需要明确规定企业级的 BIM 管理团队和项目级的 BIM 实施团队成员构成和岗位职责。该制度中对于各类岗位的知识结构和能力要求要有明确的规定；项目实施管理制度的主要内容是制度 BIM 项目管理的目标和应取得的项目成果，明确项目管理的任务、时间进度等内容，预计项目进行中可能发生的变更和风险，以及如何有效地管理、控制、处理项目进程等问题。

3. 高效的激励措施

对于企业管理者来讲，如何提高项目实施 BIM 的积极性、树立 BIM 实施的信心至关重要。因此，企业有必要建立完善科学的 BIM 实施绩效评估体系。并基于指标进行考核。例如，对于建模人员，可以基于建模的平米数与构建量制定指标；对于分析工程师，可以基于提出的有效碰撞点指定指标；对于成本分析人员，可以基于 BIM 技术输出的成本数据准确度进行打分等。绩效指标和考核标准初期不能设立太高的门槛，视现有人员的技术和应用水平而定，否则，反而形成实施障碍，适得其反；数据维护制度主要包括 BIM 模型数据标准、数据归档格式、访问权限等内容。该制度最重要的作用是保障能形成统一的基于 BIM 技术的协同平台，避免产生数据在不同的工作流程中无法传递和运转的情况。

4. 完善的培训制度

培训管理制度既要考虑到普及性，又要考虑到专业岗位的针对性。对于通用的 BIM 技术知识、BIM 实施流程、各个环节的交付标准等，可以制定整个 BIM 实施团队的培训计划，而对于一些专职的岗位，例如 BIM 数据分析师，则需要制定专门的培训课程专项进行，完善的培训管理制度可以保障在项目实施的推广普及阶段，各项目的 BIM 实施人员能及时到位开展工作。

【本章小结】 ▶▶

本章分析并概述了 BIM 技术的相关内容。首先阐述了 BIM 技术的基本理念是基于三维几何模型、包含其他信息和支持开放式标准的建筑信息为基础，提供更加强有力的软件，提高建筑工程的规划、设计、施工管理以及运行和维护的效率和水平；实现建筑全生命期信息共享，从而实现建筑全生命期成本等关键方面的优化。

比较详细介绍了应用 BIM 技术在设计阶段可实现：可视化设计、协同设计、绿色设计、三维管线设计、工程量统计和结构分析；应用 BIM 技术在施工阶段可进行：图纸梳理、施工场地布置、材料管理、碰撞检查和管线综合等阶段引入 BIM 技术，能够提高沟通效率，加快施工进度，节约材料成本，保证施工质量以及 BIM 技术在运营阶段的应用。

应用 BIM 技术模拟施工方案，选择最优方案。通过三维模型对施工方案的模拟，如支撑维护结构拆除方案、综合管线排布、钢筋下料及排布、土方开挖、高大支模查找、二次结构等施工方案进行三维模拟，使各方案得到一个直观的表达，可以让施工管理人员掌握各项施工方案是否能达到施工要求，并及时发现问题做出调整。进一步的明确施工要求及施工标准，保证了工程质量，也为安全文明施工提供了保证。

BIM 技术的实施可分为三个阶段：项目策划阶段、项目实施阶段和项目总结阶段与评价阶段。同时要求实施 BIM 技术要有专业软件运营维护人员，负责 BIM 应用软件产品的维护、优化更新工作。还要建立 BIM 应用考核机制，针对应用 BIM 技术的业务部门及人员进行考核，并将考核结果纳入部门或个人绩效，保障 BIM 技术能够持续的应用与优化。

【课堂讨论】 ▶▶

1. 讨论 BIM 技术对工程项目建设的重大意义。

2. 如何让传统的现场施工方案与 BIM 技术实现有效结合？

【复习思考】 ▶▶

1. 简述 BIM 技术的含义及特征。

2. 传统的建筑施工企业实施 BIM 技术的应注意哪些问题？

3.BIM 信息技术平台对现场施工是如何实现优化的？

4. 企业实施 BIM 技术需要哪些保障措施？

第十一章

工程造价管理信息系统

学习目标

　　建筑工程预算是一项十分繁琐的工作。传统的手算方式速度慢，效率低，易出错。现实的工作中迫切需要及时、准确地算出标底报价、施工图预算造价以及初步设计概算造价。建设工程造价管理信息系统可以实现定额生成、数据库修改、整理，材料预算价格计算、价差系数测算等工作，可以有效提高工作效率效益。学习本章主要达到以下目标：

　　1. 掌握工程造价的基本概念、内容；

　　2. 掌握工程造价信息系统的构成要素、类型；

　　3. 掌握工程造价管理信息系统的功能模块设计原理及方法；

　　4. 了解传统工程造价管理的方法；

　　5. 掌握工程造价管理信息系统实施过程的内容。

关键术语

　　工程造价；预算系统；定额管理；取费标准。

第一节　工程造价管理信息系统分析

　　2015 年 10 月 29 日十八届五中全会强调，实现"十三五"时期发展目标，必须牢固树立并切实贯彻创新、协调、绿色、开放、共享的发展理念。建筑行业存在建设流程的复杂和不连续性、信息知识管理的低效率、新兴技术采纳的相对滞后，以及创新扩散速率的低下等问题是一直以来阻碍建筑业发展的主要原因。广东省住房和城乡建设厅到 2020 年年底，全省建筑面积 2 万平方米及以上的建筑工程项目普遍应用 BIM 技术。BIM 技术是关于建筑信息模型化和建筑信息模型的技术。一般来说，任何一个计算机应用软件的开发都要经过系统分析、系统设计、系统实施和系统评价四个阶段。本章根据这几个阶段的工作内容，结合建筑工程预算软件具体开发要求，阐述预算软件设计中的系统分析、系统设计和系统实施。

现将系统分析的一般步骤介绍如下。

1. 提出问题需求分析

系统分析是保证所开发系统得以成功的重要阶段。由于建筑工程预算是一项十分繁琐的计算工作，耗用人力多，计算时间长，传统的手算方式速度慢，效率低，而且容易出差错。另外，在现实的工作中迫切需要及时、准确地算出标底报价、施工图预算造价以及初步设计概算造价。同时，各有关单位和工程造价管理部门也希望有计算机预算软件为之服务，以便对各单位报来的设计施工图预算或标底进行审查。综上所述，预算软件的需求量是很大的。除此之外，应用电子计算机编制预算有以下几个好处。

(1) 能够保证预算的及时性

因为用手工编制预算速度比应用计算机系统编制慢很多，而且容易出错，特别是对于大型复杂工程项目。

(2) 能保证预算的准确性

预算工作千头万绪，十分复杂，一次预算起码也要进行数千项四则运算，就是最好的预算员也很难保证不出差错，相反计算机不会发生运算上的错误。能够快速地进行工料分析。手工进行工料分析速度很慢且非常麻烦，极容易出错，而用计算机计算相当方便、快捷。

工程造价管理信息系统能够对定额的变动和价格的变动及时做出正确的反应，正因为如此，各施工企业、有关部门才迫切希望开发出一套较为理想的预算软件。

2. 可行性分析

可行性分析应在弄清用户所提问题基础之上，根据本单位人力、资金、设备等条件，提出多种可供选择的方案，去调查研究，对开发中出现的各种问题进行估计，以便在开发中做到心中有数。对于建筑工程建设中，能看到很多单位应用了预算软件，这说明计算机预算系统是完全可行的。另一方面，很多预算人员对应用预算软件进行造价计算是感兴趣的，他们认为预算软件可以减轻工作量，提高精确度，缩短预算时间，但同时也存在不少问题，主要有以下几个方面。

(1) 工程量计算还要靠手工

预算编制工作中，工程量计算是主要工作，一般占整个预算工作的70%以上，所以说预算人员迫切希望能从中减少一些工作量，发挥计算机的优势。但结果不是这样，有的即使应用计算机辅助计算工程量，操作使用起来也很麻烦，有的还需要填写各种各样的工程量计算表，输入计算机内，然后由计算机打印，确定无误后，方可由计算机计算。所以说可操作性是较差的，同时填表也不能避免漏算和重算问题。

(2) 计算机不能自动套用定额

套用定额也是预算工作中的一个主要环节，由于计算机不能自动套取定额，还得由预算人员来套取定额。

（3）定额中"说明"部分处理困难

定额中有总说明，分章节也都有说明，同时还有各种调整系数说明，计算机不具有人工智能，不能自动识别，大部分工作还需要人工进行各个系数的调整和换算，这样就要求预算人员在填写表格时给予说明，以便让计算机处理。由此可见，如何使用户在应用时十分方便地加以处理各种说明是预算软件设计中的一个重要的问题。对于以上几个问题，可以从五个方面来认识。

① 减少预算人员对计算机的盲目迷信心理，即使有计算机也并不是能够完全实现工程量计算的自动化。

② 对预算人员加以必要的培训，使他们能熟练掌握软件的应用。

③ 千方百计地完善计算机软件，使预算人员的工作量减少到最低水平。例如，利用统筹法中的"三线一面"基数和各种工程量计算技巧来实现软件辅助技术工程量，最大限度的减少预算人员手工计算工程量的工作。

④ 逐步实现工程量计算的标准化，统一工程量计算规则，使得预算工程量计算简化、尽可能利用电子计算机来计算。

⑤ 程序性能应逐步完善，同时定额说明应尽量减少。

因此，人们认为开发预算软件是很有意义也是完全可行的。

3. 系统的调查与分析

在整理和书写可行性研究报告时，同时也要进行原系统的调查和分析，弄清过去手工系统中的数据流向、数据格式、需要的文件等，最后画出现行人工系统数据流程图，并做出比较、分析。目前，手工编制工程预算的过程如图 11-1 所示。

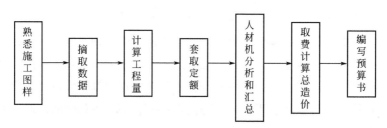

图 11-1　手工编制工程预算的过程

计算机计算的过程和手工计算相比，利用微机编制预算能完成除熟悉图样和摘取数据以外的工作。同时微机应用软件可以进行定额生成、数据库修改、整理，材料预算价格计算、价差系数测算、打印等工作。用户迫切需要实现电算化，具体需求如下。

（1）用户希望工程量计算部分能尽可能方便、适用

有的用户希望把施工图放在一种类似于复印机的东西上，机器自动计算工程量，这是不可能实现的。另一些用户则希望把统筹法计算工程量的方法由计算机来实现。用户只需

计算六个基数，计算机可算出各个分项工程量，对于构件、零星项目等工程量的计算，可由手册上查找或通过其他方法计算。尽管统筹法可大大减少原始数据输入，但具体工作中仍有许多参数必须考虑和输入。如挖土的放坡系数，墙垛的折加长度，大放脚的折加高度，屋面的坡度延尺系数，有梁板、无梁板、平板的体积计算，孔洞扣除的多少等都要用具体参数表明等。利用手册计算的工程量也要标识计算的公式。

（2）用户对工料分析的要求不相同

用户对工料分析的输出格式要求不相同。而且用户需要及时了解该工程的人、材、机的消耗和价格情况等。因此，用户希望与网络计划库等管理环节结合起来，形成一个综合性的施工管理信息系统。

4. 系统的初步模型

对于预算系统，综合以上的调查分析和用户的具体要求，预算系统的初步模型如图11-2所示。上述系统投入运行，估计可以大大提高预算编制速度和准确度，较大地减轻预算人员的工作量，便于查询、修改，便于与其他工程项目管理系统接口。存在的问题是预算人员工作方式会发生较大变化，对其不太适应；工程量原始数据输入工作量较大，与其他计算系统相比，处理时间可能较长，成本较高等。但与手工系统相比还是有较大的优越性，还是可以取得一定效益的。

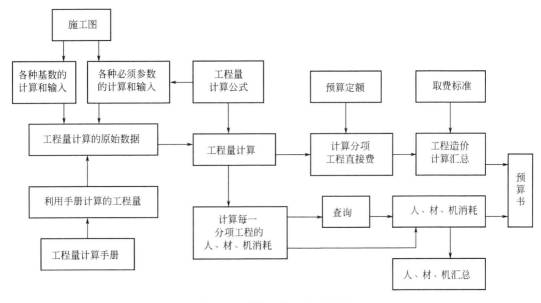

图 11-2　预算系统的初步模型

第二节　工程造价管理信息系统设计

系统分析完成交由相关领导和用户讨论、通过后就可以开始下一阶段的工作，即系统设计阶段。系统设计阶段是把初步模型具体化，对输出、输入和每个处理过程加以具体描述，主要有以下一些步骤。

一、信息系统总体设计

系统由主要的功能模块，包括工程量计算模块、直接费计算模块、材料汇总分析模块和取费计算总造价模块组成。系统的辅助模块有定额管理模块和打印模块。系统功能图如图 11-3 所示。

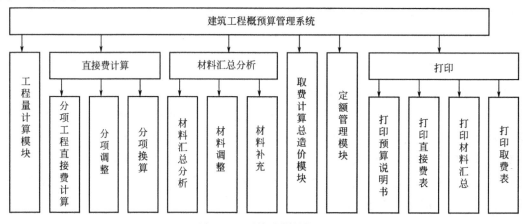

图 11-3　系统功能结构图

1. 工程量计算模块

根据施工图和定额的工程量计算说明，遵循计算规则和相关公式的要求，形成工程量报告、并保存。

2. 直接费计算模块

计算分项工程的直接费，根据定额的要求对相对应的分项进行调整，对需要换算的混凝土进行配合比换算。

3. 材料汇总

对材料进行汇总分析和调整，并根据市场价计算材料价差。

4. 取费计算模块

取费计算模块负责计算总造价以及相关费用。

5. 定额管理模块

定额管理模块负责安装定额，对定额进行动态管理，包括增加定额的补充项，管理材料的市场价等。

6. 打印模块

打印模块负责打印取费表、直接费表、材料汇总表及预算说明书。

二、输出设计

系统设计的过程和实施过程相反，它不是从输入设计到输出设计，而是从输出设计到输入设计，这是因输出直接与用户联系，应先考虑到用户使用的输出方便，然后根据输出所需的信息再设计输入的内容和方式。建筑工程预算管理系统根据前面系统分析中给出的初步模型和用户的具体要求，设计如表 11-1 所示的输出内容。

表 11-1　系统输出内容

输出内容	去向	方式	顺序	启动方式	内　容
工程量计算结果	交预算员自审	书面成册	依定额编号或施工顺序	工程量计算出后程序自动输出	分项子目名称、定额编号、单位
直接费计算结果	交预算人员审查、存档	书面成册，并存入磁盘中	依定额编号或施工顺序	直接费计算程序执行后自动输出	分项子目名称、编号、单位、工程量、单价、合价、人工费、材料费、机械费
工料分析结果	交预算人员审查、存档	书面成册，并写入软盘中	按工、料、机代码的次序	直接费计算程序执行后自动输出	(1)按分项子目分析有定额编号、子目名称、步距、单位、工程量、工/料/机名称、工/料/机单位、工/料/机用量 (2)汇总表表示的有工、料、机代码、工/料/机名称、工/料/机单位、工/料/机总用量
预算书	交给甲方和工程造价管理部门审查、存档	书面成册，并写入文件中	依工程预算书编号顺序	由预算书打印程序自动输出	视用户需求而定
各种查询					根据用户需求而定

三、输入设计

一旦确定了系统输出设计内容之后，就必须确定需要输入什么数据，以产生必要的输出，这就需要确定输入的内容，以及输入的方式和格式。与输出类似，对于输入的内容也必须确定项目的来源和方式与内容。

对于预算系统主要有工程量计算的原始数据、预算定额文件、计算材料价差的数据、取费标准数据的输入等，如表 11-2 所示。

表 11-2　系统输入数据

输入数据	来源	方式	具体内容
工程量计算的原始数据	预算人员从施工图样、施工组织设计和工程计算规则中提取，也可从工程量计算手册中提取	先填写固定表格，然后进行键盘输入	定额编号、所用公式代号、有关参数等

续表

输入数据	来源	方式	具体内容
预算定额文件数据	定额管理部门或本单位中增添的新子目	主体文件可复制，个别追加通过键盘录入	人工价格、材料、机械单价及与之对应的代号、名称、规格型号等 (1) 人工价格变动或增加新人工 (2) 材料价格变动或新增材料 (3) 机械价格变动或新增机械 (4) 新增定额子目
计算材料价差的数据	甲乙双方协议	键盘输入	材料代码、名称、总用量、价差
取费标准文件数据	定额部门	可由键盘输入，也可由定额管理部门提供	工程代码、类别、企业等级、工程地点、费率标准名称、费率

四、文件设计

文件设计是对系统中所要用到的每一个文件加以详细描述，说明它的名称、数据项个数，每个数据项的名称、含义、类型、长度，大致的记录个数，组织方式，关键字数据项的名称。后备文件如何产生，是否需要保密，采取何种保密措施，文件维护的周期和方法等。

文件存储记录的个数多少也是十分重要的问题，因为它影响使用文件的速度。文件的组织也非常重要。例如，套定额计算基价和材料消耗时，工程量文件中的数据是被依次使用的，应顺序组织和存取，而定额文件却被随机使用，应使用索引文件或直接存取文件。文件的存储格式采用常用的 DBF 格式。

1. 各种定额文件的设计

(1) 工资等级文件

文件名称：GZDJ. DBF（记录约 100 个）。

具体内容：工资等级（GZDJ），字符型 3 位，建立索引；预算工资（YSGZ），数字型 4 位，小数两位。

(2) 工种文件

文件名称：GZWJ. DBF（记录个数约 60 个）。

具体内容：工种代码（GZDM），字符型 3 位，在此字段建立索引；工种名称（GZMC），字符型 6 位，在此字段建立另一索引。

(3) 材料单价文件

文件名称：CLDJ. DBF（记录个数约 2 万）。

具体内容：材料代码（CLDM），字符型 6 位；规格型号（GGXH），字符型 30 位；材料单价（CLDJ），数字型 8 位，小数两位。

(4) 材料名称与代码对照文件

文件名称：CLMC. DBF（记录个数 2000 左右）。

具体内容：名称代码（MCDM），字符型 4 位，建立索引；材料名称（CLMC），字符型 32 位，建立索引；材料单位（CLDW），字符型 6 位。

（5）机械台班费文件

文件名称：JXMC. DBF（记录个数 500 左右）。

具体内容：名称代码（JXDM），字符型 6 位，建立索引；机械规格型号（JXGG），字符型 22 位，建立索引；台班费（TBF），数字型 8 位，小数 3 位。

（6）机械名称与代码对照文件

文件名称：JXMC. DBF（记录个数 1000 左右）。

具体内容：机械名称代码（JCMCDM），字符型 6 位，建立索引；机械名称（JCMC），字符型 30 位，建立索引。

（7）材料数量定额文件

文件名称：CLSL. DBF（记录个数 10 万左右）。

具体内容：定额编号（DEH），字符型 6 位；材料代号（CLH），字符型 6 位；材料用量（CLL），数字型 8 位，小数 3 位。

（8）机械数量定额文件

文件名称：JXSL. DBF（记录个数 3 万左右）。

具体内容：定额编号（DEH），字符型 6 位，建立索引；机械代号（JXM），字符型 6 位，建立索引；用量（SL），数字型 6 位，小数 3 位。

（9）人工消耗定额文件

文件名称：RGSL. DBF（记录个数 1 万左右）。

具体内容：定额编号（DEH），字符型 6 位，建立索引；工种代码（GZDM），字符型 6 位，建立索引；用量（GZYL），数字型 6 位，小数 2 位。

（10）预算定额基价（或单位估价表）文件

文件名称：YSDEJJ. DBF（记录个数 3000 左右）。

具体内容：定额编号（DEH），字符型 6 位，建立索引；名称代码（MCDM），字符型 4 位，建立索引；步距（BJ），字符型 16 位；定额基价（DEJJ），数字型 8 位，小数 2 位；人工费（RGF），数字型 8 位，小数 2 位；材料费（CLF），数字型 8 位，小数 2 位；机械费（JXF），数字型 8 位，小数 2 位；工资等级（GZDJ），数字型 4 位，小数 2 位；综合工日（ZHGR），数字型 8 位，小数 2 位。

（11）定额名称对照文件

文件名称：DEMC. DBF（记录个数 8000 左右）。

具体内容：名称代码（MCDM），字符型 4 位，建立索引；定额子目名称（ZMMC），字符型 30 位；定额单位（DEDW），字符型 6 位。

2. 取费标准文件

记录个数：20 余个。

内容：工种种类代码（GZZL），字符型 2 位；工程类别（GCLB），字符型 20 位；工程地点（GGDD），字符型 20 位；企业等级（QYDJ），数字型 2 位；费率名称（FLMC），字符型 20 位；费率标准（FLBZ），字符型 10 位。

3. 调价材料文件

记录个数：100 个。

内容：材料代码（CLDM），字符型 6 位；预算价用量比例（BL），字符型 6 位，小数 2 位；预算价（YSJ），数字型 10 位，小数 2 位；市场价（SCJ），数字型 10 位，小数 2 位。

4. 直接费文件

记录个数：500 个左右。

内容：定额编号（DEBH），字符型 6 位；工程量（GCL），数字型 10 位，小数 2 位；基价（JJ），数字型 10 位，小数 2 位；人工费（RGF），数字型 10 位，小数 2 位；材料费（CLF），数字型 10 位，小数 2 位；机械费（JXF），数字型 10 位，小数 2 位。

5. 工料机汇总文件

记录个数：1000 个左右。

内容：材料编号（CLBH），字符型 6 位；材料名称（CLMC），字符型 30 位；预算价（YSJ），数字型 10 位，小数 2 位；市场价（SCJ），数字型 10 位，小数 2 位。

五、处理过程设计

预算系统采用结构化设计方法，这个方法基本出发点是要建立一个结构良好的程序系统，系统由许多模块组成。结构化设计的产品中每个处理过程都是一个结构图。

1. 工程量计算

过程输入：计算工程量的原始数据。

过程输出：工程量文件及打印。

说明：打开原始数据文件，依次读出每条记录，先察看它是几号公式（也有的是先察看定额编号），然后根据不同公式进行计算。此后应根据定额编号，查看定额文件以判断工程量是属于中间结果还是最后结果。前者应写入一个临时文件以备以后调用，后者则写入工程量文件且打印出来。如图 11-4 所示。

2. 直接费计算

过程输入：工程量文件。

过程输出：直接费文件及打印输出。

说明：打开工程量文件，依次读出每一条记录，根据定额编号查找定额文件，用单价乘以工程量得到分项工程直接费，写入直接费文件，最后进行直接费汇总并打印，如图 11-5 所示。

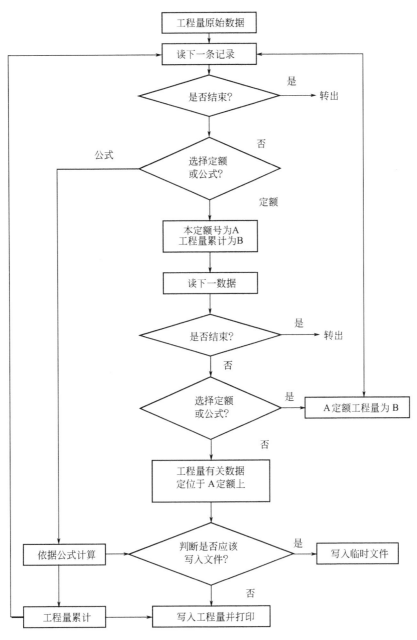

图 11-4　工程量计算过程

3. 工料分析

过程输入：工程量文件。

过程输出：工料分析表及打印输出。

说明：打开工程量文件。根据定额编号，查找工料机消耗定额，用工程量乘以其定额消耗量，写入工料机分析表中并打印输出。最后进行工料机汇总并打印，如图 11-6 所示。

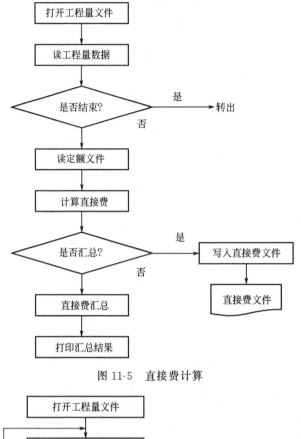

图 11-5　直接费计算

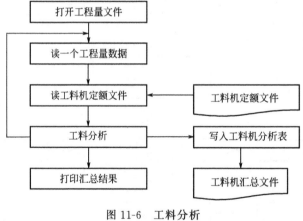

图 11-6　工料分析

4. 工程造价计算，打印预算书

过程输入：直接费文件。

过程输出：存入预算书并打印预算书。

说明：用到的文件有直接费文件、取费标准文件、调价材料文件、预算书文件，如图 11-7 所示。

5. 追加新定额项目的输入

应视不同地区定额管理部门要求而定。

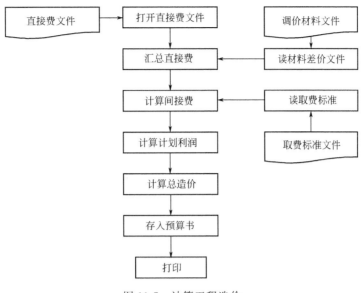

图 11-7　计算工程造价

6. 各种查询、检索功能

应视不同用户的需要进行设计。

第三节　工程造价管理信息系统实施

一、系统实施的一般步骤

系统设计完成后，应再次征求用户的意见，如有问题应及时修正或重新设计，有含糊不清的地方应进一步描述。只有当用户完全弄清楚设计的每个细节，对未来系统的面貌有了清楚的了解，而且认为可以接受的时候，才可以转入实施阶段。

1. 制定实施计划和程序设计规范

系统分析和系统设计是由系统分析人员完成的。到了系统实施阶段，便有很多程序员参加。程序设计要由多个程序员分头独立进行，并且模块之间多多少少总存在着一些联系，其中一个模块的拖期会影响系统调试时间，因此，应首先制定一个实施计划。最好用"关键路径法"进行统筹安排，并在实施过程中，随时监督调整，如发现拖期问题，应及时想办法解决。程序设计规范是程序设计的"共用标准"，它具体制定了文件名、数据名和程序名及统一格式。对于共用文件和数据以及将被别人调用的程序来说，就干脆固定它们的名字，一般情况不允许修改，同时还应规定编写程序时所使用的语言和书写格式。

2. 编写程序设计说明书

程序设计说明书是联接系统设计员与程序的桥梁，它描述了程序员所负责程序的具体功能，以及如何实现这些功能。程序说明书应以一个小模块为单位，依次给出以下内容：程序名，上层模块名，调用的下一层模块名，输入／输出的内容格式，所用到的文件名称和内容、处理的内容、方法和注意事项。

3. 程序设计

程序员要在保证自己对程序所要达到的目标、输入／输出格式、文件内容、处理方式没有任何疑问和误解之后，才能着手编制程序。编制程序要先由程序框图来整理逻辑思路。程序设计中所采用的工具和思想方法因人而异，编制的程序也各有风格，但程序目标必须达到，要有良好的可读性。

4. 程序调试

程序调试应由程序员个人进行，而系统调试则应在该系统的每个模块均被调试通过之后，由系统设计人员统一进行。

程序调试一般分为语法调试和功能调试。语法调试的目的在于找出并改正程序设计的错误。功能调试一般事先用准备好的测试数据（包括正常数据、错误数据和大量数据）。用正常数据来检验程序是否完成要求的功能；输入是否方便灵活而又正确；输出是否符合规定要求等。用错误数据来检验输入错误数据时能否发出出错信息，并允许改正；操作错误时能否允许更正而不至于把系统锁死或出现混乱等。大量数据用来检验处理的速度是否符合预期要求，屏幕显示能否暂停等。

5. 系统调试

系统调试也可分两步进行，先对一些子系统进行调试。然后再对整个系统进行调试。

不论是手工调试，还是系统总调试，都应对系统投入使用后可能出现的各种情况进行模拟调试。由于程序调试阶段已基本上解决了模块内部错误，因此系统调试阶段主要是发现和解决模块之间的调用与信息传递问题。

6. 编写系统使用说明书

系统使用说明书有面向系统用户的，也有面向操作员的。因此，要视不同情况而具体决定说明书的深度。

面向系统用户说明应写明系统的功能和目的，每一功能的具体含义，用户应为系统输入准备哪些报表、格式如何？用户可以从系统得到哪些输出，内容与格式如何？如果用户直接上机，可以得到哪些方便，相应注意的事项等；面向操作员的说明应写明系统的启动方法、功能选择、输入时的操作、出错时处理方法以及注意事项等。

7. 系统转换

系统转换就是旧系统向新系统的变动。目前系统转换大多数采取并行转换方式。所谓并行转换就是在旧系统和新系统中同时处理数据，并比较其结果。在开始阶段，以手工系统为主，以人工结果来验证计算机系统的正确性。

系统转换完成后，即可投入运行，对其出现的严重问题应深入分析后再提出处理方案。以上观点主要针对本系统而言，关于系统实施更详细的内容，请参考本书前几章的内容。

二、预算系统的实施

下面以取费模块为例，进行系统实施示范。

1. 程序说明书

程序名称：QF，如果有子程序则分别为 QF-1、QF-2…。

调用关系：它由预算子系统中的"取费及造价计算模块"调用，本身不再调用其他模块。

输入：工程分类编号（GCBH），该工程汇总后的直接费（HZZJF），两者均由以上模块提供，无键盘输入内容。

输出：追加预算书文件并打印。

用到的文件：预算书文件（YS）；材料汇总文件（CLHZ）；调价材料文件（TJCL）；取费定额文件（QFDE）；材料价格指数文件（JGCL）；材料单价文件（CLD）。处理过程如下。

（1）根据工程分类号查找取费定额文件找出取费率。

（2）用取费率乘以直接费依次算出其他直接费、间接费、计划利润、税金。

（3）读材料汇总文件，找出其中哪些属于调价材料文件。

（4）根据该材料的不同价格用量比例，分别计算三种不同价格，并算出材料差价。

（5）算出各种材料总差价。

（6）直接费、其他直接费、间接费、价差、计划利润、税金和总造价。

（7）打印预算书。

2. 程序框图

取费模块的程序框图如图 11-8 所示。

三、系统运行

本系统参照手工做预算的思路和习惯安排工作流程，使用户不感到从手工到电算有太大的跨度。系统由菜单驱动，不需要用户记住任何指令，增加了人机界面的友好程度。

1. 新建项目

先由人工从图样上采集工程量数据，并选择好套用的定额编号，就可上机操作了。首先在"新建项目"中为工程起一个名字，建立必要的工程信息。

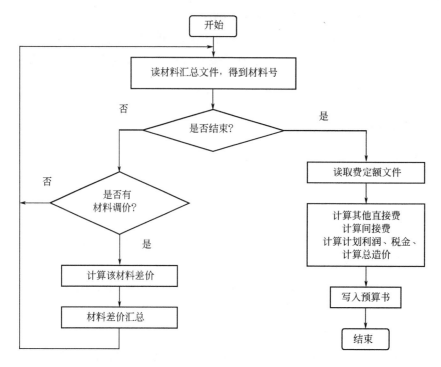

图 11-8　取费程序框图

2. 数据录入

进入"输入数据",选择公式输入法或快速输入法,用户只需输入定额编号和工程量两组数字。当用户输入定额编号后,屏幕上立刻会显示出该项定额的具体内容,以供核对。工程量一栏还可以接受用户用表达式输入的数据,马上显示出计算结果,并自动转换成定额的相应单位。

在做预算过程中,经常要对定额进行调整、换算或补充,对这些情况用户可在输入数据的同时并行处理,也可单独处理。系统采用以下几种方法进行处理。

(1) 对经常需要进行混凝土标号换算的这一类定额,当用户输入该定额号时,系统会自动提示用户是否需要换算,其他的定额号则不询问,以减少应答操作。

(2) 其他定额编号需要换算的,由用户在定额号后加上 h1、h2、h3(每个定额编号都可作多种换算),系统将转入换算程序,换算结果将自动保存,以后在任何工程中都可以用该定额换算号的形式直接调用,而不必再重新换算了。

(3) 做补充定额的过程与换算相似,也同样有自动存储功能,补充定额编号由用户按B1、B2、B3 的形式自行排定。

3. 快速输入

用"快速输入法"时,可以不按定额的章节顺序输入,当全部数据输入完成后,系统可按章节号自动排序。

4. 费用计算

在造价系统中，系统将调用各种价格信息，包括定额单位估价表、各种间接费取费率、材料的市场价格等，计算出该工程的直接费、间接费和工程总造价。

5. 工、料、机汇总

"工、料、机汇总"是最能发挥计算机优越性的功能之一。它能迅速而准确地把整个工程所用的每一种材料、机械、人工的用量汇总成表，还可把混凝土、混合砂浆等混合材料分解成单一材料。

6. 价格调整

由于材料的市场价格波动很大，有关主管部门经常发出某些材料的价格调整信息，本系统能根据汇总出来的材料表，让用户在屏幕上挑选出需要按市场价找差的材料，输入当前市场价后，即能自动算出这些材料的预算价、市场价和价差。

7. 报表打印

在"打印报表"中，可任意选择要打印的内容。可修改打印参数，选择每页打印的记录数、打印行距、换页是否暂停等。

8. 定额管理

在"定额管理"中，提供对系统中存储的各种定额换算、补充定额、定额价格库、材料市场价的显示、查看，删除已过时的内容及补充新材料的功能。

【本章小结】 ▶▶

本章分析并总结了工程造价信息系统设计的一般步骤和方法，阐述了预算软件的系统分析、系统设计到系统实施的各个方面。对于学生学习和应用 BIM 技术具有一定的借鉴作用。

系统分析中首先阐述了开发建筑工程预算软件的必要性和现实性，并进一步给出了可行性分析，分析了当前开发建筑工程预算软件所面临的技术难点：①工程量计算还要靠手工；②计算机不能自动套用定额；③定额中"说明"部分处理困难。进而给出了系统的调查和分析，在此基础上进行用户的需求分析，建立了系统的初步模型。

系统设计给出了系统的总体设计，系统的主要功能模块设计，包括工程量计算模块、直接费计算模块、材料汇总分析模块和取费模块。系统的辅助模块有定额管理模块和打印模块。还进行了输出设计、输入设计、文件设计和过程设计。

系统实施包括制定实施计划、程序设计规范、编写程序设计说明书和程序设计部分。给出了程序框图，分析了预算系统实现过程中需要遵循的原则，并给出了系统运行的概貌。建筑工程造价是很复杂的，建筑工程预算软件对提高建筑工程造价的效率来说有着重要的意义。本章给出的框图、流程图等是从普遍意义的角度去探讨的，而真正要开发这样一个系统，尚需要解决很多细节问题。

【课堂讨论】▶▶

1. 讨论企业建设工程造价管理信息系统的重大意义。

2. 讨论利用信息技术建设工程造价管理信息系统是否完全可以取代传统方法。

【复习思考】▶▶

1. 简述工程造价管理的内容。

2. 工程造价管理信息系统分析阶段的应注意哪些问题？

3. 工程造价管理信息系统设计阶段的功能模块有哪些？

4. 简述工程造价管理信息系统文件设计的类型。

5. 工程造价管理信息系统实施阶段应注意哪些问题？

6. 工程造价管理信息系统实施阶段要进行哪些测试？

第十二章

物流管理信息系统

学习目标

物流业作为国民经济发展的动脉和基础产业，在国民经济发展中具有十分重要的地位，被广泛地认为是企业降低物耗、提高劳动生产率以外的"第三利润源泉"。物流信息化已成为现代物流的灵魂和关键，也是目前世界各国关注和研究的热点。学习本章主要达到以下目标：

1. 掌握物流信息、物流管理信息系统的概念；

2. 掌握物流管理信息系统的类型和体系结构；

3. 掌握物流管理信息系统的开发过程，并要注意与管理信息系统的联系与区别；

4. 了解第三方物流管理信息系统。

关键术语

物流信息；物流管理信息系统；第三方物流管理信息系统。

第一节　物流管理信息系统概述

物流管理信息系统（logistic management information system）是管理信息系统以及信息技术在物流管理中应用的一个新兴研究领域。它是随着管理科学、信息科学、计算机科学与通信技术的不断发展，以及这些学科与现代物流管理相互渗透形成的一个交叉学科研究领域。

现代物流信息管理是物流活动的重要内容。虽然它的出现只有 30 多年的时间，但由于它的发展为国民经济与企业生产带来巨大的经济效益而受到人们的高度重视，尤其是在经济全球化的今天，世界各国都非常重视物流水平对本国的影响，物流信息化已成为目前世界各国关注和研究的热点。经济学家和企业家认为：物流科学是"经济领域尚未开发的黑大陆"；"物流是企业的第三利润源泉"；"物流领域是现代企业竞争最重要领域"等。

一、物流信息与物流的关系

1. 物流信息

所谓的物流信息，是指与物流活动（运输、库存、包装、搬运、流通加工等）有关的必要信息。例如，在运输手段、路线的选定、运输单位的决定、库存期间的决定、接受订货和订货处理等过程中，都存在着必要的物流信息。关于物流的定义在电子商务的内容中已有表述，本章不再赘述。

在物流活动中，物流信息流动于各个环节之中，并起着神经系统的作用，如图 12-1 所示。因此对物流信息的有效管理是物流现代化管理的基础和依据。

物流信息的基本功能是支持运输、库存管理、订货处理等物流活动。同时物流信息和商品交易信息也是密切相关的。物流信息和商品交易信息从生产者经过批发商、零售商到消费者，起到了连接供应链的作用。

2. 信息流与物流的关系

现代物流必须完成几个使命：一是商品的流动，即商流；二是信息的流动，即信息流；三是资金的流动，即资金流。商品的流动要达到准确、快速地满足消费者需求，是离不开前期的信息流动的，资金的及时回笼也离不开相关信息的及时反馈。在现代物流中，信息起着非常重要作用，信息系统构建了现代物流的中枢神经，通过信息在物流系统中快速、准确和实时的流动，可使企业能动地对市场做出积极的反应，从而实现商流、信息流、资金流的良性循环。信息流和物流是不可分离的。二者相比，物流是单向的，信息流是双向的，因为信息流有反馈。因此，只有考虑了信息流系统以后，物流系统才是一个反馈可控的系统。这些信息如果实现了系统化，构成供应链企业的网络化，就能提高全体供应链的效率。

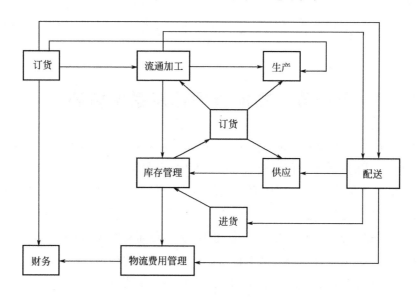

图 12-1 物流信息的流动

综合掌握物流信息和商品交易信息，就应该重视企业的供应链高效率的功能。从这种观点出发，许多企业非常重视企业战略的物流管理信息系统。

3. 物流信息的分类

处理物流信息和建立信息系统时，对物流信息进行分类是一项基础工作。物流信息有以下若干种分类。

（1）按不同物流功能分类

按信息产生和作用所涉及的不同功能领域分类，物流信息包括仓储信息、运输信息、加工信息、包装信息、装卸信息等。对于某个功能领域还可以进行进一步细化，例如，仓储信息分成入库信息、出库信息、库存信息、搬运信息等。

（2）按信息环节分类

根据信息产生和作用的环节，物流信息可分输入物流活动的信息和物流活动产生的信息。

（3）按信息的作用层次分类

根据信息作用的层次，物流信息可以分为基础信息、作业信息、协调控制信息和决策支持信息。基础信息是物流活动的基础，是最初的信息源，如物品基本信息、货位基本信息等。作业信息是物流作业过程中发生的信息，信息的波动性大，具有动态性，如库存信息、到货信息等。协调控制信息主要是指物流活动的调度信息和计划信息。决策支持信息是指能对物流计划、决策、战略具有影响或有关的统计信息或有关的宏观信息，如科技、产品、法律等方面的信息。

（4）按信息加工程度的不同分类

按加工程度的不同，物流信息可以分为原始信息和加工信息。原始信息是指未加工的信息，是信息工作的基础，也是最有权威性的凭证性信息。加工信息是对原始信息进行各种方式和各个层次处理后的信息，这种信息是原始信息的提炼、简化和综合，利用各种分析工具在海量数据中发现潜在的、有用的信息和知识。

二、物流管理信息系统引论

1. 物流管理信息系统的概念

物流管理信息系统（Logistics Management Information System，LMIS）是企业管理信息系统中的一类，是计算机管理信息系统在企业物流管理领域的应用。具体地讲，物流管理信息系统可以理解为通过对与物流活动相关的信息的加工处理来达到对物流、资金流的有效控制和管理，同时为企业提供信息分析和决策支持的人机交互系统。从广义上来说，物流管理信息系统应包括物流过程的各个领域的信息系统，如运输、仓储、配送及其他物流活动，是一个由计算机、应用软件及其他高科技的设备通过网络连接起来动态互动的系统。从狭义上说，物流管理信息系统只是管理信息系统在某一涉及物流的企业中的应用，即某一企业（物流企业、制造业或商业）用于管理物流工作的系统。

总之，物流管理信息系统是利用信息技术，通过信息流将各种物流活动与某个一体化过程连接在一起的通道。物流系统中的相互衔接是通过信息予以沟通的，基本资源的调度也是通过信息共享来实现的，因此，组织物流活动必须以信息为基础。为了使物流活动正常而有规律地进行，必须保证物流信息的畅通。

2. 物流管理信息系统的类型

物流管理信息系统根据分类的方法不同，可分成不同类型的系统。这里所讲的类型是按照系统作业的对象分。供应链上不同的环节、部门所实现的物流功能都不尽相同，如图12-2所示。根据在供应链上发挥的作用和所处的地位，物流管理信息系统可以分为面向生产企业的物流管理信息系统，面向零售商、中间商、供应商的物流管理信息系统，以及面向物流企业的物流管理信息系统。

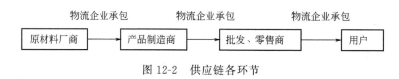

图 12-2 供应链各环节

（1）面向生产企业的物流管理信息系统

生产企业处于供应链的中间环节，它的利润获取过程比较复杂，一般来讲，生产型企业从原材料或者半成品生产厂家购买原材料或者半成品，通过企业的技术和设备，生产出产品，然后投放市场以获取产品的销售利润。实际上，生产型企业获取的利润存在于产品中的劳动增值与技术增值。就采购来看，生产型企业采购的很可能是多种原材料，采购完毕，投放生产，产生废弃物和可回收物，最后进行销售。就涉及的物流作业来看，包括供应采购、原材料仓储、生产配送、产品仓储与销售运输（配送），此外，还包含废弃物流与回收物流。

（2）面向零售商、中间商、供应商的物流管理信息系统（流通企业）

流通型企业的主要生产方式是向生产型企业采购产品，通过适当的销售渠道，销售给顾客，从而赚取进销的差价利润。在这种生产过程中，针对销售企业不同的销售模式，可能会存在如下的物流过程，即订货采购、仓储与配货（含配送、店面及仓库存储）以及销售送货（包括退货、补货、销售送货等）等。相对于生产型企业来讲，流通型企业的物流作用与管理比较简单。

零售商、中间商、供应商本身不生产商品，但它为客户提供商品、为制造商提供销售渠道，是客户与制造商的中介。专业零售商为客户提供同一类型的商品，综合性的零售商如超市、百货商店为人们提供不同种类的商品，这样的企业经营有商品种类多、生产地点分散、消费者群体极其分散的特点。面向零售商、中间商、供应商的物流管理信息系统是对不同商品物流配送的进、销、存进行管理的系统。

（3）面向物流企业的物流管理信息系统（3PLMIS）

在供应链中专门提供物流服务的物流企业发挥着重要的作用。这类企业包括船公司、货代公司、拖车公司、仓储公司、汽运公司、空运公司、专业的第三方物流企业等。这类企业提供的是无形的产品——物流服务。因此，面向这些不同的物流企业的物流管理信息系统各有不同，可以进一步划分为仓储管理系统、海运管理系统、汽车运输管理系统、铁路运输管理系统、货代管理系统、报送管理系统等。

当然，还可以从不同的角度对物流管理信息系统进行分类。总之，它们之间不是完全独立的，而是相互重叠、相互结合，它们统一的构成了物流管理信息系统的分类体系。

3. 物流管理信息系统的特点

物流管理信息系统除了具有管理信息系统的一般特点外，还拥有自身的一些特点，包括：一体化、模块化、实时化和网络化。特别是实时化是借助于编码技术、自动化识别技术、GPS 技术、GIS 技术等现代化物流技术对物流活动进行准确实时的信息采集；网络化指基于 Internet 的物流管理信息系统能够将上下游企业和客户统一到虚拟网络社会上来，世界各地的客户足不出户，便能通过浏览器查找、购买、跟踪所需商品。

4. 物流管理信息系统的作用及对企业的影响

（1）物流管理信息系统的作用

物流管理信息系统整合了传统物流的功能性业务，如运输、仓储、配送、增值服务等内容，而且，采用供应链管理理论，达到满足客户需求，与客户建立起稳固的长期合作关系的目的。以信息网络技术为支撑的物流管理信息系统，优化供应链，降低流通成本，增加产业附加值，实现管理创新。物流管理信息系统的建设促进大型社会化的物流信息数据库和电子信息服务网络的建设，为企业以及政府制定政策和决策提供依据，有助于促进中介服务市场的发展和信用体系的形成，为我国电子商务发展提供基础。通过物流管理信息系统的建设，可以提高物流企业以及生产流通企业的服务效率，带来巨大的经济效益，具体表现在以下几个方面：

① 可以缩短从接受订货到发货的时间；

② 可以使库存适量化；

③ 可以提高搬运作业效率和运输效率；

④ 可以使接受订货和发出订货更为省力；

⑤ 可以提高订单处理的精度，防止发货、配送出现差错；

⑥ 可以调整需求和供给；

⑦ 可以回答信息咨询；

⑧ 能对物流进行跟踪。

总之，物流管理信息系统强调从系统的角度来处理物流企业经济活动中的问题，把局部问题置于整体之中，求整体最优化，并能使信息及时、准确、迅速送到管理者手中，提高管理水平。在解决复杂的管理问题时，可广泛应用优化模型定量分析。同时，把大量的事务性工作交由计算机来完成，使人们从繁琐的事务中解放出来，有利于管理效率的提高。

（2）物流管理信息系统对企业的影响

基于互联网和信息技术的物流管理信息系统（LMIS），由于某种原因其投入相对少，又能显著提高企业物流的运营效率和管理水平，越来越多的企业及第三方物流公司（3RDpartnerlogistics，3PL）愿意采纳这项集管理和 IT 为一体的系统。然而，众多企业并未对物流及物流价值存在真正的认识，从而影响了企业实现和运作物流。表 12-1 将从仓储的管理、运输与发货管理、劳动力资源管理、信息处理管理等影响再生产、销售环节的方面着手，分析各自对企业所带来的影响。整个物流过程是一个多环节的复杂系统。通过建立物流管理信息系统，达到全局库存、订单和运输状态的共享和可见性，以降低供应链中的需求订单信息畸变现象，加快供应链的物流响应速度。企业在采用 3PL 时，在保证信息安全的前提下，也要同 3PL 服务企业建立信息平台，以实现信息的共享。

表 12-1　物流管理信息系统各方面对企业的影响

系统各子系统	影　　　　响
仓储的管理	管理仓库的收发、分拣、摆放、补货、过库等，同时可以进行库存分析与财务系统集成；帮助企业实现"逆向物流"（返修、回收等）
运输与发货管理	优化运输模式组合，如空运、陆运或水运等，寻求最佳的运输路线；可实现在途物品的跟踪，并在必要时调整运输模式，实现车队管理、运输计划、调度与跟踪、与运输商的电子数据交换（信息集成）
劳动力资源管理	能发挥人力资源的潜力，改进劳动力生产率，建立员工的培训系统和绩效评估系统
信息处理管理	能完成大量的信息处理工作，包括数据收集、数据传输、数据存储、数据加工、信息输入输出

更关键的是，物流管理信息系统各子系统的整合和采用最优化理论，将会使企业在物流的各个环节上综合考虑，制定全局优化的物流策略或物流执行指令，使各环节相互协调并保证物流信息畅通，进而保证物流活动正常而有规律地进行，最终实现物流价值。

5. 物流管理信息系统的体系结构

物流管理信息系统的体系结构包括面向企业决策层，进行计划制订和调整的计划管理系统；面向企业管理层，维护企业数据和业务数据，并协调和监督业务活动的协调控制系统；面向企业业务层和客户，对各项业务进行管理和处理的业务处理系统；面向企业信息管理组织，支撑企业信息化运作的企业信息平台；面向整个信息系统，提供信息平台建设的企业信息资源基础设施。

（1）计划管理系统

计划管理系统包含战略计划组件、能力计划组件、物流计划组件、制造计划组件和采购计划组件，主要功能是制定营销战略目标、营销目标、功能目标和金融战略目标进行高层决策，同时对企业资源提出要求。计划管理系统功能是针对企业现有资源确定能力需求、物流需求、制造需求、采购需求，并与战略计划相协调；制定指标体系、搜集业务系统运行情况的各项数据指标，对服务水平、物流系统的可得性、信息的精确性和及时性进行量化，为决策分析提供所需数据。

计划管理系统在物流管理信息系统中的地位：表现了信息系统对战略计划的制订、高层战略、业务计划及重组计划的支持能力；同时也表现了物流企业战略规划和作业计划对信息系统建设的要求和影响。

计划管理系统输入与计划相关的实际业务数据的数据类型、名称、量值，向控制协调系统提出与计划相关的数据要求。

（2）协调控制系统

协调控制系统包括企业数据组件、业务数据组件、预测组件、存货管理组件和存货控制组件。协调控制系统的功能是确定制订计划所需的各项企业数据指标；相应系统组件的要求和变更，对业务系统的其他组件提出业务数据要求；按计划系统建立的指标体系收集业务系统运行情况的各项数据指标，对服务水平、物流系统的可得性、信息的精确性和及时性进行量化，为决策分析提供所需数据。

协调控制系统在物流管理信息系统中的意义在于强调计划系统各组件与业务系统各组件需求和能力的协调，共同预测，防止产生过剩的制造库存和物流库存；协调和指导各项业务活动，确保服务质量与信息的准确性，提高物流系统的可靠性；有效调节业务系统变更对应用系统的影响，应用系统可通过它对业务系统提供柔性的支持。

协调控制系统输出对企业计划组件提供与计划要求相关的各数据类型、名称、量值的要求；对业务组件提供与各业务流程相关的各数据类型、名称、量值的要求；对业务组件提出与各计划组件相关的各数据类型、名称、量值的要求。

协调控制系统输入从计划组件获取与计划相关的各数据类型、名称、量值的要求；接受计划组件提出数据挖掘的条件；接受业务组件提供的业务数据；接受某一业务组件对其他组件提出的数据要求。

（3）业务处理系统

业务处理系统包括接收、处理、装运客户订货和协调采购订货入口所需的各种信息活动。作业系统包括订货管理、订货处理、配送作业、运输和装船、采购。业务处理系统的功能是建立和完善协调统一的物流作业模式，从协调控制组件中获取所需数据，以提高各业务过程的计划能力及均衡表现的能力，实现各作业组件之间的信息共享，确定各作业组件的信息需求和对企业信息基础设施的要求。

业务处理系统工程的意义在于协调一体化的物流作业流程可使整个企业的客户订货和补充订货信息顺利并一致，查看当前各业务流程的运行状态，同时能减少延迟、错误和人员需求。业务系统与其他系统的联系在于接受协作管理控制系统提出的数据要求；接受客户的订货要求；向协作管理控制系统提供各项业务的基础数据；向企业信息基础设施提出资源需求申请。

（4）企业信息平台

企业信息平台的功能在于接受来自计划系统、业务系统和协作管理控制系统提出的信息资源基础设施的申请要求，对所有请求进行分解并重新组合，合理分配和使用企业信息资源的基础设施，创建企业信息系统的平台。企业信息平台的意义在于从企业全局进行考虑，对上一层系统的资源请求进行分解和再组合，确保资源请求的合理和资源支持的有效。

企业信息平台输入包括接受来自计划系统的管理基础设施和技术基础设施的要求；接受来自协调管理工作控制系统的信息基础设施和技术基础设施的请求；接受来自业务系统的技术基础设施的请求。

输出包括对信息基础设施提出资源要求，并对其他系统提供以下资源的支持：服务器、终端设备、存储设备和网络通信设备，系统软件、支持型软件组成，通信协议和数据交换协议，企业组织结构，信息资源设施管理人员的分工。

第二节　物流管理信息系统的开发过程

物流管理信息系统的开发是一项复杂的系统工程，不可能一蹴而就，像所有的企业级业务信息系统的建设一样，它是一个渐进的过程，每一小步都必须扎扎实实做好。它涉及物流管理理论、信息系统技术、物流信息技术等知识；涉及运输部门、仓储、调度、信息中心、门店等多部门；不仅涉及技术，而且涉及管理业务、组织和行为。

一、物流管理信息系统的目标

物流管理信息系统的最终目标是提高对客户的服务水平和降低物流的总成本，即在于以 Speed（速度），Safety（安全），Surely（可靠）和 Low（低费用）的 3S1L 原则，来达到以最少的费用提供最好的物流服务。物流管理信息系统要解决的主要问题包括，缩短从接受订货到发货的时间、库存适量化、提高搬运作业效率、提高运输效率、使接受订货和发出订货更为省力，提高订单处理的精度，防止发货和配送出现差错，调整需求和供给，回答信息咨询。同时，加强对物流各操作环节的监控、通过对各物流环节的有效组合以降低综合物流成本、提高对客户的服务水平。

物流管理信息系统是由物流作业系统、物流控制系统组成。启动物流作业系统是从物流控制系统得到相应的信息，只有这两个系统很好地结合成为一个总体系统，才能完成一个真正的物流管理信息系统。

物流作业系统的目标：在运输、保管、搬运、包装、流通加工等环节中使用种种先进技能和技术，并使生产据点、物流据点、输配送路线、运输手段等网络化，从而提高各物流活动的效率。

物流控制系统的目标：在保证订货、进货、库存、出货、配送等信息畅通的基础上，使通信据点、通信线路、通信手段网络化，提高物流作业系统的效率。

二、物流管理信息系统的开发过程

物流信息系统开发是一项巨大的系统工程，一般的系统工程均要有三个成功要素，即合理确定系统目标，组织系统性队伍，遵循系统工程的开发步骤。

物流信息系统开发耗资大、历时长。为了保障系统开发进展顺利，必须由主要领导亲自主抓。领导者除了掌握物流管理、信息系统开发等专业知识外，还要善于用人和组织队伍。领导者应当首先建立一个物流信息系统委员会，该委员会既是领导者的主要咨询机构，又是物流信息系统开发的最高决策机构。在物流信息系统委员会的领导下建立一个系统规划组，系统规划组应拥有各行各业的专家。组建队伍后，应首先进行全系统的规划。系统规划是全面的长期的计划，在规划的指导下就可以进行一个个项目的开发。每个项目的开发均可由管理四个阶段来完成，即系统分析、系统设计、系统实施和系统评价。

1. 物流管理信息系统的规划

（1）物流管理信息系统规划目标

物流系统追求的目标是确保一定水平的服务，而物流管理信息系统规划追求的目标则是如何充分发挥物流信息在制定有关物流活动的组织计划和实施中对物流过程的调控起作用，以确保用最低的物流总成本实现系统对用户的服务承诺。现代物流信息系统的规划目标包括以下几个：

① 实现人、管理、技术的协调发展，改善系统内部交流方式，充分发挥系统功能，以提高信息处理和信息共享能力，作好对各级，尤其是对高层的决策支持；

② 提高办公自动化水平，合理调度资源，以提高效率和降低成本；

③ 作好业务跟踪监控安排，使作业决策及时准确；

④ 讲求实效，要针对规划对象的现实问题，解决方案力求直接可行；

⑤ 规划成果对内外环境的变化应有较强的适应性。

（2）物流管理信息系统的规划流程

物流管理信息系统的规划是指在物流系统的基本目标和企业物流战略的基础上，根据企业的物流营运模式、管理体制和拥有的物流资源，明确物流管理信息系统设计所要实现的目标，定义物流管理信息系统功能结构模块，确定系统总体框架及实施的思路。

建立企业物流管理信息系统，不是单项数据处理，也不是信息软件与设备的简单组合，必须要有系统规划，即信息系统应解决物流运作管理目的问题，除物流信息的传递与处理外还应为物流管理提供决策支持。正因为物流管理信息系统是物流管理思想的体现，所以它涉及到企业物流营运模式、管理体制、基础工作、业务流程、管理方法等许多方面，是一项范围广、协调性强、人机紧密结合的系统工程。物流管理信息系统规划是系统开发的最主要阶段，一旦有了好的系统规划，就可以根据规划目标及步骤，进行数据处理系统的分析和设计工作，直到系统的实现。

2. 物流管理信息系统的分析

物流管理信息系统的分析是在开发中起决定作用的环节。物流管理信息系统的分析是以物流活动如生产、运输、储存、保管、包装、搬运、流通加工等工作为分析对象，分析物流信息输入、处理、储存、输出的流程与加工过程。它必须有较强的针对性，对软件的工作环境与人机界面作明确的规定，以确定研究对象和系统作用范围。在进行必要、全面的调查研究和系统分析的基础上，对物流管理的管理模式和信息数据交换流程作必要的抽象，经过去粗取精、去伪存真地取舍，进一步回答系统"要做什么"和"能够做什么"的问题，并用书面材料把分析结论表达出来，进而上升为物流信息系统模型。

（1）需求调查

对物流信息系统的需求调查是论证建立新型系统必要性和可行性的基础，也是新系统总体设计的基本依据。物流信息系统的需求调查应该包括组织内涉及物流和信息流的各个方面。一般系统调查的主要内容如下。

① 组织机构及职能调查　一般来说，企业的组织机构是根据企业的经营目标设置的。在对组织机构调查时，要搞清楚企业部门设置及行政隶属关系，画出企业组织机构图；根据每个部门的业务范围及人员职责分工情况，画出系统功能结构图。例如，物资管理包括物资计划、物资采购、物资库存管理、物资统计，而物资库存管理又由物资入库、物资出库、物资盘存处理等组成。由此可以得出全公司的功能结构图。如图 12-3 所示是某第三方物流企业的组织结构图。

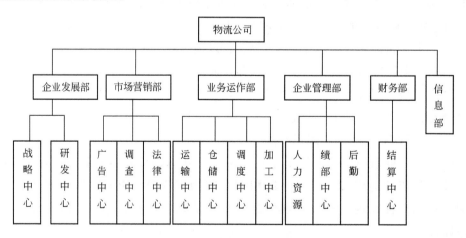

图 12-3　第三方物流企业的组织结构图

② 业务流程调查　根据系统功能结构图，详细调查每一项业务的处理进程，每一条信息（一项业务）从何处来到何处去，经由何处，如何处理。要求用业务流程图表示出来。物流管理信息系统是发展第三方物流的重要基础，物流企业可以利用信息系统规范各物流中心和仓库的业务标准，优化配置运力和仓储资源，完善订货单证、存货信息、仓库作业命令、货运单证、各种发票等内容，向客户对象及时反馈物流信息，提供实时的统计汇总和辅助决策。客户可以通过物流网络信息平台及时了解各类物流动态信息，建立与物

流企业的联系，利用物流企业的信息服务，及时调整和改进采购、生产、销售等活动。

③ 数据流程分析　对业务处理流程中所涉及的单据、账册、报表进行收集、分类、整理，并填写信息载体调查表，得出组织中信息流的综合情况，并绘制数据流程图。由于组织中流通的各种计划和报表都是信息载体。因此，在详细调查中，凡是与业务有关的所有计算机和手工保存及传递的信息载体都要全面收集，了解其产生和使用的部门、发生周期、用途、所包含的数据项及各数据项的类型、长度、含义等，以进行信息分析和统计。在描述数据流程的基础上，再通过编制数据字典、数据储存情况分析及用户查询要求的分析，进一步分析流程图中数据和信息的属性，同时用决策树、判定表、结构化语言去描述流程图中的各处理逻辑。

(2) 需求分析

需求分析是物流管理信息系统开发中最重要的环节，实事求是地全面调查是分析与设计的基础。物流活动涉及面广、信息量大、实时性强。因此，系统分析工作量比较大，所涉及的业务、数据、信息、管理部门也比较多。

① 现代物流系统的特征　现代物流是指为了实现顾客满意，连接供给主体和需求主体，克服空间和时间阻碍的有效、快速的商品、服务流动经济活动的过程。一个典型的现代物流活动由关键性物流活动和支持性物流活动组成，关键性物流活动包括客户服务标准、运输、库存管理、信息流动和订单处理；支持性物流活动包括仓储、物料搬运、采购、保护性包装、信息维护。现代物流系统是一个集成化的系统，它通过广泛信息的高度支持，实现了以信息为核心的物流系统化。

近年来，随着供应链管理思想逐渐进入到企业的管理理念中及现代信息技术的飞速发展，现代物流系统具有以下特征：以实现顾客满意为第一目标；以供应链整体最优为目的；涵盖整个流通渠道的物品流动（供应物流、生产物流、销售物流、回收物流、废弃物流）；以信息为中心的物品流通体系。现代物流系统的机能可以划分为物流作业子系统和物流信息子系统。前者主要包括运输、储存、包装、装卸、流通和加工等机能，其目的是力求物流作业的效率化；后者主要包括客户服务、订货、发货、在库和出货管理等机能，其目的是实现物流全过程的高度信息化。

② 现代物流信息需求特点　现代物流信息是反映现代物流活动的知识、资料、图像、数据、文件的总称，现代物流信息具有信息量大、更新性、来源渠道多等特征。从广义的范围来讲，现代物流信息还包括与其他流通活动有关的信息，如商品交易信息和市场信息。现代物流信息不仅对物流活动有支持保证的功能，而且具有连接整合整个供应链和使整个供应链活动效率化的功能。现代物流信息在现代企业的经营战略中有着越来越重要的地位，建立现代物流信息系统，提供迅速、准确、及时、全面的物流信息是现代企业获得竞争优势的必要条件。

现代物流信息主要涉及到两种类型的流动，即计划协调流和作业流。计划协调流是整个物流信息系统结构的支柱，包括战略目标、能力约束、物流需求、库存配置、制造需求、供应需求、预测等，其总体目标是把供应链上各个成员具体活动整合起来，并便于显示供应链整体的综合表现。作业流是关于如何收受、处理和按需要装运库存等方面作业作出指导，以支持顾客订货和采购订货的问题，物流作业信息主要包括订货管理信息、订货处理信息、配送作业信息、存货管理信息、运输和装运信息、采购作业信息等。计划协调流是关于计划的信息，是上层的指导信息，而作业流信息用于指导日常的物流工作，受计划协调流信息的控制。物流信息化需求大体上可以分成三类。

① 基础信息化。在这个范围里面，企业重点要解决的信息系统的问题，就是信息的采集、信息的传输、信息的加工、信息的共享，最后用在决策上。在这个过程中，基本上不涉及流程的改造和布局的机构调整，只有拿数据来说话就可以。在已有的物流与采购信息化案例中，绝大部分的成功案例，是属于这个档次的，大约占80%。例如，某鞋业集团所解决的问题，就是利用信息系统，把全国一千多家商店的销售信息、需求、供给，能够及时地反映到总部，保证总部对全国的经营有一个非常快速有效的调控，其主要的目的就是快速对市场作出反应。这个层次的功能是不能够被忽视的，因为它会解决很多基础问题，如硬件建设、人员培训、信息积累等。

② 流程和操作优化。优化主要是在两个层面上，一个是流程的优化，涉及到整个的流程再造，需要用数据来分析，所以一定要有第一阶段的基础。二是日常操作的优化，比如每天库存的存取、仓储运输的调度，这就需要信息系统能够支持日常优化的功能。这个层次的物流信息系统的案例，据估计，有35%左右明显含有这种功能。

③ 供应链管理工具。供应链管理工具，它也是最高一层，它执行的是供应链管理的功能，或者是供应链管理的主要组成部分。当市场经济发展到一定程度，一些成熟的产品链、价值链、服务链形成以后，企业和企业之间需要建立战略伙伴关系，在业务上会有一种协同业务的要求。一旦建立这种要求以后，会用一套信息系统把它固定下来，来执行业务上的协同操作。比如说，上下游之间的企业，采购不再是一单一单的去招标，而是变成自动补货。在这一层的领域里，已有的物流信息化案例比较少，是物流信息化发展的一个方向。

3. 物流管理信息系统设计

根据系统分析阶段所获得的新系统的逻辑模型建立新系统的物理模型，系统设计是寻求解决办法、探索建立新系统的过程。系统设计阶段解决"怎么做"的问题，如完成详细设计、选择硬件、准备草图、描述数据实体说明、准备程序说明、指定主要程序员等。

（1）物流管理信息系统的设计目标

物流管理信息系统设计应紧密结合用户的客观实际与模式，运用结构化设计方法，从总体出发，自上而下，将具体的管理模式进一步优化、抽象成一般的带有普遍性的信息系统管理模式；应严格划分人机工作界面，合理划分子系统，每个子系统具有本身特定的功能要求和相对独立性；各子系统之间边界清晰，相互接口用关键字连接，能互相交换有用信息，实现信息共享。具体说来，应达到以下一些目标或要求。必须较好地满足用户工作实际要求，这是衡量系统设计工作的首要标准。

系统具有通用性，能适应不同用户，不同管理模式的需要与要求，做到只要输入用户单位名称、用户信息等，就可以通过系统生成，变成用户自己的物流信息系统。

系统具有可扩展性，在系统分析与设计中应充分考虑到管理模式的改变与整体管理信息系统的接口安排，做到功能上可扩展、数据量可扩展、系统本身可扩展。

系统具有可维护性，系统结构设计应符合简单、合理、易懂、实用、高效的原则，数据采集要统一，设计规范要标准，系统文档应齐全。

系统具有可移植性，应能在不同机型的微机上稳定运行，具有可靠性。应使用标准的程序设计语言、标准的操作系统，具有内部自动纠错功能。用户使用的计算机应具有足够大的内存容量和高速外存，运行可靠，维护方便，有硬软件方面的扩充余地。

（2）物流管理信息系统设计原理

现代物流管理信息系统为满足现代物流作业和管理信息的需要，在进行物流管理信息系统设计时，必须遵循以下原理。

① 可得性。指物流信息可快速，并且始终如一地得到。物流信息的可得性可减少利用物流信息系统进行物流作业和制定决策计划上的不确定性。

② 精确性。指物流信息系统报告与实际状况相比所达到的程度。增加信息的精确性同样可以减少物流作业和物流决策的不确定性。

③ 及时性。指物流活动发生时与该活动在信息系统中得到反映时的时间延迟。及时的物流信息可以增加物流决策的精确性和及时性。

④ 异常情况的识别。指物流信息系统必须及时发现物流活动中的异常情况，找出问题，发现机遇。

⑤ 灵活性。指物流信息系统必须能不断满足用户（包括供应链上各成员）的合理的要求，同时物流信息系统的信息和系统本身具有不断更新的能力。

⑥ 适当形式化的报告。指物流信息系统必须提供一定形式的物流信息报告。

（3）物流管理信息系统设计阶段的主要工作

① 主要对现行系统和管理方法以及信息流程等有关情况进行调查，给出有关的调研图表，提出信息系统设计的目标、要求以及达到此目标的可能性。这是物流管理者和系统设计者必须要解决的共同问题。

② 系统逻辑设计。在系统调研的基础上，从整体上构造出物流管理信息系统的逻辑模型，对各种模型进行优选，确定最终方案。

③ 系统的物理设计。以逻辑模型为框架，利用各种编程实现系统的输入、输出、存储及处理方法。此阶段的重要工作是程序设计。

（4）物流管理信息系统总体设计要求

根据现代物流管理的特点，现代物流管理信息系统的设计应该遵循以下一些具体原则和要求。

① 了解和熟悉国家有关部委制定的关于物流工作的各种法令和规范。系统设计必须

符合物流有关计算机应用与信息系统建设标准化规范的要求，物流信息的统计方法应符合国家统计局及上级部委规定的统一要求，重要报表应使用专用程序文件，采用统一固定的报表格式输出。

② 系统设计应遵循系统思想，如采用结构化分析与设计的思想与方法、面向对象的分析与设计的思想与方法，尽量采用软件工程化的新技术、新方法，努力实现功能模块的高内聚、低耦合，最大限度地减少模块间的共用信息。

③ 在进行物流信息系统设计的同时，必须考虑与横向同级信息及纵向信息系统的接口关系，实现不同子系统之间数据共享，并在软硬件配置上留有进一步发展的余地。

④ 信息处理在速度上必须满足管理工作的要求，并有较好的可恢复性和可自检性。

⑤ 系统应采取一定的保密措施，保证数据及时、正确、安全、可靠，对输入信息建立完善的维护体系，同时必须留有物流账目财务稽核的"痕迹"。

⑥ 要求系统有较好的实用性，确保用户能切实使用起来，并方便实用。例如，物流部门每天要处理的账单繁多，数据量大，输入输出必须操作简便、易于掌握，尽可能采用代码输入，将汉字输入量减少到最低程度，做到快速、可靠。再如，物流部门月结账与分类账的设计应满足财务部门与物流部门的实际需要，账目的科目设置应与统一的财务标准一致，保证各种经济技术指标与统计数据都能从原始数据中取得。

⑦ 注意各种物流工具间信息的方便、快捷传递，把无线网络与有限网络技术无缝地连接并配合使用，以利于物流的系统化指挥与管理控制。

（5）物流信息系统的总体框架设计

物流信息系统的框架涉及多个功能模块，而且根据物流业务处理与网络通信的不同特点，也有一些需要注意的方面。对一些企业的案例进行分析、总结、归纳，可知物流信息系统组成框架主要涵盖以下几个方面的内容：与用户服务相关的各种功能子系统；子系统间的信息流与数据接口；子系统间为实现数据交换的通信需求。在进行物流信息系统的体系结构设计时，应注意以下的设计原则。

① 各功能子系统具有开放、模块化及适应性等特点。

② 满足各子系统间的数据交换，数据交换的方法必须确保数据的完整性及安全性。

③ 数据交换需通过通用的数据定义、信息模式及通信协议。

④ 具有与现有系统及较新通信技术兼容的特点。

⑤ 尽可能兼容已有的技术、已开发的系统以及信息资源。

⑥ 在物流信息技术应用上，让企业在竞争的市场中具有广泛的选择，达到节约和高效的目的。

4. 物流管理信息系统实施与评价

在系统设计完成之后，如何将原来纸面上的、类似于设计图的新系统方案转换成可执行的应用软件系统，将成为系统实施阶段的主要工作。一个好的设计方案，只有经过精心实施，才能带来实际效益。因此，系统实施阶段的工作对系统质量的好坏有着直接的影响。系统实施包括机器的购买、安装、程序调试、系统的运行等。

物流管理信息系统在其运行过程中除了不断进行大量的管理和维护工作外，还应定期对系统的运行状况进行审核和评价。这项工作主要在高层领导的直接领导下，由系统分析员或专门的审计人员会同各类开发人员和业务部门经理共同参与进行。目的是估计系统的技术能力、工作性能和系统的利用率。它不仅对系统当前的性能进行总结和评价，而且为系统的改进和扩展提供依据。系统评价一般从以下几个方面考虑。

(1) 系统是否达到预定目标，目标是否需要做修改。

(2) 系统的适应性、安全性评价　系统的适应性包括系统运行是否稳定可靠，系统使用与维护是否方便，运行效率能否满足管理人员的管理需求等。

(3) 系统的经济效益评价　经济效益是指通过物流管理信息系统开发与运行的投资，使企业增加收入、降低成本，进而为企业带来更大的效益。当总效益大于系统的投入时，这个系统便是一个成功的、有益的系统。如果系统运行了一段时间以后，其投入与产出的比例不合适，投入大于或等于产出，则应考虑是否重新开发新的系统。因此要定期进行有关经济效益的评价，对系统未来的发展提出合理的意见和建议。

然而，对物流管理信息系统所带来的经济效益的评价常常不易量化，且系统效益的发挥与人的因素密切相关，需要综合地进行分析、评价，客观地评价物流信息系统的效益，才能真正地把握系统的命脉，确定系统未来发展的方向。

三、物流管理信息系统开发中的个性特征

现代物流的运作由于涉及管理、生产、信息流动、设备控制等多项活动，是复杂的系统工程，因而需要从系统工程的思路来建设实施。前面叙述的采用结构化方法进行信息系统开发的四个步骤，体现出了软件工程的开发实施特点，对包括物流信息系统在内的一般业务信息系统都具有普遍的指导意义。然而，物流信息系统中涉及的物质设备多，管理应用区域广且更为具体，这些就使得物流信息系统的开发具有如下一些个性化特征。

(1) 物流信息系统涉及大量自动化设备的指挥工作，因此在中心系统（包括中心数据库）与自动化设备之间更加注重数据的快捷准确传递与共享。这就要求数据库结构设计合理，强调标准性，以保证通信网络平台可靠，通信方式多样化，且可保证无线网络技术的充分利用。

(2) 物流信息系统往往体现出实时处理和移动处理的特征，因此在数据采集、接收、整理上的工作量较大，要求较高。因此，物流信息系统开发中更加注意对现场数据采集设备或模块的控制，注重数据的质量与兼容性，这要求系统开发中对相关设备、业务流程进行更细致的调查。

(3) 物流信息系统设计中各业务模块比一般信息系统的独立性高，可充分运用分步、分开实施的策略，并在局部模块上采用原型化方法加快开发进度。

(4) 物流信息系统往往涉及跨区域的业务生产协调，应用覆盖区域广，通信方式多，

软硬件复杂，应用人员复杂，因此整个系统的测试与维护工作就显得相当重要。这要求实施方在测试与维护上加大投入比例，建立良好的培训与维护机制，注意定期维护。

第三节 第三方物流管理信息系统设计实例

一、第三方物流管理信息系统概述

物流活动的当事人涉及物流服务的需求方和物流服务的提供方。物流服务的需求方通常是指生产方和消费方，即产品流通过程的起点和终点，又称为物流的第一方和第二方。物流服务的提供方则是为物流的第一方和第二方提供产品在二者之间进行有效移动并在各个环节所发生的一切服务，因此又称为第三方物流。恰当的第三方物流的定义如下：在物流渠道中由中间商提供的服务，该中间商以合同的形式在一定的期限内，专门从事向别的公司提供所有或一定数量的物流服务。大多数第三方物流公司是以传统的"类物流"业为起点，如运输业、仓储业、海运、空运、货运代理、公司物流等。

开展第三方物流服务的企业可分为非资产型企业和资产型企业。非资产型企业是指除了计算机设备、网络系统和基本的办公设施、场所以外，不具有自己的仓库、装卸设备和运输工具等"硬件"设施而从事物流服务的企业，此种方式又称为"虚拟物流"；资产型物流企业虽然可能不具备开展物流服务的整个供应链所需要的所有的"硬件"设施，但至少拥有其中的一种服务设施，或者拥有船队、车队等运输工具，或者拥有仓库、集装箱堆场、港口等场所。但是，只是拥有物流相关基础设施还不能满足提供第三方物流服务的需求，因为信息是物流竞争优势的关键因素，第三方物流企业离开管理信息系统是难以获得任何竞争优势的。物流管理信息系统不仅仅是作为一种提供信息、管理信息的工具，通过协助完成物流作业来为第三方物流企业及其客户创造价值，同时，系统本身也能够创造价值。一般来说，采用第三方物流服务的客户的第一利润来自自身核心业务成本的降低；第二利润是第三方物流公司通过供应链的调整而为其节省出来的成本，事实证明这种做法非常有效；第三方利润则是通过加强信息的流通来加快其资金流转的速度，这非常有利于企业利润的获得，在此过程中，第三方物流管理信息系统是功不可没的。

二、第三方物流的信息系统需求

信息系统是第三方物流的中枢神经，它的任务是实时掌握物流供应链的动态，从货物的网上订单托运，到第三方物流公司所控制的一系列环节的协调，再到将货物交到收货人手中，使得物流过得尽可能透明化。第三方物流企业要赢得货主及其客户的信任，完善和先进的管理信息系统是必不可少的。在信息系统进行建设时，应设定以下目标。

1. 实现对物流全过程的监控

第三方物流提供者通过信息网络能方便地跟踪产品流动的各个环节，通过 Internet 能够快速查询了解即时的信息，以便确定进一步的生产计划、销售计划和市场策略。

2. 减少库存，提高企业经营效率

发展第三方物流无疑是促进企业物流活动合理的重要途径。第三方物流提供者借助精心策划的物流计划和适时运送手段，最大限度地减少库存，改善了企业的资金流量，实现成本优势。

3. 将物流作为系统管理

传统上，物流只是作为企业的一般功能性活动，物流信息往往零散分布在不同的职能部门。当今，物流已被视为企业的第三利润源泉，企业追求的是从采购、生产到销售整个物流环节的一体化管理。在这种供应链一体化管理环境下，管理和协调物流、信息流，使信息自由、准确地流动就显得更加重要。

4. 有效地支持高效的物流服务

无论经过多少运输方式、中转环节、是否进行拼装箱操作，都要确保对同一票据的正确识别，保证运输、仓储等各个环节之间的协调一致，准确、及时地完成各个环节的物流指令。

5. 有效地支持配送、包装、加工等物流增值服务

物流服务商可以针对多个客户的不同要求设计多种增值业务模式，并将新的管理理念、先进的管理技术与信息系统相结合。

三、第三方物流的业务流程分析

第三方物流基本作业流程为：第三方物流企业接受客户的配送请求后，进行有关订单审核、分类等处理，根据订单安排货物的进出库，拟定配送计划，力求按照客户需求将货物准确、及时地从市场供应方运送到市场需求方手中，如图 12-4 所示。

1. 订单处理

订单处理不但是第三方物流业务的开始，也是信息系统中数据的起点。高效的订单处理是整个信息系统成功的关键。订单业务贯穿于整个第三方物流的每个环节，无论是仓储管理，还是配送发货，都要按照订单的要求操作。用户通过 Internet、电话和传真等方式下订单，系统接受后，对客户的身份以及信用额度进行验证，只有验证通过后，才能提供服务。由于客户的来源不同，他们对服务的要求也不同，对有的客户请求需要及时地响应，而有的请求则可以适当地延迟；也有的客户是会员，即长期的伙伴关系，有的则是第一次的合作伙伴，因此对订单要进行分类整理。订单确认后，系统将设定订单号码，并将

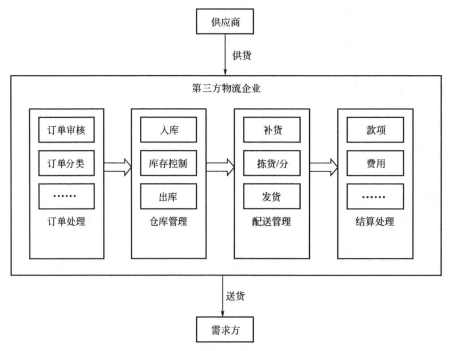

图 12-4 第三方物流的作业流程

订单的相关信息传递给仓储、配送和财务等部门。具体的业务流程如图 12-5 所示。

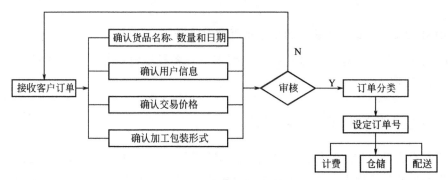

图 12-5 订单业务流程

2. 仓储管理

仓储管理的主要任务是为了对整个库存商品的现状进行跟踪和全面管理。包括入库管理、出库管理、库存控制等。自动化立体仓库现已广泛运用在企业物流自动化领域，自动化是指由电子计算机进行管理和控制，不需要人工搬运作业，而实现收发作业的仓库，立体仓库是指采用高层货架以货箱或托盘存储货物，用巷道堆垛起重机以及其他机械进行作业的仓库，将上述两种仓库的作业结合称为自动化立体仓库，它通过计算机技术对存储物资进行编码、入库、出库、分拣管理，并自动完成物资的存取及输送，以及利用射频等技术及时掌握库存和库位分配状况，将货物的库存量保持在适当的标准之内。

仓储管理的作业流程如图 12-6 所示，商品送到某仓库后，一般卸在指定的进货区，在进货区装有激光条形码识别装置，经过激光扫描确认后，计算机自动分配入库的库位，打印入库单，然后通过相应的输送系统送入指定的正品存放区的库位中，正品存放区的商品是可供配送的，这时总库存量增加。对验收不合格的商品，另行暂时存放，并登录在册，适时退给供货商调换合格商品。调换回的商品同样有收/验/入库的过程。当仓库收到配送中收的配货清单后，按清单要求备货，验证正确后出库待送。在库存的管理中计算机控制系统通过实时监控体系也会发现某些商品要进行处理，移至待处理区，然后作相应的退货、报废等操作。

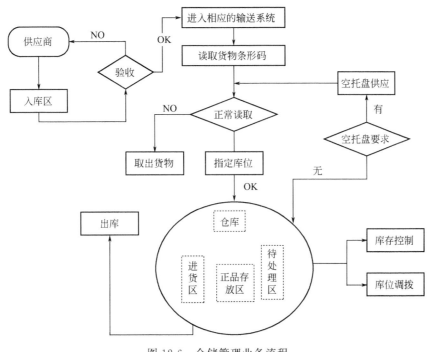

图 12-6　仓储管理业务流程

3. 配送处理

配送系统根据订单的要求，结合库存的情况，制定经济、可靠的配送计划，对货物进行相关的补货、拣货、分货、送货等作业。如图 12-7 所示，将货物及时、准确地送到客户手中。

配送系统的目标有下列几点。

（1）提高单位时间内的商品处理量，降低备货的差错率，通常利用自动选货、分货系统每小时的处理量可达 6000～130000 箱，错误率在万分之零点几。

（2）时效性。要确保能在指定的时间内交货，如途中因意外不能准时到达，必须立刻与总部联系，由总部采取紧急措施，确保履行合同。

（3）可靠性。货品应完好无缺地、准确无误地送达目的地。

（4）便利性。配送系统最重要的是要对客户提供方便。因而对于客户的送货计划应有一定的弹性，如紧急送货、辅助资源回收等，建立企业的快速市场反应机制。

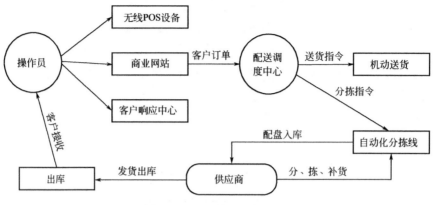

图 12-7　配送处理业务流程

4. 财务结算

对企业所有的物流服务项目进行结算，包括各项费用：如仓储费用、运输费用、装卸费用、行政费用、办公费用的结算，与客户应收、应付款项的结算等。系统将根据合同、货币标准、收费标准并结合相关物流活动自动产生结算凭证，为客户提供完整的结算方案和各类统计分析报表。

四、系统总体结构设计

数据管理的实时性要求决定了第三方物流管理信息系统是集中制数据存储管理模式。集中制数据存储管理一般可通过两种结构模式实现，即 C/S（Client/Server）模式和 B/S（Browse/Server）模式。随着应用需求和客户端数量的激增，C/S 模式面临着许多难以解决的问题，如客户端整体拥有成本上升，数据散乱，难以控制、系统维护困难等。

基于 Internet 技术的 B/S 模式正在成为新型的企业管理信息系统的结构模式，基于这种模式的第三方物流管理信息系统的层次结构如图 12-8 所示。

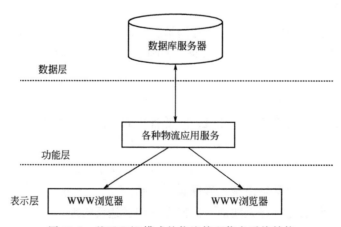

图 12-8　基于 B/S 模式的物流管理信息系统结构

第一层为表示层，用于客户端，通过 IE 等 WWW 浏览器实现物流信息的浏览和各种物流指令的下达；第二层为功能层，在具有 CGI 的 WEB 服务器上实现，它接收来自客户端的指令申请，并与数据库连接，进行申请处理，并将处理结果返回给客户端；第三层为数据层，对各种物流数据信息进行分布式集中管理，以便物流数据信息的查询、更新操作。

1. 第三方物流管理信息系统数据流程图设计

数据流程图是结构化系统分析研究的主要工具，也是编制系统分析资料、设计系统总体逻辑模型的工具，它不仅可以表达数据在系统内部的逻辑流向，而且可以表达系统的逻辑功能和数据的逻辑变换。在顶层图基础上，接着可以自顶向下逐层细化，第三方物流企业的物流管理信息系统包括客户管理、作业管理、决策管理三部分。系统顶层数据流程图，如图 12-9 所示。

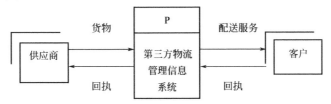

图 12-9　第三方物流管理信息系统顶层数据流程图

在顶层图的基础上，继续细化，将顶层图展开成第一层 DFD 图，包含决策管理、作业和客户管理三部分，如图 12-10 所示；物流作业管理包括了第三方物流企业的重要部分，图 12-11 扩展了第一层 DFD 中的作业管理，即第二层 DFD；图 12-12 是描述物流仓储管理的底层 DFD；图 12-13 是描述配送管理的 DFD。

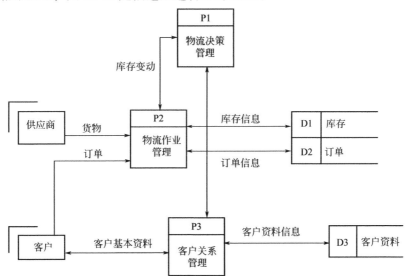

图 12-10　第三方物流管理信息系统的第一层 DFD

2. 第三方物流管理信息系统的逻辑模型

在分析了系统的数据流图后，可以得到系统的逻辑模型，即得到总体功能结构，如

图 12-14所示，各部分功能解析如下。

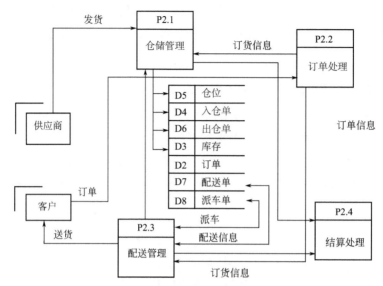

图 12-11　第三方物流管理信息系统的第二层 DFD

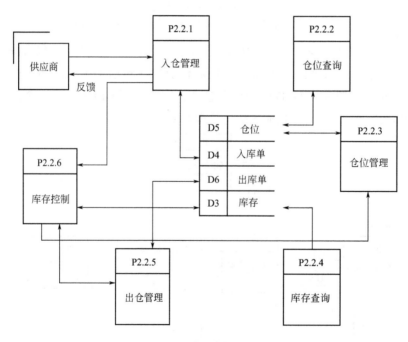

图 12-12　第三方物流管理信息系统仓储管理的底层 DFD

（1）客户管理子系统

通过对客户资料的收集、分类、存档、检索和管理，全面掌握不同客户群体、客户性质、客户需求、客户信用等信息，以提供最佳客户服务为宗旨，为客户提供方案、价格、市场、信息等各种服务内容，及时处理客户在合作中遇到的各类问题，妥善解决客户合作中发生的问题，培养长期的忠诚的客户群体，为企业供应链的形成和整合提供支持。该子

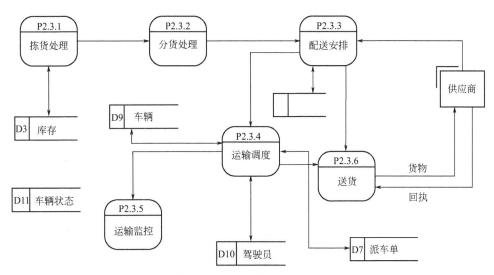

图 12-13　第三方物流管理信息系统配送管理 DFD

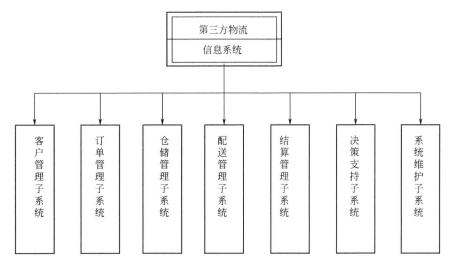

图 12-14　第三方物流管理信息系统总体结构

系统包括客户登录管理、客户资料管理、会员管理、客户身份验证、客户查询等。

（2）订单管理子系统

订单是物流业务和费用结算的依据，系统通过对订单的规范化、模范化和流程化，合理地分配物流服务的实施细则和收费标准，并以此为依据，分配相应的资源，监控实施的效果和核算产生的费用，且可以对双方执行订单的情况进行评估以取得客户、信用、资金的相关信息，交客户服务和商务部门作为参考。该子系统包括订单接收、订单分类、订单查询等。

（3）仓储管理子系统

可以对所有的包括不同地域、不同属性、不同规格、不同成本的仓库资源，实现集中管理。采用条码、射频等先进的物流技术设备，对出入仓货物实现联机登录、存量检索、容积计算、仓位分配、损毁登记、简单加工、盘点报告、租期报警和自动仓租计算等仓储信息管理。支持包租散租等各种租仓计划，支持平仓和立体仓库等不同的仓库格局，也可向客户提供远程的仓库状态查询、账单查询和图形化的仓储状态查询。

（4）配送管理子系统

按照即时配送原则，满足生产企业按照合理库存生产的原材料配送管理，满足商业企业小批量多品种的连锁配送管理，满足共同配送和多级配送管理。支持大多数供应商和多数购买商之间的精确、快捷、高效的配送模式。支持以箱为单位和以部件为单位的灵活配送方式。支持多达数万种配送单位的大容量并发配送模式；支持多种运输方式，跨境、跨关区的跨区域配送模式。结合先进的条形码技术、GPS/GIS技术、电子商务技术，实现智能化配送。

（5）结算管理子系统

对企业所有的物流服务项目实现合同价格一条龙管理，包括多种模式的仓租费用、运输费用、装卸费用、配送费用、货代费用、服关费用、三检费用、行政费用、办公费用等费用的计算，根据规范的合同文本、货币标准、收费标准自动产生结算凭证，为客户以及物流企业（仓储、配送中心、运输等企业）的自动结算提供完整的结算方案。

（6）决策支持子系统

及时地掌握商流、物流、资金流和信息流所产生的信息并加以科学地利用，在数据仓库技术、运筹学模型的基础上，通过数据挖掘工具对历史数据进行多角度、立体的分析，实现对企业中的人力、物力、财力、客户、市场、信息等各种资源的综合管理，为企业管理、客户管理、市场管理、资金管理等提供科学决策的依据，从而提高管理层决策的准确性和合理性。

（7）系统维护子系统

该子系统提供对安全管理的支持，包括数据备份、数据恢复、系统设置、系统工具箱、文档管理等内容。

【本章小结】 ▶▶

本章从物流信息与信息流的概念和关系入手，阐述了物流管理信息系统的定义和基本类型以及其体系结构。物流管理信息系统是管理信息系统以及信息技术在物流管理中应用的一个新兴研究领域。随着管理科学、信息科学、计算机科学与通信技术和现代物流管理相互渗透，逐步形成的一个交叉学科研究领域。

物流管理信息系统整合了传统物流的功能性业务，如运输、仓储、配送、增值服务等内容，采用供应链管理理论，达到满足客户需求，与客户建立起稳固长期合作的关系的目的。以信息网络技术为支撑的物流管理信息系统，优化供应链，降低流通成本，增加产业附加值，实现管理创新。物流管理信息系统的建设促进大型社会化的物流信息数据库和电子信息服务网络的建设，为企业以及政府制定政策和决策提供依据，有助于促进中介服务市场的发展和信用体系的形成，为我国电子商务发展提供基础。

　　信息系统是第三方物流的中枢神经，它的任务是实时掌握物流供应链的动态，从货物的网上订单托运，到第三方物流公司所控制的一系列环节的协调，再到将货物交到收货人手中，使得物流过程尽可能透明化。第三方物流企业要赢得货主及其客户的信任，完善和先进的管理信息系统是必不可少的。

【课堂讨论】

　　1. 应用电子商务、物流管理等相关知识，讨论信息技术在现代物流领域中的作用。
　　2. 讨论全程电子商务与现代物流业的关系。

【复习思考】

　　1. 什么是物流管理信息系统？
　　2. 简述物流管理信息系统的体系结构。
　　3. 简述物流管理信息系统的作用。
　　4. 简述物流管理信息系统的目标。
　　5. 什么是第三方物流？
　　6. 简述第三方物流管理信息系统的功能结构。

第十三章

人力资源管理信息系统

学习目标

　　现代人力资源管理最显著的特征是应用信息技术建设管理信息系统。本章将企业人力资源信息系统划分为人事管理、工资核算、绩效考核与评估三个子系统。通过本章学习，应掌握各子系统的分析与设计。即各子系统的业务流程、数据流程图、功能需求分析、功能模块设计、代码设计、数据库设计、输入设计、输出设计等。

　　1. 掌握人事管理的内容。

　　2. 掌握人事管理信息系统的构成要素、功能设计。

　　3. 掌握工资核算管理的任务以及其系统分析与设计的内容。

　　4. 了解人力资源管理中绩效考核、评估的内容。

　　5. 掌握绩效评估信息系统构成及其功能设计。

关键术语

　　人事管理；工资核算；绩效考核与评估；信息系统。

第一节　人事管理子系统的分析与设计

一、人事管理子系统的业务流程

　　企业人事管理的内容包括：招聘管理、培训管理和离职管理，下面分别就每一项管理的业务流程进行说明。

1. 招聘管理

　　招聘管理的业务流程如图 13-1 所示。招聘管理的业务可以概括如下。

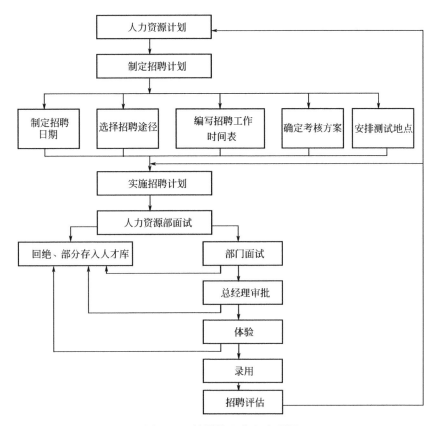

图 13-1　培训管理业务流程图

（1）制定招聘计划

招聘计划是把对工作空缺的陈述变成一系列目标，并把这些目标和相关的应聘者的数量和类型具体化。招聘计划的主要内容如下。

① 招聘人数　需要招聘人员的数量往往多于实际录用的人数。这是由于一些应聘者可能对于该工作没有兴趣，也可能资格不够，或者两个原因兼而有之。

② 招聘基准　招聘基准就是确定录用什么样的人才。其内容包括：年龄、性别、学历、工作经验、工作能力、个性品质等。

③ 招聘经费预算　招聘经费除了参与招聘工作的有关人员的工资以外，还需要广告费、考核费、差旅费、电话费、通信费、文具费等；

④ 招聘的行动计划　招聘的具体行动计划内容包括：招聘工作小组的组成、制定招聘章程、考核方案和择优选聘的条件，拟定招聘简章，确定资金来源，规定招聘工作进度等。

（2）设计招聘方式

一般说来，有以下几种招聘方式可供企业招聘人才选择。

① 人才交流中心　在全国的各大中城市，一般都有人才交流服务机构。这些机构常年为企事业用人单位服务。他们一般建有人才资料库，用人单位可以很方便在资料库中查

询条件基本相符的人员资料。通过人才交流中心选择人员，有针对性强、费用低廉等优点，但对于如计算机、通信等热门人才或高级人才效果不太理想。

② 招聘洽谈会　人才交流中心或其他人才机构每年都要举办多场人才招聘洽谈会。在洽谈会中，用人企业和应聘者可以直接进行接洽和交流，节省了企业和应聘者的时间。随着人才交流市场的日益完善，洽谈会呈现出向专业方向发展的趋势。比如有中高级人才洽谈会、应届生双向选择会、信息技术人才交流会等。洽谈会由于应聘者集中，企业的选择余地较大。但招聘高级人才还是较为困难。

通过参加招聘洽谈会，企业招聘人员不仅可以了解当地人力资源素质和走向，还可以了解同行业其他企业的人事政策和人力需求情况。

③ 传统媒体　在传统媒体刊登招聘广告可以减少招聘的工作量，广告刊登后，只需在公司等待应聘者上门即可。在报纸、电视中刊登招聘广告费用较大，但容易体现出公司形象。现在很多广播电台有人才交流节目，播出招聘广告的费用会少很多，但效果也比报纸、电视广告差一些。

④ 校园招聘　对于应届生和暑期临时工的招聘可以在校园直接进行。方式主要有招聘张贴、招聘讲座和毕业生分配办公室推荐三种。

⑤ 网上招聘　通过互联网进行招聘是新兴的一种招聘方式。它具有费用低、覆盖面广、时间周期短、联系快捷方便等优点。目前我国网上招聘限于有上网条件的大中型企业、外资、合资企业、高新技术企业和计算机、通信领域人才、中高级人才等。

⑥ 员工推荐　员工推荐对招聘专业人才比较有效。员工推荐的优点是招聘成本小、应聘人员素质高、可靠性高。据了解，美国微软公司40%的员工都是通过员工推荐方式获得的。为了鼓励员工积极推荐，企业可以设立一些奖金，用来奖励那些为公司推荐优秀人才的员工。

⑦ 人才猎取　对于高级人才和尖端人才，用传统的渠道往往很难获取，但这类人才对公司的作用却是非常重大的。通过人才猎取的方式可能会更加有效。人才猎取需要付出较高的招聘成本，一般委托"猎头"公司的专业人员来进行。目前在北京、上海和沿海地区"猎头"公司较为普遍。

（3）实施招聘计划

实施招聘计划是招聘计划的具体体现，是为实现招聘计划而采取的具体行为。

① 地点选择　选择哪个地方进行招聘，一般要考虑潜在应聘者寻找工作的行为，企业的位置，劳动力市场状况等因素。客观上为了节省开支，企业通常在既有条件又有招聘经历的地方招聘，倾向于在所在地的市场招聘办事员和工人，在跨地区的市场上招聘专业技术人员，而在全国范围内甚至国际上招聘高级管理人才。

② 招聘方式选择　采用哪一种途径或方式招聘人员，应根据供求双方不同情况而定。例如，是采用简单的方式，还是繁杂的方式；是采用主动的，还是等人上门；是大张旗鼓，还是悄悄进行等。

无论如何，做好招聘工作，都需要和学校、职业介绍机构、有关团体、培训机构等保持密切联系。一般来说，企业可在大学毕业生中招聘专业技术人员和中层管理人员；借助职业介绍所招聘办事员和生产工人；通过广告招聘销售人员、专家等。为了节省开支和时间，还可采用员工引荐的方式。

③ 时间选择　有效的招聘策略不仅要明确招聘地点和方法，还要确定恰当的招聘时间，招聘时间一般要比有关职位空缺可能出现的时间早一些。

（4）进行招聘评估

一个完整的招聘过程的最后，应该有一个评估阶段。招聘评估包括以下三个方面。

① 招聘成本评估　招聘成本评估是指对招聘中的费用进行调查、核实、并对照预算进行评价的过程。它是鉴定招聘效率的一个重要指标。

$$招聘单位成本 = 总经费(元)/录用人数(人)$$

做评估成本评估之前，应该制定招聘预算。每年的招聘预算应该是全年人力资源开发与管理的总预算的一部分。招聘预算中主要包括：招聘广告预算、招聘测试预算、体格检查预算、其他预算，其中招聘广告预算占据相当大的比例。

② 录用人员评估　录用人员评估是指根据招聘计划对录用人员的质量和数量进行评价的过程。

③ 撰写招聘小结　招聘小结的主要内容主要有以下几个方面：招聘计划、招聘进程、招聘结果、招聘经费和招聘评定。

2. 培训管理

培训管理的业务流程如图 13-2 所示。培训管理的业务可以概括如下。

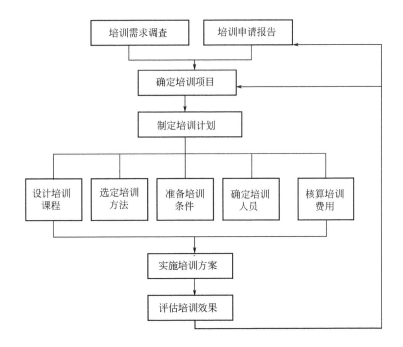

图 13-2　培训管理业务流程图

（1）进行培训前调查

① 组织分析　着重确定组织范围内的培训需求，包括对组织目标、资源和环境的分析，以及对人力资源的重要或关键方面进行分析。从企业组织内外的对比分析中，从生产经营过程的现状和问题的对比分析中，确定企业组织的人才需求结构，进而确定培训的目标与计划大纲。

② 工作分析　工作分析即按照企业职务工作标准和相当职务所需的能力标准（职能标准），对各部门、各职务工作（岗位）状况，主要是对担当工作的职工及职工的工作能力、工作态度和工作成绩等，进行比较分析，以确定企业培训的需求结构。

③ 个体分析　逐一对职工的工作过程和工作结果以及工作态度进行考核评价，尤其对那些关键工作、关键岗位的人员素质，进行测评，以确定需要培训的内容和人员。

上述三种分析过程是三位一体的，由综合分析到单项分析、由总体分析到个体分析、由抽象分析到具体分析，由大至小逐步明确确定培训对象。

（2）确定培训项目

科学、准确地选定培训项目，是开展培训的前期工作。培训项目合适与否，对整个职工培训工作影响甚大。一个公司有必要开展组织培训工作，就意味着该公司内部出现了薄弱环节，必须采取某种培训项目来弥补。可以从两个方面来发现公司开展培训的必要性和现实性；从职工方面来看，当某项工作的要求与职工现有的知识、能力、态度出现差距时，就有必要进行培训；从公司这个整体来看，当公司的目标与实现这些目标所必需的条件出现差距时，为消除这些差距就必须组织培训。

通过以上的比较分析，发现公司现状与理想状态之间的偏差，从而明确培训工作的必要性和方向性，有针对性地举办培训项目。

（3）制订培训计划

培训计划必须从企业战略出发，满足组织及员工两方面的要求，考虑企业资源条件与员工素质基础，考虑人才培养的超前性及培训效果的不确定性，确定职工培训的目标，选择培训内容及培训方式。

① 落实负责人或负责单位　培训计划的制定和实施，关键是落实负责人或负责单位。要建立责任制，明确分工。培训工作的负责人要有一定工作经验和工作热情，要有能力让董事长批准培训计划和培训预算，要善于协调与生产部门和其他职能部门的关系，以确保培训计划的实施。

② 确定培训的目标和内容　可以通过组织分析、工作分析、个体分析进行。组织分析就是对整个机构的目标、计划、条件等进行分析，以决定培训重点所在。工作分析主要是分析工作人员怎样才能胜任工作，应具备哪些必要的知识和技能，以决定培训目标。个体分析就是对每个人员的具体情况进行分析，并找出与工作要求的差距，以决定培训内容。总而言之，培训的目标一定要准，培训的内容一定要符合实际需要。

③ 选择适当的培训方法　关于培训方法，前面已经有所介绍。每种方法都有不同的侧重点，因此必须根据培训对象的不同，选择适当的培训方法。方法的选择除了要考虑人

员特点外，还要考虑企业客观条件的可能性。

④ 选择学员和教师　除普遍轮训之外，参加培训的学员必须经过适当的挑选。因为培训要花钱，这笔钱应当用在有一定潜力人员身上。这样就可以做到投资省、见效快。如果学员的可塑性较差，跟不上教学进度，不仅达不到培训的目的，而且对他的投资将大大增加企业的经济负担。

选择教员对于培训的顺利进行也非常重要。国外一些企业的经验表明，聘请各级管理人员当培训教师是一种有效办法。因为管理人员掌握了培训方法就会更加关心职工，与他们共同工作，帮助他们进步，从而获得他们的信任与拥护。当然也可以聘请专职教员。

⑤ 制订培训计划表　制表的目的是明确培训的内容、时间、地点、方式、要求等，使人一目了然。同时也便于安排企业其他工作。

⑥ 实施培训方案　实施培训方案是培训工作的主要阶段，是实施培训的目标和计划，并根据目标和计划，对培训过程中出现的问题及时做出调整，控制整个过程的顺利发展。培训的实施阶段上，并存着两方面工作，一是教学工作，一是教务工作。如何开展教学和教务工作，按既定的培训计划与目标展开培训，是成败的关键。

⑦ 评估培训效果　所谓人员培训效果，是指培训过程中受训者所获得的知识、技能及其他特性应用于工作的程度。必须追踪调查的问题有：职工的行为有没有发生变化；这些变化是不是培训引起的；这些变化是否有助于组织培训的实现；下一批受训者完成了同样的培训之后，是否还能发生类似的变化。评分标准：

a. 反应标准。用于对表面效果的测评，诸如询问那些参加培训者对此次培训的印象如何，培训是否有用，是否真正学到了东西等；

b. 学习标准。通常通过各种试卷或考试方式，直接测量受训者所学到或掌握的知识量；

c. 行为标准。即对受训者的工作行为、工作能力和工作态度进行考核，分析判断培训前后的变化程度；

d. 结果标准。直接对接受培训之后的职工工作成绩以及所在工作部门、科室的集体工作成绩进行测量、分析和判断，确定培训的效果。

运用这些标准对人员培训进行定性评价，可以是职工对自身行为的自我评价，也可以是上级或组织对下属或职工行为的评价。人员培训的后果也可以从人员培训和人员考核、选拔及任用的相互关系得出。

3. 离职管理

离职管理的业务流程如图13-3所示。离职管理的业务可以概括如下。

(1) 提交辞职/辞退报告

辞职申请由员工本人向经理级以上部门主管书面提出，并抄送人力资源部，试用期内的员工可随时以书面形式提出辞职；试用期已结束的员工需提前若干天以书面形式提出辞

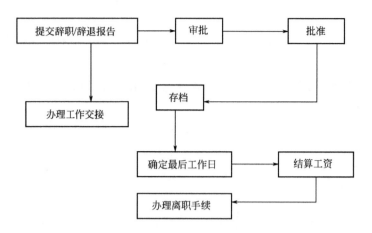

图 13-3　离职管理业务流程图

呈。当员工严重违反公司纪律达到被解雇程度，或员工触犯国家法律法规被处罚而无法履行劳动合同，或符合劳动法相关条例等情况时，公司可以辞退员工。

（2）经有关部门审批

辞职员工填写辞职申请表，经各级领导签署意见审批。因员工违反公司纪律引起的辞退，须由部门主管向人力资源部提供员工违纪证明，由人力资源部审核后，经部门主管批准执行。

（3）办理工作交接

员工离职前，应按部门主管要求进行工作交接。工作交接应有详细书面记录，包括项目进展情况、客户关系、公司文件、电脑资料及其他非个人物品等。交接期间为防泄密，部门主管可对有关资料、设备进行封存。如有证据证明在工作交接期间或之后离职员工有泄密行为，离职员工须对此承担法律责任。

（4）办理离职手续

办理离职手续主要有以下内容：①离职员工应移交的工作及物品；②清算财务部门的领借款手续；③转调人事关系、档案、党团关系、保险关系；④辞职人员若到竞争对手公司就职，应迅速要求其交出使用、掌握的公司专有资料；⑤辞职人员不能亲自办理离职手续时，应寄回有关公司物品，或请人代理交接工作。

（5）结算工资

辞职员工领取工资，享受福利待遇的截止日为正式离职日期。辞职员工结算款项：①结算工资；②应得到但尚未使用的年休假时间；③应付未付的奖金、佣金；④辞职补偿金，按国家规定，每年公司工龄补贴 1 个月、最多不超过 24 个月的本人工资；⑤公司拖欠员工的其他款项。

须扣除以下项目：①员工拖欠未付的公司借款、罚金；②员工对公司未交接手续的赔偿金、抵押金；③原承诺培训服务期未满的补偿费用；④如应扣除费用大于支付给员工的费用，则应在收回全部费用后才予办理手续（相关内容见第二节）。

二、人事管理子系统的数据流程图

人事管理子系统的数据流程图如图 13-4 所示。

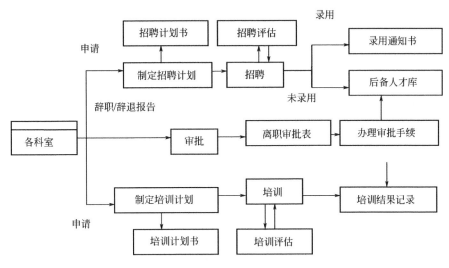

图 13-4 人事管理子系统的数据流程图

1. 人事管理子系统的功能需求分析

根据以上的业务流程分析，分别就各部分的功能需求加以分析。

（1）招聘管理应具有的功能（见图 13-5）

① 根据企业年度人力资源计划与部门人力资源需求计划，制定招聘计划。

② 提供多种招聘方式选项，并能分析每一种招聘方式的效果与成本，为将来招聘计划的制订提供参考依据。

③ 分类建立应聘人员档案库，便于查询检索。

④ 可根据自定义规则安排面试时间。

⑤ 可发送电子邮件或打印通知单将结果通知应聘人员。

⑥ 录用人员数据自动转入员工信息库，未录用人员转入企业后备人才库，以备今后查询。

⑦ 对招聘活动进行过程中与结束后的情况进行统计分析，生成汇总报告。

（2）培训管理应具有的功能（见图 13-5）

① 根据人力资源规划制定培训规划与相应的培训实施计划。

② 对不同类型的培训（如公开课培训、企业内训、员工自训等）进行不同的管理。

③ 为每一次培训计划指定受训人员、培训课程与培训费用。

④ 形成统一的培训结果（定性或定量）登记表，便于统计分析。

⑤ 对培训效果进行跟踪管理，反馈结果有助于优化培训计划及员工培养计划。

⑥ 提供对历史培训情况的查询统计功能。

⑦ 可对培训结果进行各种统计分析，如成本、效果分析。

（3）离职管理应具有的功能（见图 13-5）

① 记录离职原因，便于统计分析，为企业人力资源管理的改进提供依据。

② 灵活设置离职手续办理流程。

③ 可提供离职员工详细的资源使用清单、财务处理清单、工作交接清单以及培训情况清单。

④ 离职员工个人档案信息转入企业人才库。

2. 人事管理子系统的功能设计模块

其见图 13-5。

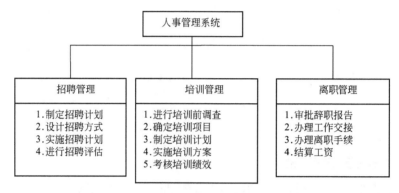

图 13-5　人事管理子系统的工程模块结构图

3. 人事管理子系统的代码设计

人事管理子系统的代码主要涉及职工编号、部门编号、职位代码等。设计代码时需要和工资子系统、绩效评估子系统的代码相统一，做到直观、可扩展、易汇总。

三、人事管理子系统的数据库设计

人事管理子系统的数据库文件主要有面试评估数据库、培训记录数据库和离职申请、审批数据库。

1. 面试评估数据库文件

用来存放对应聘人面试的评估结果，结构形式见表 13-1。

表 13-1　面试评估数据库文件

序号	字段名	字段类型	字段长度	小数位数
1	应聘人姓名	A	8	
2	应聘职位	A	8	
3	个人性格	N	4	
4	举止态度	N	4	
5	表达能力	N	4	

序号	字段名	字段类型	字段长度	小数位数
6	领导能力	N	4	
7	沟通能力	N	4	
8	教育／培训	N	4	
9	工作技能	N	4	
10	专业知识	N	4	
11	对此工作的经验、知识	N	4	
12	对此工作的认识态度	N	4	
13	其他	A	10	
14	总评	A	20	

2. 培训记录数据库文件

在培训结束后，需将培训的情况加以记录，如培训项目、培训内容及考核结果等，以便今后对培训效果进行评估，改进培训工作。培训记录数据库就是用来存储培训的一些基本信息如表 13-2 所示。

表 13-2　培训记录数据库文件

序号	字段名	字段类型	字段长度	小数位数
1	部门编号	N	8	
2	职工编号	N	8	
3	姓名	A	8	
4	日期	D	8	
5	地点	A	10	
6	培训老师	A	10	
7	培训项目	A	10	
8	培训内容	A	20	
9	考核结果	A	20	

3. 离职申请、 审批数据库文件

企业需对员工离职进行管理，包括记录离职原因、报有关部门审批等。在此过程中所形成的一些文档对企业来说是一项非常重要的历史资料，必须加以存档，因此可以记录离职申请、审批数据库，结构如下（见表 13-3）。

表 13-3　离职申请、审批数据库文件

序号	字段名	字段类型	字段长度	小数位数
1	部门代号	N	8	
2	人员代码	N	8	

续表

序号	字段名	字段类型	字段长度	小数位数
3	职工姓名	A	8	
4	职位	A	10	
5	离职原因	A	20	
6	部门意见	A	20	
7	人力资源部意见	A	20	
8	总经理意见	A	20	

四、人事管理子系统的输入设计

这里以面试评估数据的输入来说明人事管理子系统的输入设计。根据以上面试评估数据库文件的结构，可以设置面试评估的数据库。

输入界面应尽量符合用户的习惯，最好与其已经熟悉的日用表格一致，这样操作起来没有陌生感，容易适应，操作速度和准确率也会较高。面试评估数据的输入格式如表 13-4 所示。对每一项目按 1～4 级来评定，4 是最低评定。

表 13-4　面试评估表

应聘人姓名：＿＿＿＿＿

应聘职位：＿＿＿＿＿

日　　期：＿＿＿＿＿

项目	1	2	3	4	评语
个人性格					
举止态度					
表达能力					
领导能力					
沟通能力					
教育／培训					
工作技能					
专业知识					
对此工作的经验、知识					
对此工作的认识程度					
其他					
总评					

面试结果：（　　　）回绝

（　　　）可以录用

（　　　）其他＿＿＿＿＿

总经理意见：＿＿＿＿＿＿＿＿＿＿＿＿＿

到岗日期：＿＿＿＿＿＿＿＿＿＿＿＿＿

五、人事管理子系统的输出设计

人事管理子系统的输出方式有打印输出、屏幕显示输出与磁盘输出三种。打印输出的内容有录用通知书、培训通知单和离职申报单等。屏幕显示是为了满足日常管理的查询要求，如查询某职工的信息（包括基本信息、培训、奖惩、合同、休假、绩效评估、薪资福利等）。磁盘输出主要是进行数据备份和为其他子系统提供核算数据。

第二节　工资核算子系统的分析与设计

一、工资核算子系统业务流程

1. 工资核算的内容及任务

（1）工资核算的内容

工资是企业根据按劳分配的原则，以货币形式支付给职工个人的劳动分配。工资核算是企业会计核算的重要组成部分，企业的工资总额和以工资总额为基数提取的职工福利费，是构成产品成本的重要内容。因此，企业按财政法规和财务制度的规定，正确核算各项工资和福利费用，关系着职工利益，影响着企业成本核算的正确性和完整性，同时也体现着国家的分配政策。

（2）工资核算的内容任务

① 及时记录、提供工资核算的原始数据。

② 主要包括工资卡编制，考勤记录和加班记录，产品质量、质量记录、工时记录、代扣代发款通知和其他资料等。

③ 根据工资的各项原始数据计算某期应付工资和实发工资额。

④ 提取现金，按时发放职工工资，汇总工资费用并计提福利费用，将工资和福利费用分配计入产品成本。

2. 工资核算的业务流程

工资核算的手工业务流程如图 13-6 所示。

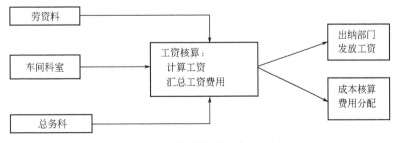

图 13-6　工资核算的业务流程图

（1）应付工资计算

工资总额是各单位在一定时期内直接支付给本单位全部职工的劳动报酬总额。工资总额的计算应以直接支付给职工的全部劳动报酬为依据。工资总额组成的具体内容，根据国家统计局 1989 年第一号令发布的《关于工资总额组成的规定》，由下列六个组成部分构成：

① 计时工资，是指按计时工资标准（包括地区生活费补贴）和工作时间支付给个人的劳动报酬。目前，在我国多数企业职工的工资都采用月薪制，即不论月大月小，职工如出全勤，都可以取得固定的月标准工资，然后折算日工资率来计算缺勤扣发工资或实际出勤工资。其中，日工资率有两种计算方法：一是以月标准工资除以每月固定日数 30 天计算；另一方法是按月标准工资除以平均月法定工作日数 21.2（以 365 天扣减全年双休日及法定节假日天数，再除以 12 个月来计算）；

② 计件工资，是指按照工人生产的产品产量及质量记录计算并发放的工资；

③ 奖金，是指支付给职工的超额劳动报酬和增收节支的劳动报酬；

④ 津贴和补贴，是指为了补偿职工特殊或额外的劳动消耗和因其他特殊原因支付给职工的津贴，以及为了保证职工工资水平不受物价影响而支付给职工的物价补贴；

⑤ 加班加点工资，是指按规定支付的加班工资和加点工资；

⑥ 特殊情况下支付的工资，主要包括根据国家法律、法规和政策规定，因病、工伤、产假、计划生育、婚丧假、事假、探亲假、定期休假、停工学习、执行国家和社会义务等原因按计时工资的一定比例支付的工资，以及附加保留、工资。

不实行工资绩效的企业是根据上月或本月的考勤记录（或产量记录）计算应付工资总额，在实际工效挂钩的企业里，根据工资基金计划中本月计划提取的工资基金数，来提取本月的应付工资总额。

（2）工资结算表

会计部门根据计算的各项工资数据，计算出各个职工的应发工资，代扣款项和实发工资后，填制公司结算单。工资结算单通常一式三份，一份以"工资条"形式发给职工，以便查对，另一份留劳资部门备查，第三份经职工签收后，作为支付和结算的凭证。在编制工资结算单以后，为了发放工资和分配工资费用，须按工资发放部门和工资类别进行汇总，编制工资结算汇总表。

（3）结转工资费用

根据工资费用额编制工资费用汇总表和福利费计提表，登记有关账户，结转工资和福利费用。

3. 工资子系统的数据流程图

工资子系统的数据流程图如图 13-7 所示。

4. 工资核算子系统的功能需求分析

（1）根据手工系统的分析，工资核算子系统应具有以下功能。

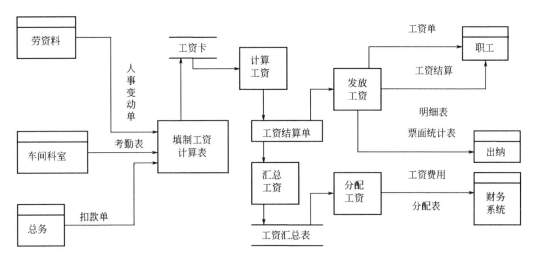

图 13-7 工资子系统的数据流程图

① 录入工资结算单中各工资数据项的原始数据，据此进行应发工资、代扣款项、实发工资数的计算；能对来自人事部门的人员变动数据进行相应的人员变动数据处理，打印工资结算单。

② 根据结算单，按部门、人员类别、费用科目进行分类汇总，并输入各种分类汇总表。

③ 根据工资汇总表进行工资费用的分配，福利费用的计提及分配，输出工资和福利费用计提、分配表。

④ 根据工资分配汇总表，产生相应的转账凭证，并经核实后转入账务处理子系统、成本核算子系统以便汇总入账和计算产品成本。

⑤ 提供工资数据的查询功能。

（2）工资核算子系统的功能模块设计

根据工资核算的业务流程和工资核算的数据流程图，工资核算子系统的功能模块结构图，如图 13-8 所示。

① 系统设置模块完成对工资核算子系统中工资款项、使用单位名称、开始使用年月、人员、部门等的设置。

② 数据输入修改处理。不同企业及相同企业不同月份的工资款项可能有所不同；以计时工资和计件工资的产量记录和考勤记录各月份也不同；工资额计算方法也会有所改变；数据输入修改模块应能实现对这些变动数据的更新，并能按定义的计算方法计算出每位职工的工资数据项。

③ 费用汇总。根据各职工的工资数据，按部门、职工类别、应计费用科目分类汇总，并按要求进行工资数据的分析比较。

④ 工资账表应能以查询或打印方式输出工资条、工资结算汇总表（按部门）、工资结算汇总表（按职工类别）、工资分配汇总表、票面统计汇总表和转账凭证。

⑤ 转账模块。为了方便工资核算子系统与其他核算子系统的连接，增强系统的可扩展性，设置相应的转账处理功能。根据工资分配汇总表生成工资转账凭证，并转入账务处理子系统和成本核算子系统。

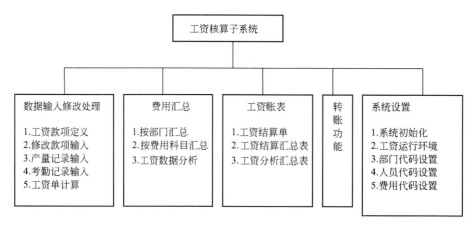

图 13-8 工资核算子系统的功能模块结构图

（3）工资核算子系统的代码设计

工资核算子系统的代码主要涉及职工编号、部门编号、职位代码等。设计代码时需要和人事管理子系统、绩效评估子系统的代码统一，并且应该具有可扩展性，以保证企业在不断发展中可以顺利的添加新项目。

二、工资核算子系统的数据库设计

1. 工资单数据文件

该文件用来存放工资核算的原始数据记录或基础数据，每个职工的工资数据以记录形式存放。通用工资核算子系统中，该库文件的结构可以由用户在初始化模块中定义，一般的结构形式如下（见表 13-5）。

表 13-5 工资单数据文件

序号	字段名	字段类型	字段长度	小数位数
1	职工编号	N	8	
2	部门编号	N	8	
3	职工姓名	A	8	
4	性别	A	2	
5	职工类型	A	2	
6	参加工作时间	D	8	
7	科目编号	N	7	
8	标准工资	N	6	2
9	补贴	N	6	2
10	肉贴	N	5	2

2. 工资库结构描述文件

工资库结构描述文件是对工资款项的组成内容进行描述，通过对工资库结构描述文件的维护以实现工资结算子系统的通用（见表 13-6）。说明如下。

（1）计算公式为备注型字段，用于存储计算公式，如应付工资、实发工资等计算公式。

（2）转入下期为逻辑型字段，用于说明一些固定项目是否自动转入下一月份。

（3）是否打印为逻辑型字段，用于规定哪些项目需在工资单或工资汇总表中打印输出。

表 13-6　工资库结构描述文件

序号	字段名	字段类型	字段长度
1	款项编码	N	4
2	款项名称	N	12
3	转入下期	L	
4	计算公式	M	
5	是否打印	L	

3. 票面值统计文件

有的企业以卡发工资的形式发放工资，计算票面工资和汇总票面数据的功能已不需要。但有的企业为了发放现金及银行配款方便，使用票面统计功能，并建立票面统计文件，系统可根据应付工资数自动汇总各部门所需各种票面的张数如表 13-7 所示。

表 13-7　票面值统计文件

序号	字段名	字段类型	字段长度
1	部门编号	N	8
2	票面面值	N	8
3	是否选用	L	

4. 工资分配数据库文件

用于存放按工资费用科目汇总的工资分配数，其结构如下（见表 13-8）。

表 13-8　工资分配数据库文件

序号	字段名	字段类型	字段长度	小数位数
1	部门编号	N	8	
2	会计科目	A	7	
3	应付工资	N	12	2
4	应付福利费	N	12	2

5. 职工代码数据库文件（见表 13-9）。

表 13-9 职工代码数据库文件

序号	字段名	字段类型	字段长度
1	职工编号	N	8
2	职工姓名	A	8
3	部门编号	N	8

三、工资核算子系统的输入设计

输入设计主要包括：数据库的设置和维护，工资款项定义，数据输入修改格式设计。

四、工资核算子系统的输出设计

1. 输出方式设计

工资核算子系统的核算方式有打印输出、屏幕显示输出与磁盘输出三种。打印输出的内容有工资结算单（工资条、工资签收单）、工资结算汇总表、票面统计汇总表和工资费用分配表等。屏幕显示是为了满足日常管理的查询要求。如查询某职工的工资数据、某工资项数据、某部门工资数据、工资分配数据等。磁盘输出主要是进行数据备份和为其他子系统提供核算数据。

2. 输出格式设计

工资系统主要的输出文件和格式有工资条、工资签收单、工资结算汇总表、工资费用汇总表、票面统计汇总表，其格式见表 13-10 和表 13-11（其他表略），浏览画面的格式可以选择，查询结果可以打印输出或输送到文件。

表 13-10 工资条

职工编号	职工姓名	基本工资	副食补贴	交通补贴	加班	奖金	病假扣款	应发工资	房租	水电	国库券	实发数
1	张立	800	50	60	100	200	10	1200	100	100	40	960

表 13-11 工资签收单

部门代码：　　　　　部门名称：

职工编号	职工姓名	基本工资	副食补贴	交通补贴	加班	奖金	病假扣款	应发工资	房租	水电	国库券	实发数	签收
1	张三	800	50	60	100	200	10	1200	100	100	40	960	
2	李四	500	50	80	120	230	0	980	50	50	10	870	
⋮	⋮	⋮	⋮	⋮	⋮	⋮	⋮	⋮	⋮	⋮	⋮	⋮	⋮

第三节 绩效考评子系统的分析与设计

一、绩效考评子系统的业务流程

1. 绩效评估的内容

员工绩效考评是按照一定的标准，采用科学的手段，检查和评定企业员工对职位所规定的职责的履行程度，以确定其工作成绩的管理方法。其目的主要在于通过对员工全面综合的评估，判断他们是否称职，并以此作为企业人力资源管理的基本依据，切实保证员工的报酬、晋升、调动、职业技能开发、激励和辞退等工作的科学性。同时，也可以检查企业管理各项政策，如人员配置、员工培训等方面是否有失误。

2. 绩效考评的业务流程

绩效考评的业务流程如图 13-9 所示。

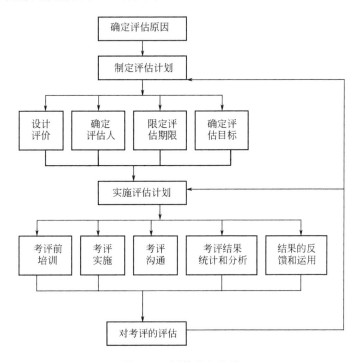

图 13-9 评估业务流程

一般而言，绩效考评工作大致要经历制定评估计划、确定评估标准和方法、收集数据、分析评估、结果运用五个阶段。

（1）制定绩效考评计划

为了保证绩效考评顺利进行，必须事先制订计划，在明确评估目的的前提下，有目的地选择评估的范围、对象、内容和时间。

（2）确定评估的标准和方法

① 考评的标准 绩效评估必须有标准，作为分析和考察员工的尺度。一般可分为绝对标准和相对标准。绝对标准如出勤率、废品率、文化程度等以客观现实为依据，而不以考核者或被考核者的个人意志为转移的标准。所谓相对标准，如在评选先进时，规定10％的员工可选为各级先进，于是采取相互比较的方法，此时每个人既是被比较的对象，又是比较的尺度，因而标准在不同群体中往往就有差别，而且不能对每一个员工单独做出"行"与"不行"的评价。一般而言，评估标准采用绝对标准。绝对标准又可分为业绩标准、行为标准和任职资格标准三大类。

② 选择考评方法 在确定评估目标、对象、标准后，就要选择相应的评估方法。可以采用以下的方法。

业绩评定表：所谓业绩评定表就是将各种评定因素分优秀、良好、合格、稍差、不合格（或其他相应等级）进行评定。其优点在于简便、快捷、易于量化。其缺点在于容易出现主观偏差或趋势误差，等级宽泛，难以把握尺度，大多数人高度集中于某一等级。

工作标准法（劳动定额法）：把员工的工作与企业制定的工作标准（劳动定额）相对照，以确定员工业绩。其优点在于参照标准明确，评估结果易于做出。缺点在于标准制定，特别是针对管理层的工作标准制定难度较大，缺乏可量化衡量的指标。此外，工作标准法只考虑工作结果，对那些影响工作结果的因素不加反映，如果领导决策失误，生产线其他环节出错等。目前，此方法一般与其他方法一起使用。

（3）收集数据

绩效考评是一项长期、复杂的工作，对于作为评估基础的数据收集工作要求很高。在这方面，国外的经验是注重长期的跟踪、随时收集相关数据，使数据收集工作形成一种制度。

其主要做法包括如下。

① 生产记录法：生产、加工、销售、运输、服务的数量、质量、成本等，按规定填写原始记录和统计。

② 定期抽查法：定期抽查生产、加工、服务的数量、质量，用以评定期间内的工作情况。

③ 考勤记录法：出勤、缺勤及原因，是否请假，一一记录在案。

④ 项目评定法：采用问卷调查形式，指定专人对员工逐项评定。

⑤ 减分搜查法：按职务（岗位）要求规定应遵守的项目，定出违反规定扣分方法，定期进行登记。

⑥ 限度事例法：对优秀行为或不良行为进行记录。

（4）分析评估

这一阶段的任务是根据评估的目的、标准和方法，对所收集的数据进行分析、处理、综合。其具体过程如下。

① 划分等级。把每一个评估项目，如出勤、责任心、工作业绩等，按一定的标准划

分为不同等级。一般可分为 3～5 个等级。如优、良、及格、稍差、不合格。

② 对单一评估项目的量化。为了能把不同性质的项目综合在一起，就必须对每个评估项目进行量化，及不同等级赋予不同数值，用以反映实际特征。如优为 10 分，良为 8 分，合格为 6 分，稍差为 4 分，不合格为 2 分。

③ 对同一项目不同评估结果的综合。在有很多人参与的情况下，同一项目的评估结果会不相同。为综合这些意见，可采用算术平均法或加权平均法进行综合。以五等级为例，3 个人对某职员工作能力的评估分别为 10 分、6 分、2 分。如采用算术平均法，该员工的工作能力应为 6 分。如采用加权平均，3 人分别为其上司、同事、下属，其评估结果的重要程度不同，可赋予他们不同的权重，如上司定为 50％，同事 30％，下属 20％，则该员工的工作能力为 10×50％＋6×30％＋2×10％＝7.2 分，介于良与及格之间。

④ 对不同项目的评估结果的综合。有时为达到某一评估目标要考察多个评估项目，只有把这些不同的评估项目综合在一起，才能得到较全面的客观结论。一般采用加权平均法。当然，具体权重要根据评估目的、被评估人的层次和具体职务来定。

(5) 结果运用

得出评估结果并不意味着绩效评估工作的结束。在绩效评估过程中获得的大量有用信息可以运用到企业各项管理活动中。

① 利用向员工反馈评估结果，帮助员工找到问题、明确方向，这对员工改进工作，提高绩效会有促进作用。

② 为人事决策如任用、晋级、加薪、奖励等提供依据。

③ 检查企业管理各项政策，如人员配置、员工培训等方面是否有失误。还存在哪些问题。

二、绩效考评子系统的数据流程图

绩效考评子系统的数据流程图如图 13-10 所示。

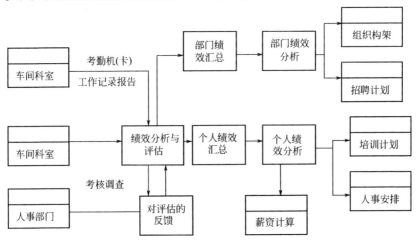

图 13-10　绩效考评子系统的数据流程图

三、绩效考评子系统的功能需求分析

1. 员工的晋升、降职、调职和离职提供依据

企业可以对职位深入分析，制定出相应的职位工作等级标准和达到标准所需知识、技能、经验的规定。在此基础上对员工进行系统客观的绩效考评和素质能力测评，以员工工作成绩、工作态度和工作能力的综合考评来科学地决定员工的职位。

2. 工作分配和招聘选择提供依据

通过对不同岗位的工作要求分析和现有员工工作进展和工作质量的情况反馈评估，用以指导招聘流程的设计和标准，同时也将对将来岗位安排提供分析基础。

3. 对员工、团队对组织的贡献进行评估

团队实际存在三个层次的工作表现：个人单独的工作；作为团队成员的工作；团队对整个组织的贡献。绩效评估的流程将包括这三个层次。

4. 对员工的薪酬决策提供依据

针对不同的工作情况来调整员工的工资级别、奖金多少以及各种其他的物质和精神奖励。

5. 了解员工和团队的培训和教育的需要

目的在于发现企业发展中员工智力资源的不足，以及团队合作时关系的处理。绩效系统需要做到能够前瞻性的发现问题，及时提供给人事培训部门相关资料。

6. 对培训和员工职业生涯规划效果的评估

培训和员工职业生涯规划效果的评估主要评估企业人才培养机制的问题，是对企业人才梯队的安排。

7. 对工作计划、预算评估和人力资源规划提供信息

工作计划、预算评估和人力资源规划作为企业整体战略规划的一部分，是对企业长期发展所做的准备。

8. 组织对员工的绩效考评的反馈

对员工的绩效考评反馈目的在于不断促进绩效评估自身的发展，使之更加客观、公正和有效。

四、绩效考评子系统的功能模块设计

根据绩效考评的业务流程和数据流程图，通常将一个绩效考评子系统的功能模块分为以下几部分：变动数据处理模块、评估实施模块、评估分析模块、评估系统设置模块和评

估结果输出模块，如图 13-11 所示。

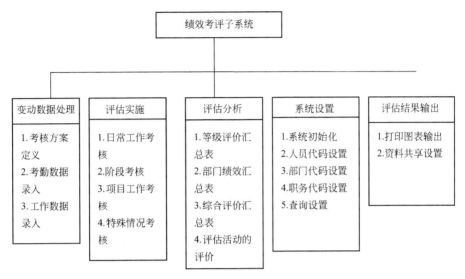

图 13-11   绩效考评子系统模块结构

1. 变动数据处理

变动数据主要是指企业在进行人力资源管理时经常发生变动的数据。例如对员工日常考勤的数据和反映员工工作情况的业绩数据等，这部分数据通常可以从其他部门的数据库直接导入过来。另外，变动数据还包括对考评方案的定义，其中有考评目的、考评范围、考评对象和等级权重等情况。

2. 评估实施

评估实施是针对具体的考评过程而言，可以分为下列几种类型。

（1）日常工作考核

这部分按照企业的组织架构来设计，通常纵向分成经营决策层、中层管理层、基层管理层、基本操作层、辅助运作层和横向分成研究开发技术支持系统、行政人事系统、生产系统、市场营销系统、财务系统和后勤辅助系统等。考核指标的建立都有相互联系，对企业各种岗位的考核要点有完整的指导体系。一般不同的层和系统有着不同的评估指标，但主要是对比较易于量化的指标考核。

（2）阶段考核

阶段考核的基础是企业人事部门所采用的定期和不定期的考核计划，一般通过和员工交谈、会议和调查问卷的形式来实现。在阶段考核中考核项目的选择比较自由，可以对员工的各个方面进行了解，从而掌握更加翔实的资料。

（3）项目工作考核

项目考核是指对暂时性的工作和计划进行考核，另一方面也是对团队效率的考察。项目考核可以从项目的进程、效率和人员的协调来安排。

（4）特殊情况考核

特殊情况考核是指例如企业危机或重大事件发生时对某些人员的考察。

3. 评估分析

评估分析模块的主要功能是对评估实施后数据和资料的分析、评价和综合。分析不但要求有量化的部分，还要有定性的要求，通常要求能够针对不同的输出数据需求给出相应的分析过程和结果。根据评价的原因和目的，可以按照评价部门、评价等级和综合情况分别汇总，并按需要进行数据比较。另一方面，评估分析还将对评估活动的情况进行评价和反馈，以促使评估机制的改进。

4. 系统设置

系统设置模块完成对整个绩效评估子系统的初始化设置，以及对人员代码、部门代码、职务代码等的设定。另外还要提供对评估实施及评估分析情况的查询功能。

5. 评估结果输出

评估结果的输出即可以是单独部门或个人的情况输出，也可以是对汇总结果的图表化输出，另外，该模块还应提供对数据的导出设置。

五、绩效考评子系统的代码设计

绩效考评子系统的代码主要涉及职工编号、部门编号、职位代码等。设计代码时需要和人事子系统、工资子系统的代码统一，并且应该具有可扩展性，以保证企业在不断发展中可以顺利的添加新项目。

六、绩效考评子系统的数据库设计

1. 员工日常考勤的原始记录和数据库（见表 13-12）

表 13-12　考勤数据库文件

序号	字段名	字段类型	字段长度	小数位数
1	出勤天数	N	5	
2	节假休息	N	5	
3	年假	N	5	
4	事假	N	5	
5	婚产假	N	5	
6	病假	N	5	
7	迟到	N	5	
8	早退	N	5	
9	旷工	N	5	
10	其他假	N	5	

2. 员工代码数据库（见表 13-13）

表 13-13　员工代码数据库文件

序号	字段名	字段类型	4	
1	人员代码	C	4	
2	部门代码	C	4	
3	职位代码	C	4	

3. 考评数据库

不同的公司对员工有不同的要求，不同阶段的人事管理也有着不同的目标，因此考评数据库应按照具体情况来设计。

七、绩效考评子系统的输入设计

1. 考勤数据录入

考勤数据可以通过各种考勤机、考勤卡的数据直接导入，只要数据库的结构安排合理，数据输入一般将比较准确。

2. 岗位工作数据录入

岗位工作数据主要来自各个部门的工作业绩报告，一般应采用源点输入方式，因此系统在与外部数据接口上应尽量采用统一格式，对于某些项目可以成批导入，并建立索引数据以便于更改和查询。

3. 各项考评调查数据录入

由于许多调查设计并没有统一的格式，而且文字的项目较多，一般采用固定输入项目和变动输入项目相结合的方式，对于固定输入项目可以以窗体和对话框的形式来提示输入的字段和内容；而对于变动项目则可以提供随输入需要而定的添加属性功能或者还可以用附注形式来表示。

八、绩效考评子系统的输出设计

1. 各种考评汇总表输出，包括打印输出、屏幕输出和磁盘输出

汇总表是为了人力管理的实际需要，因此常常要根据不同的管理目标来制定汇总表，一般有经理人员绩效考核表、业务人员绩效考核表、员工专项考核表、员工通用考核表、综合素质考核表、部门绩效汇总表和公司绩效汇总表等，如表 13-14、表 13-15 所示。

2. 其他模块共享数据输出

共享输出主要是为其他模块提供数据支持：考勤数据将和员工的薪资挂钩，员工素质的数据要求输入人事管理模块中的人事安排和培训计划系统，绩效的总体评价还将为整个人力激励计划和战略安排提供依据（见表13-15）。所有的数据在输出过程中应当保证一定的使用控制，在完整性、及时性和安全性上进行考虑。

表 13-14 员工专项工作考核表

编号： 部门： 任职人： 年 月 日

项目编号	项目等级评估得分	项目业绩评估得分	负责职位评估得分	贡献评估得分	综合分数
项目部门评价					
人事部门评价					
备注					

表 13-15 个人绩效考评汇总表

编号： 年 月 日

部门名称及代码	职位类别及代码	员工代码	考评类型				考评综合
			日常工作考评	阶段考评	项目工作考评	特殊事件考评	
行政管理部门	总经理						
	部门经理						
	部门主管						
	基层人员						
生产部门							
技术研发部门							
...							
销售部门							
市场部门							
人事部门							
财务部门							
后勤保障部门							

【本章小结】 ▶▶

　　本章主要介绍了企业人力资源信息系统的人事管理、工资核算、绩效评估三个子系统。企业人事管理的内容包括：招聘管理、培训管理和离职管理，人事管理子系统的代码主要涉及职工编号、部门编号、职位代码等。设计代码时需要和工资子系统、绩效评估子系统的代码相统一，做到直观、可扩展、易汇总。

工资核算子系统是企业财务会计核算系统的重要组成部分，也是构成产品成本的重要内容。因此，企业按财政法规和财务制度的规定，利用信息系统进行正确核算各项工资和福利费用，关系着职工利益，影响着企业成本核算的正确性和完整性，同时也体现着国家的分配政策。

员工绩效考评是按照一定的标准，采用科学的手段，检查和评定企业员工对职位所规定的职责的履行程度，以确定其工作成绩的管理方法。其目的主要在于保证员工的报酬、晋升、调动、职业技能开发、激励和辞退等工作的科学性，并以此作为企业人力资源管理的基本依据。同时，也可以检查企业管理各项政策，如人员配置、员工培训等方面是否有失误。

【课堂讨论】 ▶▶

1. 讨论现代人力资源管理信息系统与传统人事管理的不同。

2. 应用人力资源管理绩效考评的理论，评价建设绩效评价管理信息系统的作用。

【复习思考】 ▶▶

1. 简述人事管理子系统分析的内容。

2. 人事管理子系统设计的功能模块有哪些？

3. 简述工资核算子系统的业务流程、数据流程图、功能需求分析的内容。

4. 工资核算子系统哪些数据属于变动数据文件？

5. 简述绩效评估子系统的作用与意义。

6. 绩效评估信息系统设计的功能模块有哪些？

7. 现代人力资源管理除了人事管理、工资核算和绩效评估三个子系统外，还有哪些子系统？

第十四章

物业管理信息系统

学习目标

物业管理企业提供的是一种综合性和全方位的服务。网络信息技术，特别是基于移动互联技术的物业管理信息系统已成为现代物业管理企业的重要手段和衡量物业管理企业实力和竞争能力的重要尺度。学习本章主要达到以下目标：

1. 掌握物业与物业管理的基本概念；
2. 掌握住宅小区物业管理系统的构成要素、对象类型；
3. 掌握住宅小区物业管理系统的功能结构；
4. 熟悉面向对象方法应用；
5. 掌握住宅小区物业管理系统数据库设计模式。

关键术语

物业；物业管理；面向对象方法；数据库模式。

第一节 物业管理系统概述

物业管理系统是现代居住小区不可缺少的一部分。卓越的物业管理信息系统可以提升小区的管理水平，使小区的日常管理更加方便。将现代网络信息技术与先进管理理念相结合，建立现代的智能小区是物业管理发展的方向。提供细致周到的服务是小区工作的宗旨。以提高物业管理的经济效益、管理水平，确保取得最大经济效益为目标。加入空间、资产等信息，利用 BIM 竣工模型搭建虚拟物业管理平台，并与网络结合实现远程信息协调。

现代物业管理将综合应用 GIS 技术，将 BIM 技术与维护管理计划相链接，实现建筑物业管理与楼宇设备的实时监控相集成的智能化和可视化管理。基于 BIM 进行运营阶段的能耗分析和节能控制，针对结构损伤、材料劣化及灾害破坏等进行建筑结构安全性、耐久性分析与预测将是物业管理向物联网方向发展的重大趋势。

一、物业与物业管理

物业是指已建成并投入使用的各类房屋及与之相配套的设备、设施和场地。各类房屋可以是住宅区，也可以是单体其他建筑，还包括综合商住楼、别墅、高档写字楼、工业厂房、仓库、宾馆和饭店等。与之相配套的设备、设施和场地，是指房屋内外各类设备、公共市政设施及相邻的场地、庭院和道路等。

当前对物业管理的概念有着多种解释。国家建设部房地产业司物业管理处在《中国物业管理实务》一书指出："物业管理是指由专门的机构和人员，依照合同和契约，对已竣工验收并投入使用的各类房屋建筑和附属配套设施及场地以经营的方式进行管理，同时对房屋区域周围的环境、清洁绿化、安全保卫、公共绿化、道路养护统一实施专业化管理，并向住用人提供多方面的综合性服务。"住宅小区的物业管理是指新建的住宅小区的整个区域的物业管理，也指经过改造后的房屋和老城区住宅的业务管理。

物业管理是一种综合性和全方位的服务，其具体内容比较琐碎、繁杂。同时，不同类型、不同档次物业管理的具体内容又存在较大的差异。但是，对于一般的物业管理工作，其主要内容包括以下几个内容。

1. 服务

房屋及其附属设备、设施的维修、养护；治安保卫、消防工作；清洁卫生；委托性服务；公共设施的各种事物处理。

2. 管理

产权、产籍，业主、用户的管理；房屋租赁管理；公共设施管理；绿化环卫管理；车辆、道路、停车场管理；装修管理。

3. 经营

物业经营；停车场、楼房及空地广告经营；其他经营活动。

二、物业管理系统

物业管理信息系统，是利用计算机硬件和软件，对物业管理中的建筑物、住户、费用、工程、管理人员、绿地、附属设施、治安消防、交通、清洁卫生、投诉等信息资料统一进行一系列收集、传递、加工、存储、计算等操作，反映企业的各种运行状况，辅助企业决策，促进企业实现规划目标的应用系统。

物业管理信息系统的引入，将改变物业管理人员手工操作的历史，各项收费将由计算机自动完成，解决了手工操作带来的各种麻烦，提高管理人员的办事效率，减少错误率。

物业管理信息系统是专门用于物业管理的一套事务处理软件，它是一个十分庞大的系统，现在国内外许多软件公司开发了这方面的软件。国外比较有影响的法国的"HABITAT 400"系统，它由3000多个模块式程序组成，其软件的内容非常丰富，且具有高水平的系统完整性，提供了广泛的实用范围。国内的物业管理系统目前也很多，如建业物业管理信息系统和铭方物业管理系统等。本章主要介绍采用面向对象的方法对物业管理系统进行开发的过程。

第二节　住宅小区物业管理信息系统分析

一、问题陈述

物业管理系统从物业管理公司的角度出发，在综合考虑物业管理公司与业主、住户、房地产开发公司及其他相关单位之间的信息来往基础上，着重考虑物业服务及其物业费用收取等业务问题。其系统需求可以概括地描述如下。

物业管理公司通过管理系统可以清楚地了解各个业主或住户的缴费、欠费情况、房屋维修情况、共用设施占有情况等；掌握其所管辖物业的具体情况；对其每年的收入支出情况提供数据分析支持。业主或住户通过系统可以清楚地了解到物业公司所提供的各种服务，住户应为各种服务所应缴纳的费用等情况。为减轻物业管理人员繁杂的资料处理工作，系统应实现无纸化办公。另外，系统还必须为国家对物业管理公司的综合测评提供必要的资料。

二、对象模型分析

在构造对象模型之前，首先应对对象模型的基本元素组成作出规定，如表14-1所示。

表14-1　对象模型基本元素组成

模型的基本元素	说明
对象	对象就是应用领域中有意义的事物。如JoeSmith公司，Microsoft公司等
对象类	对象类描述的是具有相似性质（属性）的一组对象。为了区别对象与类之间的差别，习惯上称为对象类，称对象为对象实例。如：人，公司
属性	对象所具有的数据值。如姓名、年龄、体重等都是人的属性
操作和方法	操作是被对象所使用的一种功能或变化。如窗口类包括打开、关闭、隐藏等操作。每个操作都有一个目标对象作为其隐含参数。同一操作可以适合于不同的类。操作的多态性指的就是在不同的类中，同一操作的形式不同。方法是类操作的实现步骤
链与关联	链和关联是建立对象和类之间关系的一种手段。链表示对象实例间的物理与概念联接。关联表示具有一般语义与结构的一组链
阶	指的是类实例之间关联的元数。阶常描述为"一"或"多"
链属性	属性是类中对象的性质。同样，链属性是关联的链的属性。若关联的链属性较为复杂，则可以将关联模型化为类

模型的基本元素	说明
聚集	表示部分——整体关系
一般化与继承	一般化是类与对象实例之间的一种关系。被细化的类称为子类。子类继承了父类的性质

对象模型中基本元素符号表示的意义如图 14-1 所示。

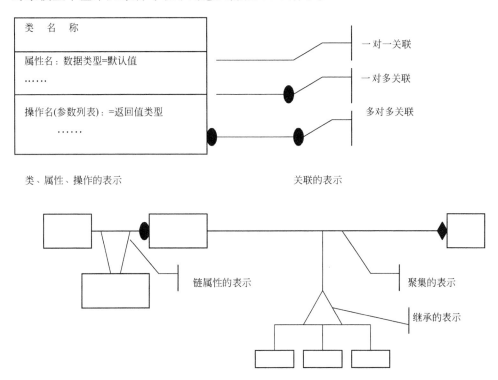

图 14-1　对象模型基本元素符号表示的意义

构造对象模型首先要标识类和关联，因为它们影响了集体结构和解决问题的方法。下一步是增添属性进一步描述类及关联的基本网络。使用继承合并和组织类。以下是物业管理系统对对象模型的详细创建过程。

1. 确定对象类及其关联

物业管理系统中的对象类可以概括为：物业公司；业主住户；房地产开发公司；政府主管部门；楼宇、各单元；公共设施；停车场、草坪、学校、商店、幼儿园等所管物业；各种代收费用、物业管理费。为了将问题简化，这里仅抽取与问题域关系密切的几个对象类作为对象模型所考虑的主要对象类元素。它们是物业公司、业主住户、房地产开发公司、楼宇、单元、费用。各对象的关系如图 14-2 所示。

从图 14-2 中可以看出，物业公司与业主住户对象类之间是一对多的关联，即一个业主或一个住户只能有一个物业公司来管理，而一个物业公司可以管理多个业主或住户的物业。物业公司与开发公司之间的关系为多对多关联。业主住户通过费用对象类（关联对象

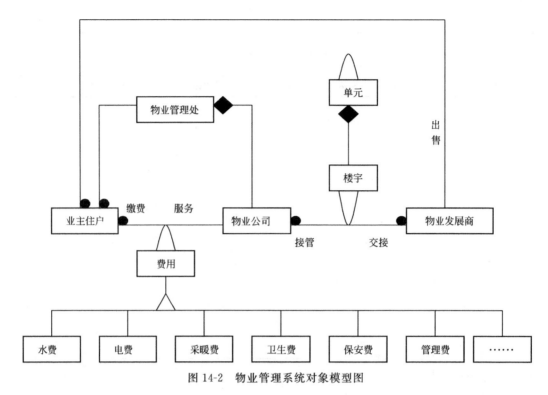

图 14-2 物业管理系统对象模型图

类）与物业公司关联，物业公司通过楼宇对象类与房地产开发公司关联，业主住户通过单元对象类与房地产开发公司关联。单元对象类可以聚集为楼宇对象类。电费、水费、采暖费、清洁费、保安费、管理费等各种费用是对象类费用的继承类，而费用对象类是各种费用的一般化。

2. 确定属性

属性是个体对象的性质，属性与类和关联不一样，它不可能在问题的陈述中完全表达出来，必须借助应用域知识及对客观世界的实践认识才能找到它们。属性对问题的结构基本没有影响。在考虑一个对象类的属性时，不要考虑那些超出问题范围的属性。首先应将最重要的加入对象模型。对派生属性，在系统分析阶段不能将其从属性列表中删除。图 14-3 给出了物业管理系统中各个对象属性图的说明。

三、功能模型分析

功能模型用来说明值是如何变化的，它并不考虑动作序列、策划或对象模型。可以使用 DFD 图来描述系统的功能模型。DFD 中的处理对应于这类状态图中的活动或动作。DFD 中的数据流对应于对象图中的对象或属性。

建立功能模型，首先应该列出系统的输入及输出值。输入、输出值是系统与外部世界之间事件的参数。图 14-4 给出的顶层数据流程图，表示了物业管理系统的输入和输出值。图 14-5 和图 14-6 分别给出了物业管理系统中收费子系统和费用处理分散后的数据流程图。

图 14-3　物业管理对象类属性

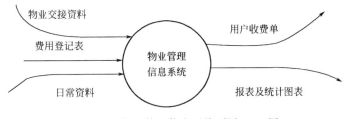

图 14-4　物业管理信息系统顶层 DFD 图

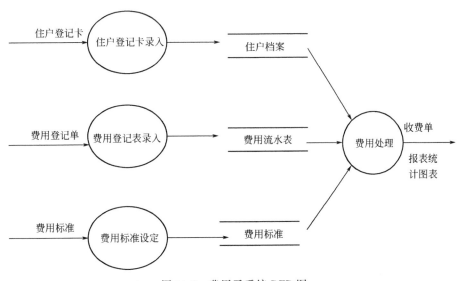

图 14-5　费用子系统 DFD 图

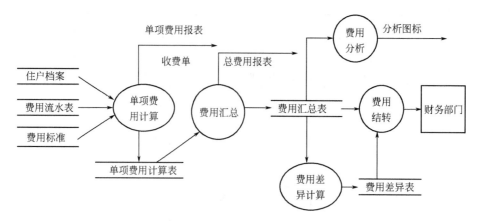

图 14-6 费用处理分解后的 DFD 图

第三节 住宅小区物业管理系统设计

一、数据库设计

1. 关系数据模型

数据模型是严格定义的一组概念的集合。它通常由数据结构、数据操作和完整性约束三部分组成。数据库领域中最常用的数据模型有三种。即：层次模型（Hierarchical）、网状模型（Network Model）和关系模型（Relational Model）。物业管理系统的数据模型设计用关系模型。关系数据模型是数据库中所讨论的模型中最重要的模型。

2. 数据库设计方法

一般来说，数据库设计有两个方法。第一种是属性驱动，即收集与应用有关的一系列属性并把它们综合成具有函数依赖关系的属性组。第二种是实体驱动，即找出应用中有意义的实体并且描述这些实体。对象建模是一种实体设计的模式。物业管理系统的设计采用第二种设计方法。

3. 数据库设计的三种模式

数据库的设计包括三种模式：外部模式、概念模式和内部模式。各个外部模式是数据设计的单个应用的映像，外部模式是全局、整体概念模式的抽象或视图。概念模式是数据库设计的组织映像，概念模式将相关应用联合在一起，将它们的特点隐藏到基本的 DBMS 中。内部模式涉及具体 DBMS 的约束和性质。内部模式包括实现概念模式所需要的实际 DBMS 代码。物业管理系统数据库的外部模式即上一节对物业管理系统抽象的对象模型图。其内部模式由具体的 DBMS 开发平台来实现。本节主要讨论物业管理系统数据库外部模式向概念模式的转换，即对象模型转换为关系模型。

4. 对象模型转换为数据库模型

对象模型向数据库关系模型的转换可以按照以下原则来进行，将每个类映射为一张或多张表（一张表也可以与多个类有关）。将关联映射为表，其中每个多对多关联可以映射为多个表，一对多关联映射为不同的表或者作为内设关键字存在于多端对象的表中，一对一关联映射到不同表或者作为外来关键字存在于关联的任一对象的表中。物业管理系统对象模型向数据库模型转换的过程如下。

（1）类向表的映射

以业主互助类为例，业主住户类存在有户主姓名、性别、年龄、单位电话、联系地址等属性。关系模型列出了对象模型的属性并加入了隐式对象 ID 住户编号。关系模型中还加入了对象模型中所没有的属性。房间编号是住户档案表的主关键字，它不能够有空值，而且不能有重复值，以确保数据库记录的唯一性。映射关系如图 14-7 所示。同样，楼宇类、小区类、单元类模型也可以映射为相应的关系表，如表 14-2、表 14-3 和表 14-4 所列。分别表述了住宅小区数据库表、楼宇数据库表和房产资源数据库表的结构设计。

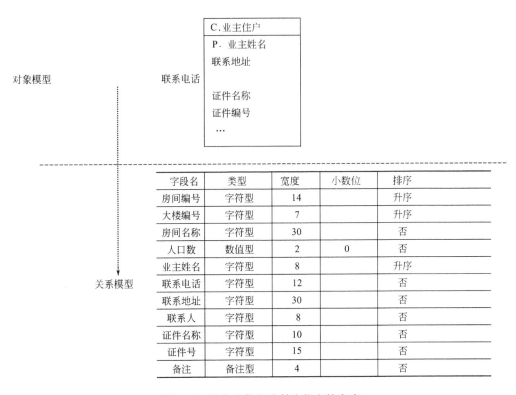

图 14-7　类住户信息映射为住户档案表

（2）关联映射为表

从对象模型可以看出，业主住户与物业公司之间通过费用类关联。费用类可以映射为两个表，一是费用标准，该表规定了各项费用的计费方式，以费用编号为主关键字；二是费用参数表，该表以费用编号为外部关键字与父表费用标准建立一对多关联，具体规定了

表 14-2 住户小区数据库表结构设计

字段名	类型	宽度	小数位	排序	字段名	类型	宽度	小数位	排序
小区编号	字符型	4		升序	位置	字符型	50		否
小区名称	字符型	20		升序	说明	备注型	4		否
大楼栋数	数值型	3		否	外观图	通用型	4		否
占地面积	数值型	8		否	IMAGEFILE	备注型	4		否
总人口数	数值型	6		否	图形说明	备注型	4		否
建成日期	日期型	8		否					

表 14-3 楼宇数据库表结构设计

字段名	类型	宽度	小数位	排序	字段名	类型	宽度	小数位	排序
大楼编号	字符型	7		升序	入住时期	日期型	8		否
小区编号	字符型	4		升序	大楼结构 ID	字符型	1		否
大楼名称	字符型	16		升序	大楼朝向	字符型	10		否
层数	数值型	2		否	说明	备注型	4		否
单元数	数值型	1		否	外观图	通用型	4		否
每单元套数	数值型	1		否	IMAGEFILE1	备注型	4		否
楼高	数值型	6	2	否	平面图	通用型	4		否
建筑面积	数值型	10	2	否	IMAGEFILE2	备注型	4		否
使用面积	数值型	10	2	否	是否生成房间	字符型	6		否
竣工日期	日期型	8		否					

表 14-4 房产资源数据库表结构设计

字段名	类型	宽度	小数位	排序	字段名	类型	宽度	小数位	排序
房间编号	字符型	14		升序	房屋结构 ID	字符型	1		升序
大楼编号	字符型	7		升序	朝向	字符型	10		否
房屋类型 ID	字符型	1		升序	配备设施	备用型	4		否
建筑面积	数值型	6	2	否	备注	备注型	4		否
使用面积	数值型	6	2	否	房屋结构图	备注型	4		否

各种不同费用的参数名称、字段宽度及其参数默认值等字段属性。其具体设计如表 14-5、表 14-6 所示。

表 14-5 费用标准表结构

字段名	类型	宽度	小数位	索引	字段名	类型	宽度	小数位	索引
费用编号	字符型	4	否	升序	计算方法	字符型	200	否	
费用名称	字符型	18	否		费用表名	字符型	12	否	
计算方式	字符型	10			参数值	浮点型	10	2	

表 14-6 费用参数表结构

字段名	类型	宽度	小数位	索引	字段名	类型	宽度	小数位	索引
费用编号	字符型	4	否	升序	字段宽度	整型	4	否	
参数名称	字符型	20	否		小数位	整型	4	否	
字段类型	字符型	1	否						

表 14-7　住户电费表结构

字段名	类型	宽度	小数位	索引	字段名	类型	宽度	小数位	索引
房间编号	字符型	14	否	升序	本月电表度数	数值型	9	2	
费用编号	字符型	4	否	升序	动力电费	数值型	9	2	
日期	日期型	8	否	升序	每度电费	数值型	5	2	
上月电表度数	数值型	9	2		每月摊销	数值型	5	2	

（3）归纳映射为表

以费用类为例。对象模型中费用类是电费、水费、采暖费、清洁费、管理费等各项具体费用类的归纳，各项具体费用类继承了费用类的属性与操作。对于父子类与表之间的映射关系，常规方法是将父类及其子类都映射为表。本系统的处理并没用将父类和子类映射为同种结构的表，而是将各种具体费用的字段名称抽象到费用参数表中，以便于新增费用的处理。表 14-7 给出了具体费用住户电费的表结构，包括三个外部关键字，房间编号外部关键字用于建立住户电费表与住户档案表间一对多关联，费用编号用于建立住户电费表与费用标准表之间的一对多关联。住户电费表与费用参数表之间的多对多关系可以通过费用标准与费用参数表之间的一对多关联来减少其关联的阶数。

二、系统数据管理设计

系统数据管理是指对系统存储数据的添加、修改、删除、合并、分解等更新操作的管理，对于数据库系统来说，数据管理即对数据库和表的管理。

本系统所涉及的数据管理包括对静态数据的管理和对动态数据的管理。这里所指的静态数据是指那些不经常变动的数据，如：小区概况、大楼概况、住户档案、房产资源、费用标准和费用参数表所存放的数据，一经录入，在相当长的时间内将不会有变化。动态数据是指那些经常变动的数据，其更新过程往往是按照一定的周期变化，也可以称其为流动数据，如：住户电费、水费等需要经常录入、处理的数据，其数据结构是不变的，而其数据量在每月要批量更新一次。对于静态数据的管理，只需设计对象模型映射为关系模型所对应的表就可以了，如：住户档案表、费用标准表。对于动态数据的管理，在设计好对象模型映射为关系模型的表之后，为便于数据的有效组织，可以按照不同时段对数据横向分解处理。如住户电费表，其更新频率一般为每月一次，为便于住户电费统计分析及存档的需要，可以以年为时段将住户电费表分解为多个相同结构的表。2014 年住户电费、2015 年住户电费等，如表 14-8，表 14-9 所示。

表 14-8　2014 年住户电费表

日期	房间编号	上月度数	本月度数	动力电费	每度电费	每月摊销
14-01-01	HQ-1-101	128.00	202.00	20.00	0.80	1.00
14-02-01	HQ-1-102	202.00	284.00	0.00	0.80	1.00
...	...	...	...	...	...	...
14-12-01	HQ-10-101	856.00	940.00	15.00	0.80	1.00

表 14-9　2015 年用户电费表

日期	房间编号	上月度数	本月度数	动力电费	每度电费	每月摊销
15-01-01	HQ-1-101	940.00	1032.00	0.00	0.80	1.00
15-02-01	HQ-1-102	1032.00	1108.00	0.00	0.80	1.00
...	...	...	...	...	...	...
15-12-01	HQ-10-101	1821.00	1933.00	00.00	0.80	1.00

　　系统的静态数据表包括：小区概况、大楼概况、住户档案、房产资源、费用标准、费用参数。动态数据表包括：住户电费、住户水费、住户采暖费、住户管理费等各种流动费用表。

三、系统查询功能设计

　　按照表的类型的不同，查询功能可以分成以下两项。

1. 静态表的查询

　　对静态表的查询，可以根据字段的不同取值，单项或组合查询用户指定的查找内容。例如，对住户档案的查询，可以按照房间编号直接查找住户信息，也可以按照其他字段的不同组合筛选出各栋楼宇的住户信息。对费用标准表的查询，可以根据费用名称查找各种单项费用的计费方法、费用参数和费用计算方法。

2. 动态表的查询

　　动态表的查询指的是对各种费用流水表的查询。对单项费用的查询，本系统采用统一的查询界面。通过查询界面，用户只需要输入待查询的费用种类、缴费日期、房间编号，即可以迅速地检索出某住户在某年某月所缴纳的各种单项费用值及其详细费用参数值。如：要查询 HQ-1-11 住户在 2014～2015 年两年的电费缴纳情况，用户可以通过查询界面输入以下参数即可。

　　费用名称："电费"；缴费起止日期："2014-01-01"至"2014-12-31"；房间编号：HQ-1-111。

四、系统统计功能设计

　　系统统计功能包括单项费用的三级费用设计、总费用的汇总、年度费用汇总。这里所谓的三级费用统计功能指的是"住户费用—楼宇费用汇总—物业管理处费用汇总—物业管理公司费用汇总"。

1. 费用统计

　　按照物业公司机构层次的不同，费用统计可以分为物业管理公司费用设计和物业管理处费用统计，物业管理处对费用的统计又包括单栋楼宇费用的统计。按照费用统计时段的不同，可以分为月份统计和年度统计。另外，费用统计还可以分为单项费用统计和总费用统计。具体功能如下。

（1）单栋楼宇单项费用的月份统计

（2）单栋楼宇单项费用的年度统计

（3）单栋楼宇总费用的年度统计

（4）物业管理处单项费用的月份统计

（5）物业管理处单项费用的年度统计

（6）物业管理处总费用的年度统计

（7）物业管理公司单项费用的月份统计

（8）物业管理公司单项费用的年度统计

（9）物业管理公司总费用的年度统计

2. 数据库表的改进

为满足系统对统计功能的需要，必须改进对数据库表的设计。本系统采用增加费用表的办法来解决系统统计功能的需要。对各种住户单项费用流水表的汇总，可以增加楼宇单项费用和物业管理处单项费用表，按住户或按楼宇汇总费用数据。图 14-8 给出了住户电费表统计汇总生成楼宇电费表以及物业管理处电费表的过程。

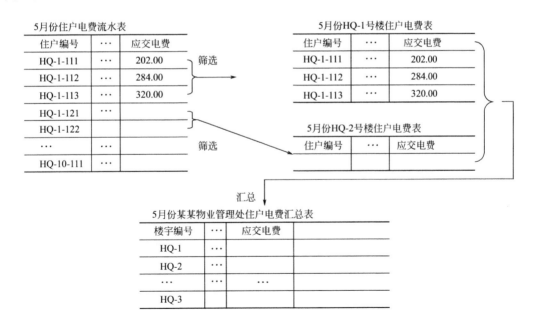

图 14-8　住户电费三级费用统计分析

对于总费用的统计，可以采用数据库表横向联接的方式生成总费用数据库表。图 14-9 给出了电费表、水费表等各种费用表合计为总费用表的过程。

5月份住户电费流水表				5月份住户水费流水表		
住户编号	…	应交电费		住户编号	…	应交水费
HQ-1-111	…	202.00		HQ-1-111	…	20.00
HQ-1-112	…	284.00		HQ-1-112	…	28.00
HQ-1-113	…	320.00		HQ-1-113	…	32.00

联结

5月份住户总费用汇总表		
住户编号	…	应交费用
HQ-1-111	…	802.00
HQ-1-112	…	684.00
HQ-1-113	…	720.00

图 14-9　单项费用表联接为总费用表

第四节　住宅小区物业管理系统实施

一、系统功能模块划分

为提高系统的灵活性，同时为方便程序的编码工作，将物业管理分为系统设置、小区概况、住户管理、收费管理、物业管理五个子系统。各子系统的详细内容如图 14-10 所示。

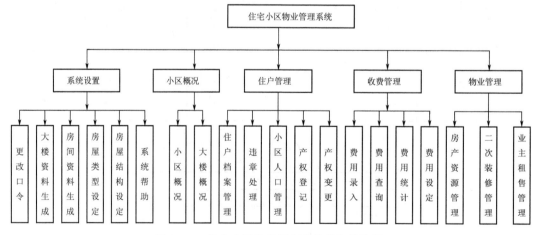

图 14-10　住宅小区物业管理系统分解模块图

二、系统主要模块设计

1. 大楼、房间资料生成模块设计

大楼资料生成模块完成以下功能：从小区概况数据库表中抽取一下小区编号、小区名称、

大楼栋数等数据信息，自动生成大楼概况数据库表的大楼编号、大楼名称数据信息。房间资料生成模块完成以下功能：从大楼概况数据库表中抽取大楼编号、大楼名称、层数、单元数、每单元套数等数据信息，自动生成住户档案和房产资源数据库表中的房间编号字段信息。

2. 费用设定模块设计

费用设定模块主要完成下面功能：输入费用种类并设置费用参数，该模块自动生成不同种类费用的数据库表。如输入电费参数：上月电表度数，本月电表度数，每度电费，动力电费，电费摊销等，运行费用设定模块即可自动生成住户电费表。

【本章小结】 ▷▷

物业是指已建成并投入使用的各类房屋及与之相配套的设备、设施和场地。物业管理是指由专门的机构和人员，依照合同和契约，对已竣工验收并投入使用的各类房屋建筑和附属配套设施及场地以经营的方式进行管理，同时对房屋区域周围的环境、清洁绿化、安全保卫、公共绿化、道路养护统一实施专业化管理，并向住用人提供多方面的综合性服务。

物业管理信息系统从物业管理公司的角度出发，在综合考虑物业管理公司与业主、住户、房地产开发公司及其相关单位之间的信息往来基础上，着重考虑物业服务及其物业费用收取等业务系统问题，最终为业主提供优质服务。

国内外成功的物业管理系统有许多，本文的物业管理系统的分析、设计和实施采用了面向对象的方法。面向对象技术不仅仅是一种程序设计方法，更是一种对于真实世界概念的抽象思维方式。

现代物业管理将综合应用 GIS 技术，将 BIM 技术与维护管理计划相链接，实现建筑物业管理与楼宇设备的实时监控相集成的智能化和可视化管理。

【课堂讨论】 ▷▷

1. 讨论面向对象的开发方法应用物业管理企业信息系统的优劣。
2. 试讨论住宅小区物业管理信息系统建设还存在哪些不足？

【复习思考】 ▷▷

1. 什么是物业与物业管理？
2. 应用面向对象方法构建对象模型有哪些基本要素？
3. 住宅小区物业管理信息系统有哪些功能模块？
4. 数据库设计有哪三种模式？物业管理系统数据库采用的是哪种模式？
5. 简述物业管理系统对象模型向数据库模型转换的过程。
6. 物业管理系统的静态数据表和动态数据表各包含哪些数据？
7. 物业管理信息系统开发过程应注意哪些关键问题？

参 考 文 献

[1] 石新玲主编. 管理信息系统. 北京：清华大学出版社，2015.

[2] 黄梯云，李一军主编. 管理信息系统. 北京：高等教育出版社，2015.

[3] 曲翠玉编著. 管理信息系统理论与应用. 北京：清华大学出版社，2015.

[4] 郭东强主编. 现代管理信息系统. 北京：清华大学出版社，2013.

[5] 苑隆寅主编. 管理信息系统. 北京：国防工业出版社，2015.

[6] 孟波主编. 管理信息系统. 北京：经济日报出版社，2010.

[7] 毛光喜主编. 管理信息系统. 吉林：吉林大学出版社，2012.

[8] http：//baike. baidu. com/view/2911674. html .

[9] http：//news. xinhuanet. com/eworld/2010-06/17/c_12228044. html.

[10] 安忠主编. 管理信息系统. 北京：中国铁道出版社，2009.

[11] 王珊，萨师煊. 数据库系统概论. 第四版. 北京：高等教育出版社，2008.

[12] 陆慧娟. 数据库原理与应用. 北京：科学出版社，2006.

[13] 数据库技术基础. 百度文库. http：//wenku. baidu. com/link? url.

[14] 程灏，姜东民，张振森. 管理信息系统. 北京：经济科学出版社，2009.

[15] 薛华成主编. 管理信息系统. 第五版. 北京：清华大学出版社，2007.

[16] Kenneth C. Laudon, Jane P. Laudon：Management Information Systems. Managing the Firm，9th Edition. Person Education，Inc. 2006.

[17] 马费成著. 信息资源管理. 北京：高等教育出版社，2014.

[18] 章祥荪，赵庆祯等主编. 管理信息系统的系统理论与规划方法. 北京：科学出版社，2001.

[19] 甘仞初主编. 管理信息系统. 北京：机械工业出版社，2001.

[20] 张维明，肖卫东，杨强等主编. 信息系统工程. 北京：电子工业出版社，2003.

[21] 李劲东，姜遇姬，吕辉主编. 管理信息系统原理. 西安：西安电子科技大学出版社，2003.

[22] 张维明，戴长华，陈卫东主编. 信息系统原理与工程. 北京：电子工业出版社，2004.

[23] 李红主编. 管理信息系统设计与实施. 沈阳：东北大学出版社，2001.

[24] 熊伟，黄丽华主编. 基于BPR的信息系统规划方法. 系统工程理论方法应用，1999. (1).

[25] 乔东亮，黄孝章主编. 管理信息系统. 北京：高等教育出版社，2007.

[26] 张立厚，张应利，高京广等主编. 管理信息系统. 北京：世界图书出版社，2002.

[27] 薛华成主编. 管理信息系统. 第三版. 北京：清华大学出版社，1999.

[28] John W. Satzinger 等著. 系统分析与设计. 朱群雄等译. 北京：机械工业出版社，中信出版社，2002.

[29] 黄梯云主编. 管理信息系统. 北京：高等教育出版社，1999.

[30] 甘仞初主编. 管理信息系统. 北京：机械工业出版社，2001.

[31] 萨师煊主编. 数据库系统概论. 北京：高等教育出版社，1997.

[32] 萨师煊，王珊主编. 数据库系统概论. 北京：高等教育出版社，2000.

[33] 罗超理，李万红主编. 管理信息系统原理与应用. 北京：清华大学出版社，2002.

[34] Jibitesh Meshra, Ashok Mohanty 合著. 现代信息系统设计方法. 司光亚等译. 北京：电子工业出版社，2002.

[35] Kenneth C. Laudon, Jane P. Laudon. MANAGEMENT INFORMATION SYSTEM：Organization and Technology in the Networked Enterprise. 北京：高等教育出版社，2001.

[36] http：//210. 76. 125. 43：8080/com/whaty/product/course/glxx/course/6-1. htm.

[37] 管理信息系统. 网上课件，南京东南大学计算机系，http：//seu. edu. cn.

[38]　黄梯云主编. 管理信息系统. 北京：经济科学出版社，1997.

[39]　甘仞初主编. 信息系统开发. 北京：经济科学出版社，2000.

[40]　张基温主编. 信息系统开发实例（第一辑）. 北京：清华大学出版社，1999.

[41]　张基温主编. 信息系统开发实例（第二辑）. 北京：清华大学出版社，1999.

[42]　岳剑波主编. 信息管理基础. 北京：清华大学出版社，1999.

[43]　邝孔武主编. 信息系统分析与设计. 北京：清华大学出版社，1999.

[44]　石油工业应用软件工程规范. 原国家能源部发布，1991.

[45]　McNunlin B. C. and R. H. Jr. Sprague. Information Management in Practice. 4th ed. Prentice-Hall，1998.

[46]　Jeffery D. R.，Lawrence M. J.. Systems Analysis and Design，Brunswick，Victoria，Prentice-Hall of Australia Pty Ltd.，1984.

[47]　Burch，John G.. System Analysis，Design，and Implementation，Boston Massachusetts，Boyd & Fraser Publishing Company，1992.

[48]　Cash，Building. The Information-Age Organization：Structure，Control，and Information Technology，IRWIN，INC，1994.

[49]　15http：//www. fjtu. com. cn/fjnu/courseware/0427/course/ _ source/web/lesson/char6/j3. htm.

[50]　许晶华主编. 管理信息系统. 广州：华南理工大学出版社，2003.

[51]　梅姝娥，陈伟达主编. 管理信息系统 MBA. 北京：石油工业出版社，2003.

[52]　张磊编著. 人力资源信息系统. 大连：东北财经大学出版社，2002.

[53]　赵延龙，鲍学英主编. 工程造价管理. 成都：西南交通大学出版社，2007.

[54]　张宏主编. 系统分析与设计教程. 北京：清华大学出版社，2008.

[55]　李存斌著. 中国施工企业信息化. 北京：中国水利水电出版社，2006.

[56]　王虎，张骏主编. 管理信息系统. 武汉：武汉理工大学出版社，2003.

[57]　李晓东，张德群，孙立新主编. 工程管理信息系统. 北京：机械工业出版社，2006.

[58]　王红兵，车春鹏编著. 建筑施工企业管理信息系统. 北京：电子工业出版社，2006.

[59]　周少华，王小丰主编. 管理信息系统. 长沙：湖南大学出版社，2003.

[60]　刘佩仓主编. 中小企业信息化之路. 北京：北京大学出版社，2000.

[61]　李劲东，姜遇姬，吕辉主编. 管理信息系统原理. 西安：西安电子科技大学出版社，2005.

[62]　汪尧田，章子拯主编. 出口贸易与电子化实务. 北京：中国海关出版社，2001.

[63]　顾永才主编. 企业电子商务实务. 北京：中华工商联合出版社，2000.

[64]　贡方. 某外贸企业个性化信息服务模式设计，北京交通大学硕士学位论文，2008.

[65]　http：//neu-nec. sy. ln. cn/ncourse/glxxxt/chapter4/4index. htm.

[66]　Stephen Haag，Maeve Cummings，Amy Phillips 著. Management Information System for the Information Age （6th Edition）. 严建援等译. China Machine Press，2007.

[67]　Lloyd L. Byars，Leslie W. Rue 著. 人力资源管理. 第 6 版. 李亚昆等译. 北京：华夏出版社，2002.

[68]　李东主编. 管理信息系统的理论与应用. 北京：北京大学出版社，2004.

[69]　陈国青，李一军主编. 管理信息系统. 北京：高等教育出版社，2006.

[70]　左美云主编. 信息系统项目管理. 北京：清华大学出版社，2008.

[71]　朱岩，苟娟琼主编. 企业资源计划教程. 北京：清华大学出版社，2008.

[72]　滕佳东主编. 管理信息系统. 大连：东北财经大学出版社，2003.

[73]　邓晓红主编. 管理信息系统实验指导与课程设计. 北京：机械工业出版社，2008.

[74]　徐志坚，王翔编著. 管理信息系统. 北京：北京师范大学出版社，2007.